中 国 地 方 法 治 丛 书

李 林　田 禾／主　编

吕艳滨／副主编

广东经验：
法治促进改革开放

EXPERIENCES FROM GUANGDONG :
REFORM AND OPENING BASED ON RULE OF LAW

田 禾／主 编
吕艳滨／副主编

社会科学文献出版社
SOCIAL SCIENCES ACADEMIC PRESS (CHINA)

丛书序　建设法治国家必须大力加强地方法治建设

李　林

在中国，地方法治建设是国家整体法治建设的重要组成部分，是全面落实依法治国基本方略、建设社会主义法治国家的有效路径，是自下而上推进法治建设的重要切入点。在全面落实依法治国基本方略、加快建设社会主义法治国家，更加注重发挥法治在国家和社会治理中的重要作用的新形势下，应当高度重视当代中国法治建设的地方经验和实践意义。

一

自上而下提出要求、自下而上具体实施，是当代中国确立和实践依法治国基本方略、建设社会主义法治国家的一大特点，也是新时期中国政治体制改革和民主政治发展的一个基本规律。之所以要自上而下地提出要求、做出部署，主要是因为在当代中国，法治问题从来都是政治问题，法制改革和法治发展的问题，基本上都是政治体制改革和政治发展的问题，因此，法治国家建设和依法治国的任何重大举措，法制改革的任何重大动作，都具有政治意蕴或者政治体制改革的意义，必须由中央统一领导、统筹安排。而经济发展和经济体制问题，在许多领域、许多时候、许多地方，都可以先行先试地进行改革，甚至可以突破《宪法》和法律进行所谓"良性违宪、良性违法"式的改革。这或许就体现了邓小平先生一向奉行的"经济上要搞活，政治上要稳住"的基本原则。

之所以要自下而上地推进实施法治和依法治国基本方略，主要是因为十一届三中全会以来，中国的诸多改革基本上都是从地方和基层开始实践的，尤其是在法治和政治领域，中央要稳定、全国不能乱，因此在中央的明许和默许下，从某些地方和局部先行开始法治建设试验和政治改革探索，取得经验后再向全国推广，即使失败了也不会影响大局，因此自下而上地实施法制和政治体制改革，就成为中国民主法治建设"摸着石头过河"的一种经验和策略。

从一般的理论逻辑来看，一个国家真正成功有效的法制改革和政治发展，不仅应当自上而下地提出和部署，同时应当自上而下并且全国统一划一地实施和实践。由于法治和政治都属于上层建筑范畴，而在单一制国家法治和政治都需要统一划一，因此上层建筑和统一划一的问题通过上层建筑的改革和顶层设计来自上而下的解决，是最为便捷和最利于达成目标的；而经济发展主要属于经济基础范畴，经济的多样性有助于形成竞争，经济的差异性有利于产生活力，因此经济基础的问题通过经济基础自下而上的差别化的改革来解决，是最为符合国情也是最为有效的。如果法治建设、政治发展和经济改革同样套路，势必会造成经济改革与政法改革"一手硬、一手软"的局面。但从中国改革的实践逻辑来看，在依法治国基本方略没有"全面落实"的条件下，地方法治先行一步，在国家法治统一的大原则、大框架、大前提之下，从地方的实际出发，积极实践，勇于创新，探索地方层面法治的实现形式和发展路径，可以为中央和全国法治发展积累经验。事实上，良好的法治环境，已经成为一个地方核心竞争力的重要组成部分，这就是中国改革发展的现实状况，地方法治是推进法治国家建设的实践基础和内在动力。尽管在理论逻辑上"地方法治"和"地方法治建设"的概念在学术界还存有种种争论和异议，尽管实践中还存在某些地方保护主义的"地方法治建设"，甚至是违反法治原则的"地方法治建设"，但是中国的法治国情和法治实践已经并将继续证明，地方法治建设作为法治国家建设的有机组成部分，是中国法治发展中最积极、最活跃、最有生命力和实践性的要素，是中国依法治国和法治建设的基石和砖瓦，是建成社会主义法治国家不可逾越的发展阶段和不可或缺的实践形式。

在改革开放以来民主法治建设的实践过程中，尤其是执政党的十五大报告正式确立依法治国基本方略以后，1997 年底全国普法办和司法部在河南郑州召开全国依法治省工作座谈会，大致形成了地方法治建设和依法治省的两种主要模式：一是河南模式，即党委领导，人大监督，政府实施，各方参与，依法治省办公室设在省司法厅的依法治省模式，当时全国多数省、自治区和直辖市实行此模式；二是广东模式，即党委领导，人大主导，政府配合，社会各界参与，依法治省办公室设在人大的依法治省模式，当时只有广东等少数省市实行此模式。

2002 年党的十六大以后，全国依法治省模式有所调整，大致有两种情况。一是有的省市实际上放弃了依法治省模式，如上海市强调加强"社会主义政治文明建设"，依法治市的任务、范围扩大到了政治领域，其领导和工作机构也发生了相应变化；北京市则把依法治市的领导机构由过去的"北京市依法治市领导小组"改为"北京市法制宣传教育领导小组"，负责人由过去市委主要领导人（副书记）担任组长改为由政法委书记担任组长，其工作任务和职责范围比过去反而变得窄小了。二是有些省市对依法治省的工作进行了调整，从原来的普法、依法治理转变为"法治 XX 建设"，更加突显了地方法治建设的主题和特色。例如一些地方出现的"法治浙江建设"、"法治江苏建设"、"法治广东建设"、"法治湖南建设"等，以及相应的"法治广州"、"法治昆明"、"法治无锡"、"法治南京"、"法治成都"、"法治杭州"、"法治余杭"等的地方建设。这些地方把依法治省（市、县）工作与民主政治和平安建设结合起来，与社会稳定及和谐社会建设结合起来，按照"三者有机统一"原则把党委领导法治工作与政权机关的民主法治建设统筹起来，在一定程度上实现了地方法治建设的工作思路和体制机制的改革创新。当然，许多省市仍然坚守着依法治省的河南模式或者广东模式。

党的十五大以来，依法治国在方式方法上有一些新内容、新变化。

一是按照现代法治的主要内容来划分，依法治国的方式方法主要涉及：执政党坚持依法执政，在宪法和法律范围内活动；立法机关坚持民主立法、科学立法，形成和不断完善中国特色社会主义法律体系；行政机关坚持依法行政，建设法治政府；国家审判机关坚持司法改革，建设公正、高效、权威的社会主义司法制度；国家法律监督机关推进体制机制改革，加强法律监督，保证法治的统一和权威；全体公民，尤其是公职人员和领导干部学法守法用法，依法办事；国家和社会加强法制宣传、法学研究、法学教育和法律服务，为依法治国提供应有的理论支持、人才条件和社会基础。

二是按照中国特色法治建设实践的作用领域、调整对象或者某些提法来划分，依法治国的方式方法主要有：（1）以行政区划为法治管理调整的对象，包括依法治国、依法治省、依法治市、依法治州、依法治县、依法治区、依法治镇（乡、街道）、依法治村、依法治港、依法治澳等等；（2）以国家政治生活中某些最重要的主体为法治管理调整的对象，包括依法治党、依法治军、依法治官

（依法治权、依法治腐）；（3）以某些特定机构（企事业单位）为法治管理调整的对象，包括依法治检（察院）、依法治院（法院、医院）、依法治部（委）、依法治局、依法治处（科）、依法治居、依法治企（厂）、依法治校、依法治馆、依法治园（幼儿园）等等；（4）以某些特定行业（领域）为法治管理调整的对象，包括依法治山、依法治税、依法治水、依法治路、依法治污（染）、依法治教、依法治林、依法治农（业）、依法治档（案）、依法治监（狱）、依法治火（防火）、依法治体（育）、依法治审（计）、依法治访（信访）、依法治统（计）、依法治考（试）、依法治矿、依法治库（水库）等等。此外，还包括地方和行业的依法治理，地方法治建设、区域法治建设等等。

当代中国地方法治建设的特点，主要是在中央与地方相比较的参照系中得到体现。在中央与地方的参照系中，地方法治建设属于区域法治建设的范畴，全国法治建设与地方法治建设是整体与局部的关系、普遍与特殊的关系。当代中国地方法治建设是在全国政治法治统一、国体政体统一、经济社会统一、文化思想意识形态统一和中国共产党统一领导的前提下，是在一部《中华人民共和国宪法》、一个中国特色社会主义法律体系、统一司法制度、统一法律语言的前提下，开展地方法治建设的。统一性是中国法治建设的主要特点和基本要求，这是由中国《宪法》和基本政治制度决定的，也是开展地方法治建设的政治前提和法治要求，任何时候都不能忘记和脱离这个前提。

在中国宪法体制下，中央与地方既是政治关系，也是宪法法律关系，"中央和地方的国家机构职权的划分，遵循在中央的统一领导下，充分发挥地方的主动性、积极性的原则"。《宪法》规定表明，中央与地方两者之间存在着权力大小、位阶高低、管辖多少等不同的宪法法律关系。中国是单一制国家，中央领导地方，地方服从中央，中央与地方权限合理划分，同时要调动中央和地方两个积极性。地方法治建设必须维护中央法治的统一和权威，除法律允许的特殊情况外，任何时候任何条件下都不得违反或者抵触《宪法》和上位法的规定，都不得破坏社会主义法治的统一和宪法法律的尊严。

理解地方法治建设，必须强调指出的是，在任何时候都不能忘记地方法治建设的地方性、区域性、实验性和有限性的基本特征，不能忘记社会主义初级阶段城乡二元结构和城乡差别存在的中国国情，否则，地方法治建设中的改革探索就可能因为违法而触礁，因为越权而夭折。

二

国际上普遍认为，法治国家或法治社会建设必须具备三个基石。

第一，市场经济条件。国外政治学调查表明，"一个安全的民主'法治国家'，其国民生产总值必须达到人均 6000 美元以上，否则就不能维持国家的安全、预防危机。"① 这里需要指出的是，国外与中国的国情不同，国外法治建设对于经济条件的要求，并不意味着中国的法治国家建设、地方法治建设不能进行和成功，它只是表明法治的实现需要一定的经济基础，至于国民生产总值人均以多少美元为界，是个大课题。社会学的研究认为，在中国，GDP 增速不能低于 6%，否则会激化许多社会矛盾，从而有可能导致社会不稳定。另外，国际经验表明，当一个国家的人均 GDP 处于 1000 美元到 3000 美元的时期，可能进入社会"矛盾凸显时期"。因为经济社会不协调，各种经济社会矛盾不断显露出来，如果处理不当，矛盾激化，经济社会发展就会停滞不前，甚至引发社会动荡和倒退。因此，德国学者约瑟夫·夏辛和容敏德认为，要在发展中国家实行法治，首先需要改善经济。如果人民的生存都面临危机，关于宪政、法治等想法就只能退居第二位了。上个世纪 90 年代初，中国在建立社会主义市场经济体制过程中提出"市场经济是法治经济"，其本意就是要揭示市场经济与法治之间的内在联系，强调法治建设是市场经济发展的必要要求，实行法治是不以人们意志为转移的客观规律，从而通过市场经济呼唤法治、支持法治、推动法治发展。

第二，民主政治条件。历史经验证明，只有实行民主，法治才能保持稳定。② 一个法治国家的头等和最重要的大事，就是它的稳定和有效执政，看它能否独立地行使民主立法，以及是否或能否履行它的最重要的职能——保证安全、反对内外干扰。法治国家的成功有赖于几个普遍的条件，但必须考虑适应各国自己的社会、经济、文化等方面的形势。"法治国家"在国家的历史、文化、经济、社会的基础上蓬勃发展，与此同时，法治也逐步形成。列宁曾经指出："不实现民主，社会主义就不能实现，这包括两个意思：1）无产阶级如果不在民主

---

① 〔德〕约瑟夫·夏辛、容敏德编著《法治》，法律出版社，2005，第 85 页。
② 〔德〕约瑟夫·夏辛、容敏德编著《法治》，法律出版社，2005，第 90 页。

斗争中为社会主义革命做好准备，它就不能实现这个革命；2）胜利了的社会主义如果不实现充分的民主，它就不能保持它所取得的胜利。"① 邓小平在对国际国内历史经验尤其是对"文化大革命"十年惨痛教训进行深刻总结后，提出了"没有民主就没有社会主义，就没有社会主义的现代化"② 的著名论断。他十分重视社会主义民主的制度化、法律化，明确指出"为了保障人民民主，必须加强社会主义法制。必须使民主制度化法律化，使这种制度和法律不因领导人的改变而改变，不因领导人的看法和注意力的改变而改变。"③ 他还指出"一个国家的命运建立在一两个人的声望上面，是很不健康的，是很危险的。""还是要靠法制，搞法制靠得住些。"④ 执政党提出的"十六字方针"，确立的依法治国基本思想，坚持党的领导、人民当家作主和依法治国有机统一，以及以人为本、全面协调可持续的科学发展观等，都是进行地方法治建设必须遵循的基本理论原则。

第三，法治文化条件（理性文化）。文化是指传统、语言和历史现象。法治文化是现代法治建设的土壤和根基。法文化的研究成果表明：没有法治文化条件，就不可能有真正的地方法治、法治社会和法治国家；有什么样的法治文化条件，基本上就有什么样的地方法治、法治社会和法治国家。法治文化条件，一是靠历史演进自然形成，但这个过程太漫长，并且充满变数，建设社会主义法治国家显然不能等待；二是靠多种形式的教育养成，因为只有而且必须是教育才能建立法治所需要的道德基础，教育培养可以缩短我们等待的时间，但也不是一蹴而就的。

根据以上标准和法治建设的内在规律，中国地方法治建设具有独特优势。同时，地方法治建设的优势和特点也是一柄双刃剑，它既可以为地方和区域率先实现法治化提供诸多资源和条件的支持，也可以给法治建设带来一些新的问题和障碍，如何扬长避短，正确规划和引导地方法治建设，是对各个地方领导能力和执政水平的极大考验。

大力加强地方法治建设，应当着力从以下几个方面展开。

第一，切实加强对地方法治建设的领导和支持。在中国，能否顺利完成由人

---

① 《列宁全集》第 23 卷，人民出版社，1958，第 70 页。
② 《邓小平文选》第 3 卷，人民出版社，1993，第 116 页。
③ 《邓小平文选》第 2 卷，人民出版社，1994，第 146 页。
④ 《邓小平文选》第 3 卷，人民出版社，1993，第 311 页。

治向法治的根本转变，实现全面落实依法治国基本方略、建成社会主义法治国家的战略目标，从中央到地方的各级领导人能否真正接受并率先遵守宪法法律，能否切实带头依法执政、依法立法、依法行政、公正司法和依法办事，是一个关键因素。因为中国的法制建设是在有几千年封建专制传统的历史背景下展开的，历史上缺少民主法治传统，因此法治建设在很大程度上必须凭借领导人的作用来推进和实现。法治国基本方略的确立本身即是中央最高领导人重视并且表态的产物，地方层面的法治建设也必须得到当地一把手的重视和支持，否则此项工作就难以启动和推进。正因为如此，前些年各省、市、自治区，各市、地、县、区在总结依法治理工作的经验时，几乎都把主要领导人是否重视依法治理工作，列为开展和推进该项工作成败的首要条件。领导人重视，依法治理工作就开展得好，依法治理工作中遇到的权威问题、规划问题、组织协调问题、经费问题、编制问题、公众参与问题等等，都容易得到解决。依法治国本来应当在民主基础上依靠法律和制度实施来落实，但是在中国的现实国情条件下，不得不靠领导人的意志和权威来推进。把依法治国的实效维系于各级领导人的思想重视和行为落实，这也许就是现阶段中国建设法治国家、建设地方法治的特征和现实需要之所在。在这个前提和背景下建设地方法治，一方面必须千方百计地争取领导人的高度重视、全力支持和率先垂范；另一方面必须千方百计地加强对地方法治建设的领导，健全领导机构，落实领导职责，完善检查监督机制。

各级领导干部、尤其是主要领导干部应当特别重视依法执政、依法行政和依法办事的能力培养和水平提高，这是我们党从革命党转变为执政党以后，对领导方式和执政方式转变提出的新要求，是社会主义法治时代对领导干部的政治意识、法治水平、管理能力、德行修养的新要求。在新的历史起点上领导社会主义现代化建设，执掌共和国各个层次和各个方面公共权力，各级领导干部不仅要敢于领导、善于领导，而且要学会科学领导、民主领导和依法领导，这是社会主义法治国家和地方法治建设的需要，更是加强党的建设、努力开创中国特色社会主义现代化建设新局面的需要。

第二，地方法治建设应当进一步厘清工作思路。地方法治建设应当从地方和区域双重角色的实际出发，尊重法治建设和地方治理的双重规律，求真务实，扎实推进。把国家法治建设的总体要求与地方治理的具体需要结合起来，把法制宣传教育与地方建设的实际情况结合起来，把地方法治建设与地方的工作大局——

如维护稳定、促进和谐、发展经济、保障民生、反腐倡廉等结合起来，这样才能促进地方法治建设又好又快的发展。

地方法治建设要注重合法性、实效性、系统性和可推广性，切忌以违宪违法的方式来实现地方法治建设的目标，切忌以贴法治标签的方式来"建设"所谓的"法治地方"。地方法治建设应当有所为、有所不为，而不能包打天下。在推进地方法治建设过程中，既要防止法治虚无主义，也要防止法治万能主义。应当承认法治是有局限性的，对于实现地方建设的现代化目标而言，法治不是万能的，但没有法治却是万万不能的。地方法治建设中所构建和实施的法治，应当有粗有细，正所谓"法网恢恢，疏而不漏"。法律对于社会而言，并不是越多越好，前者对于后者应当有一定比例关系，刑事法律和民事法律与社会之间也应当有一定比例关系。英国著名历史法学家亨利·梅因爵士的观点就做了最好的回答。梅因认为：一个国家文化的高低，看它的民法和刑法的比例就能知道。大凡半开化的国家，民法少而刑法多，进化的国家，民法多而刑法少。① 地方法治建设的法律措施不在多，而在精、在实，在于管用，这些措施要从地方的实际情况出发，具有本地方的特色和可操作性。

第三，地方法治建设应当采取科学适当的方法。地方法治建设应当立足本省市的实际，深入调查研究，全面了解法治国情，切实摸清法治省情、法治市情，同时学习借鉴国际和港澳台的地方法治建设的经验，科学论证和设计地方法治建设的发展战略和规划方案，循序渐进地推进。各个地方应当制定科学合理、重点突出、简便易行、切实管用的地方法治建设指标体系，一方面用以落实地方法治建设的发展战略和规划方案，另一方面用以保障地方建设各项主要发展目标的实现。应当进一步加大地方法治建设的奖惩力度，赋予地方法治建设指标体系一定的拘束力和强制性，切实保证相关指标的落实。各个地方应当创新和深化法治宣传教育，探索中国特色社会主义的地方法治建设的道路和方法，探索和总结中国地方法治建设的基本规律和理论观念，探索和总结通过地方法治建设推进社会主义法治国家建设的实践经验和发展模式。

第四，地方法治建设应当协调推进。地方法治建设应当与本省市的大局和中

① 参见李祖阴为《古代法》中译本写的"小引"部分。〔英〕梅因著《古代法》，沈景一译，商务印书馆，1959。

心工作相结合，与学习实践科学发展观相结合，与实施"四位一体"战略相结合，与国家民主政治建设和全面落实依法治国基本方略相结合，与平安稳定和谐建设相结合。法治以其特有的方法（例如，公开性、明确性、可预测性、可诉性、规范性、强制性等），依照其基本规律（例如，相对保守和滞后，强调程序合法与实质合法，法律面前人人平等，尊重保障人权，依法独立行使职权等等），作用于地方建设。尤其应当注意的是，地方法治建设是一项法治系统工程，必须与本市的依法执政、民主立法（如果享有地方立法权的话）、依法行政、公正司法、法律监督、法律实施、法律服务、法学研究、法学教育、法制宣传等工作统筹进行，这些环节的任何一个方面出了问题，都会成为地方法治建设的"短板"，影响和制约地方法治建设的总体发展。

三

这套丛书是中国社会科学院法学研究所法治国情调研活动一系列重要成果的汇总之一。近年来，为了切实担当起党和国家思想库、智囊团的重要使命，中国社会科学院十分重视开展国情调研活动，希望学者们走出书斋、研究所和办公室，深入社会和基层，接触实践和实际，检验有关理论，发现重大问题，总结有益经验，用来自于社会、基层和实践的第一手知识武装自己的头脑，深化自己的认识，拓展自己的眼界，为党和国家决策提供更有价值的对策建议。

法学实质上是应用学科，法学发展的根基在于社会和实践，法学研究的灵感和源泉来自于社会生活。法学研究所高度重视法治实践情况的掌握，认真组织开展法治国情调研活动。为了加强法学实证调查研究，法学研究所打破传统的以主要法学学科分类设立研究室的做法，专门设置了跨法学学科的法治国情调研室。法治国情调研室成立以来，不仅每年卓有成效地编撰完成了在国内外产生重大影响的《中国法治发展报告》（法治蓝皮书），而且还到广东、浙江、江苏、山东、四川、海南等地方开展系列重大法治国情调研活动，如地方立法、行政执法、司法改革、法治指数、依法治理以及政府透明度、司法透明度、公职人员廉洁从政、行政审批改革、电视广告监管等，形成了许多很有分量的法治国情调研报告。在调研活动中，调研组创新研究方法，除了采用传统的文献分析、案例分析、座谈会、访谈等方法外，还根据调研的内容和目的，设计了多套科学严谨的调查问卷、指标体系。调研组每年都花费大量的时间，深入各地，向基层的群众和干部学习请教，观察他们的实际操作，感受他们的酸甜苦辣，聆听他们的心得体会，了解他们的所思所想……

读万卷书，行万里路。经过多年的坚持，调研组的收获远胜于"闭门读死书"。以往，这些学有专长被人尊为专家的学者，很容易沾沾自喜飘飘然。但是，深入基层和社会后，面对各种稀奇古怪的矛盾诉求和纷繁复杂的情况，这些满腹经纶的"专家学者"才发现"书到用时方觉少"，才感到自己知识的苍白和"法学的幼稚"。而基层干部群众在现行法律制度规定笼统、模糊、矛盾甚至空白的情况下，发挥能动性和创造性，创新出各种制度机制和具体做法，较好地贯彻了法律的精神，协调了各方的诉求，保障了民众的权益，其智慧着实令调研组成员叹服。几年下来，他们深切感受到，社会实践才是真正的老师，基层干部群众才是真正的专家，地方、基层和社会才是巨大的法治理论宝库，是思想和智慧的源泉。

中国法治发展做好顶层设计固然重要，但任何一项制度的创新和实施都需要发挥地方的积极性，都需要落实到具体的实践。党和国家的法律、政策不仅要出自中南海和人民大会堂，还需要深入于干部和群众，落实于地方和基层，实践于城市和乡村……否则就只能是徒具虚名的一纸空文。在此过程中，地方和基层不仅仅是简单的执行者、落实者，更是制度的实验者和创造者。社会生活和生产实践的发展，必然迸发对制度的需求。各地在自身发展过程中，为了解决面临的资源短缺、制度供给不足、法律规则空泛等问题，只能自力更生，发挥自己的聪明才智，在实践中不断摸索甚至试错，逐步磨合远方飘来的法律、政策和制度，并最终探索出适合本地发展的制度机制。经过地方实践检验证明是成功的那些制度机制，最终有可能被复制和推广到具有类似特点的其他区域，甚至最终上升为国家的制度。在中国，地域广阔、人口众多、地大物博等等，既是国人曾经引以为豪的国情事实，也是当下国家发展面临的一大难题。东西南北中、沿海与内地、农村与城市，甚至一个省内的不同地区之间，都存在巨大的差异，发展不平衡、不协调、不可持续的情况比比皆是。被认为放之四海而皆准的国家制度和法律规则，面对这些难题往往捉襟见肘，需要各地充分发挥自己的实践智慧和创造力。

近年来，调研组选取了不少重大的题目，做了深入的研究。冰雪凝冻灾害的政府应急管理，四川地震灾后重建中的法律问题，行政审批制度改革的地方实践，警务创新的法律问题，依法治省的广东模式，法治宁波的实践与创新，余杭法治发展的经验等等，既有涉及某一方面的专题性调研，也有面向某个地方的全面性研究。调研组在长期的法治国情调研过程中积累了丰富经验，取得了丰硕成果，其中一些成果已发表于《中国法治发展报告》（法治蓝皮书），产生了很好的效果。

　　法学研究所组织出版这套丛书，意在深度反映地方层面的法治国情，为总结交流地方法治发展的新经验、新实践、新成果提供另外一个平台。总结分析地方生动鲜活的法治实践，把好经验提炼出来并分享给其他地方，甚至推动上升为国家层面的制度规范，这是法学研究所作为党和国家在民主法治建设方面思想库、智囊团义不容辞的职责。通过法治国情调研，挖掘地方法治建设的创新经验，了解地方法治发展面临的制度瓶颈，反映地方法治实践遇到的困难障碍，既有助于推动地方法治发展，也有助于服务党和国家的相关决策，更为法学研究提供了源源不断的实践素材和思想源泉。因此，法学研究所很愿意承担这项工作。此套丛书是法学研究所在《中国法治发展报告》（法治蓝皮书）之外，为总结地方法治建设和地方法治创新发展，而专门开辟的一个新平台。今后，我们将继续依托《中国法治发展报告（法治蓝皮书）》，逐步总结经验，不断提高质量，努力创新内容，合理扩大规模，把《中国地方法治丛书》越编越好，为推进地方法治建设、服务地方科学发展作出新贡献。

目　录

导论 在民主法治的轨道上 推动改革开放

早在 1993 年，中共广东省第七次代表大会就率先提出"建立社会主义市场经济、民主法治和廉政监督三个机制"，强调要建设民主政治，实行依法治省。1996 年，广东在全国率先成立了依法治省工作领导小组，省委书记亲自挂帅。16 年来，广东建立并不断完善依法治省工作体制和机制，形成了党委统一领导、人大协调主导、"一府两院"组织实施、政协民主监督、广大人民群众有序政治参与的依法治省"广东模式"，积累了许多新经验，在许多方面都走在了全国前列。广东把民主法治作为推动经济社会发展的根本保障，法治观念越来越深入人心，法律权威越来越彰显，法治的作用越来越重要。广东大力推进立法、执法、司法、普法等各项工作，30 多年来，广东省地方性立法数量居全国之首，其中属于先行性、试验性、自主性的超过一半。依法治省形成了良好的发展态势，取得了显著成效，基本实现了预定的各项目标。

一 在法治框架内"先行先试"

广东省在依法治省中始终坚持党的领导，这集中体现在中共广东省委颁布实施的《法治广东建设五年规划（2011—2015 年）》（以下简称《规划》）中。该《规划》是今后五年广东省开展依法治省工作的纲领性文件。在《规划》的贯彻实施过程中，各级党委是领导核心，党委书记是第一责任人，五年规划把依法治省列入了党委重点工作和本地区的发展规划。

发挥人大主导作用是广东模式的亮点，符合实施依法治国方略的需要和中国特色社会主义民主政治建设的要求。充分发挥人大主导作用有利于人大在保障宪法和法律的贯彻实施中履行法定职责，有利于在把握依法治省内涵的基础上发挥人大的职能作用，有利于在探索坚持党的领导、人民当家作主、依法治国有机统一的具体实现形式和运行机制中突出人大的重要地位。

广东省创造条件让人民群众广泛参与国家和社会事务的管理，不断拓宽公民有序政治参与的渠道，保障人民群众的知情权、参与权、表达权、监督权。随着信息技术的普及，网络逐渐成为民主法治建设的新渠道。广东省率先发展网络问政，运用信息技术更快更广泛地反映群众诉求，加快推进领导干部与群众在线交流，就重大决策部署、重大公共事件和自然灾害等网民关心、关注的问题进行在线回复，解疑释惑。同时，推广建立网络民智收集、吸纳机制，组织开展网民网上建言献策活动和网民代表座谈会，向群众广泛征求意见。

自改革开放以来，广东省在很多方面不仅要做好自身的探索工作，还同时承担了中央授权或批准的"先行先试"的任务，为其他地区改革开放积累可供借鉴的经验。

第一，在探索党委依法执政的工作机制上先行先试，大力提高执政能力和水平。广东省注意提高党委总揽全局、协调各方的能力，以及党委依法决策的能力水平，运用法治手段解决科学发展的现实问题。例如，为了探索加强党内民主，有效制约权力，十六大前，经中央同意，中央纪委明确提出：地县党政领导班子正职的拟任人选，分别由省、市党委常委会提名，党的委员会全体会议审议，进行无记名投票表决。这不仅是把地方党委常委会一部分决策权划给全委会的改革，而且是"票决制"最具实质意义的重大突破。把"三重一大"中最关键的一重即"重要干部任免"，交由全委会票决。另外的"两重一大"，即重大决策、重大项目安排和大额度资金使用，也逐步交由全委会票决。例如，《广东省深圳市监察局关于深入贯彻落实加强党政正职监督暂行规定的若干实施意见》明确规定，在认真履行民主推荐、考察、酝酿等必经程序后，对党政正职的拟任（推荐）人选，由党委全委会（党工委会）审议，进行无记名投票表决。《深圳市市管单位领导集体决策重大问题议事规则（试行）》还规定，党政主要负责人不得擅自改变集体研究的事项，只对财务开支和人事工作进行审核和监督，不得在人事管理工作会议特别是干部任免会议上首先表态作导向发言，只能在议事中作末位表态。

第二，在制定保障科学发展、促进社会和谐的法规规章上先行先试，大力改进和完善地方立法。广东省创新立法机制，推进科学立法、民主立法；突出立法重点，围绕"十二五"规划的主线加强立法；用好用足经济特区立法权，增强特区发展新动力和新优势。例如，在健全社会保障体系方面，广东省制定了《广东省社会保险基金监督条例》（2004 年 3 月）、《广东省工伤保险条例》（2004 年 1 月）等法规；在推进社会事业发展方面，制定了《广东省爱国卫生工作条例》（2003 年 7 月）、《广东省医疗废物管理条例》（2007 年 5 月）等法规；在保障群众基本生活方面，制定了《广东省食品安全条例》（2007 年 11 月）、《广东省饮用水源水质保护条例》（2007 年 3 月）、《广东省工资支付条例》（2005 年 1 月）等法规；在特殊群体权益保护方面，制定了《广东省老年人权益保障条例》（2005 年 5 月）、《广东省实施〈中华人民共和国妇女权益保障法〉办法》（2007 年 5 月修订）等法规。

第三，在促进行政体制改革上先行先试，大力建设法治政府。广东省深化大部门体制改革和富县强镇改革，加快推进财政、投资、工商管理、价格管理等关键领域改革，加快推进行政执法体制改革。

第四，在建立健全公正、高效、权威的司法制度上先行先试，大力推进公正司法。广东省推进阳光作业，促进司法机关公正廉洁执法；解决司法工作的突出问题，创新司法监督机制。广东省高级人民法院发布了《关于在全省法院进一步推进司法公开的意见》，规定实时公开各类案件的收、结、存情况；当事人可自主选择二审是否公开开庭审理；为媒体旁听专设记者席；当事人有权对执行人员申请回避；邀请人大代表、政协委员担任案件质量评审员；审委会讨论案件可邀请人大代表、政协委员列席旁听，审委会讨论决定作出的裁判文书，须载明参加讨论的委员名单；建立健全法院工作发布制度，对社会关注的审判执行领域以及专项工作发布审判执行白皮书；公开法院领导、部门领导、法官及其他干部的岗位调整、任免职、交流，以及法官选拔、任职和人员招录等信息。

第五，在推进社会管理体制改革上先行先试，大力维护社会和谐稳定。广东省推进社会管理创新，加强社会综治信访维稳建设，推进基层民主自治管理。例如，中共广州市委、广州市人民政府发布的《关于学习借鉴香港先进经验推进社会管理改革先行先试的意见》，重点在增强政府社会管理和公共服务职能、增强社区服务和管理网络、增强社会组织服务社会功能等领域先行先试，力求在社会福利、社会救助、医疗卫生、社区建设、社区矫正、养老服务、残疾人服务、政府购买服务、发展社会组织、加强社工和志愿者队伍建设等方面取得突破，促进社会事业蓬勃发展，保障市民享有各种基本权益，维护社会和谐稳定。

二 推进政务公开，建设法治政府

推进政务公开，促进依法行政，是法治政府建设的重点环节，得风气之先的广东在这方面同样走在全国前列。广东省大力推进新闻发布制度和新闻发言人制度的建设，并率先进行了政务公开制度化的地方立法尝试。1999 年 5 月 6 日，广东省政府办公厅转发了《省政府新闻办公室关于建立广东省新闻发布制度的意见》，明确以"广东省人民政府新闻办公室情况介绍会"的形式，定期向境内外媒体发布广东社会经济发展最新信息，同时指定省政府直属 15 个主要涉外单位设立新闻发言人及新闻联络员。这标志着广东省的新闻发布制度走向制度化、规范化，同时也使广东成为中国最早正式建立新闻发言人制度的省份。2002 年以来，广东省开始在全省县级以上政权机关全面推行政务公开，先后出台了一系列加强信息报送和新闻发布工作的相关文件，并在全国率先建立了完善的突发事件信息报送和发布制度体系，出台了全国第一部系统规范政务公开的省级地方性法规——《广东省政务公开条例》。

广东法治政府建设的基本经验主要有五条。第一，在党委统揽全局的基础上，建立发挥政府的主体作用、各方面协同配合的依法行政工作格局，是广东法治政府建设的根本保障。广东省依法行政工作的一大优势就是层层成立由党委主要负责同志挂帅，人大、政府、政协以及公检法机关主要领导参与的依法治省、依法治市、依法治县（市、区）工作领导小组及其办公室。正是由于各级党委的坚强领导和各级人大、政府、政协以及司法机关、民主党派、人民团体的协同配合，各新闻媒体和广大群众的广泛参与，广东省的依法行政工作才得以不断向前推进。

第二，围绕中心、服务大局，是法治政府建设的根本方向。广东政府法治工作贯穿于改革开放和经济社会发展的全过程，始终围绕党委和政府每一时期的中心工作，服从并服务于改革开放和经济社会发展大局，确保正确的发展方向。30 余年来，各级政府法制机构坚持从本省改革发展稳定的大局出发，通过政府立法、政府层级监督，充分发挥政府法律顾问作用，为广东省改革开放和现代化建设提供了重要保障，政府法制事业也从中得到了长足发展。

第三，坚持以推进依法行政、建设法治政府为己任，是法治政府建设的根本目标。政府法制工作是政府工作的有机组成部分，是整个政府工作的重要基础。政府法制工作的根本目标和价值取向，就是实现政府工作的规范化和法制化。30余年来，广东省各级政府法制机构围绕这一目标，大胆开拓，积极进取，认真履行在推进依法行政中的统筹规划、部署落实、督促检查、协调指导等职责，扎实推进法治政府建设不断进步和发展。

第四，抓住机遇、开拓创新，是法治政府建设的生命力所在。政府法制是一项发展中的事业，只有抢抓机遇、开拓创新，才能不断进步、快速发展。30余年来，广东省各级政府法制机构适应改革开放和现代化建设的迫切需要，紧紧抓住《行政诉讼法》、《国家赔偿法》、《行政处罚法》、《行政复议法》、《行政许可法》、《行政强制法》和国务院《全面推进依法行政实施纲要》颁布或实施的良好契机，创新机制，开拓思路，改进方法，使广东省政府法制建设不断取得新的成效，依法行政工作一直走在全国前列。

第五，内强素质、外树形象，锻造和推进与依法行政相适应的政府法制工作队伍，是法治政府建设的重要基础。推进依法行政、建设法治政府，必须有一支政治强、作风正、纪律严、业务精的政府法制工作队伍。30余年来，广东省各级政府法制机构紧紧围绕建设法治政府的目标，不断加强政治建设、作风建设、纪律建设和业务建设，通过抓培训、比奉献、求业绩，弘扬艰苦创业、务实进取、开拓创新、乐于奉献的政府法制精神，按照"有为才有位、有位更有为"的要求，着力提高自身素质和能力水平，为推进依法行政、建设法治政府奠定了良好的组织基础。正是由于全省政府法制工作队伍尽职尽责、团结进取，广东省建设法治政府的步伐才得以不断加快。

三　确保人民生命财产安全

发展和保障民生，是国家发展的根本目标之一。广东省提出，民富国强的最有效法宝，就是为公民创造财富提供充分的法律保障，从而激发全社会创造财富的活力，夯实建设幸福广东的经济基础。广东要发展现代服务业和先进制造业，必将倚重法治所带来的秩序和效率。因此，广东省积极发挥司法机关职能作用，确保公民合法财产不受侵犯，同时学习借鉴其他国家或地区的法治经验，不断完善公平、竞争、有序的市场机制，优化营商环境，保护公民创造财富的权利和自由。

广东经验：法治促进改革开放

人民群众创造财富，不仅靠自由、公正，还要靠稳定和秩序。广东省地处改革开放和经济发展的前沿，是渴望勤劳致富的人们的理想家园，也是黑恶势力垂涎三尺的宝地。维护人民群众生命和财产的安全，是各级政权最重要的民生工程之一。30多年来，广东省各级公安机关共侦破刑事案件276万起，累计抓获犯罪嫌疑人250万人，有效地维护了全省社会治安大局稳定。

首先，广东省不间断地组织"严打"专项斗争，依法严厉打击突出刑事犯罪。30余年来，全省刑事犯罪总量呈现从"跳跃式上升"变为"稳步下降"的总体趋势，年立案总量从改革开放初期的3万余起跃升至最高点的50万余起以后，近年来进入了一个犯罪总量相对平稳的常态阶段；破案数则呈直线上升的趋势。20世纪90年代后，根据当时全省治安突出情况或突出问题，因地制宜地组织开展了"追逃"、"打拐"、"打黑除恶"、"侦破命案"、打击"两抢一盗"、"粤鹰"、"粤安08"等全省性专项行动，为维护广东省乃至港澳地区的社会稳定作出了积极贡献。2004年，广东省公安厅组织珠三角八市开展了打击色诱抢劫犯罪区域性专项行动；2006年，组织珠三角八市开展了围剿街面犯罪珠三角会战行动，深圳、东莞、惠州三市公安局针对犯罪分子跨地区、跳跃式作案的特点，联手开展了以打击车匪路霸和抢劫网吧犯罪为主要内容的"夏日风暴"行动，打掉了一批流窜于三市的跨区域作案犯罪团伙；2007年，组织广州等重点地区分别开展了打击"拉人上车"实施犯罪专项行动和侦破盗窃广本汽车犯罪案件行动；2008年，组织粤东、粤西和珠三角部分地市开展了打击犯罪区域性专项行动，有效地遏制了涉抢犯罪案件的高发势头。2010年，广东省各级人民法院受理各类案件总数1069115件，结案率94.83%，贪污、贿赂、渎职等职务犯罪案件一审审结1314件。

其次，广东省大力加强治安防控网络建设，推进社会治安综合治理。为适应动态环境社会治安防控的需要，广东省公安机关积极探索创新接处警机制。1986年，广州市公安局在全国率先建立起"110"报警台，1996年前后普及全省各地。自20世纪90年代中期以来，广东省抓住安全文明小区这一社会治安综合治理的有效载体，不断强化小区治安整治，落实群防群治，促进小区安全防范工作。截至2006年，全省创建安全文明小区6万多个，覆盖城市面积80%以上。2002年以来，广东省全面构建以"五张网络"（社会面、重点部位和特种行业、机关和企事业单位、社区、各种边缘地区的防控网络）为核心的社会治安防控体系。

四　努力培育基层法治文化

当前中国法治建设重点正在发生战略转移，加强法律实施，培育公民法律意识显得尤为重要，而在基层，法治工作任务更加艰巨。广东省在法治建设过程中努力培育基层的法治意识，这里所说的基层，既包括乡镇政权机构和农村的村委会，也包括城市的街道和居委会及社区。广东省在每个村都设立了依法治村领导小组，乡镇也有依法治镇（乡）领导小组。依法治村领导小组的负责人就是村支部书记。基层的法治文化建设，是法治文化建设的基础，如果能够在基层加强法治文化建设，营造一种良好的法治氛围，很多矛盾就可以化解在萌芽状态。法治文化建设的形式多种多样。广东省通过举办法治文化书法大赛、"法治楹联"、"法治格言"、"法治诗词"以及法治节目下乡等形式，力求用一些很实际的例子，让群众能够听进去，并转化为一种自觉的行动。以珠海市斗门区乾务镇荔山村为例，过去这个村的老百姓一闹矛盾就堵路，对当地的交通影响很大。区和镇政府把这个村作为依法治村工作的一个重点，推进普法、发展经济、建立健全管理制度等工作。经过法治宣传和教育，村民们意识到堵路的办法是错误的，不仅影响公共交通，也影响本村的经济发展。因为堵路后，集装箱车进不去，村里的工厂无法开工，最终损害的是自己的利益。现在村民遇到问题不再去堵路，而是通过依法治村工作领导小组，用法律手段来解决。

依法治村领导小组的日常工作就是用各种法律制度，包括具体阐述这些法律法规制度的乡规民约，来管理村里的经济和社会发展事务。例如，有些村规定，村民属于"二女户"的，可在分红上增加一个指标，如果村民违反计划生育制度，增加的分红就没有了。这些乡规民约的实施效果明显，老百姓容易接受，但是国家并没有相关法律法规规定。另外，广东省还鼓励村民按照农村自治规范管理和公开村务及财务，管好经济活动、管好钱。促进农村经济发展，维护农村社会稳定，是依法治村的根本目的。推进依法治村后，老百姓出现各种各样的纠纷时，比如权益的纠纷，邻里之间的纠纷，大都会尽量遵循法律的途径予以化解。

依法治村工作是一个长期的过程。随着社会经济的发展，老百姓的需求在不断变化，经常会打破原来的平衡状态，因此，工作常常会出现反复。依法治村工作不可能在短期内就达到目标，也不可能做到一劳永逸。针对一些地方官员在征地的过程中触犯了法律，还辩称是"为公违法"，即为了集体利益违法，为了地方经济发展违法，广东省依法治省领导小组办公室明确表示，"为公违法"的提法是不正确的，违法就是违法，没有为公为私之分。遵守法律才是最大的"公"。"公"有"大公"和"小公"的区别，也就是全局利益与局部利益的关系。局部利益的为"公"，对于全局利益来说，可能就是为私。即使为公也不能违法，党政机关必须按照法律的规定和程序开展工作，否则就必须承担相应的法律责任。例如，某县前县委书记、县人大常委会主任违法批准用地，并不是为了牟取私利，而是为了建设开发区，但是由于其违反相关法律的规定，被撤销党内职务，依法罢免县人大常委会主任职务，按副处级干部另行安排工作。

鉴于大部分的体制改革工作，需要通过各级公务员从上到下去推进，因此，可以说公务员队伍的法治素质，是能否建成法治社会的关键，广东省极为重视通过开展法治培训教育、举办法治讲座、法律知识考试等措施，提高各级公务员队伍特别是基层公务员队伍的法治素质。

同时，为了给基层人民群众提供良好的法治专业服务，广东省正在抓紧制定律师业中长期发展规划，培养高素质的律师队伍，力争使律师服务质量达到全国一流水平。

五　重视大众传媒和舆论监督对法治的推动作用

广东的法治发展历程中，大众传媒与舆论监督发挥了重要作用。改革开放之初，广东新闻媒体舆论监督发端于参与拨乱反正，实行新闻改革，恢复和发展新闻批评传统。1978年11月8日，中共广东省委机关报《南方日报》率先刊登了中共惠州地委农村办干部麦子灿同志给时任中共广东省委第二书记习仲勋同志的信，直言不讳地批评习仲勋同志"爱听汇报，爱听漂亮话"，并同时刊登了习仲勋同志闻过则喜、虚心接受批评的回信。这种批评方式和报道处理方法在当时全国省级机关报中前所未有，在全国新闻界引起了强烈的反响，也极大地鼓舞了广东新闻界批评的勇气。由此，广东各媒体开始紧紧围绕党和政府的中心工作，宣传改革开放的方针和政策，直面当时经济矛盾与社会矛盾凸显的社会现实，充分发挥"耳目喉舌、舆论导向"的功能，从开展"真理标准的讨论"到开展反腐倡廉斗争，从推进市场经济到厉行法治，为维护社会、经济正常秩序发挥了积极的作用。

　　1980 年 2 月，《羊城晚报》报道了广东开平的一起重大海难事故——"曙光 401 号客轮"沉没，200 多人遇难，实现对灾难新闻报道禁区的首次突破。1985 年 2 月 28 日，《蛇口通讯报》发表文章《该注重管理了——向袁庚同志进一言》。该文列举了蛇口工业区在管理上机构臃肿、人浮于事、办事效率低下等诸多弊端，并措辞尖锐地将批评的矛头直接指向时任蛇口工业区党委第一书记的袁庚，率先突破了党报不批评同级党委及其负责人的禁区，被新闻界称为新中国舆论监督史上一次历史性的破冰之举。

　　1992 年邓小平视察南方和党的十四大召开，不仅推动广东掀起新一轮深化改革、扩大开放、加快发展的热潮，而且极大地促进了广东新闻媒体的发展。随着改革的不断深入和社会主义市场经济体制的确立，媒体多元化的格局逐步形成。广东新闻媒体的舆论监督从单纯的事实披露和真相探察转向更深层、更理性的探讨，开始在批评的背后探寻民主法治轨道上的破题之策。1996 年 8 月，中共广东省委顺应形势，作出《关于进一步加强依法治省工作的决定》，提出要建立舆论监督与党内监督、法律监督、群众监督相结合的强有力的监督体系，将舆论监督工作提到依法治省的高度来审视，尝试将舆论监督制度化。1999 年 5 月 11 日，珠海市委在全国率先出台了一项地方性的舆论监督管理办法——《珠海市新闻舆论监督办法（试行）》。该办法对新闻舆论监督的指导思想、总体目标、范围和内容、基本原则、社会要求、组织领导以及检查和监督七个方面的内容均作出了规定。2000 年 1 月，珠海市委又制定了《珠海市新闻舆论监督采访报道的若干规定》，进一步明确、细化了舆论监督的相关内容。该规定还进一步放宽了珠海市新闻舆论监督的采访范围，指出："只要不涉及国家安全、国家机密及军事机密的……在履行新闻舆论监督职能时，任何单位、部门尤其是公务人员都有责任接受采访，并与之密切配合，如实反映情况和问题，不得以任何借口拒绝、抵制、回避、推诿，或进行人身攻击和打击报复。"

　　2002 年中共十六大报告明确提出"发展社会主义民主政治，建设社会主义政治文明"目标之后，广东的改革开放向纵深发展，广东新闻媒体的舆论监督工作也进入了一个全新的发展时期。2003 年 2 月 10 日，在广州市政府召开的新闻发布会正式发布非典型性肺炎的疫情消息的前一天，《羊城晚报》率先刊登消息——《广东发现非典型性肺炎病例》。此后，广东新闻界迅速深入"抗非"一线，以大量而准确的信息引导舆情，批驳谣言，迅速遏制了谣言迅猛传播的势头，对稳定社会秩序功不可没。

广东省各地充分利用广播、电视、报刊、网络、手机短信平台等各类媒介开展法制宣传教育，构筑贴近实际、贴近生活、贴近群众的媒体法制宣传教育体系，不断提高法制宣传教育的覆盖面和渗透力。

比如，自 2007 年以来，惠州市在《惠州日报》开设了"普法之窗"、"律师答疑"、"案说法纪"专栏，在惠州电视台创办"惠州普法"栏目，在惠州电台开办"法律在线"，创办了惠州法治网。2010 年 12 月，惠州市在今日惠州网开办"法治在线"网络视频直播栏目，由市依法治市办公室、市普法办公室主办，市法学会、市律师协会协办，惠州报业传媒集团承办，上线律师和法律专家分别围绕房产购买及租赁、企业欠薪、食品安全维权、醉驾入刑、交通事故维权索赔、婚姻与房产等与群众生活密切相关的法律问题进行在线解答，共解答网友提问 630 个，访问人次超过 5 万人次，有效引导群众从"有事找政府"向"有事找法律"转变，得到了网民的普遍好评和良好社会反响。该栏目成了老百姓身边的法律顾问，荣获第 25 届（2010 年度）中国地市报新闻奖三等奖和 2011 年全国新闻出版业网站"最受欢迎栏目"。各县（区）相继举办"博罗法治"、"法治惠阳"、"法治聚焦"等电视栏目。在全市 600 万手机、小灵通用户中发送普法短信息，营造了良好的法治氛围。特别是中国联通公司惠州分公司充分利用自身的资源优势，通过公司内部群发邮件的方式，对全体员工开展了"法律点点通"线上普法宣传。

龙门农民画是惠州市乃至广东省的一张文化名片。"五五"普法以来，市普法办与龙门县普法办联手，通过开展农民画普法创作大赛，把优秀作品编印成《以画说法——龙门农民画普法作品集》，免费发放给相关单位和农民。部分农民画普法作品还分别在《全国普法依法治理通讯》、《广东普法》和《惠州日报》等报刊上登载。中央电视台、广东卫视、惠州日报等新闻传媒予以报道宣传，兄弟省市同行前来学习。在 2009 年 12 月举办的第三届法治广东论坛上，惠州市开展农民画普法的经验还在会上作了介绍，获得了与会者的充分肯定。2010 年龙门县有 16 幅农民画在世博会展出，其中 3 幅作品以反映法制建设、构建法治社会为主题。

与此同时，惠州市还在全市开展了法治动漫、法治书法和法治文学创作活动，并对一些优秀作品进行扶持和奖励。仅 2010 年，惠州市在全省获奖的法治动漫作品就有二等奖 2 名，优秀奖 4 名。2010 年，市纪委和仲恺高新区共同编印了《廉政画语："52 不准"警示漫画》，市纪委和市监察局还组织人员编印出版了《清醒泉边清醒人——惠州历代清官廉吏》一书。

改革开放 30 多年来，广东重视大众传媒和舆论监督工作对法治的推动作用，推进舆论监督制度化，全面开展网络问政，发挥大众传媒在普法与监督中的重要作用，积极回应舆论，积累了丰富的经验。

六 用法治促进和保障生产力发展

法治软实力、软环境是推动经济社会发展的制度保障，体制机制创新是实现科学发展效益最好、成本最低的措施。要以抓经济发展的气魄和力度，全面推进广东的民主法治建设，不断提高法治软实力、软环境的竞争力。从民主法治发展的趋势看，进一步完善依法治省的"广东模式"，积极探索法治广东建设的新路子，率先构建起符合省情、充满活力、富有特色的社会主义民主法治环境，为广东的科学发展提供强大的法治保障，是摆在广东面前的重大使命。没有良好的法治环境作保障，就很难实现经济社会跨越式发展。因此，广东省面对新形势，充分发挥创新精神，促进法治建设稳步发展，推动经济社会持续发展，不断满足人民群众对建设"法治政府"、"责任政府"和"为民政府"的要求。针对有些人把依法行政和加快经济社会发展对立起来，认为抓项目、抓 GDP，就可以暂时搁置、忽略法治政府建设的错误观念，以及少数地方招商引资后，由于法治环境不好，企业没法生存，撤资都撤不走，造成"热情迎商，关门宰商"的恶果的情况，广东省委、省政府明确提出，良好的法治环境是实现经济社会持续、健康、快速发展的保障，也是项目建设和招商引资的第一竞争力。法治建设出生产力。根据《2010 年广东国民经济和社会发展统计公报》，2010 年广东省全省生产总值达到 45472.83 亿元，比上年增长 12.2%；农村居民人均纯收入 7890.25元，比上年增长 14.2%；城镇居民人均可支配收入 23897.8 元，比上年增长 10.8%；进出口总额 7846.6 亿美元，比上年增长 28.4%；亿元地区生产总值生产安全事故死亡人数下降至 0.15 人。

法治建设出生产力是广东发展实践得出的重要经验。法治的核心是依法办事，依法治国理政，保稳定，求和谐，促发展。法治的最终目标是推进经济社会又好又快的发展，更好地安邦定国，推进社会与人的全面、和谐与可持续地发展。当今世界衡量财富多寡的标准已发生了重大变化，形成了以非物质无形资产为主的财富观。法治水平是无形资产的重要组成部分，从某种意义上讲，在主要发达国家和地区，法治建设已与直接创造财富的生产力密不可分。长期以来，人们只看到法治作为上层建筑的组成部分，能间接促进生产力的发展，即通过调整生产关系来推动生产力，却不认为法治能直接作用于生产力。而从科学发展观的角度分析，我们应当认识到法治建设也出生产力，而且是经济、政治、文化和社会建设与发展的重要推动力量，具有规范、引领、评价、保障的重要作用。

七 面临的挑战

改革开放以来，广东在30多年时间内长期扮演试点先锋的角色，在很多领域中不仅为自身的发展探索道路，也为兄弟省市的发展起到先行先试的作用。为此，在确立原有体制机制的相关法律法规未被修改或废除的情况下，中央在一定程度上授权或默许广东采取具有突破性的做法。这在改革开放之初法律体系不健全、各种旧的体制机制普遍存在不适应改革开放需要的形势下，是不得不实施的具有阶段合理性的模式。在历史上也的确产生了积极的效果，作出了不可替代的贡献。然而，事物都是一分为二的，这种模式的长期运行也带来了一些负面影响，值得注意和警惕。

第一，在先行先试中，应当消除实用主义观念，坚持法律底线。首先，在改革开放中，一些人尤其是领导干部的头脑中容易产生错误认识，即只要是为了改革开放，不按照仍然有效的法律法规做事也不要紧，只要出发点和结果好就行。无形当中，改革开放试点就变成了突破法律法规的借口，这极不利于法治观念的形成和普及。其次，一些具有尝试性和探索性的措施，往往是以位阶较低的规范性法律文件或具有普遍约束力的决定命令为依据的。当这些文件与相关的法律法规不一致时，实际得到执行的往往是这些效力位阶低的文件，法律位阶的效力等级关系就被颠倒了。时间长了，就形成了"大法不如小法，小法不如文件，文件不如讲话"的实用主义意识。最后，极少数地方及其负责人存在打着试点旗号为小团体甚至个别人牟取不法利益的腐败现象。这些人往往把自己的不法行为包装在所谓的改革措施之中，利用先行先试的授权，以权谋私，造成了民众对先行先试的不满甚至反感。

第二，广东作为流动人口输入大省面临社会综合管理的难题。2010 年第六次全国人口普查主要数据显示，广东全省常住人口为 104303132 人，与第五次全国人口普查 2000 年 11 月 1 日零时的 86420000 人相比，10 年共增加 17883132 人，增长 20.69%，其中有 644 万人是由外省流入，806 万人是户籍人口的自然增长，208 万人是户籍人口的迁移增长，还有 130 万人是由于种种原因没有上户口而在人口普查前的户口整顿中清查出来的人口。改革开放 30 多年来，在改革开放中，广东不仅扮演了改革开放先锋、先行先试探路者的角色，而且善于提供自由发展空间、灵活运用中央政策、不拘一格使用人才，吸引了全国各地的不同层次、不同类型的人员。广东是中国的一个小缩影，大量的外来人口进入广东，并在这里寻求自己的发展空间，为广东的发展起到了推动作用，也为广东的社会治理带来了新的问题。目前，在广东定居、工作的人群差异之大、社会分层之复杂，全国无出其右者，这在相当程度上使广东省面临着许多兄弟省市当前乃至今后一段时间内不会出现的复杂局面。这也是造成目前广东部分地域之间发展差距较大，不同社会阶层收入差距较大的一个客观因素。相应地，这也为广东的社会治理带来了很多难题。广东某些地方出现的具有较大影响的群体事件或治安事件就是管理难的一种表现。

第三，缩小贫富差距是广东今后面临的主要任务。改革开放以前，广东的相当一部分地区工业基础薄弱，经济底子差。改革开放之后，以珠三角地区为代表的部分地域在比较短的时间内通过自身的努力，加上中央和地方的政策扶持迅速发展起来，在经济领域打下了较为雄厚的基础，与此同时也拉大了与粤北、粤东、粤西部分贫困地区之间的差距。这种现象的出现，客观和历史地分析，并不是广东所追求和希望的结果，而是短时间内快速发展必然会出现的情况。但是，这毕竟形成了一种客观现象，即目前的广东还存在相当程度的地域性发展差异和较大的人群收入差距。相应地，其背后也就隐藏着不同地域之间、不同人群之间的矛盾和利益冲突。对于这种复杂的形势，广东省还需要通过法治和社会主义民主政治妥善地协调和化解此类矛盾，在保持一定发展速度的基础上完善利益分配机制，缩小地域和人群之间的发展差距，让最广大人民群众成为改革开放最大的受益者，实现共同富裕。

第四，要进一步在法治的轨道上化解矛盾纠纷。随着广东社会转型进入攻坚阶段，群体事件多发，如何在法治的轨道上化解矛盾，妥善处理群体事件，是广东今后一段时间里面临的一大挑战。广东省 2011 年对乌坎事件的处理表明，在法治的轨道上化解纠纷是可行的。广东省工作组在处理乌坎事件的过程中，紧紧依靠党和人民，具体做到五个坚持。（1）坚持民意为重，以最大决心、最大诚意、最大努力解决群众的合理诉求，严肃查处腐败行为。（2）坚持群众为先，依靠群众解决乌坎问题。工作组明确表示，陆丰乌坎村群众的主要诉求是合理的，基层党委政府在群众工作中确实存在一些失误，村民出现一些不理性行为是可以理解的。（3）坚持以人为本，全力做好死者家属的安抚优恤工作。（4）坚持阳光透明，及时公布调查处置工作的进展情况。（5）坚持法律为上，依法依规、讲情讲理，妥善解决问题。政府回应和解决群众的诉求是否合理，首先要以法律法规来界定，同时要以人为本，考虑人民群众的实际利益，对部分乌坎村民在参与上访游行过程中出现的不理智行为给予充分理解和谅解，参与打砸的只要有悔改表现也给予宽待；即使是对策划、组织违法行为的主犯，只要他们有悔改表现，不再组织村民妨碍工作组进村解决群众合理诉求，都一律给足出路。乌坎事件的处理过程显示，保持冷静、理智、克制、有秩序的气氛，在民主法治的轨道上处理群体事件，完全可以实现以人为本与社会稳定、和谐的共赢。

第一章 法治政府的探索与实践

第一节 法治政府基本理论概述

一 法治政府的概念及其内涵

"法治政府"作为一种立宪政府的治理模式和宪政民主政府的建构理念，其思想渊源可以追溯到古希腊。亚里士多德在《政治学》中提出了优于"人治"的"法治"模式。经过长期的发展与实践，"法治政府"理念已成为现代西方社会所普遍认可的治理模式。

（一）法治政府的概念

有关"法治政府"的概念界定，学者们基于不同的实践经验与分析视角，尚未形成统一看法。[①] 恰如有学者指出，"法治政府的建设从来没有划一的模式，各国地方性、知识和经验的差异性构成了制度资源的多样性。但这并不排除借鉴别国经验的重要性。法治的多样性是以某种一致性的共识为前提的，否则就失去了制度的比较意义。"[②] 从共性来看，法治政府是指依法治理的政府或法律之下的政府，其本质要求是："一切行政活动只能在法律的规范和制约下进行，从而保证行政权力的运用符合法律所集中体现的意志和利益并防止行政权力的扩张和滥用，实现和保障公民、法人和其他组织的合法权益。"[③]

（二）法治政府的内涵

对于"法治政府"的行为特征，实务界和学术界的概述各有侧重，但普遍

---

① 青维富：《宪政理念与法治政府》，《四川大学学报（哲学社会科学版）》2008 年第 2 期。
② 罗豪才：《行政法与公法精要》（序言），辽海出版社、春风文艺出版社，1999，第 2 页。
③ 马凯：《加快建设中国特色社会主义法治政府》，《求是》2012 年第 1 期。

认可法治政府的内涵应当包含有限政府、责任政府、阳光政府、服务政府①等内容。

1. 有限政府

所谓"有限政府"是指权力有限的政府。作为行政机关，政府的主要职能是执行法律，对社会进行公共行政管理。因此，政府要被授予履行其职能所必需的行政权力，否则就难以有效开展工作。但是，行政权力必须受到制约，否则就有可能侵害其管理对象的正当权益，从而对社会产生危害。从行为规范来看，有限政府的"权力有限"突出表现在权力的范围和行使方式仅限于立法机关的授权。国务院《全面推进依法行政实施纲要》明确指出："行政机关实施行政管理，应当依照法律、法规、规章的规定进行；没有法律、法规、规章的规定，行政机关不得作出影响公民、法人和其他组织合法权益或者增加公民、法人和其他组织义务的决定。"恰如有学者所言，"任何事情都必须依法而行。将此原则适用于政府时，它要求每个政府当局必须能够证实自己所做的事是有法律授权的，几乎在一切场合这都意味着有议会立法的授权。否则，它们的行为就是侵权行为（例如征购某人的土地）或侵犯了他人的自由（例如不批准他人的建设计划）。"②

2. 责任政府

所谓"责任政府"，是指政府应向国家立法机关和全体人民负责，积极回应并满足公众的各种合理诉求，其不负责任的各种行为受到有效监督和制约的政府。国家权力是基于人民授权而形成，因此必须对人民负责。政府作为行政权力的行使者，法律在授予其权力的同时即规定了必须承担的相应责任。国务院《全面推进依法行政实施纲要》明确指出："行政机关依法履行经济、社会和文化事务管理职责，要由法律、法规赋予其相应的执法手段。行政机关违法或者不当行使职权，应当依法承担法律责任，实现权力和责任的统一。依法做到执法有保障、有权必有责、用权受监督、违法受追究、侵权须赔偿。"从责任政府的建

---

① 杨海坤、章志远：《中国行政法基本理论研究》，北京大学出版社，2004，第87~88页；马怀德：《法治政府特征及建设途径》，《国家行政学院学报》2008年第2期；张穹：《法治政府建设是政府自身建设的根本》，《国家行政学院学报》2009年第4期；王勇：《法治政府的内涵及其经济作用》，《唯实》2010年第10期；马凯：《加快建设中国特色社会主义法治政府》，《求是》2012年第1期。

② 〔英〕威廉·韦德：《行政法》，中国大百科全书出版社，1997，第23页。

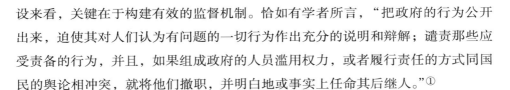

设来看，关键在于构建有效的监督机制。恰如有学者所言，"把政府的行为公开出来，迫使其对人们认为有问题的一切行为作出充分的说明和辩解；谴责那些应受责备的行为，并且，如果组成政府的人员滥用权力，或者履行责任的方式同国民的舆论相冲突，就将他们撤职，并明白地或事实上任命其后继人。"①

3. 阳光政府

所谓"阳光政府"是指政府行政权力的行使、行政管理的过程及其结果都应当公开透明。行政公开是现代行政法的一项基本要求，也是现代民主政治的必然要求。"阳光是最好的防腐剂"，阳光政府最有利于遏制行政权力的腐败。从阳光政府的建设来看，关键在于有效完善政府信息公开制度。国务院《全面推进依法行政实施纲要》明确指出，"行政机关实施行政管理，除涉及国家秘密和依法受到保护的商业秘密、个人隐私的外，应当公开，注意听取公民、法人和其他组织的意见"。

4. 服务型政府

所谓"服务型政府"是指以为人民服务为宗旨并承担服务责任的政府。现代政府是得到人民的委托而行使国家管理权，因此必须为人民的利益和幸福而行使管理权。恰如有学者所言，"政体应当永远被视为服务的问题，而不是权利的问题。"② 从服务型政府的建设来看，首要工作在于推动行政管理和社会服务的体制改革，使之更为高效和便捷，满足人民群众的现实需要。国务院《全面推进依法行政实施纲要》明确指出，"行政机关实施行政管理，应当遵守法定时限，积极履行法定职责，提高办事效率，提供优质服务，方便公民、法人和其他组织"。

二 中国特色的法治政府建设道路

20 世纪 80 年代以来，有限政府、责任政府、阳光政府、服务型政府的建设得到迅速发展。在立法方面，各种相关法律，如《行政诉讼法》（1989 年）、《行政复议条例》（1990 年）、《国家公务员暂行条例》（1993 年）、《国家赔偿法》（1994 年）、《行政处罚法》（1996 年）、《行政复议法》（1999 年）、《行政

---

① 〔英〕J. S. 密尔：《代议制政府》，商务印书馆，1984，第 80 页。
② 〔美〕托马斯·潘恩：《潘恩选集》，商务印书馆，1981，第 85 页。

许可法》（2003 年）等法律法规的相继出台，标志着行政法治建设从"依法治事为中心"到"以事后行政权力监督和公民权利救济为中心"的重要发展和根本转变。①

1997 年，中共十五大报告中正式提出"依法治国，建设社会主义法治国家"治国方略。1999 年，九届全国人大二次会议通过宪法修正案，将"依法治国，建设社会主义法治国家"写进宪法；同年，国务院出台《国务院关于全面推进依法行政的决定》，首次以国务院文件形式明确提出"依法行政"的基本要求。2002 年，中共十六大将发展社会主义民主政治，建设社会主义政治文明，作为全面建设小康社会的重要目标之一，明确提出"加强对执法活动的监督，推进依法行政"。2004 年，国务院出台《全面推进依法行政实施纲要》，明确规定了未来十年内全面推进依法行政的指导思想和具体目标、基本原则和要求、主要任务和措施，并且首次明确提出了建设"法治政府"的施政目标。2010 年，国务院出台《国务院关于加强法治政府建设的意见》，针对依法行政和行政管理中存在的突出问题，规定了"提高行政机关工作人员特别是领导干部依法行政的意识和能力、加强和改进制度建设、坚持依法科学民主决策、严格规范公正文明执法、全面推进政务公开、强化行政监督和问责、依法化解社会矛盾纠纷等七个方面的任务"，从而进一步明确了当前和今后一个时期推进依法行政的重点任务。②

相较于西方国家的"法治政府"模式，中国特色社会主义法治政府建设在根本宗旨、基本制度、指导原则、形成途径等方面都有实质区别。因此，作为法治政府一般与法治政府特殊统一体的中国特色社会主义法治政府，就是在中国共产党依法执政领导下，以人民民主为根基，以法律为准绳，以权力制约为条件，以依法行政为核心的人民政府。③

三 广东法治政府建设目标

2011 年 1 月，广东省委发布《法治广东建设五年规划（2011—2015 年）》

---

① 李鸿渊：《法治政府：权利与权力良性互动的理性回归》，《行政与法》2009 年第 3 期。
② 秦佩华：《国务院法制办负责人就〈国务院关于加强法治政府建设的意见〉答记者问》，人民网，2010 年 11 月 9 日。
③ 马凯：《加快建设中国特色社会主义法治政府》，《求是》2012 年第 1 期。

（以下简称《规划》），为贯彻落实国务院《全面推进依法行政实施纲要》以及《国务院关于加强法治政府建设的意见》提出了切合广东省情的措施与方案。与此同时，广东省各市县（区）也都依据国务院和广东省的相关文件精神，相继出台了具体的实施意见和工作规划，例如《广州市全面推进依法行政建设法治政府5年规划（2010—2014年）》、《中共深圳市委关于贯彻〈法治广东建设五年规划（2011—2015年）〉的实施意见》、《阳江市依法行政工作五年规划（2011—2015年）》、惠州市龙门县的《法治龙门建设五年规划（2011—2015年）》等。省、市、县三级形成了层次分明、上下联动的法治政府建设规划体系，保证了"法治政府"建设的有序开展和稳步推进。此外，需要指出的是，广东省于1996年就开始实施《中共广东省委关于进一步加强依法治省工作的决定》，此后，各地各部门认真贯彻落实依法治国基本方略，依法治省工作取得明显成效，为贯彻落实《法治广东建设五年规划（2011—2015年）》打下了坚实基础。

从内容上看，针对有限政府目标，《规划》明确提出要"进一步健全领导干部学法用法制度，模范遵守宪法和法律，严格在宪法和法律范围内活动"，各级党委应"支持各级政府依法行政"，"强化政府法律顾问工作，防范法律风险，维护行政运作安全"，并明确提出"健全法治广东宣传教育联席会议制度，整合资源、上下联动，构建法治广东宣传教育大格局"，突出做好领导干部的普法工作，提高社会主义法治理念和法律素质，促进自觉守法和依法办事。针对责任政府目标，《规划》明确要求"建立健全决策权、执行权、监督权既相互制约又相互协调的权力结构和运行机制，把党内监督、人大监督、行政监督、法律监督、政协民主监督、群众监督、舆论监督有机结合起来，形成纵向联动、横向配合的监督机制"，并从三方面提出了具体规划。一是加强对行政行为的事前监督。《规划》要求"进一步规范行政决策程序，完善行政决策听取公众意见制度，推行重大行政决策合法性审查制度"。二是加强对行政行为的事中监督。《规划》要求"深入推行行政执法责任制，推进行政执法体制改革，完善便民高效、制约有效的行政执法程序，提高行政执法能力"，以及"进一步加强各级人大及其常委会的监督工作，综合运用听取专项工作报告、执法检查、询问和质询等形式开展监督，确保法律法规有效实施"。三是加强对行政行为的事后监督。《规划》要求"推行重大行政决策实施情况后评价制度"，"做好行政应诉工作，自觉履行法院判决和裁定"，"建立健全依法行政报告制度，市、县（市、区）政府每年向本级人大常委会和上一级政府报告依法行政工作"，以及"制定并推行依法行政监督办法和依法行政评议考核制度，以执法监察为重点加强行政监察力度，建立健全行政问责制度，推进预防腐败信息系统建设"。

针对阳光政府目标，《规划》要求"深入推进政务公开工作，加大阳光政务建设力度"，"加强诚信制度建设，提高政府公信力"，并在此基础上进一步提出"开展阳光村务活动，健全村务公开、财务公开、民主理财、民主评议村干部等各项制度"，以及"着重抓好教育系统的阳光校务、依法治校等工作"。

针对服务型政府目标，《规划》一方面在行政管理领域提出"积极推进相对集中政府规章草拟权、行政许可权、行政处罚权、行政复议权、政府法律事务处理权工作，加强政府管理创新，提高行政效能"；另一方面在社会服务领域提出"大力推进社会管理和公共服务创新"的要求，具体包括"推进基层社会管理体制改革，理顺政府与城乡自治组织的关系"，"完善社区管理体制，构建社区公共资源共享机制和综合治理机制"，"创新治安管理与城市管理、市场管理、行业管理等有机结合的新模式"，"规范政府直接提供、委托社会组织提供和政府购买公共服务等方式，形成多元化的公共服务供给模式"，"创新流动人口、社会组织和虚拟社会管理"，以及"建立化解矛盾纠纷多元联动机制"等各项工作规划。

综上，广东省在法治政府建设方面立足省情，先行先试，逐步探索并完善了诸多行之有效的制度举措，从而为实现《规划》提出的"到2014年，全省基本实现建设法治政府的目标"提供了有力保障。

第二节　健全重大行政决策机制

一　规范重大行政决策程序

行政决策，是指国家行政机关或行政人员发挥行政管理职能，作出处理国家公共事务的决定。[①] 行政决策的正确与否，直接关系到经济发展、社会稳定、人民幸福，因此必须予以高度重视。国务院在《全面推进依法行政实施纲要》中

---

① 朱勤军：《公共行政学》，上海教育出版社，2002，第153页。

明确提出，"科学化、民主化、规范化的行政决策机制和制度基本形成，人民群众的要求、意愿得到及时反映"的法治政府建设要求。

具体来看，行政决策科学化是指："行政决策主体要坚持实事求是、一切从实际出发原则，运用科学的理论、方法和手段进行决策，正确处理决策主体与决策客体的关系，使主观的决策活动符合客观事物的实际，最终解决行政管理的实际问题。"① 行政决策民主化是指："行政决策主体在决策过程中与社会公众保持密切联系，最大限度地让人民群众参与决策，使人民群众能够通过各种有效的信息渠道，充分表达对各种行政决策选择方案的意见和建议，达到决策体制符合民愿、决策目标体现民情、决策方式考虑民力、决策过程尊重民意、决策结果顺应民心，最终实现最广大人民群众的根本利益。"② 行政决策规范化是指行政决策过程必须遵循正当合理的程序，从而为科学化和民主化决策提供可持续、可操作、可监督的制度保证。

现代政府拥有广泛的行政职能，如果要对所有行政决策都加以规范既不可行，亦无必要。于是，广东省各市县通过探索实践，逐步形成了重大行政决策的规范程序，从而在保证一般行政决策效率的同时，有针对性地实现了重大行政决策的科学化和民主化目标，兼顾了行政效率与公正，起到了良好的提纲挈领作用。

不过，由于重大行政决策的概念并不十分确定，各地在具体实践中的重大行政决策的范围也不尽相同，有的宽泛一些，有的则狭窄一些。比如，广州市的重大决策的范围略窄，如《广州市重大行政决策程序规定》（2010 年）规定，重大行政决策是指"由政府依照法定职权对关系本行政区域经济社会发展全局，社会涉及面广，与公民、法人和其他组织利益密切相关的重大事项所作出的决定"。但其所规定的重大行政决策事项范围较窄，包括：（1）制定经济和社会发展重大政策措施；（2）编制和修改各类经济、社会、文化发展和公共服务总体规划；（3）使用重大财政资金，安排重大政府投资项目，处置重大国有资产；（4）开发利用重大自然资源；（5）制定城市建设、环境保护、土地管理、劳动

---

① 彭程甸、罗依平：《行政决策民主化、科学化、法治化及其辩证关系》，《湖南财经高等专科学校学报》2002 年第 5 期。

② 彭程甸、罗依平：《行政决策民主化、科学化、法治化及其辩证关系》，《湖南财经高等专科学校学报》2002 年第 5 期。

就业、社会保障、文化卫生、科技教育、住房保障、交通管理等方面的重大政策措施；（6）制定行政管理体制改革的重大措施；（7）其他需要政府决定的重大行政管理事项。而且明确规定，以下事项不适用重大行政决策程序：（1）政府规章的制定，地方性法规建议案的拟定；（2）政府人事任免；（3）政府内部事务管理措施的制定；（4）突发事件的应急处理；（5）法律、法规和规章已对决策程序作出规定的其他事项。

惠州市的重大行政决策的范围则略宽。《惠州市行政决策程序暂行规定》（2008年）所规定的重大行政决策事项范围相对宽泛，其中包括：（1）经济、社会发展战略的确定或调整；（2）年度或中长期经济社会发展目标的确定或调整；（3）年度财政预算（草案）的确定或调整，以及重大项目资金的安排；（4）与经济社会发展密切相关的工业、农业、电子信息业、环保、商贸、旅游、科教文卫、城建等重大建设项目的确定或调整；（5）土地、矿产、河砂、水等有限资源的开发和利用；（6）区域性重大改革措施的出台；（7）城市总体规划、分区规划、各类专业规划的确定或调整，大规模的城市改造规划或重要街区、路段的改造规划以及城市公共管理职能的确定或调整；（8）环境功能区划和自然保护区域的确定，对影响环境和危及人身安全的特定物品或动物采取的禁止或限制性措施；（9）为保护公共安全和公共利益，维护社会治安秩序和社会稳定采取的辖区范围内长期限制措施；（10）直接关系公共利益的特定行业的市场准入；（11）关系群众切身利益的重要的公用事业价格、公益性服务价格的定价和调价；（12）重大社会保障、福利措施的制定；（13）重大人事任免决定；（14）重要规范性文件的制定；（15）其他涉及经济发展、社会稳定和群众切身利益的重大事项。

二　重大行政决策的事前约束机制

加强重大行政决策的事前约束是使重大行政决策符合法治政府建设目标的前提，核心是通过相关的工作机制，确保重大行政决策的科学性、民主性和合法性。从重大行政决策程序的事前约束来看，广东省各市县的实践主要包括：专家咨询机制、公众参与机制、合法性审查机制。

（一）专家咨询机制

现代社会的专业分工日趋细化，因此要确保事关国计民生的重大行政决策科学化，政府部门就有必要听取相关领域专家的意见和建议，从而避免在决策过程中出现不必要的技术性误判。对此，《惠州市行政决策程序暂行规定》要求："对事关经济社会发展全局和影响经济社会长远发展的重大决策，必须经过专家咨询论证。"《阳江市人民政府重大决策专家咨询制度》（2009年）规定："涉及地区经济社会发展全局的或者专业性较强的重大行政决策事项，应当按照本制度进行专家咨询论证。"

从专家咨询机构的设置来看，基于专业性和公正性的需要，"决策咨询专家库"是较理想的解决方案。因为，其既有助于保证专家咨询的广泛代表性，也有利于保证专家咨询的透明与中立。对此，《广州市重大行政决策程序规定》提出了"政府应当建立决策咨询专家库"。《阳江市重大决策专家咨询制度》也要求："市政府要根据工作需要，建立咨询专家库。"不过，由于专家库建设涉及诸多方面的前期准备工作，在专家库建立前，各市县通常都会采取直接委托调研或临时组建专家咨询会的解决方案。例如，《汕尾市行政决策程序暂行规定》（2009年）和《湛江市政府行政决策规则和程序规定》（2010年）规定："专业性较强的决策事项，可以委托专家、专业服务机构或者其他组织进行调研。"《广州市重大行政决策程序规定》要求："决策起草部门应当组织专家咨询会，邀请相关领域5名以上专家或委托专业研究机构对决策的必要性和可行性等问题进行咨询。"

从专家咨询工作的内容来看，主要涉及重大行政决策的必要性与可行性。对此，《阳江市人民政府重大决策专家咨询制度》提出："咨询论证专家组成员应就下列内容对咨询论证事项提出意见和建议：决策的必要性；决策的可行性；决策的经济社会效益；决策的执行条件；决策对环境保护、生产安全等方面的影响；其他必要的相关因素。"《湛江市政府行政决策规则和程序规定》要求："重大行政决策备选方案，决策承办单位应咨询专家意见或者组织专业人员进行必要性、可行性、科学性论证。"

从专家咨询方式的选择来看，各市县主要采取会议或书面方式进行咨询。《阳江市重大决策专家咨询制度》规定："咨询论证采取以下方式：召开专家咨询论证会；书面形式。"《汕尾市行政决策程序暂行规定》提出："咨询、论证可以采用召开咨询会、论证会或者书面咨询等方式。"《惠州市行政决策程序暂行规定》要求："在调查研究基础上，召开专家咨询论证会议，就决策事项进行综合分析、论证，形成《决策咨询专家意见书》。"《广州市重大行政决策程序规定》提出，"专家或者专业研究机构论证后，应当出具签名或者盖章的书面咨询意见。"

（二）公众参与机制

重大行政决策与社会公众的利益密切相关，因此政府在作出决策前有必要听取和采纳公众意见和建议，这可以兼听则明，保证决策的科学性，又有助于使最终决策兼顾各方面公众的不同利益诉求，还有助于通过前期的解释说明，赢得公众的理解和支持，增强公众对行政决策的认可度和接受度，为行政决策的贯彻落实创造良好氛围。对此，《汕尾市行政决策程序暂行规定》要求，"重大行政决策事项涉及面广或者与公民、法人和其他组织利益密切相关的，应当公开征求意见"；"重大行政决策事项有下列情况之一的，应当举行听证会：涉及重大公共利益和公民、法人或其他组织切身利益的；公众对决策方案有重大分歧的；可能影响社会稳定的；法律、法规、规章规定应当听证的"。《惠州市行政决策程序暂行规定》要求，"对事关人民群众切身利益的重大决策，应在决策前进行公示或听证。公示和听证情况作为决策的主要依据。"

（三）合法性审查机制

作为法治的有限政府，任何行政决策都必须在法律授权范围内作出，因此事先对行政决策特别是重大行政决策进行合法性审查也就成为法治建设的必然要求。广东各地都将对重大行政决策进行合法性审查作为其前期治理的重要方面。比如，《河源市重大行政决策合法性审查制度》（2009 年）规定："重大行政决策未经合法性审查或者经审查不合法的，不得做出决策。"

从合法性审查的内容来看，主要涉及决策权限、程序、内容是否合法。《惠州市政府重大行政决策合法性审查规定》（2010 年）规定："市、县（区）政府法制机构应当从以下方面对重大行政决策进行合法性审查：是否与法律法规政策相抵触；是否超越决策机关的法定职权范围；是否滥用行政自由裁量权；是否存在决策程序不合法；是否存在其他的法律问题。"

从合法性审查的主体来看，政府法制机构是承担具体工作的实施机构。《湛江市重大行政决策听证和合法性审查制度》（2010 年）规定："重大行政决策草案，市政府办公室在提交市政府常务会议或全体会议审议前，应将有关资料转市政府法制部门进行合法性审查。"法制部门在合法性审查时，可以邀请专家或要求政府法律顾问共同参与审查。《广州市重大行政决策程序规定》规定："政府法制机构在进行合法性审查时，认为有必要的，可以邀请相关专家进行合法性论证。"《河源市重大行政决策合法性审查制度》规定："法制机构负责重大行政决策的合法性审查工作，必要时，可组织法律顾问或有关专家进行合法性审查。"全省率先推行法律顾问机制的中山市在《中山市人民政府法律顾问室工作规则》（2006 年）中规定，市政府法律顾问室的主要工作职责包括"为市政府、市属职能部门、各镇政府的重大决策、行政行为、合同行为及其他法律事务提供法律意见"。从而形成了政府主持审查，实务界和学术界共同参与的有效机制。

从合法性审查的形式来看，既可以采取会议研讨的方式，也可以采取书面审议的方式。《惠州市政府重大行政决策合法性审查规定》规定："市、县（区）政府法制机构对重大行政决策进行合法性审查时，一般采取书面审查方式，对情况复杂或法制机构认为必要的，可以采取下列方式：通过召开听证会、座谈会等形式广泛听取社会各界的意见和建议；根据需要组织有关单位和专家学者以研讨会形式进行法律论证。"但审查结果必须以书面意见书为准。《湛江市重大行政决策听证和合法性审查制度》规定："合法性审查以书面审查为依据，市政府法制部门参与的会议等形式的活动不代替合法性审查。"此举不仅提高了审查的灵活性，也保证了审查的严肃性和规范性。

三　健全重大行政决策的事后监督机制

从重大行政决策程序的事后监督来看，广东省各市县的实践主要包括：决策后评价机制、责任追究机制等。

（一）决策后评价机制

任何制度和政策的出台都可能思考不周、偏于理想化，或者可能因为社会变迁而不能适应社会现实，影响其预期目的的实现，因此，适时开展决策后评估也是对重大行政决策进行监督的重要机制。

根据《惠州市人民政府重大行政决策后评价暂行规定》（2009 年）的规定，重大行政决策后评价是"依据一定的标准和程序，对重大决策在施行过程中，由负责评价的组织、机构运用科学、系统、规范的评价方法，对重大决策执行后的效果做出的综合评定，并由此决定重大决策的延续、调整或终结的活动"。决策后评价机制属于事后监督，其重要功能在于纠偏和纠错。尽管通过专家咨询、公众参与、合法性审查等事前监督，有助于避免重大行政决策失误，但是很多具体问题难以面面俱到，如果要做到完全缜密周详很可能要耗费高额成本和大量时间，因此，基于行政效率的需要，最合理的解决方案就是在决策执行过程中纠错。此外，即使行政决策正确，也有可能在执行过程中因外部环境变化而导致执行效果偏离预期要求，因此有必要通过后评价机制予以纠偏。

从决策后评价的责任主体来看，各市县的实践不太一致。《广州市重大行政决策程序规定》规定，行政决策后评价的"组织单位为决策执行主办部门"，政府办公厅（室）、行政监察机关和政府法制机构应当组织开展对评价的检查、督办等工作。与此相区别，《惠州市人民政府重大行政决策后评价暂行规定》规定，"市政府办公室、市监察局是重大决策后评价制度的组织实施机构。市政府办公室会同市监察局和重大决策提出部门具体负责决策后评价工作。"从实践来看，较理想的解决方案是由政府办公室组织对重大行政决策的后评价，决策执行部门组织对一般行政决策的后评价，行政监察机构和政府法制机构负责对后评价工作的检查和监督，这样的重大决策后评价机制更为高效有序。

从决策后评价的内容与方法来看，各市县的实践则颇为相似。例如，《河源市人民政府重大行政决策实施情况后评价制度（试行）》（2011 年）规定，"决策后评价主要围绕以下内容开展：决策的实施结果与决策既定目标的一致性；决策实施的成本、效益分析；决策带来的正负面影响；决策实施在实施对象中的接受程度；决策实施与经济社会发展方向的符合程度；决策实施带来的近期效益和长远影响；主要经验、教训、措施和建议等。"并规定，决策后评价的具体方法可以选取"运用个体的、群体的访谈方法或采用文件资料阅读、抽样问卷等方法采集整理决策信息；实行定性分析与定量分析相结合的方法进行统计分析决策信息；运用成本效益统计、抽样分析法、模糊综合分析法等政策评价方法评价得出结论并加以综合分析，最终取得综合评定结论"的一种或多种方法。惠州市的相关规定与此基本相同。

（二）责任追究机制

作为法治的责任政府，相关行政部门与行政人员特别是领导干部应为行政决策特别是重大行政决策的合法性与合理性承担责任，从而在制度上保证权力与义务平衡，有助于遏制权力滥用，增强政治责任感，改进政府行政绩效。广东省各市县依据《行政监察法》、《行政机关公务员处分条例》等法律法规，结合各自的实际情况对重大行政决策的追责机制进行了探索与实践。从各市县的相关规定来看，对于行政决策的责任追究主要有两种思路。

其一是主要追究行政人员特别是领导干部的责任。《惠州市行政决策过错责任追究暂行规定》（2008 年）规定，决策责任是指："各级行政机关和法律、法规授权的具有管理公共事务职能的组织以及受行政机关依法委托履行行政管理职责的组织中具有决策权的工作人员，对其在实施决策过程中，因决策错误应当承担的责任。"其中，决策责任分为"直接责任、主要领导责任和重要领导责任"。责任到人的方式有助于提高行政人员的责任感。恰如有学者所言："通常，每一种行政职务，不论高低，应该是委派给某个特定个人的职责，这对凡是做过工作并由于过错而为完成某些工作的人说来应该是明显的。当任何人都不知道谁应该负责的时候责任就等于零。甚至当责任真正存在时，如加以分割就不能不被削弱。要保持高度的责任，就必须一个人承担全部的毁誉褒贬。"①

其二是区分不同情况，追究行政机关或者工作人员的责任。《深圳市行政决策责任追究办法》（2009 年）规定，行政决策责任追究是指，"对行政机关及其工作人员在承办政府重大决策事项时不履行或者不正确履行职责，或者在本单位重大事项决策中，不履行职责或不正确履行职责，造成人身、财产损失、环境破坏或者其他不良社会影响的行为，按照本办法追究行政机关及有关责任人员行政责任的活动"。并具体区分了"应当追究有关责任人员的行政责任"以及"应当追究行政机关或者有关责任人员的行政责任"的情况。追究行政机关的责任有助于在相关决策问题难以明确归责的情况下，及时确定责任主体，从而保证行政决策后续调整和补救工作的有序进行，切实维护社会公众权益。

从实践情况来看，更理想的解决方案是双罚制。具体而言，即行政决策出现问题后，首先追究相关行政机构的责任，第一时间明确责任主体，而后通过内部审查和外部监督相结合的方式，追究相关工作人员特别是领导干部的责任，确保"责任到人"，杜绝"领导决策，集体负责"的不合理现象，切实贯彻"责权统一"的法治政府目标。

---

① 〔英〕J. S. 密尔：《代议制政府》，商务印书馆，1984，第 190～191 页。

第三节　完善行政规范性文件的监管机制

一　行政规范性文件概述

关于行政规范性文件的概念，无论是《宪法》、《立法法》还是《各级人民代表大会常务委员会监督法》等相关法律都未进行过具体界定，学术界也未达成共识。有的认为，"行政规范性文件，是指国家行政机关为了执行法律、法规和规章，对社会实施管理，依法定权限和法定程序发布的规范公民、法人和其他组织行为的具有普遍约束力的政令。"① 有的则提出，行政规范性文件"是指各级各类国家行政机关为实施法律执行政策在法定权限内制定的除行政法规和规章以外具有普遍约束力的决定、命令及行政措施等"。② 尽管在概念界定上存在分歧，但各方基本认可行政规范性文件的以下特征：

其一，非立法性。行政规范性文件具有部分"法"的属性，有学者提出，"应当像对待规章那样来对待其他规范性文件，只要其他规范性文件与上位法不冲突，就应当承认其效力，并可以在裁判文书中引用。"③ 但从立法规范来看，行政规范性文件不属于行政立法范畴，因此并不是"法"。

其二，普遍约束力。作为抽象行政行为，行政规范性文件针对的是不特定的人，旨在建构有效的制度规范，从而为人们提供行为模式，使人们的行为具有可控性和可预测性。

其三，重复适用性。行政规范性文件行为规则不是实施一次即告终止，而是对其所调整的同类事项、同类行政相对人可以反复适用，在同样的条件下重复地发生法律效力。

《广东省行政机关规范性文件管理规定》（2004 年）规定，行政机关规范性文件"是指除政府规章外，各级行政机关依据法定职权制定发布的，对公民、法人或者其他组织具有普遍约束力的，可以反复适用的文件"。具体分为"政府

---

① 姜明安：《行政法与行政诉讼法》，北京大学出版社、高等教育出版社，1999，第 171 页。

② 应松年：《行政行为法》，人民出版社，1992，第 307 页。

③ 李杰：《其他规范性文件在司法审查中的地位及效力探析》，《行政法学研究》2004 年第 4 期。

规范性文件和部门规范性文件"，其中，"各级人民政府（含政府办公厅、办公室）以自己的名义制定的规范性文件为政府规范性文件；县级以上人民政府组成部门、直属机构以及法律、法规授权的管理公共事务的组织等以自己的名义制定的规范性文件为部门规范性文件"。

尽管被称为"红头文件"的行政规范性文件效力层级较低，但在行政管理领域却得到普遍适用，而且往往是行政主体做出具体行政行为的主要依据，因此对经济建设和社会生活存在广泛深刻的影响。长期以来，"红头文件"在有效弥补法律法规的疏漏和缺位、实现对具体行政行为规范性指导的同时，也存在监管无序的问题，甚至在一定程度上影响了政府的公信力和执行力。"缺乏规范性文件制定规划和计划，有的机关甚至根据某领导的一句话、一个批示、一次大会发言便'炮制'一个规范性文件；未作深入的调查研究，也不作充分论证；没有广泛征求意见、集体讨论，便草草出台规范性文件，缺乏制定规范性文件所必需的民主程序；个别行政机关没有落实规范性文件发布前的领导集体审议制度，导致一些部门行政执法时发生争议"。[①]

针对行政规范性文件暴露的现实问题，国务院《全面推进依法行政实施纲要》（2004 年）提出，规范性文件应"符合宪法和法律规定的权限和程序，充分反映客观规律和最广大人民的根本利益，为社会主义物质文明、政治文明和精神文明协调发展提供制度保障"。《国务院关于加强市县政府依法行政的决定》（2008 年）和《国务院关于加强法治政府建设的意见》（2010 年）进一步提出了"建立健全规范性文件监督管理制度"尤其是完善行政规范性文件的清理、制定、备案审查机制的要求，从而为行政规范性文件的监管机制指明了法治建设的发展方向。

二　行政规范性文件的事前监督机制

从行政规范性文件的事前监督来看，广东省各市县的实践主要包括：公众参与机制、草案审查机制、统一发布机制。

（一）公众参与机制

作为抽象行政行为，行政规范性文件的颁行会对公众产生直接或间接的影响，甚至是相当明显的影响。因此，国务院《全面推进依法行政实施纲要》提

---

① 占志刚：《行政规范性文件监控机制研究》，《行政与法》2005 年第 4 期。

出："作为行政管理依据的规范性文件草案，要采取多种形式广泛听取意见。重大或者关系人民群众切身利益的草案，要采取听证会、论证会、座谈会或者向社会公布草案等方式向社会听取意见，尊重多数人的意愿，充分反映最广大人民的根本利益。"这一方面有助于提高行政规范性文件起草的科学性与可行性，从而"充分反映客观规律和最广大人民的根本利益"，另一方面有利于宣教，从而为文件颁行后的贯彻落实创造有利环境。

从公众参与的方式来看，广东省各市县的实践主要包括：专家咨询方式，公开征求意见方式，会议征求意见方式。

专家咨询方式通常用于涉及专业领域的行政规范性文件起草。《惠州市行政机关规范性文件制定程序规定》（2011年）规定："起草规范性文件可以邀请有关专家、组织参加，也可以委托有关专家、组织起草。"《广州市行政规范性文件管理规定》（2011年）规定："对专业技术性较强的行政规范性文件，起草部门应当组织相关专家进行论证。"

公开征求意见方式通常用于文件草案定稿后的公示。《江门市行政机关规范性文件管理规定》（2009年）规定："政府规范性文件起草单位应当通过网络或者报刊等媒体向社会公布规范性文件草案，广泛征求公众意见。"《惠州市政府制定规范性文件公众参与监督制度》（2010年）规定，规范性文件起草部门发布公告征求公众意见的，"应当采取以下公开方式：通过规范性文件起草部门的网站发布；在《惠州日报》公布全文或者发布指引；在市政府门户网站或者市政府法制机构网站上设置公告的链接"。并规定，"规范性文件草案征求公众意见的时间不得少于10个工作日"。从实践来看，公开征求意见方式具有较强的单向宣教作用，有助于公众了解文件内容，但在双向互动方面的功效并不明显，政府方面很少能取得有价值的反馈意见。

会议征求意见方式通常用于涉及公众切身利益的重要文件起草。《河源市行政机关规范性文件管理规定》（2009年）规定："对规范性文件涉及重大事项或者关系人民群众切身利益的，应当采取召开座谈会、论证会、听证会或者向社会公布草案等方式向社会征求意见。"《惠州市政府制定规范性文件公众参与监督制度》规定："规范性文件起草部门发布公告后，可以通过座谈会征求公众意见，也可以根据拟制定规范性文件影响的范围、受影响的类别、影响程度等情况，通过听证会、论证会等方式广泛征求公众意见。"从实践来看，会议征求意

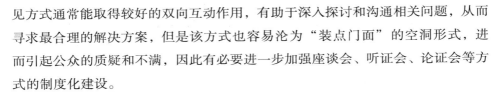

见方式通常能取得较好的双向互动作用，有助于深入探讨和沟通相关问题，从而寻求最合理的解决方案，但是该方式也容易沦为"装点门面"的空洞形式，进而引起公众的质疑和不满，因此有必要进一步加强座谈会、听证会、论证会等方式的制度化建设。

（二）草案审查机制

作为有限政府，"红头文件"的抽象行政行为必须在法律授权范围内作出，因此对行政规范性文件的合法性审查也就成为必然要求。对此，国务院《全面推进依法行政实施纲要》要求："规范性文件应当依法报送备案。对报送备案的规章和规范性文件，政府法制机构应当依法严格审查，做到有件必备、有备必审、有错必纠。"《广东省行政机关规范性文件管理规定》规定："各级人民政府应当建立健全规范性文件统一审查制度。"《广州市行政规范性文件管理规定》规定："未经政府法制机构审查同意的行政规范性文件不得发布；对擅自发布的行政规范性文件，公民、法人和其他组织有权拒绝执行。"

审查机构通常是本级行政机关的法制机构。《广东省行政机关规范性文件管理规定》规定，"政府规范性文件应当经本级政府法制机构审核或者征求本级政府法制机构意见"，"部门规范性文件应当报本级政府法制机构审查后再行发布"。对于未设立法制机构的情况，《汕头市行政机关规范性文件管理规定》规定，"行政机关没有设立法制机构的，应当指定有关工作机构或者专人进行法律审查"。对于乡镇行政机构的规范性文件，《惠州市行政机关规范性文件制定程序规定》规定，"镇（乡）人民政府规范性文件应当报本县（区）政府法制机构进行合法性审查后再行发布"，"未经政府法制机构审查同意而发布的部门规范性文件、镇（乡）政府规范性文件，政府法制机构可以向社会公布该规范性文件无效"。

审查内容主要是合法性问题，同时兼顾合理性问题。《广东省行政机关规范性文件管理规定》规定："政府法制机构审查部门规范性文件，原则上只审查合法性，不审查可行性和适当性，若发现存在可行性或者适当性问题时，可以向制定机关提出建议。"《河源市行政机关规范性文件管理规定》规定，政府法制机构"审查政府规范性文件，重点审查合法性，同时应对文件内容的必要性、可行性和适当性进行综合研究"，但"审查部门规范性文件，原则上只审查合法性"。

从审查时限来看，《广东省行政机关规范性文件管理规定》规定，政府法制机构应当"自受理之日起 10 个工作日内完成部门报送的规范性文件草案的审查"，对内容复杂、争议较大或者涉及其他重大问题、在规定的期限内不能完成审查的，"可以延长 10 个工作日"。各市县的规定不尽相同。其中，广州市、惠州市、河源市、东莞市等采用的是"10 + 10"规定，汕头市采用的是"7 + 7"规定，《江门市行政机关规范性文件管理规定》规定，"政府法制机构应当在受理之日起 30 个工作日内审核完毕"。从实践来看，如果是合法性审查，10 个工作日基本可以完成审查，但涉及合理性审查，即使延长时限也很难保质保量地按时完成工作。因此，较合理的解决方案是将主动审查工作局限于合法性审查，而将合理性审查纳入被动审查工作，即在相关部门或民众提出异议的情况下才启动合理性审查。

（三）统一发布机制

作为抽象行政行为，"红头文件"需要为公众所了解，才能一方面规范公众行为，提高行政效率，另一方面接受公众监督，制约行政权力。为此，国务院《全面推进依法行政实施纲要》要求，"作为行政管理依据的规范性文件通过后，应当在政府公报、普遍发行的报刊和政府网站上公布"。《广东省行政机关规范性文件管理规定》规定，"各级人民政府应当建立规范性文件统一发布制度。未经规定载体统一发布的规范性文件一律无效，不得作为行政管理的依据"。从"红头文件"发布的规范性建设来看，主要有三项工作：统一登记，统一编号，统一发布。

统一登记和统一编号有助于规范管理，将所有"红头文件"纳入监督范围。《惠州市行政机关规范性文件制定程序规定》规定，"市政府及其部门规范性文件在规定载体发布前由市政府法制机构、县（区）政府及其部门和镇（乡）政府规范性文件在规定载体发布前由所在县（区）政府法制机构进行统一登记，并按照统一规范体式编序号，作为规范性文件通过合法性审查、准予发布的标识"。对于未进行统一登记和统一编号的情况，惠州市人民政府办公室《关于贯彻实施行政机关规范性文件统一登记统一编号制度的通知》（2011 年）规定，"市政府将予以通报批评，并追究有关责任人员的责任"。

统一发布的方式通常包括书面发布和电子发布两种方式。东莞市人民政府办公室《关于进一步加强行政规范性文件统一发布工作的通知》（2010 年）规定，"市政府行政规范性文件的发布载体为《东莞市人民政府公报》和市政府信息公开网站，《东莞市人民政府公报》和市政府信息公开网站刊登的行政规范性文件文本为标准文本。对文件内容涉及面广、社会影响大的行政规范性文件，除按以上要求对外发布外，还要在《东莞日报》政务公布版发布"，部门规范性文件"发布载体为市政府信息公开网站。镇（街）行政规范性文件除按规定在本镇（街）公告栏对外发布外，还要同时通过本镇（街）门户网站和市政府信息公开网站对外发布"。从实践来看，电子发布方式正在成为公众了解"红头文件"的主流渠道，因此进一步完善政府信息公开网络建设已成为广东省各市县政府工作的重要课题。

三　行政规范性文件的事后管理工作

从行政规范性文件的事后管理来看，广东省各市县的实践主要包括文件评估机制和文件清理机制。

（一）文件评估机制

作为责任政府，行政部门必须为抽象行政行为的结果负责。因此，对"红头文件"实施效果的评估也就成为重要的后续工作。为此，国务院《全面推进依法行政实施纲要》要求，"规范性文件施行后，制定机关、实施机关应当定期对其实施情况进行评估"。《广东省行政机关规范性文件管理规定》规定，"规范性文件施行后，制定机关和实施机关应当定期对实施情况进行评估，并将评估意见通报政府法制机构"。

从文件评估主体来看，各市县的相关规定并不一致。《汕头市行政机关规范性文件管理规定》（2010 年）规定"制定机关和实施机关应当定期对实施情况进行评估"；《河源市行政机关规范性文件管理规定》（2009 年）规定"实施机关应当定期对实施情况进行评估"；《惠州市行政机关规范性文件评估办法》（2011 年）规定："市政府规范性文件评估工作，由市政府规范性文件原起草单位或主要实施单位负责。对事关经济社会发展大局或直接涉及公民、法人、其他组织切身利益的市政府规范性文件，可以由市政府组织评估，具体由市政府法制机构会同有关部门负责。市直部门规范性文件评估工作由发布单位负责。"不过，各市县普遍规定，评估机构应将"评估意见报政府法制机构"，从而确立了法制机构对规范性文件评估工作的组织、指导、协调和监督职能。

从文件评估时间来看，通常是在行政规范性文件有效期届满前进行评估。

《东莞市行政规范性文件管理办法》（2006年）规定，"行政规范性文件有效期届满前6个月，起草部门认为该文件需要继续实施的，应当对该行政规范性文件的实施情况进行评估"。《河源市行政机关规范性文件管理规定》的规定基本相同，区别在于将评估主体调整为"实施机关"。《惠州市行政机关规范性文件评估办法》规定，"标明有效期的规范性文件，应在有效期届满前6个月组织评估；没有标明有效期的规范性文件应在实施满3年前6个月组织评估"，并进一步规定，如果"制定规范性文件所依据的法律、法规、规章和政策等进行了修改的"、"市人大、政协或司法机关建议进行评估的"、"人大代表议案、政协委员提案或其他公民、法人、组织提出较多意见或建议的"、"市政府法制机构认为有必要进行评估的"，应当"适时组织评估"，从而兼顾了评估工作的规范性和灵活性，有效贯彻落实了国务院《全面推进依法行政实施纲要》关于"公民、法人和其他组织对规章和规范性文件提出异议的，制定机关或者实施机关应当依法及时研究处理"的法治建设要求。

从文件评估内容来看，主要涉及合法性、合理性、可行性、规范性等指标。《河源市行政机关规范性文件管理规定》规定，"评估主要应对文件实施以来的合法性、必要性、可行性和适当性等情况进行评估"。《惠州市行政机关规范性文件评估办法》规定，评估主要依据以下标准进行：合法性标准；合理性标准；协调性标准；可操作性标准；规范性标准；实效性标准。从各市县的实践来看，如何取舍评估内容，从而兼顾效率与公正是有待探索的难题。较合理的解决方案或许是将行政规范性文件加以分类，突出重点对关键性文件进行全面系统评估，相对次要的文件可适当简化评估内容，甚至采取"被动评估"的方式，即"无异议不评估"，从而提高行政资源的利用效率。

（二）文件清理机制

相较于法律法规，行政规范性文件具有制定周期短、处置灵活、针对性强的特点，因此在政府部门的具体行政工作中功效显著。但是，行政规范性文件的主要作用在于弥补法律法规疏漏和解决特定现实问题，因此随着法律法规的完善或现实环境的改变，那些不合时宜的"红头文件"就需要适时清理，否则就可能从行政工作的助力变为阻力，甚至成为行政权力滥用的工具。对此，国务院《全面推进依法行政实施纲要》要求，"制定机关要定期对规章、规范性文件进行清理"。《广东省行政机关规范性文件管理规定》规定："规范性文件制定机关应当根据法律、法规、规章和国家政策的调整情况，及时对已公布实施的规范性文件进行清理。规范性文件与法律、法规、规章和国家政策相抵触或者不一致的，应当及时修改或者废止。"

从文件清理的依据来看，各市县的规定基本相同。《揭阳市行政机关规范性文件定期清理公布规定》（2009 年）、《阳江市市级行政机关规范性文件定期清理公布制度》（2009 年）、《茂名市行政机关规范性文件定期评估和清理规定》（2010 年）、《惠州市政府及其工作部门规范性文件定期清理制度》（2010 年）等相关文件都将合法性、合理性、时效性等因素作为定期清理的普遍依据。其中，不具有合法性主要是指行政规范性文件与新的法律、法规、规章不相适应，或已被新的法律、行政法规或规章所代替，或其所依据的法律、法规、规章已被废止等情况；不具有合理性主要是指随着经济社会发展，行政规范性文件已不适应公共管理需要，不利于经济社会发展，不符合新出台的重大决策，或规范对象、管理措施已发生变化等情况；不具有时效性主要是指行政规范性文件的有效期届满等情况。

从文件清理的方式来看，各县市采用的主要有经常清理、定期清理、全面清理等方式。其中，经常清理是指在不具有合法性、合理性、时效性等因素出现时，政府部门依据"谁制定、谁清理，谁执行、谁负责"的原则对相关行政规范性文件进行清理，并及时作出修订或废止。《茂名市行政机关规范性文件定期评估和清理规定》规定，"规范性文件实施后，实施机关发现规范性文件存在重大问题，需要做出调整的，应当及时报告制定机关，制定机关应当即时清理"。

定期清理是指政府部门定期对行政规范性文件进行集中清理，从而有助于检查和弥补经常清理的疏漏。《揭阳市行政机关规范性文件定期清理公布规定》规定，"规范性文件制定机关每隔两年要进行一次规范性文件定期清理工作"；《阳江市市级行政机关规范性文件定期清理公布制度》规定，"规范性文件实行定期清理制度，每隔两年进行一次清理"。

全面清理是指对以往颁行的所有行政规范性文件开展统一清理，从而明确罗列有效的行政规范性文件清单。全面清理并不是常规工作，而是根据上级部门要求开展的"政治任务"，具有历时长、范围广、成效显著的特点。例如，《佛山市行政机关规范性文件清理工作方案》（2009 年）规定的全面清理工作安排包括：准备阶段（2009 年 2 月）、部门自行清理阶段（2009 年 3 ~ 6 月）、审查审核阶段（2009 年 5 ~ 12 月）、清理目录公布阶段（2009 年 9 月 ~ 2010 年 1 月）、清理文本公布阶段（2010 年 4 月底前），前后历时一年多；并专门成立清理工作领导小组，由分管法制工作的副市长担任组长，市政府副秘书长任副组长，成员单位为市法制局、监察局、信息产业局、档案局、公安局、交通局、国土资源局、建设局、环保局、规划局、城管执法局，各成员单位负责法制工作的负责人为领导小组成员。

从各市县的实践来看，全面清理工作在法治建设中起到了关键性作用，其有效地梳理和厘清了长期以来无序的行政规范性文件，进一步推进了法治建设特别是政府信息公开建设。《佛山市人民政府关于公布政府规范性文件清理结果的决定》（2010 年）指出，"经对 2008 年 12 月 31 日前制定的市政府规范性文件进行清理，市政府决定，废止 86 件政府规范性文件，保留 193 件政府规范性文件，修改 56 件政府规范性文件"。《广东省潮州市人民政府关于公布规范性文件清理结果的通知》（2009 年）指出，"市政府对以市政府及市政府办公室名义于 1992 年 10 月 1 日至 2003 年 10 月 1 日间颁发的规范性文件和 1992 年 10 月 1 日至 2006 年 10 月 1 日间颁发的暂行或试行的规范性文件进行了清理。本次共清理规范性文件 176 件，决定废止 116 件，修改 30 件，保留并由市政府或市政府办公室重新公布后执行 30 件。"广州市人民政府《关于市政府行政规范性文件清理结果的通知》指出，市政府对 2008 年 12 月 31 日以前发布的行政规范性文件进行了清理，决定"停止执行 1980 年 12 月 31 日以前发布的所有市政府行政规范性文件"，1981 年 1 月 1 日以后发布的，"保留市政府行政规范性文件 233 件"，"修改市政府行政规范性文件 40 件"，其余一律停止执行。不过，从制度建设来看，全面清理并不具有可持续性，法治政府需要进一步加强经常清理和定期清理的规范性建设，从而保证行政规范性文件监管工作的稳定、有序和高效。

第四节　创新行政执法工作的约束机制

一　行政执法工作的法治建设目标

关于"行政执法"的概念，通说认为是指行政主体（包括主管行政机关和经合法授权、具有行政职能的非行政机关组织）依法对行政相对人采取的具体的直接影响其权利义务，或者对相对人权利的行使和义务的履行情况进行监督检查的具体行政行为。① 具体而言，《广东省行政执法责任制条例》（2009 年）规定，行政执法是指"行政执法主体依法行使行政职权、履行行政职责的行为，包括行政处罚、行政许可、行政强制、行政征收、行政征用、行政给付、行政检查等行政行为"。

行政执法是政府部门行政管理权最直观的体现形式，直接关系到经济发展、社会稳定、国家安全、人民幸福。随着市场经济发展和政府职能转变，行政执法的范围与手段都在日益扩展。有学者指出，一国的刑法、民法尽管重要，但只占整个国家法律数量的 10% 左右，其余 80% 以上的法律法规要靠政府部门执行，而不是"公、检、法"三机关。② 因此，加强行政执法工作，对于法治政府建设具有关键性的意义。对此，国务院《全面推进依法行政实施纲要》（2004 年）明确提出"理顺行政执法体制，加快行政程序建设，规范行政执法行为"的建设要求。

从近年来广东省"依法治省"的实践来看，行政执法工作取得明显成效，突出表现在规范行政处罚自由裁量权、推进行政审批制度改革、创设行政复议委员会制度等方面。广东省在此基础上，在《法治广东建设五年规划（2011—2015 年)》中进一步提出了"深入推行行政执法责任制，推进行政执法体制改革，完善便民高效、制约有效的行政执法程序，提高行政执法能力。积极推进相对集中政府规章草拟权、行政许可权、行政处罚权、行政复议权、政府法律事务处理权工作，加强政府管理创新，提高行政效能"的发展目标，为广东省法治建设的行政执法工作指明了方向。

二　规范行政处罚自由裁量权

行政处罚是指国家行政机关或法律、法规授权的组织，为了有效实施行政管理，在法定的职权范围内依法对违反行政法律规范、尚未构成犯罪的行政管理相对人所实施的行政性的惩戒。③ 由于行政处罚具有很强的惩戒性，因此，在执法过程中必须审慎遵循"处罚法定"的首要原则，避免和遏制行政权力的滥用及

---

① 孟鸿志：《我国行政执法的概念、存在的问题及对策》，《中国煤炭经济学院学报》2000 年第 1 期。

② 杨斐：《加强行政执法保持社会稳定》，《法制与经济》1996 年第 5 期。

③ 刘新、肖斑：《行政处罚的含义、特征及基本原则》，《政府法制》1997 年第 1 期。

对行政相对人正当权益的损害。但是，社会环境复杂多变，法律、法规的相关条文难以将所有情况都逐一穷尽，因此，在没有法律规定或者法律条文规定得不够明确时，就有必要赋予行政处罚主体以一定的自由裁量权，使其能够在职权范围内，根据案情本身的事实、证据，依据法理和行政法律法规的原则、精神和立法目的作出合理、公平、正义的行政裁量决定。对此，《广东省规范行政处罚自由裁量权规定》（2011 年）规定，行政处罚自由裁量权是指"行政处罚实施机关在法律、法规、规章规定的行政处罚权限范围内，对公民、法人或者其他组织违反行政管理秩序的行为决定是否给予行政处罚、给予何种行政处罚和给予何种幅度行政处罚的权限"。

自由裁量权有助于提高行政处罚的效率和适应性，弥合法律法规与客观现实之间的空缺。但从实践来看，缺乏有效规制的行政处罚自由裁量权所导致的问题同样明显，尤其是自由裁量权的弹性特质会对法律法规的刚性原则产生弱化作用，甚至可能在一定程度上使行政处罚结果背离法律法规本意。因此，如何规范行政处罚自由裁量权，使其能在提高行政效率的同时，确保公开、公平、公正，始终是行政部门有待解决的重要课题。

广东省在规范行政处罚自由裁量权方面，进行了诸多探索并取得明显成效。其中，最具根本性意义的当属"行政处罚自由裁量权量化标准"建设。《广东省行政执法责任制条例》（2009 年）规定："行政执法主体应当根据本地区经济社会发展实际，依法细化和量化本单位行政处罚、行政许可、行政强制、行政征收等的裁量标准，明确适用条件和决定程序，并向社会公开。"《广东省规范行政处罚自由裁量权规定》进一步规定："省人民政府或者有条件的地级以上市人民政府所属行政处罚实施机关可以统一本系统行政处罚自由裁量权适用规则。行政处罚自由裁量权适用规则应当包括行政处罚的裁量标准、适用条件和决定程序。行政处罚实施机关及其工作人员应当按照行政处罚自由裁量权适用规则行使行政处罚自由裁量权。"并明确规定，行政处罚实施机关如有"未按规定制定行政处罚自由裁量权适用规则的"、"未将行政处罚自由裁量权适用规则向社会公布的"、"未按照本单位或本系统的行政处罚自由裁量权适用规则行使行政处罚自由裁量权的"，上级机关应当"责令其纠正；情节严重的，由上级机关予以通报批评，并由任免机关或者监察机关依法追究其主要负责人和直接责任人的行政责任"，从而有力保证了"行政处罚自由裁量权量化标准"建设的贯彻落实。

　　从 2007 年起，广东省中山市率先试行"行政处罚自由裁量权量化标准"，并取得阶段性成果。2010 年，中山市城市管理行政执法局、市水务局率先向社会公开《行政处罚自由裁量量化标准》。从成效来看，城市管理行政执法局实施量化标准后，行政处罚案件从 2008 年的上万宗降至 2010 年的不到 7000 宗，减幅达 30%，且行政复议和行政诉讼案件的败诉率均为零；水务局实施量化标准后，2010 年行政处罚行为未被申请行政复议或提起行政诉讼。2011 年，中山市 31 个行政执法部门向社会全面公开《行政处罚自由裁量量化标准》及配套制度，共涉及行政处罚事项 2600 项，量化为行政处罚裁量档次约 7800 档，社会公众可以通过各部门门户网站以及中山市政府的法制信息网查阅相应事项的量化标准。

　　2008 年，中山市人民政府出台《中山市规范行政处罚自由裁量权暂行规定》（以下简称《暂行规定》），从而为"行政处罚自由裁量权量化标准"提供了贯彻实施和自我完善的有力保障。《暂行规定》规定，"行政处罚实施机关在实施行政处罚时，应当严格执行本机关制定的行政处罚自由裁量量化标准"，并要求"政府法制、监察部门通过行政执法投诉、行政执法检查、行政执法案卷评查等形式对行政处罚实施机关行使行政处罚自由裁量权情况进行监督检查"，从而对行政处罚实施机关和行政执法人员形成有效的监督约束机制。从自我完善来看，《暂行规定》规定，行政处罚实施机关应"根据行政处罚依据的变化或执法客观条件的变化，定期对行政处罚自由裁量量化标准进行调整，并送市法制局备案"，而且"新颁布的法律、法规、规章中涉及行政处罚自由裁量权的，行政处罚实施机关原则上应当在法律、法规、规章颁布实施后 30 日内制定相应的行政处罚自由裁量量化标准"，从而有助于保证量化标准的适时性和灵活性，避免可能出现的制度僵化问题。

　　近年来，随着"行政处罚自由裁量权量化标准"建设的日趋完善，各地都相继规定了"行政处罚自由裁量权量化标准"，如《阳江市规范和实施行政处罚自由裁量权暂行规定》（2009 年）、《茂名市规范行政处罚自由裁量权暂行规定》（2009 年）、《河源市规范行政处罚自由裁量权暂行规定》（2009 年）、《江门市规范行政处罚自由裁量权暂行规定》（2009 年）、《湛江市规范行政自由裁量权规定》（2010 年）、《梅州市规范行政处罚自由裁量权实施办法》（2012 年）等，有力推进了规范行政处罚自由裁量权的制度建设。

三 行政审批制度改革

行政审批是指法定有权行政机关因行政相对方的申请，依据法律或政策，经审查，以要式行为方式准予其从事特定活动、认可其资格资质、确立其特定主体资格、特定身份或同意其从事某一特定活动的行为。[①] 对于行政审批与行政许可的关系，学界尚未达成共识。[②]《行政许可法》（2003 年）采取了行政审批与行政许可"同一概念说"，但从实践来看，行政审批与行政许可的概念并不一致。《广东省行政审批管理监督办法》（2007 年）规定，行政审批"包括行政许可法所规定的行政许可行为，以及行政机关的非行政许可的行政审批行为"。

行政审批制度改革是行政管理体制改革的重要内容，是民主政治建设的重要内容，是政府职能转变的关键环节。改革开放以来，行政审批制度改革已取得重要成效，并逐渐从地方试点发展成为中央主导的全面改革。[③] 2001 年，国务院对全面推进行政审批制度改革作出部署，成立了国务院行政审批制度改革工作领导小组，并在监察部设立了国务院行政审批制度改革工作领导小组办公室（简称"国务院审改办"）承担日常工作。2004 年，国务院出台《全面推进依法行政实施纲要》，提出要"认真贯彻实施行政许可法，减少行政许可项目，规范行政许可行为，改革行政许可方式"，进一步明确了行政审批制度改革的发展方向。在国务院的部署和领导下，广东省进行了行政审批制度改革的积极探索和实践，并在大幅精简审批事项、规范创新审批方式、强化行政审批监督等领域取得显著成效。

从精简审批事项来看，截至 2011 年，广东省已先后对行政审批项目进行了四轮清理，累计取消和调整行政审批事项 2300 多项，下放或委托 424 项，有力地推进了行政审批精简工作。作为全国创新行政审批方式改革试点城市的中山市，已完成第五轮审批项目清理工作，行政审批事项减幅达 67%，市级审批项目已全部取消。尤为重要的是，广东省对行政审批项目的增设工作予以严格把关，从而有效避免了"精简—增设—再精简—再增设"的循环问题。《广东省行

---

① 朱维究：《行政许可法的实施与行政审批改革》，《国家行政学院学报》2004 年第 3 期。

② 王克稳：《我国行政审批与行政许可关系的重新梳理与规范》，《中国法学》2007 年第 4 期。

③ 徐增辉：《改革开放以来中国行政审批制度改革的回顾与展望》，《经济体制改革》2008 年第 3 期。

政审批管理监督办法》规定，"设定行政许可必须符合行政许可法规定；法律、行政法规和国务院的决定只作出原则性的管理要求，没有规定设定行政许可的，不得设定行政许可"，县级以上人民政府设定非行政许可的行政审批，应当"广泛听取行政相对人及有关组织和公民的意见，并对可能产生的后果作出评估"，必须"严格按规定程序办理"。

从创新审批方式来看，广东省在"一站式"服务、网上审批、并联审批等审批流程改革方面的探索已取得显著成效。

"一站式"服务是指通过设立统一接待窗口特别是行政服务中心的方式，将原先分散在各职能部门的审批工作加以集中办理，实现"一个口受理、一个口审批、一个口收费、一条龙服务"目标。《潮州市行政审批管理监督暂行办法》（2006年）规定，"市、县（区）行政区域内所有行政审批项目必须全部进入同级行政服务中心，在中心'窗口'受理、办结，不得在其以外的任何地点另行或再行办理"。广州市政务服务中心为全市28个有行政审批职能的单位提供统一办理审批业务的场所，提供服务窗口227个，并要求各行政审批职能部门做到"三个进场"，即全部审批职能部门进场、全部审批事项进场、全部审批承办人员进场，基层办事人员和群众在市政务服务中心办事大厅就可以办完有关审批手续，有效提高了审批效率。① 同时，广州市先后出台了《政务服务中心管理暂行办法》、《政务服务中心服务大厅管理办法》、《政务服务中心办事窗口工作人员服务规则》等14个文件，形成了系统的管理制度体系，完善了"首办责任制"、"办事公开制"、"服务承诺制"、"领导接访制"、"意见反馈制"、"过错责任追究制"等制度，实现了"进门有亲切感、咨询有信任感、登记有效率感、出门有满意感"的服务承诺，改变了以往社会公众对政府机关"门难进、脸难看、话难听、事难办"的负面感受，有力推进了"以人为本"的法治政府建设。

网上审批是指依托互联网技术，实现申报、审核、反馈等全过程、全环节网上办理的行政审批网络化建设。《东莞市网上行政审批系统运行管理暂行办法》（2008年）规定，网上审批系统是指"由市政府统一规划建设的，连接全市各级

---

① 李权时、杨长明：《创建服务型政府研究——以广州市深化行政审批制度改革为例》，《城市观察》2010年第5期。

行使行政审批职能的部门和行政审批服务中心（大厅）的网上服务平台"，网上审批系统"具有办事指南、表格下载、网上申报、网上审批、结果反馈和服务咨询等功能"。广州市的网上审批服务首先在外资企业进行。2009年，广州市外资企业网上登记用户达6624家，已申请登记5000多家，网上受理量是窗口受理量的3倍，有效提高了审批效率。

并联审批是指通过信息平台的无缝链接，将职能部门内部与职能部门之间的串联分步审批改为并联同步审批，从而有效缩短审批时间。广州市国土资源和房屋管理局对于土地预审相关的32项审批事项试行并联审批后，调整流程环节100多个，减少审批处室3个，精简重叠办理时限50个工作日。茂名市2011年启用"网上并联审批系统"后，显著提高了跨部门审批项目的工作效率。内资新设企业审批涉及工商、质监、国税、地税、公安等诸多部门，以往全程审批办结即使全部都在法定时限内完成也至少要一个月，启用网上并联审批后，无前置许可的全程审批办结时限仅为5个工作日。

从强化审批监督来看，广东省对电子监督进行了积极探索，2006年先后出台了《广东省行政审批电子监察管理办法（试行）》、《行政审批电子监察系统受理投诉办法（试行）》、《行政审批电子监察预警纠错办法（试行）》、《行政许可绩效测评电子监察办法（试行）》等规范性文件，随后各市县也相继出台了相应的规范性文件，从而在全省初步建构了体系化的行政审批的电子监督制度。所谓"行政审批电子监察系统"，是指行政机关运用网络技术，向社会提供依法行政、规范、透明、高效、便捷、效能、廉政、投诉等工作的督查督办与活动。电子监察的内容并不局限于行政审批的合法性，而且涉及合理性、高效性、规范性，行政审批申请人对行政机关及其工作人员的服务满意度，更是电子监察的重要内容。电子监察通过行政审批网络服务和监管平台建设，有效整合了职能部门内部监督和监察部门外部监督，并将社会公众监督纳入制度框架，从而形成多层面的立体监督体系，有力地推动了行政审批监督机制的发展和完善。

四　创设行政复议委员会制度

行政复议是指公民、法人或其他组织认为行政机关的行政行为侵犯其合法权益、依法向有复议权的行政机关申请复议、复审的法律制度。行政复议具有多元功能，既是一种监督制度，又是一种救济制度，还是一种解决行政争议的制度。从行政复议申请人、被申请人和行政复议机关构成的三方关系看，行政复议更多的是一种解决行政争议的制度。①

行政复议是诉求表达机制、利益协调机制、矛盾调处机制和权益保障机制的集中体现，随着行政争议日渐成为社会矛盾的主要表现形式，行政复议被寄予厚望，成为化解行政争议、维护人民群众合法权益、推动行政机关依法行政、实现社会公平正义的重要法定渠道。国务院《全面推进依法行政实施纲要》（2004年）明确要求，"认真贯彻行政复议法，加强行政复议工作"。但是，行政复议的实际成效却差强人意，"大信访、中诉讼、小复议"成为行政救济格局的普遍现象。究其原因，关键在于原有的行政复议机制缺乏公信力。② 2008年，国务院法制办公室出台《关于在部分省、直辖市开展行政复议委员会试点工作的通知》（以下简称《通知》），将广东省等8个省、直辖市作为行政复议委员会试点单位，旨在探索提高行政复议办案质量、效率和社会公信力的有效机制和方法。

近年来，广东省下辖各市相继开展行政复议委员会试点工作，并取得阶段性成果。中山市人民政府先后出台《行政复议委员会办理行政复议案件暂行办法》、《行政复议委员会工作规则》、《行政复议委员会案件审查会议议事规则》、《行政复议委员会委员工作守则》、《行政复议委员会非常任委员遴选办法》、《行政复议委员会行政复议听证规则（试行）》等一系列配套制度，有力推进了行政复议委员会试点工作。从2009年10月到2011年9月，中山市行政复议委员会共收到行政复议案件770件，相较试点工作前11年的案件总数还要多100余件。③ 深圳、汕头、惠州、梅州等市的试点工作也都取得显著成效。从实践来看，试点工作的以下举措有助于显著提高行政复议的工作效率和社会公信力：

其一是集中行使行政复议权。在行政复议组织的建构方面，各地长期采取以"条块结合"为主，以"条条管辖"和"原机关管辖"等为辅的混合体制。④ 行

---

① 应松年：《把行政复议制度建设成为我国解决行政争议的主渠道》，《法学论坛》2011年第5期。

② 崔红、唐丽斐：《对我国行政复议委员会改革的思考——以行政复议司法化为视角》，《沈阳师范大学学报（社会科学版）》2011年第6期。

③ 中山市人民政府行政复议委员会办公室：《行政复议的中山经验》，2011年11月，第13页。

④ 郭锐林：《行政复议委员会制度若干问题探析》，《广东广播电视大学学报》2011年第2期。

政复议权的分散行使，不仅使行政机关在行政复议工作中面临"既是运动员又是裁判员"的公正性质疑，而且也严重影响到行政复议资源的合理配置和有效运用。对此，《通知》指出，"据初步统计，有行政复议权的机关有1.8万多个，但地方三级政府的专职行政复议人员仅有1532人，区县级人民政府专职行政复议人员平均仅有0.2人，行政复议力量严重不足"，并且"原本有限的行政复议资源被分散在各个政府工作部门中"，进而"加剧了行政复议资源的紧张，成为制约行政复议制度发挥应有作用的瓶颈"。于是，集中行使行政复议权，优化利用有限行政资源，也就成为行政复议委员会试点工作的重要内容。

《中山市人民政府行政复议委员会办理行政复议案件暂行办法》（2009年）规定，"行政复议委员会办公室负责统一受理依法由市政府及市属行政复议机关受理的行政复议申请，市属行政复议机关不再受理行政复议申请"，并要求"申请人向市属行政复议机关提出行政复议申请的，市属行政复议机关应当告知申请人直接向行政复议委员会提出申请"，"申请人通过邮寄方式向市属行政复议机关提起行政复议申请的，市属行政复议机关应在收到行政复议申请书后1个工作日内将申请书移送行政复议委员会办公室，并书面告知申请人"。近年来，中山市相继将市公安局、民政局、人保局、林业局、农业局、司法局、海洋渔业局、交警支队等8个行政复议机构的行政复议权集中由行政复议委员会行使，从而全面实现一级政府只设一个行政复议机构的目标，改变了以往"有的部门有人没案办，有的部门有案没人办"的不合理状态，显著提高了行政复议的工作效率。

其二是提高行政复议机构的独立性。基于社会公众对"官官相护"的普遍疑虑，独立自主的行政复议机构将有助于提高行政复议工作的社会公信力。但从现实国情看，建立完全独立的行政复议机构缺乏可行性。《通知》提出，"探索建立政府主导、社会专家学者参与的行政复议工作机制。"在此基础上，广东省各试点采取了"常任委员"与"非常任委员"相结合的行政复议委员会组建办法。

《汕头市人民政府关于开展行政复议委员会试点工作的公告》（2010年）规定，"复议委员会由常任委员和非常任委员组成"，其中常任委员由政府行政人员担任，非常任委员"由市人民政府从党委机关、人大代表、政协委员、专家学者、执业律师和社会热心人士中遴选"，实行聘任制，任期3年。同时，《汕头市人民政府行政复议委员会非常任委员遴选办法（试行）》（2010年）规定，非常任委员将"通过参加复议委员会全体会议和案件议决会议，参与研究决定全市行政复议工作的体制、制度建设等重大问题，参与审议决定重大、疑难、复杂的行政复议案件"，从而在保证政府主导的前提下，切实提高了行政复议机构的独立性。

其三是增强行政复议程序的公正性。行政复议制度建设的首要任务是确保公正原则。"任何解决争议的制度，其核心要求都是公正。这对于设置在行政系统内的行政复议制度来说，尤其重要。行政复议制度能否成为解决行政争议的主渠道，其关键也在这里。"① 为此，广东省各试点着力推进了行政复议委员会行政复议听证制度。

《中山市人民政府行政复议委员会行政复议听证规则（试行）》（2009 年）规定，行政复议听证是指"行政复议委员会在办理行政复议案件过程中，为查明案件事实，组织行政复议案件的相关当事人就案件所涉及的具体行政行为的事实、证据、依据以及程序进行陈述、举证、质证、辩论的活动"，听证"遵循公开、公正、便民、效率的原则"，并且"所需费用在行政复议专项经费中支出，不得向听证当事人收取"，听证笔录和听证认定的事实"应当作为行政复议委员会审理行政复议案件的依据"。通过行政复议委员会行政复议听证制度的设计建构与贯彻落实，有助于保证行政复议工作的公正性，增强行政复议决定的说服力和公信力，促进行政争议的调处化解。据统计，中山市近年来超过 15% 的行政复议案件通过调解和解的方式解决，95% 的案件经行政复议后当事人撤回复议申请。②

从实践来看，广东省的行政复议委员会试点工作已取得显著成效，但以下问题尚待探索和解决：

其一是行政复议委员会"议决制"与"首长负责制"的协调问题。广东省各试点城市普遍规定，"案件审议按照少数服从多数的原则作出处理意见，报行政复议委员会主任委员审批"。从实践来看，如果涉及社会敏感问题，有可能出现行政复议案件审查会议在非常任委员的推动下，经由"多数决"形成与行政复议委员会主任委员的看法不一致的行政决定。如何化解分歧，需要更明确的制度规范，从而保证最终决定的社会公信力。

其二是行政复议委员会非常任委员的设置和遴选问题。广东省各试点城市在非常任委员的人数设置方面并不一致。例如，汕头市规定 20 名，中山市规定 15

① 应松年：《行政复议应当成为解决行政争议的主渠道》，《行政管理改革》2010 年第 12 期。
② 中山市人民政府行政复议委员会办公室：《行政复议的中山经验》，2011 年 11 月，第 8 页。

名，梅州市规定 10 名。此外，非常任委员的资格规定过于宽泛，遴选程序不够慎重和严格。如何进一步完善非常任委员的相关制度建设，从而使其更具有权威性、代表性和专业性，已成为试点工作的重要课题。

其三是行政复议委员会的法律地位问题。广东省各试点城市普遍规定，行政复议委员会集中行使行政复议权，但在法律层面上，行政复议权依然归属于相应的行政复议机关，行政复议委员会仅是"代理"。例如，行政复议委员会作出的《复议决定书》需要交由案件所属部门签章才正式生效；行政复议委员会改变原具体行政行为而引起的行政诉讼，参与应诉的是案件所属的行政复议机关，而不是行政复议委员会。如何通过《行政复议法》的修订，明确行政复议委员会的法律地位，从而进一步理顺行政复议工作流程，将是决定行政复议委员会试点工作成败的关键。

第五节　广东法治政府建设的启示

近年来，广东通过健全重大行政决策治理机制、完善行政规范性文件监管机制、创新行政执法工作约束机制等一系列举措，（其中不少走在全国前列，对其他地区有极大的借鉴意义）有力推进了法治政府建设的发展与完善。这是广东地处改革开放前沿，经济高速发展、社会不断进步的必然要求，也是党委政府在党中央、国务院领导下强力推动的必然结果。

不过，从社会主义政治文明建设要求来看，广东法治政府建设尚处于起步阶段，很多方面的探索与创新都有待进一步系统化、常规化和制度化。推行法治政府，无论是规范抽象行政行为，还是规范行政执法工作，归根结底都是规范和限制行政权力。对于手握重权的各政府部门而言，诸如规范自由裁量权、推动行政审批制度改革更无异于是对部门权力的剥夺。因此，不断破除阻力、完善制度机制，是今后广东乃至其他地区法治政府建设有必要重视的。

首先，需要进一步增强领导干部法治意识，完善监督考核机制。法治政府建设的根本目的就是要以现代"法治"取代传统"人治"。政府部门的领导干部始终是法治工作的重中之重。如果无法确保领导干部依法执政，那么再有效的政策举措都有可能形同虚设。从广东实践来看，形式主义问题依然存在，从而在很大程度上影响到法治政府建设工作的客观成效。在今后的法治政府建设中，一方面要继续加强领导干部的法治意识，通过常规化的学法制度，深化领导干部对依法执政的重要性与必要性的理解和认知，提高领导干部依法执政的能力和技巧，另一方面要继续完善监督考核机制，限制行政权力自由裁量的恣意空间，形成对领导干部行政行为的有效规制和约束，从而为依法行政提供制度保证。

其次，应当积极开展地区间的经验交流，推进创新举措的规范化建设。广东法治政府建设具有开拓性和创新性，并不存在现成经验可循，因此在很大程度上要"摸着石头过河"。从广东实践来看，近年来各地区各部门遵循法治政府建设的总体要求和框架设计，进行了广泛的探索和实践，取得了不少成功经验，也遇到了不少值得反思的遗憾和教训。在法治政府建设初期，各自为政的探索和实践具有重要的现实意义，既有利于保证改革创新的自主性和灵活性，从而尽可能穷尽制度设计的不同做法，也有利于在出现问题的时候，尽可能控制影响范围并及时作出调适和应对。但从法治政府建设的深化发展来看，制度安排的规范化和标准化将是必然趋势。在今后的法治政府建设中，积极开展地区间交流与合作，不仅有助于进一步总结经验和规避风险，而且有助于形成标准统一的制度安排，从而为创新举措的推广创造有利条件。

再次，建构更高效、更合理、更具可行性的公众参与机制。通过重大行政决策专家咨询、规范性文件专家咨询、行政复议委员会等一系列制度安排，广东法治政府建设已卓有成效地将专业社会精英纳入政治参与轨道，但在普通社会公众的政治参与方面，尽管也有公开征求意见、听证会、座谈会等一系列制度设计，却未能取得预期成效，难以切实发挥汇聚民智、反映民意、争取民心的重要作用。从实践来看，形式主义始终是影响相关制度有效性的核心难题，部分领导干部并未深刻理解公众参与的重要意义，仅将之作为提高决策合法性的"过场"。在今后的法治政府建设中，一方面要积极探索和创新公众参与方式，拓展新的交流渠道，搭建新的沟通平台，另一方面要继续完善既有的公众参与方式，特别是要进一步规范和细化听证会代表遴选规则等具体工作环节，从而以务实态度赢得社会公众的理解与认可。

最后，运用信息技术手段，推动政府工作流程的调整与重构。信息技术的发展，不仅有助于提升行政工作效率，而且也为政府工作流程的调整与重构提供了前提条件。近年来，广东法治政府建设对部分环节的政府工作流程进行了调整与重构，特别是行政审批流程改革，更是取得了显著成效，有效压缩了行政权力的空间，改善了行政服务的质量，强化了行政监督的效果，提高了民众满意的程度。但从实践来看，无论是信息技术利用的深度还是广度，都有待进一步提升。在今后的法治政府建设中，一方面要重视制度层面的创新，对既有政府工作流程加以改造，从而使信息技术更有效地融入政府法治工作，另一方面要提高领导干部和公务员对信息技术的使用能力，从而保证改造后的政府工作流程能实际有效地投入运行。

第二章　透明政府建设

第一节　政府透明概述及测评指标

政府透明是法治政府、服务型政府建设的重要内容，要求政府在管理活动中，摒弃暗箱操作和保密主义，充分发挥政府信息在经济社会发展中的基础作用，将自身掌握的信息最大限度地向公众公开，促成全社会共享政府信息，使公众能利用政府信息实现自身更好发展、更深入参与公共管理和监督公权力的运行。推进政府透明，是经济社会发展的必然要求，反过来也在为经济社会发展创造良好环境方面起到了重要的作用。

追求政府透明是近代法治政府发展推动的结果，其在法律上的最直接表现就是政府信息公开制度的产生与发展。政府信息公开制度最早可追溯至 1766 年的瑞典，但最具影响的则是美国 1966 年的《信息自由法》。美国政府还针对信息化的发展，于 1996 年修订了《信息自由法》，形成了《电子信息自由法》，把以电子形式公开信息作为行政机关的一项义务。20 世纪 90 年代以来，世界范围内的政府信息公开立法呈现出加速趋势。目前，不仅发达国家，经济发展水平不高甚至较低的发展中国家和地区也加快了立法进程。

中国在 20 世纪 80 年代就开始注意政务公开工作的重要性。自 2002 年到《政府信息公开条例》颁布实施期间，很多地方政府都先后出台了各自的政府信息公开的法规规章或者规范性文件。《政府信息公开条例》的出台则为各地推行政府信息工作提供了重要的法规依据。特别是近年来，在推动政府信息公开工作过程中，政府网站是政府信息公开第一平台的理念已经深入人心，以公开为原则、不公开为例外已经逐步为人们所认同。

中国的政府信息制度起步于地方实践。广州市人民政府于 2002 年制定了《政府信息公开规定》，是地方政府中较早制定政府信息公开法规文件的城市。

广东省人民代表大会常务委员会则于 2005 年制定了《广东省政务公开条例》。广东省在推动政府透明工作中不断扩大公开范围，满足公众的信息需求。

广东省在透明政府的建设、实施政府信息公开制度方面取得了较好的成效。本课题组于 2012 年 3～6 月对广东省 2 个副省级城市（广州、深圳）及 19 个地级市（以下简称为"下属城市"）通过政府网站公开政府信息的情况进行了测评。

在对广东省政府透明度进行测评和调研过程中，调研组依照有法可依、客观公正、以便民为导向、突出重点、反映现状与推进改善相结合的原则，着重调研依法公开政府信息的情况。调研内容分为 7 个部分，分别是：政府信息公开目录、政府信息公开指南、依申请公开平台、政府信息公开年度报告、政府公报、食品安全信息公开情况、行政审批信息公开情况。

为此，调研组根据专家意见和实际情况，科学设计了测评指标体系。测评指标总分为 100 分，其中政府信息公开目录 20 分；政府信息公开指南 15 分；依申请公开平台 10 分；政府信息公开年度报告 15 分；政府公报 10 分；食品安全信息公开情况 15 分；行政审批信息公开情况 15 分。

由于广东省内各下属城市依申请公开使用了相对统一的网上平台，因此，在指标设计和分值分布上减少了各下属城市共性部分所占分值，而更多地考察其存在差异的地方。

调研中除了采取观察的方法对相关政府网站的栏目和信息进行浏览外，还对有关的信息链接、检索系统、依申请公开平台等的有效性进行了实际验证。为了慎重起见，凡是调查人员无法找到信息内容、无法打开网页的，均由其他调查人员共同再次进行确认，利用多个主要搜索引擎进行查找，采取更换电脑及上网方式、变更上网时间等方式进行验证。

调研主要针对 21 个下属城市政府门户网站开展调研，同时，选取了 2 个个案，分别对 21 个城市的食品安全信息主管部门、行政审批主管部门通过其网站公开相关信息的情况进行了调研和测评。

在提交政府信息公开申请方面，调研和测评本应侧重测评其在线申请平台（包括电子邮件）的运行情况，但广东省及下属城市所开通的在线申请平台均要对申请人身份证信息进行验证，不仅身份证信息有误的不能申请，就连非广东省户籍的也不能通过在线申请平台提交申请，只能选择邮寄申请、现场申请等。为此，调研组在调研广东省下属城市的政府透明度时，均通过中国邮政快递

（EMS）发送了书面申请。政府信息公开申请的提交最迟在 2012 年 6 月 1 日前完成，并预留了多于法定回复时限的时间，等待各政府机关的答复。

为了保证调研的公正客观，调研自始至终未与被调研的 21 个下属城市联系，未告知广东省依法治省领导小组办公室及其他部门，电话咨询、提交申请均未透露实际目的、调研组成员身份等信息，包括所使用的电话号码、电子邮件地、通信地址等均不会显示出与本调研组乃至中国社会科学院的任何关联。

第二节　政府透明的总体情况

通过对 21 个下属城市实施政府信息公开制度的情况进行了测评（总体测评结果见表 2 - 1）。

表 2 - 1　广东省各下属城市测评得分情况

城市名称	门户网站地址	目录(20)	指南(15)	依申请公开(10)	年度报告(15)	政府公报(10)	食品安全(15)	行政审批(15)	总分(100)
广州	www. gz. gov. cn	14	13	4	12.5	5.5	9.5	11.35	69.9
云浮	www. yunfu. gov. cn	12	11	4	6.7	4.5	7.5	10.9	56.6
中山	www. zs. gov. cn	18	10.5	4	5.2	7.5	8	6.95	60.2
东莞	www. dg. gov. cn	14	12.5	2	8.7	8.5	8	9	62.7
江门	www. jiangmen. gov. cn	12	13	2	7.2	6	6	13	59.2
汕头	www. shantou. gov. cn	12	4.5	5	5.35	6	5.5	8.25	46.6
汕尾	www. shanwei. gov. cn	6.5	8.5	10	5.7	6	8	9.75	54.5
阳江	www. yangjiang. gov. cn	15	7	10	6.7	6.5	7	10	62.2
佛山	www. foshan. gov. cn	16.5	13	2	7.7	8	5	12.25	64.5
茂名	www. maoming. gov. cn	14	7	4	7.5	5	7	11.4	55.9
河源	www. heyuan. gov. cn	15	14	3	5.7	7	6.5	8.35	59.6
珠海	www. zhuhai. gov. cn	15	11	2	9.5	5	4.5	12.1	59.1
梅州	www. meizhou. gov. cn	14	8	0	5.7	7	8	11.45	54.2
清远	www. gdqy. gov. cn	3	6	4	6.2	6.5	8	8.25	42.0
深圳	www. sz. gov. cn	12	12	7	7.5	8.5	10.5	10.35	67.6
揭阳	www. jieyang. gd. cn	7	7	2	8.2	4.5	7.5	11	47.2
惠州	www. huizhou. gov. cn	13	14	2	5.7	6.5	7	10.5	58.7
湛江	www. zhanjiang. gov. cn	12	13	2	7.2	4.5	7.5	11.2	57.4
韶关	www. shaoguan. gov. cn	15	8.5	4	9.7	6.5	6.5	11.5	61.7
肇庆	www. zhaoqing. gov. cn	13	7	2	8.2	3.5	8	10.1	51.8
潮州	www. chaozhou. gov. cn	16	0	2	6.7	7.5	6.5	7.5	46.2

注：按照城市名称汉字笔画排序。

调研组采用的测评指标是测评全国 26 个省级政府、43 个较大市政府的同一套指标，从调研结果来看，广东省的政府透明建设明显较好。从全国较大市的情况来看，43 个被测评的城市中只有 12 个城市的总分在 60 分以上，占测评城市的 27%，广东被测评的城市所占比例为 33%，在这方面，广东省的测评要高于全国较大城市政府 6 个百分点。此外，全国 43 个较大的市中，有 27 个城市的得分在 50 分以上，占被测评城市的 62.7%，而在被测评的广东省的 21 个地级市中，有 17 个城市得分在 50 分以上，比例高达 80%。而且，在较大城市中，得分最低的仅为 21.5 分，而在广东省被测评的地级市中，最低分为 42 分。因此，从测评的总体结果来看，广东省的透明政府建设状况远好于全国较大市的一般情况，这跟广东省大力推进政府信息公开工作密切相关。广东省正是开展了以下几方面的工作，才使政府透明度得到了较大的提升。

第一，注重加强制度建设，规范体系不断完善。《政府信息公开条例》颁布后，广东省即十分注重加强本省的政府信息公开制度建设。《广东省政府信息公开保密审查办法》在《条例》相关规定的基础上进一步明确了保密审查的职责分工、审查程序和责任追究办法，指导各地、各部门规范政府信息公开保密审查工作。《广东省行政过错责任追究暂行办法》和《广东省各级政府部门行政首长问责暂行办法》明确规定了行政机关及其工作人员不依法履行公开义务的法律责任，后又制定了专门的《广东省政府信息公开工作过错责任追究办法（试行)》。《广东省政府信息公开工作考核办法（试行)》、《广东省政府信息公开社会评议办法（试行)》和《广东省政府信息发布协调制度（试行)》（粤府办〔2009〕107 号）则对做好政府信息公开的考核、评议和信息发布协调工作提出具体要求。在公共企事业单位信息公开方面，广东省人民政府办公厅印发了《关于进一步推进公共企事业单位办事公开的意见》（粤府办〔2009〕4 号），对办事公开的范围、内容、形式、程序等作出规范，推动办事公开成为公共企事业单位的一项基本制度。在一些重点领域，广东省不断完善有关制度，推进这些领域的政府信息公开工作，如发布了《关于深入推进政府预算信息公开的指导意见》（粤府办〔2011〕15 号），对于加强全省的预算信息公开起到了重要的作用，使广东省的预算公开走在了全国的前列。

第二，加强对全省政府信息公开工作的指导。政府信息公开无论从理念上看，还是从制度上看，对于政府机关工作人员和社会公众而言都是新事物。尤其是对于政府机关工作人员而言，对于政府信息公开这样一项自上而下推行的制度，从以保密为原则、公开为例外到以公开为原则、不公开为例外，需要转变的不仅仅是理念，还有工作的方式方法，特别是直到现在，如何实施政府信息公开的有关制度、如何把握公开什么以及怎么公开等问题仍旧是困扰实务部门的难题。因此，在政府信息公开制度实施过程中，加强组织领导必不可少。广东省一直比较重视对全省政府信息公开工作的指导。《政府信息公开条例》颁布后，广东省人民政府办公厅编制并印发了《政府信息公开指南参考样本》、《政府信息公开目录参考样本》、《政府信息公开参考流程》、《政府信息公开标准文书样本》等四个参考文本，要求各地、各部门依据参考文本，对公开信息进行认真梳理，统一公开标准，规范发布格式，编制和修订政府信息公开指南和目录，积极做好主动公开信息网上公开工作。近几年广东省政府信息公开工作的有序推动显然与全省自上而下组织指导密不可分。

第三，拓宽和畅通政府信息公开渠道。首先，不断提升政府门户网站服务功能。为了配合政府信息公开工作，广东省政务网站优化了原有栏目，新开设政府信息公开专栏，并整合了各地、各部门的政府信息公开指南、政府信息公开目录、信息公开申请流程等信息，开发了信息查询系统，方便公众查询有关信息。广东省还指导各地、各部门进一步加强政府网站管理工作，建立健全政府网站管理长效机制，规范网站建设、运行、维护以及安全保障等工作，加强评估检查工作，引导政府网站科学建设、管理和发展。其次，加强政府公报的编辑、出版、发行工作。广东省人民政府发布了《关于进一步办好政府公报的意见》（粤府〔2011〕2号），要求完善省、市、县三级政府公报体系，增大信息容量。全省各级政府较为重视政府公报的编辑出版，并将赠阅重点向基层单位、行政相对人和市场主体倾斜。最后，适应手机媒体发展迅速的趋势，扩大政府信息的发布范围。广东省早在2009年就开通省政府门户网站手机版（WAP站，见图2-1），广州及不少下属城市政府也相继开通了手机版网站，基本实现了政府门户网站的功能、内容从有线互联网到无线终端的平移、延伸，方便公众随时随地获取政府信息和服务。

第四，逐步深化特定领域的政府信息公开工作。近年来，随着法治政府、服务型政府的建设不断深化，广东省各级政府根据经济社会发展需要，不断深化特定领域的政府信息公开工作，加大对政府行为的规范和约束。比如，近年来广东省不少下属城市政府以规范行政执法为目标，推进了行政执法职权及依据的公开

图2-1　广东省人民政府网站手机版示意图

工作。不少地方政府根据法律、法规、规章，全面清理了各政府部门的行政执法职权及依据，并在政府网站上进行全面公开，接受社会监督（如中山市，见图2-2；惠州市，见图2-3）。又如，针对当前公众对决策制定的关注和参与热情不断高涨的现状，不少政府部门注重规范决策程序，加大决策公开力度。以广州市为例，该市相继出台《广州市重大行政决策程序规定》（广州市人民政府令第39号）和《印发广州市重大行政决策听证试行办法的通知》（穗府办〔2011〕32号），切实提高决策透明度。再如，针对上位法规定的行政自由裁量权幅度较大，执法易滥用裁量权的现状，不少地方政府在规范自由裁量权的基础上，加大了自由裁量权标准的公开力度。以中山市为例，该市将31个享有行政处罚实施主体资格的市属行政职能部门或法律法规授权组织依据《中山市规范行政处罚自由裁量权暂行规定》制定的行政处罚自由裁量权量化标准（共涉及行政处罚事项2600项，量化为行政处罚裁量档次6997档）和依据在中山市政府门户网站（http：//www. zs. gov. cn）、中山市行政服务在线（http：//www. zsonline. gov. cn/zsportal/）、中山市政府法制信息网网站（http：//www. zsfzj. gov. cn）上公布，供社会公众查询和监督。另外，如前所述，广东省的财政预算信息公开也走在全国前列。早在2009年10月，广州市就在全国率先公开了114个政府部门的财政预算。2010年，广东省人民政府办公厅印发《2010年全省政务公开工作要点》，提出当年将稳步推进政府财政预决算信息

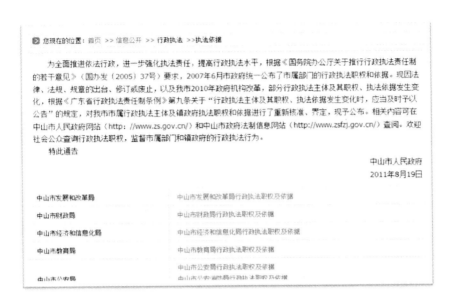

图 2－2　中山市公开行政执法职权和依据示意图

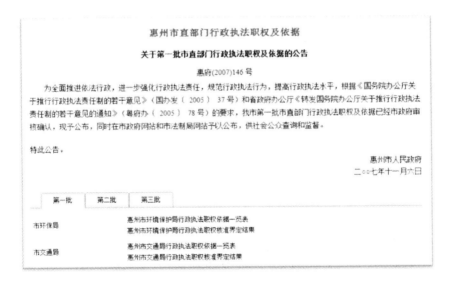

图 2－3　惠州市公开行政执法职权和依据示意图

公开，当前，广东省政府门户网站开辟了专门的"广东省政府部门财政预算信息公开"栏目（见图 2－4），集中发布各部门的预算信息。广东省 2011 年还根据国家关于推进"三公"经费公开的要求，通过财政厅门户网站向社会公开了省直单位"三公"经费财政拨款决算支出情况，是全国首批公布"三公"经费的四个省市之一。

图2-4　广东省政府部门财政预算信息公开栏目

当然，通过近年来开展的政府透明度测评以及2012年针对广东省下属城市政府的测评，调研组也发现了一些问题和不足，这些问题不单广东省存在，也是全国普遍存在的问题，各级政府应当引以为戒。

第一，网站公开政府信息的情况不稳定。调研发现，有的下属城市政府门户网站、所属部门网站存在网站信息链接无效的情况，且有的下属城市信息链接无效比例较高。

第二，限制公众通过依申请公开获取信息的问题不容忽视。依申请公开制度是政府信息公开制度的核心内容，其产生的根本原因在于赋予公众无须任何理由即可申请政府信息公开。但是，当前以各种名目、方法限制公众通过这种方式获取政府信息的做法仍旧存在。首先，有众多政府机关要求申请人必须说明申请政府信息公开的用途，甚至要求为此提供各种证明材料，否则不受理申请或者不公开相关信息。而事实上，此次对广东21个下属城市的调研发现，也有一些地方政府并不硬性要求申请人说明用途，这也反证出要求说明用途并非是必要条件。其次，违法查验申请人身份。广东省及其在全省范围内适用的在线申请系统对申请人身份进行验证，且凡是广东省以外的居民，不得通过在线申请系统提交申请，只能采取邮寄、当面申请等传统方式。这种做法与《条例》的规定不符，不仅不利于电子政务发展、方便公众，甚至与广东改革开放前沿的地位不相匹配。

第三，各地政府信息公开工作差距明显。以各地受理政府信息公开申请的数量来看，2011年，全省21个下属城市中，深圳市受理的申请数最多，为37672件，其次为广州市，为10552件，第三为韶关市，为1666件。其他城市的受理量少则几件，多则几百件，其中，14 个下属城市全年受理量不超过 100 件（见图 2 - 5）。受理数量的多寡原因应是多方面的，城市大小、经济发展程度、当地政府信息公开制度实施情况、政府机关工作人员的公开意识、公众对政府信息公开制度的了解程度、当地是否存在涉及众多民众的事件（如拆迁）等都可能是其原因。但申请量的差距如此悬殊，很难说与当地政府信息公开工作的水平没有关系。

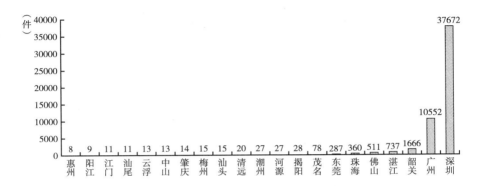

图 2 - 5　2011 年广东省下属城市政府信息公开申请受理量

资料来源：21 个广东省下属城市政府 2011 年度政府信息公开年度报告。

第四，政府机关工作人员处理政府信息公开的业务水平和意识尚有提升空间。调研组曾根据 21 个下属城市政府门户网站公开的政府信息公开指南中提供的咨询电话，询问提交政府信息公开申请的条件等。结果，不少地方的工作人员不熟悉业务。这与调研组近 3 年来持续调研 43 个较大的市、26 个省级政府和 59 个国务院部门时，这些部门工作人员日趋熟悉业务、公开意识较强的情况形成一定的反差，也表明一些基层政府的政府信息公开工作还需要进一步抓落实，并不断提升工作人员的公开意识与业务水平。

第三节　政府信息公开目录

编制和公布本机关的政府信息公开目录（以下简称"目录"）是《政府信息公开条例》规定的各级政府机关的一项重要职责。目录是按照制定部门、标题、关键词、所涉及的事项、内容概述、生成时间等要素，对政府信息进行编辑和归类，以规范政府机关的信息管理活动，提高信息管理水平，方便公众在浩瀚的政府信息中获取自己需要的内容。目录是贯彻政府信息公开，尤其是主动公开的重要保障。主动公开做得好，政府便无须面对公众以个体形式提出的众多申请，有助于降低管理成本。目录编制的水平代表并决定着政府信息公开的质量，目录做得好，则政府机关的信息管理能力必然较高，公众获取信息也就更加便捷高效。在信息化时代，计算机、互联网所提供的大容量信息存储功能、多功能的数据库程序、高效率的信息传输与管理等为推动目录的电子化和在线服务提供了技术平台。

在对广东省各下属城市政府信息公开目录进行测评时，主要考察了目录的栏目及其有效性、便利性、全面性以及检索功能等（测评结果见表 2 – 1）。

经调研，21 家广东省下属城市的政府网站全部设置了政府信息公开目录。目录在政府网站中放置的位置普遍比较醒目，19 家位于电脑屏幕第一屏（电脑显示为 100% 的比例），便于公众查找信息。在网站主页或者"政府信息公开"、"政务公开"栏目上提供了全部市政府所属部门的"政府信息公开目录"以及区县政府"政府信息公开目录"。目录信息的更新普遍比较及时，有 20 家网站的目录信息更新至调研前 1 个月。由此看来，广东各地关于贯彻落实《政府信息公开条例》以及在政府信息公开方面所做的工作非常值得肯定。

调研也发现，政府信息公开目录与全国其他地区一样也存在一些类似的问题，即出现了政府信息与公众捉迷藏的现象，影响政府信息公开的效果。

1. 目录设置

21 家广东省下属城市的政府网站中，虽然全部设置了本级政府信息公开目录、市政府所属部门的"政府信息公开目录"以及区县政府"政府信息公开目录"，但是，提供公用事业单位"政府信息公开目录"的网站甚少。调研结果显示，在 21 家网站中，仅有 7 家设置了公用事业单位的"政府信息公开目录"。

2. 信息链接的有效性

存在信息链接无效导致无法打开网页的情况。关于信息公开目录提供信息的有效性，经调研，随机选择 10 条链接，验证本级政府"信息公开目录"信息链接的有效性，10 条全部可以打开的有 19 家，可以打开 7 ~ 9 条的有一家，信息链接完全不能打开的有 1 家。在市政府所属部门的"政府信息公开目录"中，随机选取目录中所提供的 5 个部门，每个部门随机选择 2 条信息链接，验证信息的有效性。全部可以打开的仅有 14 家，可打开 7~9 条的有 1 家，可打开 4~6 条的有 3 家，可打开 1~3 条的有 3 家。在区县政府"政府信息公开目录"中，随机选取目录中所提供的 3 个区县，每个区县随机选择 3 条信息链接，验证信息的有效性。全部可以打开的仅有 15 家，可打开 7~8 条的有 2 家，可打开 4~6 条的有 1 家，可打开 1~3 条的有 2 家。在提供公用事业单位"政府信息公开目录"的 6 家网站中，随机选取目录中所提供的 3 个公用事业单位，每个公用事业单位随机选择 2 条信息链接，验证文件的有效性，全部可以打开的仅有 4 家，可打开 5 条的有 1 家，可打开 3~4 条的有 1 家。

3. 信息放置

政府网站是承载政府信息的重要平台，政府网站上发布着海量信息，如果信息放置不科学、无条理，公众很难便捷地找寻到所需要的信息。因此，为了提高政府信息公开的效果，必须注意政府信息的放置问题。调研发现，信息放置不当的情况还比较突出。比如，个别下属城市的政府信息公开栏目与信息公开专栏的信息链接不一致，政府信息公开栏目的信息链接到本市的信息公开目录，而信息公开专栏的信息则链接到广东省的政府信息公开系统，二者的不一致性，容易给公众造成误导，不利于公众获取信息；再如，有的网站将规范性文件放在通知公告栏目，有的放在新闻动态栏目，有的则放在规范性文件栏目。

4. 检索功能

网站的检索功能可以方便公众根据需求在政府网站各种各样的信息中迅速找到所需要的信息。但调研发现，广东省的下属城市中，仍有部分网站未提供检索功能。21 家广东省下属城市的政府网站中，有 15 家提供跨库检索功能，其中 1 家跨库检索界面检索无效。13 家提供了标题关键词、正文关键词、文件文号等多种检索方式，并且全部可以有效检索。12 家提供了组合检索功能，其中仅有 8 家可以成功检索。对于提供了检索界面但检索不成功的城市而言，相关功能无疑成了摆设。

5. 信息全面性

当前，政府网站建设过程中，普遍存在政府信息公开栏目与其他栏目相互脱节，政府信息公开栏目的信息全面性差，很多重要信息未放入政府信息公开栏目中的现象。调研组以网站主页的栏目与政府信息公开目录中的栏目比对，抽查主页规范性文件、通知、通告、调研报告、标准等文件，在政府信息公开目录中进行搜索，但结果并不理想。经调研，21 家广东省下属城市的政府网站中，有 20 家随机抽查的首页的栏目或信息未能在公开目录下得到验证。

第四节　政府信息公开指南

编制本机构的政府信息公开指南（以下简称"指南"）是《政府信息公开条例》要求各级政府机关在推行政府信息公开制度时应当履行的另一项职责。指南类似于政府信息公开制度的说明书，不熟悉政府信息公开制度的公众可以根据其了解自己享有的权利、谁有义务提供政府信息、负责政府信息公开的工作机构、获取政府信息的方式和途径、无法依法获得政府信息时寻求救济和获得帮助的渠道等。调研组考察了广东省各下属城市政府所发布的指南的有效性、主动公开形式的说明、依申请公开信息提出条件和流程的说明、政府信息公开监督救济方面的说明等内容（测评结果见表 2 - 1）。

从调研情况看，广东省下属城市政府网站公布指南的情况总体很好，绝大多数下属城市政府都在其门户网站上提供了本机关的政府信息公开指南全文。但也有一些下属城市政府以政府办公室指南代替市政府指南，其中，潮州市人民政府仅有潮州市人民政府办公室的指南，且该指南未明确是否属于潮州市人民政府的指南，另有 55% 的下属城市的政府将办公厅（办公室）指南与本级政府指南相混用。事实上，《政府信息公开条例》的确规定将各地政府办公厅（办公室）规定为同级人民政府的政府信息公开主管部门。但是，办公厅（办公室）的政府信息公开工作与同级人民政府的政府信息公开工作是否完全就是一回事，这是值得研究的。办公厅（办公室）属于同级人民政府的内设机构，它代表同级人民政府主管本行政区域的政府信息公开制度，一般情况下其政府信息公开工作就是同级人民政府的政府信息公开工作。既然这样，就不应当出现"办公厅（办公室）指南"一说。如果办公厅（办公室）因为负责的事务多，同其他政府组成部门一样，有自己本身的业务活动和政府信息公开工作的话，那么单独出现办公厅（办公室）的指南也可以，但应当将其与同级人民政府的指南严格区分。这一点在政府信息公开目录和政府信息公开年度报告中也应当同样适用。

一些下属城市在其指南中仍存在各类信息的说明情况不够全面的问题。在提供了地方政府信息公开指南的 20 个下属城市中，全部公开了政府信息公开受理机构地址、办公时间、主动公开形式和依申请公开的办理流程，但没有一个城市公开了政府信息公开受理机构地址的方位示意图和政府信息公开监督机构地址的方位示意图。在上述城市中，列明联系电话的占 95%，列明电子邮件的占 55%，提供依申请公开流程图的占 75%。指南中提供的政府信息公开监督机制信息情况不甚理想。指南中完整列明监督机构地址、工作时间和联系电话的仅占 55%，列明监督机构电子邮件地址的仅占 35%，列明救济途径的占 65%，而指明向什么机关或者如何复议、诉讼的则仅占 15%。

第五节　依申请公开

调研组对广东省 21 个下属城市实施依申请公开的情况进行调研时，主要考察了对申请人信息的收集情况、是否要求提供申请目的用途、是否在规定时效内回复、是否在回复中提供所申请的信息等内容。

本次调研选取了政府购买社会服务方面的信息作为依申请公开的验证内容。近年来，广东省内逐步推广开展政府向社会购买服务的工作，以提高公共服务水平，转变政府职能。广东省人民政府办公厅 2012 年印发的《政府向社会组织购买服务暂行办法》提出，拟通过政府向社会组织购买服务，培育和发展社会组织，支持社会组织承接政府职能转移。根据其要求，使用国家行政编制，经费由财政承担的机关单位，纳入行政编制管理，经费由财政承担的群团组织，依法行使行政管理职能或公益服务职能，经费由财政全额保障的事业单位，均可向社会组织购买服务。并且，除法律法规另有规定，或涉及国家安全、保密事项以及司法审判、行政决策、行政许可、行政审批、行政执法、行政强制等事项外，鼓励政府多范围向社会组织购买服务。为此，在本次调研中，调研组向广东省的 21 个下属城市人民政府申请提供 2011 年、2012 年政府购买社会服务中标的相关信息（测评结果见表 2－1）。调研组成员致电 21 个下属城市政府办公厅询问是否需要提供申请人身份证号、单位和申请用途等，在询问过程中发现，许多工作人员不能独立回答调研组人员提出的问题，还要向领导询问，或者态度勉强。经过反复确认，不要求申请人提供法定申请信息之外的信息的仅有 4 家，占 19.05%；不要求申请人提供申请目的的仅有 3 家，占 14.29%。这表明，一些地方政府相关部门还是不能正确理解《政府信息公开条例》的相关规定，客观上存在身份验证、核实用途等不方便公众获取政府信息的状况。

在申请渠道方面，21 家下属城市的政府网站都支持公众直接通过其网站平台发送申请，但除了河源市有独立的在线申请系统（该系统也不健全，申请提交成功后显示的信息与调研组人员填写的不一致），其余政府的网站均使用广东省人民政府开发的、统一的在线申请系统。广东省人民政府开发的该系统规定：广东省以外的居民不得通过在线申请系统提交申请，只能采取邮寄等传统方式，这使申请渠道受到极大的局限。

在收到申请后，有 11 个下属城市的相关部门工作人员及时与调研组人员联系沟通，了解申请的具体内容、申请的用途或者确认申请人的联系方式。甚至有的地方要求调研组证明申请用途与所申请信息之间的关联性。东莞市在该方面表现得尤其出色，东莞市行政服务管理办公室除了回电询问申请事宜，还及时向直接负责购买社会服务的东莞市财政局询问相关情况，该局也回电对申请作了说明，表明该市相关部门对政府信息公开工作的足够重视。

在法定时效内作出回复的占 95.24%，其中直接提供所申请信息的占 42.86%，未提供所申请信息的占 57.14%。在作出答复的下属城市中，值得一提的是云浮市。该市受理申请的部门提供了云浮市政府招标采购中心购买社会服务中标相关文件 7 份，有政府采购招标文件、政府采购询价文件、中标通知书、竞争性谈判文件等多种类型，涉及的社会服务项目有井盖、灭鼠谷饵、城区美化摆设、城区栏杆油漆翻新和环卫洒水车等多个方面。其他市的政府需要向云浮市学习的地方较多。例如，多数地方政府一旦发现所申请信息涉及某一具体工作部门（如财政局）的职责，便立刻要求申请人改向该部门申请，出现推诿现象。另外，还有的下属城市政府部门要求申请人将所申请信息尽量具体化，要求按照一事一申请的原则重新提交申请，以减轻本部门的工作量。有的下属城市政府部门明确答复："所申请信息繁多，请通过珠海市政府及相关部门网站、政府公报、相关部门的统计年鉴、珠海市档案馆等主动公开的渠道自行查阅。"各政府部门在回复时还普遍倾向于用省或市的相关规定代替实际的回复内容，或者建议申请人自行浏览政府网站查询或联系其他相关部门，并且不提供网址和联系方式。还有的政府部门提到提供信息所产生的邮寄费用如何承担的问题，表示邮寄费用过多，不愿从政府财政支出，希望改以电子邮件的方式回复等。这些问题看似小，但实际上不利于公众便利获取政府信息。

第六节　政府信息公开工作年度报告

编制和公开本机关上一年度的政府信息公开工作年度报告（以下简称"年度报告"），对自身上一年度实施政府信息公开制度的情况进行总结分析，这是《政府信息公开条例》（以下简称《条例》）为保障政府信息公开制度实施，加强政府信息公开实施的社会监督和政府机关自我监督而专门设计的制度。根据规定，各行政机关应当在每年3月31日前公布本机关上一年的年度报告。

调研组对广东省21个下属城市的政府编制和公开本级政府2011年年度报告的情况进行了调研和测评，主要对年度报告在政府网站上的发布情况、编写内容等进行了观察、统计和分析（测评结果见表2-1）。

调研发现，广东省21个下属城市实施年度报告制度的总体情况较好。首先，年度报告栏目设置完善并且年度报告栏目集中发布年度报告。设置年度报告栏目有助于集中发布年度报告，方便公众查询。据统计，调研的21家政府网站均设置了年度报告栏目。将年度报告集中放置在年度报告栏目中，这使得年度报告可以集中查找获取。

其次，21个政府机关均根据《条例》认真编制了本级政府的年度报告，并在规定的时间内予以发布。调研组在各政府机关网站上对年度报告进行了检索。截至2012年3月31日24时，21个政府机关全部按时发布了上一年度的年度报告。

最后，不少年度报告内容充实，总结详细。调研发现，不少地方的年度报告全面概述了本级政府2011年在政府信息公开工作方面所做的工作，详细列明了主动公开政府信息、依申请公开政府信息的情况及相关行政复议、诉讼、投诉的情况，并总结了本级政府在信息公开工作方面存在的主要问题，明确了改进措施和未来努力的方向。

同时，调研发现，年度报告也存在一些问题。

第一，年度报告公布的时间较为拖沓。虽然有的政府机关早在2月初就已经公布了年度报告，但大多数政府机关则集中到3月底才陆续公布。据统计，3月5日调研开始前发布年度报告的有5家，而年度报告发布截止日期前6天内（即3月26～31日）发布的有10家。

第二，年度报告发布的持续性还有待提升。有个别政府网站仅仅在网站上发布上一年度的年度报告，或者新的年度报告发布后，旧的就被撤下了，此前的年度报告均无法查找。还有的政府网站虽然设置了栏目，但栏目内无法查阅2008～2010年的年度报告。调研发现，在年度报告栏目内未能提供2008～2010年的年度报告全文的有5家政府网站。

第三，年度报告对本机关上一年度的一些核心数据的公开情况不够理想。一方面，混淆上一年度收到的公开申请总数与经审查受理的数量。在调研的21家网站中，仅有6家列明上一年度收到的公开申请总数，18家列明经审查受理申请数量的数据。二者均公布得少之又少，绝大多数被调研部门对此两项内容仅公布其一，信息不全面。另一方面，涉及依申请公开的各类数据公开情况不理想。据统计，有6家提供上一年度收到的申请总数，没有一家按照本级政府、下级政府、所属部门三类信息详细提供收到申请的数量，有4家仅提供了上述2类部门的数据，2家提供了申请数量居前几位的部门，11家提供了申请数量居前几位的事项，7家提供了申请人按照不同申请方式提交申请的数量，18家提供了经审查受理申请的情况，5家按照答复决定的内容（如公开、不公开、部分公开等）提供了分类数据，没有一家按照不公开的理由（如涉及国家秘密、个人隐私等）提供分类数据，21家提供了涉及政府信息公开的行政诉讼，20家提供了行政复议的情况，3家提供了投诉的数据（见图2-6）。

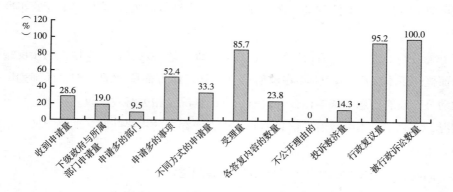

图2-6 广东省下属城市2011年年度报告依申请公开数据公开情况

第四，年度报告的统计口径不一致。调研发现，在具体数据的统计方式上五花八门，这在依申请公开数据的发布上较为典型。有的地方提供的是本级政府受

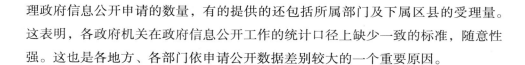

理政府信息公开申请的数量，有的提供的还包括所属部门及下属区县的受理量。这表明，各政府机关在政府信息公开工作的统计口径上缺少一致的标准，随意性强。这也是各地方、各部门依申请公开数据差别较大的一个重要原因。

第七节　政府公报

政府公报是各级政府发布的政府出版物，是《立法法》规定的公布和提供地方政府规章标准文本的法定载体和《政府信息公开条例》规定的主动公开政府信息的重要渠道。《国务院关于加强市县政府依法行政的决定》（国发〔2008〕17号）、《国务院关于加强法治政府建设的意见》（国发〔2010〕33号）均对办好政府公报提出了明确要求。《广东省人民政府关于进一步办好政府公报的意见》要求，各级政府公报要把本级政府的规章及政府规范性文件、部门规范性文件作为核心内容，同时要探索将符合政府《政府信息公开条例》规定的主动公开范围并适宜在公报刊登的其他政府信息通过公报公开，不断丰富公报内容，增大信息容量。而且，政府公报要实行免费赠阅，并进一步推动政府公报上网，推动形成纸质公报与网络公报并举互补、有机衔接、相得益彰的工作格局。

加强政府公报的网上公开工作意义重大。如前所述，政府公报是政府信息公开的重要渠道，是集中发布重要政府信息的载体。但是，相当一段时期，公众很难看到政府公报。这一方面是因为过去纸质公报的发行成本较高，即便一些地方普遍采取收费订阅的形式，其免费赠阅点也多数限于图书馆、档案馆；在一些中小城市、乡镇，公众很难享受到该服务，限制了公众查阅。另一方面是因为纸质公报的发行受到发行渠道的限制，时间较为滞后，导致报告时效性较差，难以满足公众及时获取信息的需求，自然难以引发公众的兴趣与关注。当前，不少地方政府在正常发行纸质公报的同时，积极利用信息化手段和政府网站平台，把政府公报电子化后上传到政府网站，这就可以打破时空限制，方便公众随时随地查阅信息。

调研组对广东省21个下属城市政府公报网上公开的情况进行了测评，测评主要集中于政府公报栏目的配置、公报的时效性、全面性和获取的便捷性（测评结果见表2－1）。

首先，21 个下属城市基本建立了政府公报工作机制，其政府网站有 21 家设置了政府公报（政报）栏目并且都可以有效打开。这表明，在广东省的大力推动下，地方政府较为重视政府公报工作，且政府公报信息化水平较高。

其次，大部分政府网站能够及时、有效地提供政府公报。21 家设置了政府公报（政报）栏目的政府网站中，栏目内的公报全部分期公布，有 15 家网站提供了上一期的政府公报，20 家网站中所提供的公报可以复制或者下载，有 16 家网站提供的公报抽查 10 期均可以有效打开。

最后，部分政府网站能够提供特色化政府公报，人性化色彩浓厚。比如，阳江、河源提供可供选择的在线阅读文本的字体，以及页面颜色，适应了不同人群对文本的不同阅读要求。

至于各地政府公报发布中存在的问题，主要集中表现为以下几点。

第一，公报检索功能不健全。大部分政府公报栏目内未提供检索功能，调研发现，政府公报（政报）栏目中，仅有 4 家提供了公报的标题检索功能，其中，2 家网站虽然提供了标题检索但是检索无效，仅有 3 家提供了公报的全文检索功能。

第二，公报提供数量较少，更新不够及时。有的网站所提供的公报数量极为有限，有的仅提供最近一两年的公报，有的更新缓慢。

第三，公报内容较为单一，不完善，大多仅是法律、法规和规范性文件的发布。调研发现，有 13 家提供了本市的政府大事记，仅有 1 家提供了重要规范性文件的政策解读，仅有 5 家提供了重要会议和重要讲话的内容，仅有 1 家提供了介绍市、县（市、区）情及典型经验做法的内容。

第八节　食品安全信息

公开食品安全监管信息是《食品安全法》等法律法规规定的重要的食品安全监管措施，是现代社会政府管理的重要手段。调研组在对广东省 21 个下属城市的政府透明度情况进行测评时，选择"食品安全中有关餐饮服务许可信息的公开情况"作为调研个案，进行了测评。测评主要涉及餐饮服务主管部门作出餐饮服务许可的条件、程序、结果、监督检查等信息的公开情况（测评结果见表 2 - 1）。

调研发现，广东省 21 个下属城市中全部设置了餐饮服务许可管理部门的网站。其中，有 20 个城市设置了本市的食品药品监督管理局的网站，只有深圳市食品安全监管的职能归属深圳市市场监督管理局（知识产权局），相应的信息公示在深圳市市场监督管理局的网站上。

综合来看，各地对于食品安全监管工作所作出的努力值得肯定，各市餐饮服务许可管理部门网站中关于食品安全信息的公开程度总体情况不错。

首先，网站对于食品安全的部分信息公示的情况较好。在调研的 21 个下属城市的餐饮服务许可管理部门网站中，有 20 家网站公布了食品安全监管的法律法规，19 家提供了本地方食品安全监管的规范性文件，19 家提供了食品安全常识信息。

其次，网站关于餐饮服务许可方面的信息比较全面，便民利民。在调研的 21 个下属城市的餐饮服务许可管理部门网站中，有 19 家网站提供了"餐饮服务许可"办理流程，20 家网站提供了"餐饮服务许可"服务指南，20 家网站提供了"餐饮服务许可"所需申请的材料信息，17 家网站提供了"餐饮服务许可"的办理结果查询。

最后，网站能够及时公示对餐饮服务的监督情况。在调研的 21 个下属城市的餐饮服务许可管理部门网站中，全部公示了对餐饮服务提供者的监督抽查情况，其中有 18 家网站公布了近 3 个月对餐饮服务提供者的监督抽查情况，信息更新较为及时。

但食品安全信息的公开方面，也存在一些问题。

首先，食品安全监管部门的网站运行状况不好。不少城市的食品药品监督管理局提供了相关信息的栏目链接，但是链接网页打不开。有的网站的栏目无链接或者打开后无实质信息。比如，东莞市食品药品监督局网站提供了两个有关食品安全的数据库栏目（餐饮从业人员健康证数据库和食品安全员数据库），但是栏目没有链接。湛江市食品药品监督局网站食品安全方面的法律法规及政策性文件无法有效打开。佛山市食品药品监督局网站在"网上办事"栏目下提供"事项查询"，但是链接打开后无任何信息。

其次，重要栏目缺失，信息公开不全面。经调研，没有一家餐饮服务许可管理部门网站设置"餐饮服务提供者食品安全信用档案"栏目。而且大多数城市的食品药品监督管理局均未公布餐饮服务提供者的违法行为查处情况，未提供餐饮服务提供者违法或守法记录。调研结果显示，21 个下属城市的餐饮服务许可管理部门网站中，仅有 6 家提供了餐饮服务提供者的违法行为查处情况，没有一家提供餐饮服务提供者违法或守法记录。

栏目中药品方面的信息居多，食品安全方面的相关信息过少。更有甚者，在一些城市的食品安全信息栏目中，仅提供了用药安全信息，未提供食品安全信息。21 个下属城市的餐饮服务许可管理部门网站中，仅有 13 家提供了食品安全预警警示信息。

再次，信息更新不及时的情况也存在。调研结果显示，在 13 家提供食品安全预警警示信息的网站中，仅有 2 家提供了 3 个月内的食品安全预警警示信息。一些地方的食品药品监督管理局网站所提供的信息是一两年前的，网站相关栏目甚至处于休眠状态。如佛山市食品药品监督管理局网站"食品安全执法"栏目下的信息仅更新至 2008 年。

最后，相关信息的公开较为分散、混乱。调研发现，有关地方的主管部门网站所发布的信息相对分散，未集中公示在相应的一个栏目中，而是零散地分布于不同的栏目，相关信息的公示较为混乱。潮州市食品药品监督管理局网站在提供的"食品安全常识"栏目下未提供任何有关食品方面的常识信息，而在"食品安全"栏目才可见相关信息。揭阳市食品药品监督管理局网站存在同一个栏目通过不同的方式进入内容事项呈现不同的状况。

第九节　行政审批信息

行政审批是指行政机关（包括有行政审批权的其他组织）根据行政相对人的申请，经过依法审查，准予其从事特定活动、认可其资格资质、确认特定民事关系或者特定民事权利能力和行为能力的行为。行政审批权是国家公权力的一部分，是各级政府依法组织和管理公共事务的一项重要权力。中共中央办公厅、国务院办公厅印发的《关于深化政务公开加强政务服务的意见》（中办发〔2011〕22 号）强调了政务服务中心在推动行政审批制度改革中的重要性，要求加大行政审批公开力度。因此，调研组也对广东省各下属城市政务服务中心行政审批信息公开的情况进行调研和测评。

2011 年的调研主要集中于相关城市政务服务中心网站建设情况、中心机构

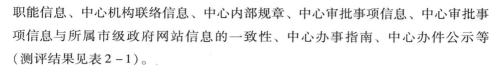

职能信息、中心机构联络信息、中心内部规章、中心审批事项信息、中心审批事项信息与所属市级政府网站信息的一致性、中心办事指南、中心办件公示等（测评结果见表 2 - 1）。

经调研，21 个下属城市均开通有行政服务中心（或者在线审批中心）网站。一些下属城市的网站积极进行创新，方便公众办事以及获取相关信息。例如，珠海、茂名、湛江、肇庆等地不仅列举了行政审批事项的法定期限，而且列出了承诺期限。这一举措有利于提高部门的办事效率，最终普惠办事公民。总的来看，各地关于贯彻落实《政府信息公开条例》以及在行政审批中心公开方面所做的工作值得肯定，但行政审批中心公开仍然存在一些问题。

首先，中心栏目设置不健全且栏目信息有效性不好。为方便公众了解中心的规章制度，以加强对中心的监督，中心应当设置内部管理制度的公开栏目并公开相关的规定。经调研，设立行政服务中心（或者审批中心）的 21 家网站中，仅有 15 家网站提供了本中心内部管理规定栏目，6 家网站未提供。在提供栏目的 15 家网站中检查栏目链接，可以打开 5 条以上（含 5 条）的仅有 13 家，信息链接数少于 5 条的有 2 家。

为方便公众办理审批事项，中心应该提供进入中心办理的审批事项列表，并确保列表中的信息链接有效。经调研，设立行政服务中心（或者审批中心）的 21 家网站都提供了审批事项列表。但是，在此 21 家中检查栏目中审批事项信息链接，可以打开 5 条以上（含 5 条）的仅有 20 家，有 1 家只能打开 5 条以下。

其次，审批信息的一致性有待改进。从各地的实践看，审批信息往往会同时发布在当地政府门户网站和行政服务中心网站上。这时，确保两处所载信息的一致性就十分必要，一旦两处所载信息不一致，就会使公众无所适从，非但起不到便民的效果，还可能造成不便。为此，调研组对下属城市行政服务中心网站所列审批事项信息与所属市级政府门户网站中所列的审批事项信息之间的一致性进行了测评。通过对行政服务中心（或者审批中心）网站与所属市级政府门户网站的在线办事栏目中所载信息进行比对，调研组发现，在提供审批信息的 21 家网站中，随机抽取 10 条审批事项信息，两处信息全部一致的仅有 6 家。这表明，信息一致性问题在一些基层政府网站建设中也是比较突出的问题。

再次，信息的全面性不佳。为方便公众更多地了解行政服务中心（或者审批中心）与方便公众办理审批事项，网站应当提供中心的基本信息：中心职能信息、中心地址信息、中心交通路线（如自驾车信息或者公交换乘信息）、中心联系电话、中心联系电子邮箱、中心地理位置示意图（如地图）与中心工作时间（应当精确到工作日、上下班时间等）等。经调研，设立行政服务中心（或者审批中心）的 21 家网站中，仅有 13 家提供了中心职能信息，14 家提供了中心地址信息，3 家提供了中心交通路线（如自驾车信息或者公交换乘信息），15 家提供了中心联系电话，11 家提供了中心联系电子邮箱，4 家提供了中心地理位置示意图（如地图），4 家提供了中心工作时间（精确到工作日、上下班时间等）。

为方便公众办理审批事项，行政服务中心（或者审批中心）的办事指南应该提供审批依据、审批条件、审批申请材料、审批程序、审批期限、审批办理地点、审批部门联系电话等办事信息。在提供审批信息的 21 家网站中，随机抽查 10 条中心公布的审批事项信息，全部提供审批事项办事依据的仅有 13 家，部分提供的有 6 家，全部未提供的有 2 家；全部提供审批事项办理条件的仅有 11 家，部分提供的有 9 家，全部未提供的有 1 家；全部提供审批事项申请材料信息的仅有 16 家，部分提供的有 5 家；全部提供审批事项办理程序的仅有 12 家，部分提供的有 8 家，全部未提供的有 1 家；全部提供审批事项办理期限（可以是法定期限，也可以是承诺期限）的有 16 家，部分提供的有 5 家；全部提供审批事项办事地点信息的仅有 10 家，部分提供的有 6 家，全部未提供的有 5 家；全部提供审批部门联系电话的仅有 11 家，部分提供的有 6 家，全部未提供的有 4 家。

为方便公众及时了解审批的办件动态，行政服务中心（或者审批中心）应当及时进行办件公示，提供受理审批的主办部门信息、受理事项信息、申报时间、办理状态信息（如在办理中、已办结等）。经调研，设立行政服务中心（或者审批中心）的 21 家网站提供中心办件动态的有 20 家，其中，提供受理审批的主办部门信息的有 17 家，提供受理事项信息的有 20 家，提供申报时间的仅有 8 家，提供办理状态信息（如在办理中、已办结等）的有 16 家。

第十节　提高政府透明度的对策和建议

近年来，广东省及其下属城市高度重视政府信息公开工作，推进政府信息公开制度实施的成效是显著的。在中国社会科学院法学研究所法治国情调研组 2009 ~ 2011 年开展的政府透明度测评与调研中，广东省及有关地方的透明度测评情况均居于全国前列。其中，2011 年度，广东省政府在 26 个省级政府中排名第 6；在 43 个较大市的测评中，2009 年度广东省有广州跻身前 10 名，2010 年度广东省有珠海城市跻身前 10 名，2011 年度广东省有珠海和广州两个城市跻身前 10 名。而此次调研组对 21 个下属城市进行的测评也显示，广东在很多方面做得都比较好。这显然与其地处改革开放前沿，经济社会发展对政府信息的需求日益增长有着密切的关系，也是当地政府重视政府信息工作的必然结果。同时，日趋透明的政府管理也同样会促进依法行政，助力经济社会发展。

当然，也要看到，无论是广东省还是其他地区，政府信息公开都还是一个比较新的制度，从观念到具体的制度实施都面临各种各样的问题。广东省在实施政府信息公开制度和利用政府网站公开政府信息方面进行了一定的创新探索，积累了一定的经验。但是，广东省在今后的推进透明政府建设过程中，仍有不少需要注意的方面，而其中也有不少同样适用于其他地方。

一　继续提升公开意识

从政府信息公开制度的运行实际情况看，提升公开意识，绝不是老生常谈，更不是政府信息公开制度实施之初才显得有必要的问题。事实上，从广东省 21 个下属城市处理依申请公开的情况以及调研组进行验证的结果看，持续做好提升公开意识的工作仍然显得十分重要。

首先，要提升政府机关工作人员的公开意识。应当说经过了 10 年左右的宣传，尤其是《政府信息公开条例》4 年多的实施，要公开、不要保密，公开有助于政府管理等的观念大体已经在不少政府机关工作人员的头脑中扎根。但是，政府信息公开制度的实施面临的更多的还有具体操作性的问题，在一些具体问题、具体事件上该不该公开、如何公开，这就需要不断地对政府机关工作人员进行培训和意识提升。只有他们自发地接受公开为原则、不公开为例外，准确理解政府信息公开的各项制度，并清楚如何公开才更有助于保护公众利益、维护政府权威，透明政府的建设才能真正实现。

其次，要提升公众的公开意识。政府信息公开制度是为公众而设的，只有公众知道运用这项制度，才能真正促使政府机关认真对待政府信息公开工作。但是，从广东省 21 个下属城市 2011 年受理政府信息公开申请的数量，以及调研组 3 年来实施政府透明度测评的情况看，有不少地方的申请量很少，与其城市规模等极不相符。除了极个别地区主动公开工作做得较好之外，更多的可能与当地公众对政府信息制度的知晓程度不高有关。因此，进一步加强政府信息公开制度的普法宣传，提升公众对自身享有知情权、可以申请政府机关公开信息的认识程度。

二　着力做好主动公开工作

主动公开是政府信息公开制度中的重要制度，绝大部分政府信息公开应当通过主动公开的形式提供给公众。而且，从世界范围的实践看，主动公开做得好，有助于减少依申请公开的申请量，既能减少政府处理政府信息公开申请的成本，也可以方便公众。

首先，要办好政府网站，确保公众可以方便地从网站获取所需的信息。在现代社会，政府网站以其信息量大、不受时空限制、便于检索等优势，已经成为政府信息公开的第一平台。利用政府网站公开政府信息时，应当确保网站运行稳定，尤其是确保信息链接可以有效打开。网站栏目设计要科学合理，方便公众检索，杜绝信息放置的随意性，避免虽然在网站公开了信息，但由于放置位置随意导致公众难以找到信息的情况。地方政府应当整合各部门的网站，有必要采取统一建设模式，规范网站建设，处理好政府门户网站与各部门网站的关系，尤其是要注意处理好在门户网站和部门网站公开政府信息的一致性问题，避免两处网站公开的同类信息不一致。而且，要明确政府信息的发布时效。《政府信息公开条例》仅笼统地规定了信息生成后的发布时间，但具体操作中还应细化，明确信息产生或者变更后多久就应当上传至网站，避免政府信息网上发布的滞后性。

其次，逐步扩大主动公开信息的范围。《政府信息公开条例》和各领域的部门法都规定了庞大的主动公开信息，但是，从近年实践的情况看，法律法规要求公开的信息仍有不少没有得到很好的公开。因此，今后相当长一段时间内，实施政府信息制度都面临着如何将法律法规规定的主动公开信息义务加以有效落实的问题。

三　逐步提高依申请公开制度实施的规范化

依申请公开制度是政府信息公开制度的核心。各国各地区专门制定《信息自由法》的一个重要目的就是取消对申请信息公开主体资格限制，赋予公众政府信息公开请求权，不问其是否与所申请的政府信息之间有利害关系，以保障公众知情权，满足公众的信息需求和监督政府的需要。这是政府信息公开制度的灵魂所在，也是显示其存在必要性的根本。有了这一制度才可以制约政府机关在公开与否、公开什么、如何公开上的自由裁量权，并有助于推动民主参与，从这一点看，将依申请公开制度等同于政府信息公开制度都不为过。因此，在实施依申请公开制度时，必须注意以下几点。

第一，杜绝以申请用途目的作为申请政府信息公开的实质要件。限制和审查申请用途严重背离依申请公开制度的本意，而将生产、生活、科研等特殊需要作为依申请公开申请人的资格要件是多余且不明智的，且这种限制完全不具有任何意义和操作性。如果公开申请人不方便以生产、生活上的特殊需要等理由来搪塞政府机关的审查的话，至少还可以以科研上的特殊需要来予以搪塞。从事科学研究是《宪法》规定的公民基本权利，更没有任何一部法律只允许大学教授、研究所的研究人员才有权利进行科学研究。所以，花费大量的公共成本去审查申请人是否有特殊需要完全没有任何意义。唯一的解释就是，政府机关可以随时以此为理由来规避自身的公开义务，阻碍公众获取信息。

第二，放弃对申请人身份的核查。审查申请人身份同样违背政府信息制度的本意，政府机关接受申请后，只应当判断所申请的信息是否属于法定的可以不予公开的信息（即不公开信息），而无须审查申请人究竟是谁。至于广东省为了审查申请人是否使用了真实的身份证信息而开发身份信息核查系统，并因此拒绝外地人通过网络提交申请的做法就更加荒唐。这一点与其地处改革开放前沿的位置极不相称。

四　落实好政府信息公开年度报告制度

政府信息公开年度报告是对政府机关上一年度实施政府信息公开情况的总结，该报告对社会公开，目的是借此提升政府机关政府信息公开工作本身的透明度，督促其不断改进工作。因此，政府信息公开年度报告制度不是可有可无的，而是要持续落实，不断提升年度报告的质量。

第一，继续提升对年度报告的重视程度。对于公众而言，年度报告有助于其了解各级政府机关上一年度推动政府信息公开所做的工作，对于政府机关而言，则有助于总结过去取得的进展和存在的问题。因此，做好此项工作也是落实政府信息公开义务的必然要求。近几年，年度报告工作不断取得进步的经验表明，只有给予其应有的重视，才能确保该制度进一步得到落实。

第二，应尽快明确和统一年度报告的编写标准。为了避免各级各类政府机关编制年度报告过程中存在的随意性强、避重就轻的问题，有关部门应当尽快制定年度报告的编写发布标准，细化并明确报告必须具备的各项要素，统一重要数据的统计口径，比如上一年度受理的申请量，建议除了发布本级政府的数量，还要发布本级政府各部门以及下属地方政府的数量，以便各级各类政府机关在制定年度报告时参考。

第三，建立健全年度报告的考核评价机制。建议有关部门结合编写标准的制定，尽快建立健全科学合理的考核评价指标体系，完善年度报告的评估办法，督促各级政府机关加强对年度报告的重视程度，切实发挥其在保障政府信息公开制度实施方面的应有作用。

五　进一步做好政府公报工作

政府公报上网工作仍需要大力推动。政府公报上网有助于集中快捷地发布公报，消除传统纸质公报发布成本高、时效差、公众查阅不便等弊端，可以使政府重要信息的发布载体发挥其应有的作用。广东省高度重视政府公报的上网工作，《广东省人民政府关于进一步办好政府公报的意见》的发布对于指导各地的政府公报编辑发行和上网发布发挥了重要的作用，且被调研的 21 个下属城市均在网站上开辟了政府公报栏目，这对于其他地区都是有借鉴意义的。为了进一步做好政府公报的上网工作，广东省及其他地区还有必要注意以下几点。

第一，发挥信息化优势，进一步提升政府公报栏目的易用性。信息化的发展将传统的铅字转换为电脑上的字符，可以使政府公报信息的查阅更加便捷。但如果不能为政府公报配备必要的功能的话，数字化的政府公报可能还不如传统的期刊好用。比如，应当为政府公报栏目内嵌专门的搜索功能，方便公众不仅可以根据时间、期数查阅公报，还可以根据需要进行标题关键词、正文关键词的检索。

第二，提高政府公报的信息量。首先，应确保政府公报发布的及时性，明确政府公报发行后的具体上网时间。其次，应当逐步丰富政府公报的内容。除当地重要的规范性文件外，还可以编入本市的政府大事记、重要规范性文件的政策解读、重要会议和重要讲话的内容、基层政府的基本情况与典型经验做法等内容。最后，可以视情况将往年政府公报电子化后上传至政府网站，方便公众查阅。

第三，推行政府公报上网的同时，也不能忽视传统纸质公报的发行。纸质公报虽然有其固有的弱点，但考虑到数字鸿沟的存在，一些特殊人群、经济欠发达地区的人群等还未必能够自由便利地上网查阅信息，仍不能废止纸质公报的发行。为此，各级政府应当逐步加大财政支持力度，力争实现政府公报的免费发行，并逐步扩大政府公报的查阅点，方便公众查阅。

第三章　司法体制改革与创新

第一节　司法体制改革概述

改革开放以来，中国经济步入快速发展轨道，司法制度也面临着现代化的挑战。为了更好地适应新时期法治建设的需要，在恢复重建司法制度的基础上，有必要对司法制度进行现代化革新。中国早期的司法体制改革主要围绕规范诉讼程序、落实公开审判展开，随着"依法治国、建设社会主义法治国家"目标的提出，司法改革越来越关注法院组织体系的健全和审判工作机制的完善。

根据党的十三大精神，1988年6月第十四次全国法院工作会议提出要搞好法院自身的改革，加强和完善自身的机制。1997年，党的十五大报告提出"依法治国、建设社会主义法治国家"，并在"政治体制改革和民主法治建设"部分，正式提出"司法改革"，即"推进司法改革，从制度上保证司法机关依法独立公正地行使审判权和检察权，建立冤案、错案责任追究制度"。

2002年，党的十六大报告指出要"推进司法体制改革"，包括完善司法机关的机构设置、职权划分和管理制度，完善诉讼程序并切实解决执行难问题，强调"从制度上保证审判机关和检察机关依法独立公正地行使审判权和检察权"，"逐步实现司法审判和检察同司法行政事务相分离"。中共中央2004年底转发了《中央司法体制改革领导小组关于司法体制和工作机制改革的初步意见》，提出了改革和完善诉讼制度、诉讼收费制度、检察监督体制等10个方面的35项改革措施。最高人民法院和最高人民检察院也于2005年分别颁布了《人民法院第二个五年改革纲要（2004—2008）》和《最高人民检察院关于进一步深化检察改革的三年实施意见》。

2007年10月，党的十七大报告提出要"深化司法体制改革，优化司法职权配置，规范司法行为，建设公正高效权威的社会主义司法制度，保证审判机关、检察机关依法独立公正地行使审判权、检察权"。2008年11月28日，中共中央政治局原则通过了《中央政法委员会关于深化司法体制和工作机制改革若干问题的意见》。该意见是新一轮司法改革的总方案，提出了优化司法职权配置、落实宽严相济刑事政策、加强政法队伍建设、加强政法经费保障等四个方面的改革任务。

为落实党中央关于"司法改革"的要求，最高人民法院出台了《人民法院五年改革纲要（1999—2003）》，系统规划了人民法院的改革，确立了人民法院改革的总体目标，即"紧密围绕社会主义市场经济的发展和建立社会主义法治国家的需要，依据宪法和法律规定的基本原则，健全人民法院的组织体系；进一步完善独立、公正、公开、高效、廉洁，运行良好的审判工作机制；在科学的法官管理制度下，造就一支高素质的法官队伍；建立保障人民法院充分履行审判职能的经费管理体制；真正建立起具有中国特色的社会主义司法制度"。为实现人民法院改革的总体目标，最高人民法院在改革纲要中提出了39项具体的改革任务。除此之外，最高人民检察院也出台了《检察改革三年实施意见》。

此后，最高人民法院先后制定了《人民法院第二个五年改革纲要（2004—2008）》和《人民法院第三个五年改革纲要（2009—2013）》，确立了不同时期人民法院司法改革的基本任务和目标。

当前，中国正处在经济、社会发生巨大变革的时期。三十余年来经济的高度发展，推动了社会的巨大变革，大幅提升了人民生活的现代化水平，人们的民主、法律意识也随之不断提高。在社会持续转型过程中，各种各样的社会矛盾层出不穷，这些矛盾解决不好，势必会影响商贸活动安全和经济发展，最终影响社会稳定和谐。社会变革出现的这些现实问题对司法机关提出的要求也越来越高。但司法机关一方面因为其固有的消极性、被动性以及司法人员编制有限、司法程序严格、时间成本高等原因，面临着如何应对社会转型期矛盾纠纷凸显的问题，另一方面又面临着司法人员素质水平参差不齐、司法腐败尚未根除、司法判决难以有效执行等诸多难题。这些是中国当前及今后一段时期司法改革面临的任务，也是地方司法机关面临的难题和创新的着力点。

近年来，广东法院以开放的姿态和探索的精神，进行司法改革与创新，为"加快转型升级，建设幸福广东"提供司法保障和司法服务。审判是司法的核心，为了不断提升审判质量，广东法院积极进行案件管理创新，缩小审判裁量权，实行案件质量评查，创新民生案件、劳动争议案件和知识产权案件审判机制，并通过案件审判白皮书制度、司法建议等延伸审判职能，提高司法服务水平。面对社会转型期社会矛盾凸显的现实，广东法院探索建立诉前联调机制和司法惠民工作站，使司法职能前移，力求更好地化解日益复杂的社会矛盾。面对执行难，广东法院多管齐下，积极探索，从优化执行权配置、执行联查、阳光执行和主动执行等方面破解执行难。司法公正的实现离不开公开透明的司法活动，为此，广东法院还利用网络技术优势，对司法审判信息进行最大限度的公开，打造阳光司法。

第二节　完善审判机制

一　创新审判模式

广东作为经济强省，随着改革开放的纵深推进，法院受理的案件急剧膨胀，并且涌现出各种新型案件，传统的审判模式由于诉讼程序繁琐、效率低下、专业化程度不高等特点，在应对海量和新型案件的审理时，显得捉襟见肘。为了提高案件的审判效率，确保公正司法，广东法院率先创新各种审判模式，走在了全国司法改革的前列。

（一）民生案件速裁机制

随着经济的繁荣和交易活动的频繁，小额经济纠纷大量出现，如合同欠款、交通肇事赔偿、物管费缴纳等，但是法院冗长繁琐的诉讼程序让民众望而却步，难以充分发挥减压阀的作用。看似简单的案件如果得不到正当途径的解决，往往会积累演变成社会不稳定因素。因此，如何协调案件的增多与诉讼程序的繁琐之间的矛盾、使司法更好地贴近民众成为司法机关迫在眉睫的重大课题。

为了提高案件审判的效率，最高人民法院曾经在《人民法院五年改革纲要（1999—2003）》（《一五纲要》）中提出"多适用简易程序审理案件"；在《人民法院第二个五年改革纲要（2004—2008）》中提出"在民事简易程序的基础上建立速裁程序制度"；在《人民法院第三个五年改革纲要（2009—2013）》中提出"探索推行速裁法庭等便民利民措施"。2011 年最高人民法院印发了《关于部分基层人民法院开展小额速裁试点工作的指导意见》，开始在北京、广东、甘肃、福建等 13 个省、直辖市的 90 个基层法院开展小额速裁试点。广东作为试点省份，在小额速裁机制方面作出了有益的探索。

深圳作为经济特区，经济腾飞带来交易活动的日趋频繁，民众的法律意识也日益增强，"诉讼爆炸"的时代也提前来临。面对案多人少的压力，深圳市罗湖区人民法院为了提高审判效率，早在2001年率先设置了"速裁法庭"，受理无争议或争议不大的简单民事、经济案件，并大胆突破法定诉讼时限，明确3个工作日的审理期限。

"速裁法庭"设在罗湖区人民法院，当事人申请立案后即可进入"速裁法庭"。深圳市罗湖区人民法院明确了"速裁法庭"的受案范围、诉讼流程、文书制作，并积极采取便民措施，合理配置有限的审判资源，提高办案效率。

（1）受案范围。深圳市罗湖区人民法院速裁法庭受理的案件主要包括：当事人双方到庭请求即时解决纠纷的案件；当事人对离婚、财产分割、子女抚养无争议的离婚案件；当事人争议不大的离婚、赡养、抚养、扶养案件；事实清楚，争议不大的债务案件；事实清楚，争议不大的银行借贷及其他经济合同纠纷案件；事实清楚，争议不大的房地产案件；当事人无争议的其他各类民事、经济诉讼案件。

（2）诉讼流程。速裁法庭的办案流程为：立案庭直接将符合速裁庭受案范围的案件分至速裁庭；当事人双方到庭请求即时解决纠纷的，立案后立即移送速裁庭，当日审理、当日结案、当日送达裁判文书；被告经电话传唤到庭后，主动放弃15日答辩期的，当即开庭审理，3个工作日内结案。

（3）结案方式及诉讼文书制作。由于受理的案件事实清楚、案情简单，速裁法庭通常以调解结案为主，但也保留一定的裁决权。速裁法庭对裁判文书进行大幅度简化，制定了专门用于小额速裁的各类文书格式。结案时，法官或书记员只需填写"是"或"否"，以及当事人的简单情况后即可完成法律文书的制作，用时很短。

（4）便民措施。速裁法庭设置两部热线电话，用于当事人咨询有关法律问题、速裁法庭的功能和工作程序等。经当事人申请，速裁法庭可在双休日及下班后等非办公时间审理案件。

罗湖区人民法院的"速裁法庭"为"民商事案件小额速裁试点工作"积累了经验，于2011年4月被最高人民法院确定为试点法院。从2011年7月开始，深圳市法院系统将小额速裁试点工作从原来的罗湖区人民法院向全市各区基层法院全面铺开，这是全国首例在一个中级人民法院辖区范围内全面启动小额速裁机制的做法。根据《深圳法院系统全面启动小额速裁试点工作的方案》，对法律关系单一、事实清楚、争议标的额 5 万元以下的民商事案件，经当事人同意，可适用小额速裁程序，并实行一审终审，且在试点期间，免交诉讼费。

2012 年 4 月，广东省高级人民法院制定下发了《关于扩大小额速裁试点法院的通知》，将小额速裁试点工作扩大至珠三角各市基层法院。为切实推进小额速裁工作，广东省内许多基层法院研究制定了相应的实施性文件，如惠州市博罗县人民法院制定了《关于开展小额速裁试点工作的实施意见》，中山市中级人民法院制定了《关于开展小额速裁试点的工作方案》，顺德区人民法院制定了《顺德区人民法院小额速裁试点工作实施方案》和《顺德区人民法院小额速裁试点工作规程（试行）》。为了方便当事人了解小额速裁程序，顺德区人民法院还在立案大厅放置《小额速裁指南》，供群众免费取阅。

与小额速裁机制相对应，深圳还在宝安、罗湖、福田三个区的基层人民法院试点推行裁判文书改革。对于案情简单、事实争议不大的案件，试点法院改变传统固定化的裁判文书格式，只写原被告双方的称谓和法院裁判主文，"省略"当事人的诉辩主张和法院的裁判理由。简化裁判文书不但可以满足当事人对快速解决纠纷的司法要求，让老百姓能及时拿到看得懂的判决文书，还可以实现繁简分类，提高司法效率。

（二）妥善处理劳动争议案件，构建和谐劳动关系

目前，中国正处于经济结构转型和发展方式转变的关键时期，劳动关系复杂、多变，群体性劳动纠纷不断增多，严重影响和制约了和谐劳动关系的构建，也对地方转型发展、科学发展造成直接影响。妥善处理好各类劳动矛盾纠纷，不仅关系到劳动者的切身利益，关系到企业的健康发展，还关系到地方经济结构的调整和增长方式的转变，乃至整个社会的和谐稳定。广东制造业发达，劳动密集型企业集中，外来农民工数量众多，企业和劳动者之间的矛盾纠纷也相应较多，处理好劳动争议案件，构建和谐劳动关系显得更为重要。为充分发挥全省法院服务经济和社会发展的职能作用，及时预防和化解劳动矛盾纠纷，构建和谐共赢的新型劳动关系，广东省各级人民法院作出了不懈努力。

1. 劳动争议案件的司法指导

为了及时公正处理劳动争议案件，广东省高级人民法院和广东省劳动争议仲裁委员会于 2008 年共同制定了《关于适用〈劳动争议调解仲裁法〉、〈劳动合同法〉若干问题的指导意见》。该文件规定了劳动争议处理的平等原则、劳动争议的范围、劳动争议仲裁与诉讼的关系等。为保障劳动者的合法权益，促进社会主义市场经济的发展，2002 年，广东省高级人民法院结合审判实践，制定了《关于审理劳动争议案件若干问题的指导意见》，对劳动争议案件范围以及程序给出了指导意见。为及时预防和化解劳动矛盾纠纷，构建和谐共赢的新型劳动关系，广东省高级人民法院于 2010 年发布了《关于进一步发挥司法能动作用，为构建我省和谐稳定劳动关系提供司法保障的若干意见》，提出了"树立大局意识，深刻认识妥善处理劳动矛盾纠纷的重要性和紧迫性"等 11 条要求，强调"对劳动争议案件要实行快立案、快审判、快执行"，指出"统一裁审尺度，确保劳动争议案件审理质量"的路径，即各级人民法院要建立与劳动仲裁委联席会议、审裁例会工作机制，强化审裁沟通，统一审裁尺度，提高劳动仲裁公信力，减少裁后再诉案件的数量。

2. 统一劳动争议案件的审判标准

近年来，饱受诟病的"同案不同判"现象多发于劳动争议案件，给社会造成了恶劣影响。为了统一审判标准，中山市中级人民法院于 2011 年 9 月出台了《关于审理劳动争议案件若干问题的参考意见》。该文件合理界定了劳动争议案件的受案范围，明确了诉讼主体资格，厘清了仲裁与审判的衔接机制，并就工资、加班工资、双倍工资、经济补偿金、赔偿金、竞业限制和违约金，劳动合同签订、履行、变更、解除与终止等的证据和事实认定作出了相应的规定。中山市中级人民法院出台该文件对于劳动者准确理解法律规定，帮助中山市两级法院准确掌握裁判尺度，公正高效地审理好劳动争议案件具有重要意义。

《深圳市中级人民法院劳动争议审判白皮书（2005 年 1 月～2011 年 6 月）》显示，为有效规制法官自由裁量权，克服"同案不同判"现象，2008 年起，深圳市中级人民法院相继起草制定了《关于审理劳动争议案件程序性问题的指导意见》、《关于审理劳动争议案件实体问题的指导意见》、《关于审理工伤损害赔偿纠纷案件相关法律适用问题的指导意见》、《关于审理人事争议案件相关法律适用问题的指导意见》等，统一了全市法院就相关问题的认识和做法，基本形成了覆盖主要劳动争议案件类型的规范化办案指导意见体系。由于劳动争议案件处理规范性文件繁多，为了便于法官掌握，深圳市中级人民法院先后编印了两册

《劳动人事争议办案手册》，并印发《劳动争议审判通讯》。

3. 提高劳动争议案件审理的专业化程度

广东司法机关在探索劳动争议案件专业化审判模式方面起步较早。深圳市中级人民法院于 2005 年 4 月成立了全国法院系统第一个专业化的劳动争议审判庭。2008 年，罗湖和福田两个区人民法院也相继成立了专门的劳动争议审判庭。中山市中级人民法院于 2011 年 4 月设立了专门审理劳动争议案件的民六庭。

按照 2010 年《广东省高级人民法院关于进一步发挥司法能动作用，为构建我省和谐稳定劳动关系提供司法保障的若干意见》的要求，广东省高级人民法院在全省司法系统分层次推动劳动争议案件的专业化审判模式，如在劳动争议案件数量多、比例大的中级人民法院和基层人民法院，增设专门处理劳动争议的审判庭或组成专门合议庭；设在市区、劳动争议纠纷案件相对集中的人民法庭，则改设为劳动争议专业法庭；基层法院根据需要探索设立劳动争议巡回法庭，方便劳动者诉讼。

广东法院劳动争议案件专业审判庭的设置是优化职权配置的结果，对于提升案件审理的专业化和公正性具有重要意义，也为最高人民法院统筹全国法院劳动争议案件审理积累了经验。另外，广东法院为提升法官的专业素质，还对劳动争议案件法官进行集中培训指导，对于形成专业化审判具有重要意义。

4. 与劳动仲裁机构共建协调机制

构建和谐的劳动关系，不仅依赖于司法机关的专业化审判，还依赖于劳动仲裁机构的密切配合。为了有效沟通协调，统一裁审标准，深圳司法机关非常重视与劳动仲裁机构的沟通协调，通过努力构建信息共享与共同协调机制。这种协调机制包括裁决标准的沟通、个案沟通和年度沟通机制。

所谓裁决标准沟通是指法院对于在诉讼过程中撤销、改变裁决标准的劳动争议案件，及时与劳动仲裁机构沟通协调，统一认识，加强裁审业务衔接和标准统一。个案沟通是针对重大、疑难案件，法院及时与劳动仲裁机构协调解决，使大量案件在仲裁阶段得到妥善处理，在一定程度上减少了进入诉讼程序的劳动争议案件数量。年度沟通机制是指深圳市中级人民法院每年组织召开全市两级法院劳动争议审判部门与劳动仲裁机构劳动争议案件实务座谈会，针对劳动争议案件审理过程中出现的新情况、新问题进行研究讨论，并形成统一的处理意见，进一步促进裁审标准的统一。

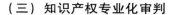

（三）知识产权专业化审判

人民法院作为国家的审判机关，依法履行对知识产权进行司法保护的神圣职责。广东作为沿海开放省份，经济的高速发展促进了知识产权事业迅速起步和蓬勃发展。在激烈的市场竞争中，企业之间有关知识产权的纠纷不断增多，为了营造良好的市场机制，广东司法机关非常重视知识产权案件的审理，加大知识产权的司法保护力度。

1. 重视对知识产权审判的指导

广东司法机关重视知识产权案件的审判工作，出台了一系列有关知识产权审判的指导性文件，如《广东省法院加强知识产权审判工作三年规划》、《广东省高级人民法院关于知识产权案件诉讼调解的指导意见（试行）》、《关于指定广州、深圳、佛山市基层人民法院受理一审知识产权民事纠纷案件的规定》、《深圳市中级人民法院关于加大知识产权司法保护力度积极推进我市自主创新型城市建设的实施意见》、《深圳中级人民法院关于贯彻落实〈深圳经济特区加强知识产权保护工作若干规定〉的实施办法》、《关于加强高新技术企业知识产权司法保护的工作方案》。深圳市中级人民法院还发布了《深圳法院知识产权司法保护状况（2006—2010 年）》白皮书，总结深圳在加快建设国家自主创新型城市的过程中发展知识产权司法保护事业的历程。

2. 完善知识产权审判机构设置

20 世纪 90 年代，为应对日益增多的知识产权案件，深圳特区于 1994 年 2 月成立了第一个知识产权专业化审判机构，即深圳市中级人民法院知识产权庭。随后，南山区人民法院、龙岗区人民法院、福田区人民法院、宝安区人民法院也设立了单独的知识产权庭，盐田区人民法院和罗湖区人民法院虽然未单设知识产权庭，但分别在民事审判第一庭、第二庭内部专设知识产权合议庭。

3. 尝试"三审合一"知识产权审判体制

2006 年 2 月，深圳市中级人民法院下发《关于在南山区法院试行知识产权民事、刑事、行政案件"三审合一"审判机制的批复》，同意南山区人民法院试行知识产权"三审合一"审判机制，在南山区人民法院知识产权庭审理知识产权民事案件的基础上，将南山区人民法院管辖的知识产权刑事、行政案件统一纳入知识产权庭审理。2006 年 6 月，广东省高级人民法院下发《广东省高级人民法院关于在我省部分基层人民法院开展知识产权刑事、民事、行政"三审合一"

审判方式改革试点的实施方案（试行）》，指定南山区人民法院进行"三审合一"审判方式改革试点。在总结南山区人民法院改革试点经验的基础上，深圳市中级人民法院作出了《关于在全市法院推行知识产权审判"三审合一"改革的决定》，涉及知识产权的民事、行政、刑事案件统一由知识产权审判庭审理，统一编制专门案号，增强知识产权审判工作的专业性。

4. 创新知识产权司法保护制度

（1）诉前禁令制度。诉前禁令制度是知识产权民事诉讼中的特有制度，是指在诉前或诉中司法机关依当事人的申请责令被申请人停止侵犯知识产权的行为。中国在加入世界贸易组织之后，按照《与贸易有关的知识产权协定》（TRIPS）的要求，在部分知识产权法律文件中引入了这项临时司法救济制度。2006 年，深圳市中级人民法院启动了首例诉前禁令，取得了明显的效果，知识产权人的权利得到了有力维护。在工作实践的基础上，深圳市中级人民法院形成了《深圳市中级人民法院知识产权案件证据保全及保管移送规程》，适用于深圳市两级人民法院知识产权审判部门。

（2）专家咨询制度。与普通民事案件不同，知识产权案件的审理需要一定的专业技术支撑。为解决知识产权审判遭遇的技术瓶颈难题，2006 年，深圳市中级人民法院建立了专家咨询制度。知识产权专家咨询制度是指在知识产权审判过程中对于技术难点问题，为查明案件事实，法院依据职权，委托具有专门知识的人，对专业性问题进行解释、说明，提供意见，以帮助审判人员正确理解、把握相关专门性问题的制度。深圳市中级人民法院于 2006 年出台《知识产权专家咨询工作规则（试行）》，对专家咨询制度的使用范围、专家咨询委员的选任、专家咨询工作程序等问题作了明确规定，并选聘了第一批知识产权专家咨询委员。专家咨询制度有助于知识产权的审判法官借助外脑，解决案件审理中遇到的技术瓶颈问题，使大量疑难复杂案件得到了公正高效的处理，有效提高了知识产权司法保护水平。

（3）调查令制度。调查令是指在民事诉讼中当事人履行举证责任时，因收集证据受到客观情况阻碍，而向法院提出申请，经法院审核后签发给持令人，由持令人向被调查人收集证据的法律文书。知识产权案件取证难往往使得很多权利人的维权之路举步维艰，而法院过于频繁地依职权调取证据不仅浪费司法资源，也有损于法官的中立性，因此，调查令制度成为破解这一困境的有效机制。深圳

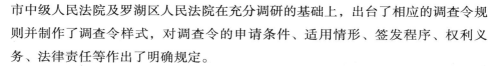

市中级人民法院及罗湖区人民法院在充分调研的基础上，出台了相应的调查令规则并制作了调查令样式，对调查令的申请条件、适用情形、签发程序、权利义务、法律责任等作出了明确规定。

在知识产权案件审判工作实践中，深圳司法机关广泛推行调查令制度，不仅强化了当事人的举证能力，也有效节约了司法资源。法院通过调查令制度加强了与有关行政执法机关的沟通和配合，一定程度上形成了知识产权司法保护与行政保护的合力，提高了特区知识产权整体保护水平。2008 年 4 月 1 日，深圳市人民代表大会常务委员会通过了《深圳经济特区加强知识产权保护工作若干规定》，将调查令制度上升到一个更高的法律位阶上加以规定。

二 严格审判管理

公正是司法的生命线。为了维护司法公正，广东省高级人民法院加强对法官自由裁量权的限制和规范，完善案件质量的事后评估机制，力求严格审判管理。

（一）规范审判自由裁量权

法官的自由裁量权，是指人民法院审理案件，在法律规定范围内、法律规定不具体或在法律没有规定的情况下，对具体案件的程序和实体问题，酌情作出裁判的权力。中国是成文法国家，尽管理论上对法官审判时是否应该享有自由裁量权存在争论，但是从司法实践看，法官自由裁量权是客观存在的，并且随着社会发展的推进，社会矛盾日趋多样化，法律滞后的弊端日益凸显，法官自由裁量权的运用也越来越频繁。如何缩小和规范法官的自由裁量权已成为司法改革的重要内容。

劳动争议、交通肇事等民事案件中经常会出现裁判尺度不统一的问题。同案不同判，会损害当事人的权益，破坏法治统一性、确定性和可预期性，进而影响到司法的公信力和权威性。为规范法官自由裁量权，努力实现统一裁判尺度，提高司法公信力，广东省高级人民法院于 2009 年 3 月出台了《关于规范民商事审判自由裁量权的意见（试行）》（以下简称《意见》），对民商事审判自由裁量权的适用范围、原则、方法和程序以及实现目的、要求等各个方面作出了具体严格的规定，并确立了民商事案件案例指导制度。

根据《意见》，司法机关审理民商事案件遇有下列情形之一时，可以行使自由裁量权：（1）法律明文规定由法院根据案件事实的具体情况进行裁量的；（2）法律规定由法院从几种法定情形中选择其一裁量的；（3）法律规定由法院在法定的范围、限度内裁量的；（4）法律规定不具体或法律没有明确规定的；（5）法律规定法院可以行使自由裁量权的其他情形。法律、法规以及司法解释明确裁量条款的，人民法院不得行使自由裁量权。

《意见》还规定了法院在行使自由裁量权时应遵循的原则，即保护当事人诉讼权利原则、公正和效率原则以及保护公共利益原则。

《意见》还规定了行使自由裁量权的方法。首先，合理分配举证责任。审理民商事案件行使自由裁量权时，应根据证据规则和具体案情公正合理分配举证责任，全面、客观、准确分析认定证据的证明力。对双方或一方当事人诉讼能力较低的案件，应根据办案需要依职权积极调查收集证据，并积极引导诉讼，努力实现办案程序公正与实体公正的统一。其次，实行多方综合考虑。审理民商事案件行使自由裁量权，应根据民商事法律的基本原则，结合审判实践经验和法学原理，参照民事政策、民俗习惯、商业惯例和行业规则，对案件作出公正、合理的裁判。再次，进行合理解释。审理民商事案件行使自由裁量权，应当理性、合理，正确运用法律解释方法和合同解释规则，在充分认知案件法律事实的基础上，审慎进行利益衡量，裁判结果应符合公平、正义的司法理念。最后，实行集体讨论。重大、疑难、复杂案件或涉及维稳的群体性案件如需作出自由裁量，应提交本院审判委员会的讨论决定。

为了进一步规范自由裁量权，广东省高级人民法院还推行了民商事案件案例指导制度。广东省各级法院在审理民商事案件时，参照最高人民法院或广东省高级人民法院公布的指导性案例，对同一类型案件的同一法律问题，如作出与指导性案例相反的裁判，则要提交本院审判委员会的讨论决定。

（二）案件质量评查

案件质量监督管理是人民法院一项系统的内部管理工作。为规范和统一全省各级人民法院案件质量监督管理工作，建立科学有效的案件质量监督管理体系，2009 年 10 月，广东省高级人民法院下发了《广东省法院案件质量监督管理办法》（粤高法发〔2009〕79 号），对法院案件质量管理的主体、程序以及责任认定与承担等作出规定。2009 年 12 月，为顺利开展案件质量评查工作，广东省高级人民法院制定了《广东省高级人民法院案件质量评查试行方案》。方案以提高审判质量和效率为出发点，以建立健全案件质量内部监督管理机制为依托，逐步

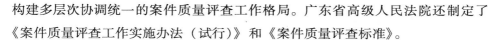

构建多层次协调统一的案件质量评查工作格局。广东省高级人民法院还制定了《案件质量评查工作实施办法（试行）》和《案件质量评查标准》。

1. 案件质量评查机构设置

广东省高级人民法院设立案件质量评查领导小组，统一领导全省法院案件质评工作，负责对案件质量评查的重要事项进行协调和决策。案件质量评查领导小组组长由广东省高级人民法院常务副院长担任，成员包括政治部、纪检组监察室领导、审委会专职委员以及审委会办公室负责人。

广东省高级人民法院推广广州、深圳、河源等中级人民法院有关设立审判管理办公室对审判业务进行统一管理的经验，根据基层法院的实际探索，设立审判管理办公室，将审判流程、审判绩效、质效评估、案件评查等工作移交审判管理办公室，提高审判管理水平。

广东省高级人民法院成立了案件质量评查办公室，负责案件质量评查的具体工作。案件质量评查办公室主任由省高院审判委员会办公室主任兼任，日常工作由审判委员会办公室承担。案件质量评查办公室组成人员即案件评查人员，具体包括审委会专职委员、审委会办公室工作人员，以及从各审判业务部门抽调的具有丰富审判经验或专门知识的法官。案件质量评查办公室亦可根据具体情况抽调中级法院的法官参与评查案件。

2. 案件质量评查方式

案件质量评查包括定期评查和专项评查两种方式，以定期随机评查为主，以专项评查特定类型案件为辅。定期评查是指针对各类案件的审理程序、实体裁判及法律文书的质量，对已审结并生效案件（不包括已进入审判监督程序的案件）按比例随机抽查的方式进行检查和评定。评查案件比例由案件质量评查领导小组视审判工作具体情况决定。专项评查是指根据审判工作需要，由案件质量评查领导小组决定对某一类特定案件开展的评查工作。

案件质量评查的内容包括审判程序、实体裁判、裁判文书等几个方面，案件质量的评定分为优秀、良好、合格和问题案件四个等级。案件质量评查办公室及时汇总评查结果，以适当的方式予以通报，并选择典型案件进行评判。评查结果同时报政治部备案，作为对各审判业务部门、各中级人民法院进行考核的参考依据。经评查，发现案件特别优秀的，予以推荐表彰；发现案件确有错误或者有违法违纪线索的，报请案件质量评查领导小组组长批转相关部门处理。

三　延伸审判职能、提高服务水平

在"司法为民"的理念指导下，法院的审判职能并没有随着案结而事了，还向后进行一定程度的延伸，通过提供司法建议、案后沟通等方式进一步提高司法服务水平。

（一）司法建议

司法建议是指法院在案件审理结束后，为预防纠纷和犯罪的发生，针对案件中有关单位和管理部门在制度上、工作上存在的问题，提出改进和完善管理工作的建议。司法建议是通过拓展和延伸审判职能，追求审判法律效果与社会效果的有机统一。为认真贯彻《最高人民法院关于进一步加强司法建议工作为构建社会主义和谐社会提供司法服务的通知》精神，在审判执行工作中积极开展司法建议工作，2011年广州市中级人民法院制定了《关于进一步加强和规范司法建议工作的若干意见》，指导全市法院对个案审理中发现的问题，及时向有关单位提出改进意见和建议。

首先，司法建议范围不断拓宽。从广州市的实践看，法院既可以针对个案中存在的问题提出司法建议，也可以就某一类案件或某一个阶段存在的突出问题提出系统性的司法建议。对于一些需要不同行政机关配合做好协调工作的重大复杂案件，法院也可以就案件的协调化解方案向有关行政机关提出司法建议。

其次，注重提高司法建议的质量。好的司法建议要具有及时性、针对性、指导性和可接受性。为了提高司法建议的质量，广东司法机关认真研究和撰写司法建议的内容，发现问题及时建议，注意发现深层次问题，注重对普遍存在的共性问题进行分析研究，同时注意措辞与方法。

再次，规范司法建议程序和形式。司法建议的提出应遵循一定的程序。在广州市中级人民法院，司法建议一般由审判人员根据合议庭意见或审判委员会意见撰写初稿，报业务庭领导、主管副院长或院长审批签发，由研究室统一编号、加盖法院公章，并交专门部门备案后发出。司法建议书除发往被建议单位以外，必要时一并抄送其主管部门、上级领导机关或者其他相关单位。司法建议采用书面形式。对于需要与有关单位当面沟通并听取意见的，广州市中级人民法院采取召开座谈会的形式提出建议，并形成会议纪要发往参会单位，以便跟踪落实。广州市中级人民法院严格按照统一形式制作司法建议文书，避免随意性和简单化，并将司法建议书及反馈材料及时归入案件档案。

最后，重视司法建议的反馈和落实。广州市中级人民法院司法建议的承办人员跟踪了解建议的采纳落实情况，必要时主动上门走访，确保所提建议落到实处。发出司法建议后三个月未收到反馈的，承办人员按规定必须督促，收到反馈材料后及时登记、归档。

（二）审判白皮书

从性质上讲，"审判白皮书"是司法建议权的制度化，将司法建议从个案层次提升到年度报告层次，有利于整体观察和系统总结相关领域的状况。目前这一制度已经在全国各级法院展开，一些区县人民法院也出台了"白皮书"。广东司法机关根据案件审判情况制作了知识产权审判白皮书、劳动争议审判白皮书，其中以中山市中级人民法院的劳动争议白皮书最为典型。

中山市中级人民法院加强司法建议工作，建立劳动争议"白皮书"制度。劳动争议白皮书采取司法统计与案例分析的方法，集中反映特定时段劳动争议诉讼的基本情况，对较具代表性的案件进行类型化分析，客观指出劳动争议纠纷在法律适用、政府管理、裁审协调、规范用工以及劳动者维权等方面存在的问题，有针对性地提出建议。法院撰写与发布劳动争议白皮书，主要是为了从源头上推动劳动部门、用人单位和劳动者积极规范自身行为，实现良性互动，共同促进劳动关系和谐。中山市第一中级人民法院在《劳动争议诉讼情况白皮书（2009—2010）》中总结了劳动争议诉讼基本情况及特点，归纳劳动争议纠纷中常见的焦点问题，分析产生的原因，并就构建和谐劳资关系提出对策与建议。例如，建议用人单位完善内部管理制度，进一步增强劳动者依法理性维护自身权益的意识和能力，科学、高效、阳光执结工人工资案件，加大行政执法力度等。

中山市司法机关劳动争议白皮书制度得到了广东省高级人民法院的肯定和推广，广东省高级人民法院决定在省市两级人民法院确立发布劳动争议白皮书制度。深圳市中级人民法院也发布了《深圳市中级人民法院劳动争议审判白皮书（2005 年 1 月—2011 年 6 月）》。

第三节　前移司法职能

当前，各种经济利益冲突导致社会矛盾日趋增多，涉访案件层出不穷，司法机关维稳压力较大。面对复杂形势，最高人民法院提出要能动司法的工作要求，变被动等待为主动应对，试图从源头上化解矛盾，预防纠纷。广东司法机关在司法职能前移、化解社会矛盾方面作出诸多尝试，其中诉前联调、司法惠民等工作机制颇具特色、成效显著。

一 诉前联调

诉前联调，即"诉讼之前的联动调解"，就是利用人民调解、行政调解、商事调解、行业调解等非诉纠纷解决方式，在诉讼之前化解矛盾纠纷，促进社会和谐。

广东省的诉前联调是通过建立"党委领导、政府支持、政法委牵头、综治办协调、法院为主、多方参与"的联合调解平台，组织、协调相关的行政机关、事业单位、社会组织对矛盾纠纷进行调解，将矛盾纠纷调处化解在诉讼之前。诉前联调坚持"调解优先"、"自愿"和"依法"三原则，加强诉讼与人民调解、行政调解、商事调解、行业调解以及其他非诉讼纠纷解决方式之间的有效衔接，形成便民、高效、低成本的多元化纠纷解决机制，将矛盾纠纷化解在当地、化解在基层、化解在诉讼之前，为建设幸福广东创造良好的社会环境。

（一）诉前联调的依据

1. 诉前联调的法律依据

（1）《人民调解法》。为了完善人民调解制度，规范人民调解活动，全国人大常委会专门制定了《人民调解法》。《人民调解法》于2011年1月1日起施行，对人民调解委员会、人民调解员、调解程序和调解协议作出规定。

（2）《最高人民法院关于人民调解协议司法确认程序的若干规定》。为了规范经人民调解委员会调解达成的民事调解协议的司法确认程序，进一步建立健全诉讼与非诉讼相衔接的矛盾纠纷解决机制，最高人民法院于2011年3月通过了《关于人民调解协议司法确认程序的若干规定》，规定了确认调解协议的申请、管辖、受理、审查以及作出决定的条件和程序。

2. 诉前联调的政策依据

诉前联调的政策依据主要有：中共中央办公厅、国务院办公厅转发的《中央政法委员会、中央维护稳定工作领导小组关于深入推进社会矛盾化解、社会管理创新、公正廉洁执法的意见》；中央社会治安综合治理委员会等16部委联合制定的《关于深入推进矛盾纠纷大调解工作的指导意见》；《最高人民法院关于建立健全诉讼与非诉讼相衔接的矛盾纠纷解决机制的若干意见》；《最高人民法院、司法部关于认真贯彻实施〈中华人民共和国人民调解法〉加强和创新社会管理的意见》；广东省社会治安综合治理委员会、广东省高级人民法院《关于建立诉前联调工作机制的意见》和《关于加快推进诉前联调工作机制建设的通知》；《广东省高级人民法院关于非诉讼调解协议司法确认的指导意见》，《关于进一步加强和规范诉前联调工作有关问题的通知》，《关于规范诉前联调司法确认案件办理工作有关问题的通知》；广东省高级人民法院《关于司法确认案件司法统计填报工作的通知》等。

（二）诉前联调机构与人员设置

1. 诉前联调工作联席会议

根据广东省社会治安综合治理委员会、广东省高级人民法院《关于建立诉前联调工作机制的意见》的要求，广东省各县（市、区）成立了诉前联调工作联席会议制度，各县（市、区）党委政法委书记为联席会议召集人，联席会议成员应由各县（市、区）法院、检察院、公安、司法、劳动、卫生、国土、房管等机关和妇联、工商联以及有关的行业协会、商会、消委会、律师协会等单位的主管领导担任，具体成员单位可由各县（市、区）社会治安综合治理委员会根据本地矛盾纠纷的实际予以确定。诉前联调工作联席会议的主要职责是研究制定和组织实施诉前联调工作规划，协调解决工作中存在的困难和问题，督促检查工作进展情况，全面落实开展诉前联调的各项要求和措施，组织安排调解员的教育培训，为诉前联调工作提供组织保障和经费保障。

2008年，深圳市宝安区人民法院与宝安区劳动行政部门建立了联席会议制度，加强对人民调解组织的工作指导和业务培训，积极构建劳动争议多元化解决机制。2010年，罗湖区人民法院劳动争议审判机构与该区劳动保障和人力资源局大力推行劳动争议诉前联调。

2. 诉前联调工作室

广东省各县（市、区）法院立案庭统一设立诉前联调工作室，具体负责组织、协调、指导诉前联调工作的开展以及联席会议的日常工作，没有县级建制的东莞市、中山市在基层法院及其人民法庭设立诉前联调工作室（站）。各县（市、区）综治办主任兼任工作室主任，法院主管立案工作的副院长任常务副主任、立案庭庭长任副主任。各县（市、区）法院根据实际工作需要为工作室提供了相应的办公场所和条件，并配备专门工作人员。诉前联调工作联席会议成员单位确定本单位综合部门一名负责人为诉前联调工作联络员，负责本单位与诉前联调工作室的沟通联络。联络员在接到诉前联调工作室的调解通知后，及时调派工作人员参与调解工作。诉前联调工作联席会议成员单位在本单位业务部门挑选具有责任感和正义感、作风正派、善于做群众工作的工作人员专门担任诉前联调工作的调解员，并加强对调解员的业务培训。

（三）诉前联调工作机制

1. 诉前联调的范围

除法律规定不能调解或不宜调解的以外，各类矛盾纠纷一般都可以通过诉前联调调解解决。目前，广东诉前联调的案件主要包括婚姻家庭、相邻关系、医疗服务、劳动争议、交通事故、电信欠费、信用卡欠款、物业服务等八大类纠纷，并且争议标的金额上限为 5 万元。

2. 诉前联调的程序

（1）调解时间、地点。调解员接到调解通知后，可以选择即时或者约定时间进行调解。约定时间进行调解的，约定的时间不超过 3 天。调解员可以灵活选择调解地点，既可以在诉前联调工作室，也可以到现场进行调解。

（2）调解期限。诉前联调原则上从原告向法院递交起诉材料提起民事诉讼之日起 7 日内结案。对重大敏感、跨地区、跨部门纠纷和群体性纠纷，或具有其他特殊情况的，可以在 15 日内结案。

（3）调解的司法确认。诉前联调成功达成协议的，除债权债务即时清结的以外，调解员告知双方当事人该协议具有民事合同性质，可以共同申请有管辖权的法院进行司法确认，赋予其强制执行力。诉前联调不成功的，除当事人撤回申请的以外，法院可根据原告已经提交的起诉状及有关证据材料优先办理立案受理手续。

3. 诉前联调工作与其他相关工作的衔接

为了有效衔接诉前联调与人民调解、综治信访维稳等工作，广东省高级人民法院与其他组织或部门发布一系列指导意见，如《广东省高级人民法院、广东省司法厅关于进一步加强诉讼调解与人民调解衔接工作的指导意见》；《广东省高级人民法院、广东省工商业联合会关于建立广东省非公有制经济主体法律风险防范机制的意见》;《广东省高级人民法院、广东省社会治安综合治理委员会办公室关于开展诉讼调解与基层综治工作衔接的意见（试行）》;《广东省高级人民法院、广东省妇女联合会关于开展诉讼调解与妇联组织调解衔接工作的意见》;《广东省高级人民法院、广东省公安厅、广东省司法厅关于建立道路交通事故案件诉调衔接工作机制的意见》;广东省高级人民法院、中国保险监督管理委员会广东监管局《关于保险纠纷案件加强调解若干问题的意见》等。

以《广东省高级人民法院、广东省社会治安综合治理委员会办公室关于开展诉讼调解与基层综治工作衔接的意见（试行）》为例，为了有效衔接诉前联调工作与综治信访维稳中心工作，广东省高级人民法院和广东省社会治安综合治理委员会办公室确立了四种工作衔接方式：一是全程调解衔接机制，人民法院在诉前、诉中均可委托综治维稳中心调解，中心统筹协调各有关部门发挥优势力量进行调处后可以进行司法确认；二是诉讼文书送达机制利用综治维稳中心贴近基层、分布广泛的特点，为法院送达工作提供便利条件；三是执行衔接机制，维稳中心调解成功后，经司法确认的调解协议，债权人可以申请人民法院进行强制执行；四是判后维稳机制，法院审理的劳动争议、物业服务等群体纠纷，在宣判后还可委托基层综治中心做好维稳安抚工作。一些地方在县、镇综治信访维稳中心派驻法院工作人员，加强诉前联调与综治信访维稳中心的衔接与联动。

（四）诉前联调的成效

近年来，广东省开展的诉前联调工作有效遏制了法院民事案件快速增长，缓解了法院普遍面临的案多人少的压力。截至 2012 年 6 月，广东全省受理诉前联调案件 104350 件，达成调解协议 76784 件，调解成功率 73.6%；申请司法确认 49606 件，自动履行 45225 件，自动履行率 91.2%。2011 年，广东全省法院民事一审收案同比减少 2.02%，与 2010 年同比增长 14.71% 相比，增长幅度减少了 17 个百分点；人民群众来信来访分别为 14816 件和 28668 人，同比分别减少了 33.77% 和 37.89%。

2012 年 4 月，最高人民法院印发《关于扩大诉讼与非诉讼相衔接的矛盾纠纷解决机制改革试点总体方案》（法〔2012〕116 号），经报请中央批准，确定 42 家法院为试点，广东省佛山市中级人民法院与东莞市第二中级人民法院名列其中。

二　司法惠民工作站

司法机关高高在上，坐等诉讼提交过来，是西方理想的司法模式，却未必适合当下的中国。在广大的基层，公众的法治意识还处于逐步提升的过程中，很多纠纷的产生往往源于公众的法律意识淡薄，一旦诉讼严格按照法条来裁判根本不能彻底化解纠纷。并且，一些地方地域广阔、交通不便，法官坐在法院等诉讼，既不便民，也不利于社会稳定的维护。为了提升民众的法律意识，方便偏远地区的群众得到专业的法律指导和咨询意见，广东一些地方积极创新司法机关的工作机制，其中，惠州市龙门县的司法惠民工作站最具代表性。

建立司法惠民工作站是惠州市龙门县人民法院推出的一项创新矛盾化解机制、提供司法便民服务的新举措。龙门县人民法院以综治信访维稳中心为依托，设立工作站，由院（庭）领导带领法官和书记员，每月定期在工作站开展巡回法庭、法制宣传等工作。

（一）司法惠民工作站成立的背景

龙门县山地居多，村镇分布离县城较为偏远，许多地方由于地理环境的限制没有设置法庭，因此，村镇居民纠纷解决的司法途径不畅。而且，由于契约精神匮乏，农民往往信访不信法。随着经济的发展，惠州市的农村普遍出现山林土地出租、矿产开发、项目建设等合同交易的经济行为。然而，绝大多数农民在签订合同前，只满足于短期利益，没有意识也没有能力与有着专业法律团队支撑的合同方进行充分博弈。合同签订后，为了争取更多利益的农民便不再履行合同约定，从而产生合同履行纠纷。纠纷出现后，农民又很难拿出证据赢得官司，最终走上"信访不信法"的维权之路。可以说，围绕合同履行产生的纠纷，正日益成为农村社会管理的焦点问题，这不仅关系到农民群众的切身权益，还影响着农村社会的和谐稳定。"信访不信法"的背后，是"签约前充分博弈，签约后严格履行"的契约精神的缺失。

（二）司法惠民工作站的设置

龙门县人民法院的领导和法官认识到当地农村产生的主要矛盾及其背后的原因，认为提升农民的法律意识和契约精神至关重要，决定因地制宜，在没有建立法庭的村镇设立司法惠民工作站，定期派驻法官并聘请当地镇人大副主席、村干部共同办公，共同协调处理当地纠纷、解答法律问题、宣传法律。为此，龙门县人民法院制定了《司法惠民工作站实施细则》，成立司法惠民领导小组。2011年10月，在龙门县人民法院的指导下，龙田镇司法惠民工作站挂牌成立，随后，龙门县人民法院在未设法庭的另外9个乡镇，设立了司法惠民工作站。每个工作站均指定副院长或庭长担任站长，聘请各乡镇人大专职副主席为副站长，其他法官和书记员担任组成人员，聘请1至2名具有社会责任感、热心于群众工作的村委干部为联络员。每个工作站每月确定一个"圩日"（客家话，即俗称的集市时间）作为固定的工作日，由法院工作人员前往开展工作。如当日有纠纷需要解决的，则由工作人员现场解决，无纠纷的，工作人员则前往工作站辖区内的社区、村（居）民委员会了解社情民意，主动发现矛盾、解决纠纷。在现场工作日之外发生纠纷的，各站的纠纷联络员会将纠纷信息报告法院，工作人员会立即前往工作站开展工作。

司法惠民工作站的法官主动为老百姓提供法律咨询、诉前调解、巡回立案、巡回开庭、申请执行等"一站式"现场服务，使大量的涉法涉诉案件得到及时有效调解。司法惠民工作站设在基层，法院的工作重心明显下移，群众有纠纷可以直接到工作站申请解决。这样一来，群众少跑路、少花钱、少误工，极大地方便了群众解决纠纷。成立司法惠民工作站更深层次的意义在于，司法机关借助司法惠民工作站在龙门县掀起了一场契约精神的乡村启蒙运动，有效提升了群众的法律意识，初步扭转了"信访不信法"的观念。

（三）司法惠民工作站工作机制

1. 司法惠民工作站与镇综治信访维稳中心相结合

司法惠民工作站拥有丰富的法律专业人才资源，与镇综治信访维稳中心的各项资源，以及村委会和企业的综治信访维稳工作站的二级综治信访网络资源相结合，形成合力，为群众纠纷解决提供了强有力的支持。综治信访维稳中心专职副主任及信访办主任担任司法惠民工作站的联络员，由于对当地乡土风情较为熟悉，能够全方位掌握全镇不稳定因素，排查出各类矛盾纠纷，并通过及时介入开展司法惠民工作，帮助群众解决实际问题和矛盾纠纷，消除不和谐、不稳定因素，维护社会稳定。

2. 司法惠民工作站与人大代表创建和谐责任区活动相结合

创建和谐责任区活动是龙门县发挥各级人大代表作用，建设和谐社会的一项新举措。龙田镇把司法惠民工作与构建和谐责任区活动有机结合，由镇人大专职副主任担当司法惠民工作站副站长，通过调动辖区内各级人大代表参政议政、参与监督管理村务、参与化解社会矛盾的积极性和责任感，利用工作站拥有法律专业工作队伍的人才优势以及群众对人民法院作为审判机关的权威性认同，共同做好法律政策的宣传工作，化解社会矛盾纠纷。

3. 司法惠民工作站与开展"争创诚信守法先进户"活动相结合

开展"争创诚信守法先进户"活动是龙田镇在新形势下农村社会管理手段和方法上的探索和创新。在深入开展"争创"活动中，龙田镇以每周二"群众服务日"活动为平台，全力开展司法惠民工作，通过开展"六个一"活动，即：设立一个通俗易懂的法制宣传栏，开展一场法律知识讲座，组建一支村民宣传教育小分队，向每户农户发放一本群众宣传服务手册，每月组织一次送戏下乡、送电影下乡活动以及开展一场正反面典型教育，加强农村群众法制宣传教育，引导村民加强自我教育、自我管理，提高自身道德水平、增强自身法制意识，促使村民通过正当途径反映自身的诉求，促进农村基层社会和谐稳定。

4. 司法惠民工作站工作与"四民主工作法"相结合

"四民主工作法"（民主提事、民主决事、民主理事、民主监事）是龙门县加强农村党建和社会主义新农村建设的一项重要内容。龙田镇将该项工作与司法惠民工作共同开展，有利于调动镇、村干部的工作热情和责任心，激发农民群众参与公共事务和管理的积极性和创造性，促使村民合法有序地参与民主自治管理，促进农村经济发展；有利于进一步密切党群干群关系，提高村级组织和党员干部的公信度，提升农村基层党风廉政建设水平，巩固农村和谐社会建设的成果。

5. 司法惠民工作站与党员"三先"活动相结合

党员"三先"活动是基层党组织加强党员教育，发挥先锋模范作用和战斗堡垒作用的重要途径。所谓"三先"活动是指党务村务大事党员先知道、困难群众党员先想到、"两委"要求党员先做到，龙田镇以建设司法惠民工作站为契机，把司法惠民的理念贯穿整个"三先"活动，不断增强广大党员干部的法制意识，要求党员干部在开展各项工作中，依法行政，依法办事；同时，进一步深化党员干部主动服务意识，切实解决群众生产生活中的实际困难，不断提高群众的满意度，加快推进服务型政府架构建设进度。

龙门县司法惠民工作站的工作得到了当地民众的拥护和上级部门的肯定，相关经验被惠州市中级人民法院写入《关于深入推进全市法院司法惠民工作的指

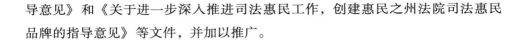

导意见》和《关于进一步深入推进司法惠民工作，创建惠民之州法院司法惠民品牌的指导意见》等文件，并加以推广。

第四节　破解执行难

法院执行是指人民法院依照法定程序运用国家强制力强制执行生效法律文书确定的义务人履行义务从而保护当事人合法权益的司法活动。司法公正不仅体现审判环节，更要落实在执行上。公正的审判如果最终得不到执行，不仅不利于维护当事人的合法权益，还会直接损害司法尊严和权威。近年来，司法判决执行难一直困扰着司法机关、案件当事人，受到社会的高度关注，也是司法改革的重要内容。最高人民法院围绕执行工作，先后出台了《关于进一步加强和规范执行工作的若干意见》和《关于建立和完善执行联动机制若干问题的意见》等规范性文件，希望破解执行难的问题。

除了执行不能之外（严格意义上"执行不能"不属于"执行难"），执行难包括两个方面，一个是执行不力，一个是执行过程中司法腐败，如侵吞部分执行款和执行过程中的吃拿卡要。如何提高司法判决的执行效率和执行效果，关系到能否案结事了以及纠纷化解和社会稳定。

要根治执行难，首先应该扭转观念。很多法官认为，法院依法作出审判之后，是否能够执行仅仅关系到当事人的利益，并没有认识到判决得不到执行和法律得不到遵守的性质等同。判决是加盖法院公章的有效文书，是司法权的体现，如果得不到执行，首先践踏的就是国家司法的尊严。要破解执行难，除扭转观念之外，还要从权力监督和具体制度上加以探索和完善。为此，广东法院积极探索多种执行机制，缩小执行裁量权和避免执行权的独断专行。

一　优化执行权配置

（一）执行权改革的背景

执行权配置不当是导致目前执行难的重要因素之一。在传统的执行权运行模式下，执行权过度集中、执行机构的设立缺乏明确具体的规定、执行分权规定缺失、有效的监督制约机制缺乏，导致执行实践中职权配置错位，流程管理不当。执行权的合理配置对整个强制执行体制、机制以及方式的设计具有基础性的作用。执行权是人民法院依法采取各类执行措施以及对执行异议、复议、申诉等事项进行审查的权力。可见，执行权是一种复合权力，包括执行审查权和执行实施权。执行审查权其性质属于裁判权，具有自由裁量空间，需要法官中立地作出裁判。执行实施权属于行政权，不需要对执行案件的事实和法律作出审查与判断，而是依靠执行手段实现执行结果。最高人民法院 2009 年出台了《关于进一步加强和规范执行工作的若干意见》，要求优化执行职权配置，科学界定执行审查权和执行实施权，实行科学的执行案件流程管理，积极探索建立分段集约执行的工作机制。2011 年 10 月最高人民法院出台《关于执行权合理配置和科学运行的若干意见》，明确了执行审查权和执行实施权的范围和行使部门。

（二）执行机构设置

早在 2002 年，广东省高级人民法院就通过了《广东省高级人民法院关于执行权分权制约行使若干问题的规定（试行）》，将执行权分为执行裁决权和执行实施权，规定了执行裁决权行使的主体资格、合议庭、听证等制度。2009 年《广东省高级人民法院执行工作规范》规定执行工作实行分权制约原则。执行中的审判权由审判部门行使，执行中的执行实施权和审查权由执行部门行使。2010 年，广东省高级人民法院出台了《关于贯彻〈最高人民法院关于进一步加强和规范执行工作的若干意见〉的实施意见》，统一规范执行局内设机构设置。

广东省高级人民法院执行局设立综合处、执行一处、执行二处、执行指挥中心四个职能机构。综合处的职责是担负执行指挥中心办公室日常工作，履行执行指挥中心的信息交换和部分指挥职能。执行一处负责履行指挥中心办公室要求的调查和协调职能。执行二处负责履行指挥中心办公室要求的监督指导相关业务。执行指挥中心的职责为调配、指挥全省法院执行力量，组织联合执行、交叉执行、提级执行和对口帮扶执行工作；协调处置暴力抗拒执行和群体性突发事件；查找被执行人及其法定代表人的下落和可供执行财产的线索；负责执行联动协调工作，对全省法院执行实施权进行协调管理。

各中级法院和基层法院设立综合管理、执行实施、执行审查等内设机构。执行指挥中心与执行局实行"两块牌子、一套人马"的工作管理模式。各内设机构级别与院内设机构级别相同，以"处"、"科"、"室"、"庭"为名称，执行实施和审查机构保留"庭"的名称。执行实施机构负责财产调查、控制、处分及交付和分配，采取罚款、拘留强制措施等事项；执行审查机构负责办理各类执行异议、执行复议、案外人异议及变更执行法院的申请等案件，处理执行信访并负责执行案件申诉审查等事项。综合管理机构和执行指挥中心的职责分工与省法院两机构职责相同。

广东省高级人民法院在全国率先建设执行指挥中心。2009 年 9 月，广东法院开始筹建执行指挥中心，依托信息化手段建成远程指挥监控系统、被执行人信息查询系统、被执行人信息发布系统、执行要情系统和执行案件信息管理系统五大工作系统。2011 年底，广东省执行指挥中心建设取得重要进展，广东省高级人民法院执行指挥中心五大工作系统实现了全省 157 个法院之间互联互通，行使执行工作的统一管理、统一指挥、统一协调职能。为了强化和巩固执行指挥建设，广东省高级人民法院先后制定了《广东法院执行指挥中心建设纲要（2010年 7 月—2011 年 12 月）》和《广东法院执行指挥中心建设纲要（2012—2013）》，指出执行指挥中心建设的目标就是要形成职能定位科学、机构设置合理、管理机制顺畅的执行指挥中心运行模式，推动广东省法院执行工作科学发展，实现广东从执行大省向执行强省的跨越。

另外，为进一步加强和规范执行申诉审查工作，广东省各级法院还逐步建立了专门的执行申诉审查机构，专门负责对执行信访申诉案件审查处理。

（三）执行权配置

从广东的实践看，执行权的合理配置是其破解执行难的关键。广东法院执行权配置包括执行权的横向配置、纵向配置以及立、审、执协调配合机制。

执行权的横向配置，是指广东省各中级人民法院和基层人民法院执行局内设执行实施机构和执行审查机构，分别行使执行审查权和执行实施权。执行审查权应当由执行法官行使；执行实施权既可以由执行法官行使，也可由执行员、法警和其他执行人员行使。执行实施机构主要负责执行法律文书送达、查控、处置被执行财产、制定债权分配方案、办理执行款交付、采取强制措施、强制搬迁、财产保全、先予执行、财产刑执行、行政非诉案件和行政诉讼案件执行、执行协调等执行实施工作；执行审查机构主要负责审查执行异议、执行复议、案外人异议、部分变更和追加执行主体等申请的执行裁决事项。部分变更和追加执行主体、不予执行仲裁裁决和公证债权文书等实体性执行争议，由相关民事审判庭负责审查。

执行权的纵向配置，则是指案件执行重心下移，省高级人民法院原则上不执行具体案件，其受理的执行实施案件指定由执行力量较强、对案件执行有利的中级法院或专门法院执行。

建立健全立、审、执协调配合的机制也十分关键。首先，广东省人民法院建立了立案登记制度。所有的执行案件，不论是执行异议、复议、监督案件，还是异议之诉案件，必须办理立案登记手续，由立案庭立案后移交相关执行和审判机构处理，便于统一管理和监督。其次，实现执行立、审、执彻底分立。认真落实立、审、执分立原则，不断完善工作机制，执行异议、复议、监督、督促、协调等案件，一律由立案庭审查立案；在执行程序中追加、变更被执行人等涉及当事人和利害关系人实体问题的案件，一律由相关审判庭审理。

二　阳光执行

阳光是最好的防腐剂，判决执行之所以滋生司法腐败，是因为执行过程不透明，为暗箱操作和权钱交易提供了空间。为了最大限度预防执行腐败，广东司法机关将阳光执行作为第一步。所谓阳光执行，是指执行权的运行过程公开透明，执行案件从立案到审查再到具体执行，整个过程都自觉接受执行各方当事人或公众的监督。

2009 年出台的《广东省高级人民法院执行工作规范》规定，执行工作应增强公开性和透明度。为完善执行公开工作，依法保护当事人的合法权益，保障当事人、利害关系人对人民法院执行工作的知情权，2005 年广东省高级人民法院制定了《广东省高级人民法院关于完善执行公开的若干规定（试行）》。该文件规定了执行公开的范围和方式，并规定了人民法院在执行过程中的公开事项。

（一）立案信息公开及权利告知

各级法院在立案时发放廉政监督卡或者执行监督卡，内容包括当事人有权监督的范围、方式和途径。在送达立案通知书的同时，公布或告知举报电话和当事人在案件执行阶段享有的权利。人民法院为当事人提供有关执行工作的诉讼指导，公布执行案件的立案条件，书面告知当事人在执行中的权利、义务和可能存在的执行风险。法院公开执行案件的收费标准，供当事人查询。人民法院向当事人书面告知案件承办人的姓名、联系方式和本院执行监督电话，执行中更换案件承办人的，及时告知当事人。

（二）执行日志公开

各级法院均及时将立案、承办法官和合议庭、采取的执行措施、执行款到账、财产分配、结案等信息录入全国法院执行案件信息管理网络系统的"执行日志"，方便当事人及时查询、了解执行进展情况信息。2011年5月，广东省惠州市中级人民法院出台了《惠州市中级人民法院关于深入推进全市法院司法惠民工作的指导意见》，将执行日志公开制度作为"司法惠民"七项制度之一。惠州市中级人民法院实行"一案一日志、一事一记录"，每一宗案件都建立专门的、100%公开的执行日志，随时接受双方当事人的查询和监督。执行法官将接到案件后采取的各项执行措施、会见当事人的情况、具体的执行情况、作出的决定裁定、当事人提供的各种材料等事项，完整地记录进执行日志，双方当事人可以随时查询和监督。

（三）曝光恶意被执行人

2010年初，广东省高级人民法院出台《关于在全省法院实行主动执行制度的若干规定（试行）》，实行曝光恶意被执行人制度。对有履行能力而拒不履行的被执行人，高级人民法院主动采取限制出境、在媒体上公开曝光、在征信系统中记录欠债信息以及其他法定措施。被执行人通过各种手段恶意逃避债务的，高级人民法院对妨害民事诉讼行为的主动采取强制措施，必要时依法追究刑事责任。高级人民法院还主动将案件执行情况和进展向当事人和社会各界公开，听取利害关系人意见，自觉接受监督。

（四）执行结果公开

广东省高级人民法院对执行中形成的涉及当事人权益的法律文书，除涉及国家秘密、商业秘密、个人隐私等依法不宜公开的以外，都对外公开。另外，广东省高级人民法院还实行执行结案方式公开，对以生效法律文书全部履行完毕而结案的，制作结案通知书送达当事人。

三　主动执行

广东司法机关为解决"执行难"作了多方面的努力，其中包括建立"主动执行"工作机制。按照传统的执行模式，如果要启动案件执行程序，一般须在法律文书生效后，由案件的当事人在法律规定的时限内向法院申请强制执行，逾期将不予受理。实践中，经常出现由于当事人疏忽或被执行人故意拖延，造成错过最佳执行时机导致执行不能的情况。"主动执行"是广东省高级人民法院主推的执行模式，是指对已经发生法律效力、债务人在规定的履行期限内没有自觉履行的民事判决书、裁定书、调解书以及支付令，在债权人事先同意的前提下，不需经债权人申请，而由人民法院直接移送立案执行。

主动执行包括主动启动执行程序和主动采取执行措施两个方面。主动启动执行程序是指人民法院在作出裁判或调解书后，由审判部门主动征询债权人意见，债权人同意由法院主动执行的，审判部门在生效法律文书确定的履行期限届满后，主动直接将案件移交立案执行，无须债权人另行申请而直接进入执行程序。主动采取执行措施是指在直接进入执行程序后，法院主动采取各种执行措施，推进执行程序。主动执行体现了法院能动司法的理念，避免执行人消极、被动对待执行工作，也为案件执行赢得了宝贵时间，有利于及时维护当事人的权益。

为落实司法为民宗旨和能动司法要求，进一步解决"执行难"问题，2010年初，广东省高级人民法院在前期试点的基础上制定了《关于在全省法院实行主动执行制度的若干规定（试行）》。该文件于2010年5月1日起施行，同时废止了之前制定的《广东省高级人民法院关于实行主动执行制度的若干规定（试行）》。广东省高级人民法院确立了主动执行应遵循的原则，即为民、便民、利民和高效的工作原则，并规定了主动执行的程序。

立案庭、审判庭、执行局充分发挥能动作用，在主动执行工作中相互配合、协调一致。主动执行主要体现在主动执行程序的启动，包括以下几个步骤：第一，立案庭在受理民事诉讼或者刑事附带民事诉讼案件后，在送达有关立案文书的同时向当事人一并送达《主动执行告知书》，对主动启动执行程序的有关情况予以书面说明；第二，案件立案及审理过程中，立案庭、审判庭应当引导当事人及时进行诉讼保全，尽可能查控财产；第三，案件宣判时，审判庭应当识别宣判的法律文书是否有可执行内容。有可执行内容的，在宣判时征询债权人意见，一旦法律文书生效，债务人没有按期履行，是否同意由人民法院主动启动执行程序；第四，人民法院对于已经生效并超过履行期限、债务人没有自动履行的法律文书，在事先征得债权人同意的前提下，由审判庭主动移送立案庭立案执行，无须债权人申请执行；第五，对于申请支付令的案件，人民法院经审查作出支付令时，应向债权人征询是否同意主动启动执行程序的意见，债权人同意的，即在《主动启动执行程序确认书》上签名确认，债务人在限期内没有提出异议又不履

行支付令的，人民法院按照本规定主动启动执行程序。

主动执行要求人民法院在立案、审判、执行的全过程贯穿主动执行理念，充分发挥能动性，满足人民群众不断提高的司法需求，切实保障生效法律文书及时有效地执行。实行主动执行，要求人民法院主动在立案阶段引导当事人采取有效保全措施，保障法律文书生效后的执行效果；主动在审判过程中明断是非，辨法析理，采取积极态度化解当事人之间的矛盾；主动在裁判文书生效后移送执行，推进案件便捷快速地进入执行程序；主动采取各种有利于案件执行的措施，确保生效法律文书确定的债权快速实现。

为了加大执行力度，整合执行资源，提高反应能力，广东省高级人民法院设立了执行指挥中心，建成了被执行人信息查询、执行视频指挥、执行要情处理、执行远程签章和执行案件管理五大系统，广东省高级人民法院执行人员在执行指挥大厅内即可实现对全省执行工作的统一指挥、统一协调和统一调度，为快速主动执行提供了有力保障。

四　执行联动机制

案件执行难，主要难在法院缺乏有效的手段查清被执行人的财产状况。要查清被执行人的财产状况，法院必须依靠相关单位和部门的配合，建立执行联动机制。2010 年，最高人民法院、最高人民检察院、国家发展和改革委员会等联合印发了《关于建立和完善执行联动机制若干问题的意见》。

为建立执行联动机制，广东省高级人民法院出台了一系列规范性文件，如2008 年出台的《关于在执行工作中被执行人报告财产的若干规定（试行）》、《关于建立基层协助执行网络的若干意见》，2010 年出台的《关于委托查询被执行人人民币银行结算账户开户银行名称的暂行规定》，2009 年与广东省公安厅联合出台的《广东省高级人民法院、广东省公安厅关于查控被执行人及其车辆问题的若干规定》。为保证执行联动机制的顺利开展，广东省高级人民法院成立执行联动机制工作领导小组及办公室，积极协调推动联动成员单位制定实施细则或工作办法，落实具体责任部门和责任人，建立和完善具体可操作的运行机制。执行联动机制分为跨行业联动和跨地区联动。

（一）跨部门联动机制

跨行业联动机制是指法院为了强化执行手段，与金融、公安、海关、工商、税务、国土、房管等部门在协调沟通的基础上建立常态的信息查询机制和联动机制。广东法院诉讼和执行案件信息通过省政务信息资源共享平台与联动单位共享后，联动单位一般无须法院再另行制作法律文书，即自动启动执行联动程序，采取相应的联动措施全面限制被执行人的生产、经营、工作和生活。

1. 信息查询机制

广东法院积极推动与人民银行广州分行联合建立"一站式"查询的工作机制；与省国土资源厅和省建设厅联合建立查控土地使用权、房屋产权、采矿权、探矿权等以及协助办理产权转移过户手续的工作机制；与省工商行政管理局联合建立协助查询、查封、登记、处分被执行人股权，查询被执行人注册资本、企业分立合并、新设公司、注销企业、办理动产抵押、股权质押信息等工作机制。

一些基层人民法院还尝试开展了更进一步的创新。比如，深圳市中级人民法院建设了"法院查控网"，与国土、市场监管、车管、人民银行等单位搭建网络专线，初步实现被执行人财产查询工作集约化、信息化、网络化，并与国土、车管部门试点进行财产控制指令网络化传输试点，在全国首家实行了集查询、控制于一体的网络化、信息化执行模式。通过整合工商、国土、证券、银行、公安等各部门信息资源，实现"查"和"控"结合，实现"查控一体化"。查询到被执行人的财产，一旦有必要，即直接控制财产，避免被执行人利用"查""控"中的时间差转移财产。顺德区人民法院的执行指挥中心目前已建成7个执行信息查询子系统。在该系统内，执行指挥中心工作人员在中心查询办公室就可直接查询到顺德区内的房产、土地、外来人口、学籍、机构代码等信息，还与辖区内的14家商业银行建立网络查询机制，可以直接通过电子邮件对银行存款进行预查询。

2. "法+警"联动机制

近年来，随着经济社会发展，跨省区、跨地区的异地执行案件逐年增多，执行遭遇突发事件及被执行人暴力抗拒执行等事件多发。广东省高级人民法院利用执行指挥中心信息平台的科技优势与省公安厅协商，借力公安110指挥中心警力优势共同"联手治暴"。广东省高级人民法院与广东省公安厅通过联合下发《关于依法处置暴力抗拒执行事件的联合通知》（以下简称《通知》），创立"法+警"联动快速处置暴力抗拒执行新机制。一旦申请执行人掌握了"老赖"线索或通过执行指挥中心信息平台查询到了有效信息，就可以向执行法院要求启动执

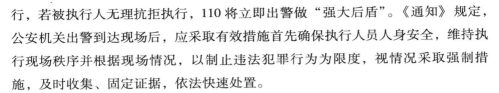

行，若被执行人无理抗拒执行，110将立即出警做"强大后盾"。《通知》规定，公安机关出警到达现场后，应采取有效措施首先确保执行人员人身安全，维持执行现场秩序并根据现场情况，以制止违法犯罪行为为限度，视情况采取强制措施，及时收集、固定证据，依法快速处置。

3. 司法限制联动措施

广东司法机关在执行过程中，不断加强与金融、公安、海关、工商、税务、国土、房管等部门的协调沟通，联合签署文件，对被执行人采取限制融资、出境、投资、置业、行业准入等司法限制措施。例如，中山市中级人民法院将被限制高消费的被执行人名单提供给民航、铁路、旅店管理等部门，禁止向被执行人出售机票、火车票、禁止入住旅店，形成主动限制被执行人高消费的新局面。2011年6月，某"影视大鳄"拒不履行生效仲裁文书，隐匿财产，无视法院发出的限制高消费令乘坐飞机，广州市中级人民法院就是通过执行指挥中心的信息查询系统和协查联动机制，及时在即将起飞的飞机上对其实施拘留，有力地震慑了拒不执行判决的人员。在深圳，法院执行工作在不增加一人一车的情况下，财产调查工作量减少80%，对财产、人员的控制效率提高60%以上，特别是对被执行人财产的排查覆盖能力由原来的不足40%提升至90%以上，使被执行人财产无处遁形，被执行人难找、被执行财产难查的局面得到根本性扭转。据统计，2011年上半年，深圳两级法院积极运用"法院查控网"的各项执行措施，共结案2413宗，实际执行到位10亿多元。

4. 重点案件联合督导机制

广东省高级人民法院还积极探索建立联合执法机制，主动邀请党委、人大以及联动成员单位组成联合工作组，对重点案件进行联合督导。

（二）跨地区联动机制

案件执行不仅会涉及不同行业，还会跨越不同地区。由于经济活动的流动性，被执行人及其财产与执行申请人会跨不同地区，执行难更多地出现在跨地区执行案上。随着区域经济一体化的发展，多种形式的区域间协调合作机制也逐步建立起来，其中就包括司法协作。为推动区域发展，广东出台了《珠江三角洲地区改革发展规划纲要（2008—2020年）》，提出要建立"珠（海）中（山）江（门）"区域经济一体化。珠海、中山、江门三市人民政府签署了《推进珠中江区域紧密合作框架协议》，与之相适应，珠海、中山、江门市中级人民法院于

2009 年签署了《推进珠中江法院区域执行紧密协作框架协议》。协议的目的之一就是要建立全方位、多角度、深层次的执行工作联动机制。

1. 执行案件委托

被执行人或被执行财产在珠（海）、中（山）、江（门）其他两市案件的执行，可以采取以委托执行或报请广东省各级人民法院指定执行为主、自行执行为辅的方式执行。委托执行案件办理手续简化，委托执行原则上在同级法院之间直接进行。中级人民法院还授权辖区基层人民法院对被执行人或被执行人财产在广东省内的案件，直接办理委托执行手续。受托法院在收到委托执行案件后，核对相关案件材料，对材料欠缺或有瑕疵的，会及时通知委托法院补充或更换，委托法院应在 7 日内办理，逾期未办理的，退回委托法院。珠海、中山、江门三个地方的司法机关还加大委托执行工作的监督力度，将委托执行案件纳入执行绩效考评工作中。另外，珠海、中山、江门三个地方的市中级人民法院建立了季报制，将所办理的委托执行案件逐案登记造册，载明执行情况、未办结的原因等，每季度末汇总至三市中级人民法院。

2. 执行案件协助

对于被执行人有部分财产或有财产线索在其他两市的，执行法院委托其他两市法院采取查询、查控等措施。执行法院查询被执行人财产状况的，采用传真协助查询函的形式。协助查询函载明案号、执行依据、被执行人信息（单位应载明全称、个人应载明姓名及身份证号码）。执行法院对被执行人财产需采取查控措施的，将协助查控函、查封裁定、送达回证等原件邮寄至其他两市法院，其他两市法院收到后在三日内办理。对于情况紧急的，在收到后立即办理。对于诉讼保全案件，保全标的在其他两市的，受理法院委托其他两市法院依照上述程序办理。执行法院到其他两市法院异地执行需要协助时，执行法院主动将案情和执行方案等向当地法院通报，当地法院指派专人、提供所需的交通工具和装备积极协助。执行法院在异地遇当地有关部门或人员不予协助或阻挠执行的，当地法院全力协助确保执行措施有效实施，并保证执行人员的人身安全和执行装备、执行标的物不受侵害。

3. 执行案件协调

珠海、中山、江门三市法院对执行争议案件平等友好协商、协调。坚持逐级协商协调原则，采取发函书面协商与面对面协商相结合的方式，充分发挥中级人

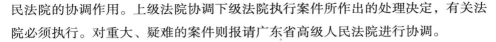

民法院的协调作用。上级法院协调下级法院执行案件所作出的处理决定，有关法院必须执行。对重大、疑难的案件则报请广东省高级人民法院进行协调。

4. 重大案件通报

对涉及珠海、中山、江门三市的重大影响案件、关联案件，三地司法机关及时相互通报，有的还提请三市法院执行联络组或联席会议协商确定，并提请广东省高级人民法院指定由一地法院集中管辖执行案件。

5. 执行资源共享

珠海、中山、江门三地司法机关共享执行联动威慑机制成果，共同构建了三市公安协助执行网络、基层协助执行网络等执行联动威慑大格局，有力促进了三地司法机关执行工作优势的集成与互补。

五　完善社会诚信体系建设

解决执行难的根本途径在于重建诚信体系，依靠当事人自觉履行法律义务。中共广东省委《法治广东建设五年规划（2011—2015年）》对法院执行工作提出了要求，并将建立社会诚信体系作为系统解决"执行难"的关键。广东法院加强与公安、检察、纪检、国土、房管、工商、税务、银行等部门的协调，推动建立征信数据库。法院合理运用罚款、拘留、拒不执行生效裁判文书罪等强制性手段强化执行威慑力，增加"老赖"的失信成本。

在社会诚信体系建设方面，广东法院的主要做法是建立了功能强大的被执行人信息查询系统。广东省高级人民法院执行指挥中心大厅建有被执行人信息查询系统，共规划建设16个子系统，现已建成户籍、车辆、社保、工商等9个子系统，土地、房产、纳税、计生、证券、出入境和其他信息查询子系统正在建设中。银行开户信息查询系统，可以通过与人民银行广州分行的查询专线查询被执行人在全国的银行开户信息。户籍信息查询系统可以查询到全省户籍人口的姓名、曾用名、性别、民族、身份证号码、出生地、出生日期、籍贯、户口所在地、户籍所在派出所等信息。车辆登记信息查询系统可以查询到在广东省登记的以下车辆信息：车主姓名、住址、车牌号码、车辆类型、品牌型号、发动机号、使用性质、登记日期等。社保信息查询系统可以查询到在广东省参加社保的广东省户籍人口和外省流动人口的姓名、住址、工作单位、任职和工资等信息。婚姻登记信息查询系统可以查询到被执行人在广东省登记的结婚、离婚和配偶身份信息。工商登记信息查询系统可以查询到法人、其他组织和个体工商户在广东省内的工商登记信息。征信信息查询系统，可以向人民银行广州分行及其分支机构查询自然人的个人基本信息、个人信贷交易信息、企业的概况、高管、资本构成、对外投资以及财务信息等征信信息。全国组织机构代码共享平台可以查询法人、被执行人的组织机构代码信息。

第五节　打造阳光司法

司法公开具体是指，除涉及国家秘密、有关当事人商业秘密或者个人隐私以及可能影响法院正常审判秩序的事项外，法院的各项审判活动以及与审判活动有关的各类信息，均应向案件当事人和社会公众公开。司法公开对于方便公民行使诉权、落实和保障公民知情权和司法参与权、提升司法审判水平、维护司法权威和公信力、防止司法腐败最终实现司法正义具有重要作用。当然，在司法公开过程中，也需要防止泄露审判秘密，侵犯司法工作者和当事人的隐私权，更不能妨碍到审判独立。

在最高人民法院的推动下，全国各地法院均开展了不同形式的司法公开活动，但是受到司法理念和司法环境的影响，各地司法公开工作发展不平衡，其中，广东司法公开工作起步早，发展迅速，走在全国前列。中国社会科学院2012年《法治蓝皮书》发布了中国首个司法透明度报告，即《中国司法透明度年度报告（2011）》，报告显示，广东省高级人民法院司法透明度在全国26个省、直辖市高级人民法院中位列第三名；在全国43个较大的市的中级人民法院排名中，深圳市中级人民法院独占鳌头，广州市中级人民法院排名第六。

一　广东司法公开的主要依据

广东司法公开的依据包括两个层次，一是最高人民法院为推动司法公开颁发的一系列文件；二是广东省、市两级人民法院为具体落实最高人民法院司法公开的要求而颁发的规范性文件。

（一）最高人民法院的司法公开文件

最高人民法院推动司法公开是从审判公开、执行公开等环节开始，逐步走向全面公开，除了制定全面规定司法公开的文件之外，还制定了文书上网等某些方面的单项规定。

2009 年，最高人民法院出台的《关于司法公开的六项规定》明确了立案公开、庭审公开、执行公开、听证公开、文书公开和审务公开等司法公开的六个方面。

2010 年，最高人民法院印发了《关于确定司法公开示范法院的决定》，在全国确立了 100 个"司法公开示范法院"。

为贯彻落实审判公开原则，最高人民法院还于 2010 年末出台了有关文书上网和直播庭审活动的专项规定。《关于人民法院在互联网公布裁判文书的规定》列举了互联网公布裁判文书的原则、范围、时限、分类与目录设置、个人信息的处理、法院的告知和征求当事人意见的义务以及审核制度等。《关于人民法院直播录播庭审活动的规定》列举了庭审活动直播录播的范围、注意事项以及审核制度等。

（二）广东省的司法公开文件

为落实最高人民法院司法公开的要求，尤其是广东省内有五家法院被最高人民法院确定为司法公开示范法院之后，广东省高级人民法院制定了一系列有关司法公开的文件。

1. 《广东省高级人民法院关于在全省法院进一步推进司法公开的意见》

为贯彻落实最高人民法院制定的《关于司法公开的六项规定》和《司法公开示范法院标准》，广东省高级人民法院于 2011 年出台《关于在全省法院进一步推进司法公开的意见》（以下简称《意见》）。《意见》共 81 条，对公开原则、公开内容、公开形式和保障机制作了详细规定，成为广东司法公开的纲领性文件。按照《意见》规定，广东司法公开遵循依法、及时、全面、规范公开的原则；公开内容包括立案公开、庭审公开、执行公开、听证公开、文书公开和审务公开六个方面；在公开形式方面，强调大力加强司法公开网络平台建设，实行一院一网站，需要公开的信息都应当在网站公布，并强调充分利用现代信息技术，通过在线访谈、论坛、博客、微博、QQ 空间、手机短信、语音查询等形式，不断创新信息公开和征集民意的方式方法；为保障司法公开工作的开展，建立分工协作、各负其责的长效工作机制。

2. **系列配套的实施办法**

为落实《意见》的要求，广东省高级人民法院还出台了系列实施办法，如

《关于推进庭审公开的实施办法》、《关于推进听证公开的实施办法》、《关于推进庭审直播的实施办法》、《关于推进执行公开的实施办法》、《关于推进审限公开的实施办法》、《关于完善合议庭工作机制的实施办法》、《关于完善审判委员会工作机制的实施办法》、《关于推进生效裁判文书上网公开的实施办法》、《关于推进案件质量评查工作的实施办法》、《关于推进诉讼档案公开的实施办法》、《关于推进司法公开工作考核的实施办法》、《关于办理司法公开举报投诉的实施办法》、《关于办理司法公开申请的实施办法》、《关于组织"公众开放日"活动的实施办法》、《关于推进新闻发布工作的实施办法》。以下就其中较为有特色的规定进行分析。

《关于推进执行公开的实施办法》规定了恶意不履行义务的被执行人名单进行网上报告制度，并将未结执行案件的信息逐月发送人民银行广州分行，纳入征信系统。《关于完善合议庭工作机制的实施办法》规定，"本院全体法官的姓名以及与履行职务有关的信息应当通过本院门户网站或者其他方式对外公开"。《关于完善审判委员会工作机制的实施办法》规定，"本院审判委员会全体委员的姓名以及与履行职务有关的信息应当通过本院门户网站或者其他方式对外公开"。《关于推进生效裁判文书上网公开的实施办法》规定了生效裁判文书上网的范围，以及当事人申请不予公开的程序。对于不予上网公开的裁判文书实行审批制，由案件承办法官填写《裁判文书不予上网公开审批表》，随同裁判文书一并报批。另外，该实施办法还进一步规定了裁判文书上网的时限，即案件承办部门应当在裁判文书发生法律效力之日起五日内上挂广东省高级人民法院的门户网站。为了方便查询，对上网公开的裁判文书按类型、案由、案号等设置检索功能，并提供裁判文书网页下载、打印功能。由此可见，广东省高级人民法院推进裁判文书上网的力度很大。另外，《关于推进司法公开工作考核的实施办法》、《关于办理司法公开举报投诉的实施办法》和《关于办理司法公开申请的实施办法》，为广东司法公开工作的顺利开展提供了有力的保障。

深圳市中级人民法院是广东省唯一入选最高人民法院司法公开示范法院的中级人民法院，其于2011年3月制定了《关于进一步推进司法公开工作的实施意见》，将最高人民法院《司法公开示范法院标准》规定的7个方面24项司法公开内容予以细化，明确和落实每一个公开事项的内容、方式、时限等要求。深圳市中级人民法院不断丰富公开的内容，规范公开的过程，拓展公开的广度和深度，做到依法应当公开的全部公开，对法律没有规定但涉及当事人诉讼权利的事项，主动创造条件公开，把公开推进到司法活动的各个领域和环节。为了方便公众充分利用网络等科技手段，深圳中级人民法院积极为公众查询、获取司法公开信息创造更好的条件，提供多样化的公开载体和渠道，不断降低群众获取信息的成本，提高司法公开的时效性和便捷性。深圳市中级人民法院在加强网络公开方面还首次明确将开设博客和微博列入其中。

除了落实最高人民法院规定的立案公开、审理公开、执行公开、听证公开、文书公开、审务公开六项"规定动作"之外，深圳市中级人民法院还结合自身实际，推出了五项"自选动作"，如加强网络公开，"在外网增设诉讼案件信息查询功能、当事人意见箱、法律问答、常用法律文书下载专区，登载常用法律法规，开设法律博客、微博等版块"；实施"阳光裁判"，在立案阶段应一次性全面告知所需要提交的材料和手续，裁判文书需附所引用法律条文和相关规定，对于不涉及审判秘密的内部规范性指导意见，案件结案后除副卷外的案卷材料向当事人和社会公开；推动便民司法，实行网上预立案，公开社区法官和社区司法联络员名单，立案导诉实施"首问负责制"等；推进审判管理公开，针对社会关注的热点法律领域，向社会通报审判工作动态，公布两级法院投诉、举报网址、电话、信箱，建立网上投诉反馈制度，每年定期组织"法院开放日"、"法院咨询日"活动。

广东省高级人民法院民三庭作为专业的知识产权庭，指导全省法院做好知识产权司法公开工作。民三庭（知识产权庭）制定了《民三庭关于进一步推进司法公开工作的实施意见》，该实施意见有18条，规定了公开的范围和具体要求，如"依法全面公开知识产权案件审理"，"逐步实现庭审录音录像，组织庭审现场转播"，"公开诉讼中止或不中止的处理决定和理由"，"充分公开司法鉴定程序和鉴定结论"，"及时向三大网站上传生效裁判文书"，"公开法官存案情况、审理周期和书记员跟案情况"，"利用网络信息平台，实时公开审务信息"等。

二　广东司法公开的工作机制

为了深入、广泛、持久地开展司法公开活动，广东省高级人民法院制定了《广东省高级人民法院关于进一步推进司法公开的工作方案》（以下简称《工作

111

方案》)。《工作方案》就指导思想、工作目标和工作原则提出了总体要求，并专门就组织领导作出详细规定。

广东省高级人民法院成立了司法公开工作领导小组及其办公室。领导小组的主要职责是研究司法公开工作中的重大事项，协调解决工作中存在的困难和问题，督促检查工作进展情况，全面落实司法公开的各项要求和措施。司法公开工作领导小组办公室设在立案一庭，负责领导小组的日常工作，确保工作到位、措施到位、责任到位。

为确保司法公开工作的顺利开展，广东省高级人民法院建立一系列工作机制。例如，建立司法公开的物质保障机制，加大对立案信访窗口、服务大厅、法院门户网站和其他信息公开平台的建设力度，切实改善司法公开的物质条件，不断提高司法公开的物质保障水平；建立司法公开考核评价机制，设定科学的考核分值，制定相关评分标准，对全省各级法院开展司法公开工作进行考评，并作为评价法院整体工作的一项重要指标；建立司法公开督促检查机制，上级法院对辖区内下级法院的司法公开工作进行指导，定期组织专项检查，通报检查结果；建立司法公开举报投诉机制，在法院门户网站和立案信访大厅设立举报投诉电话、信箱和电子邮箱，公布举报投诉的范围和方式，安排专人对当事人和社会公众反映的问题进行核查并反馈处理结果。对实名举报的，应给予书面回复；建立司法公开责任追究机制，对当事人、社会公众、媒体反映有关法院或者有关人员落实司法公开制度方面存在的问题应当进行核查，对于违反司法公开相关规定并损害当事人合法权益造成严重后果的，应当按照有关规定进行严肃查处。

三 发挥网站作为司法公开第一平台的作用

司法公开平台是进行司法公开的基础和前提，广东省高级人民法院非常重视平台建设，截至目前，已经建设六大司法公开平台，有效拓宽了司法公开渠道。这六大司法公开平台分别是窗口公开平台、法庭公开平台、外网公开平台、微博公开平台、手机公开平台和执行无线视频移动指挥系统，其中外网公开平台已经成为司法公开的第一平台。所谓外网公开平台，是指法院在互联网设立门户网站，全方位、实时公开法院各项工作和各类案件信息。

广东省各中级人民法院和基层人民法院的互联网站建设正在积极推进中。目前广东省法院共建成门户网站85家，占全省157个法院的54%；全省各中级人民法院已建成门户网站的有广州、深圳、汕头、珠海、佛山、东莞、中山、惠州、河源、江门、梅州、汕尾、揭阳、阳江、湛江、云浮等 16 个中级人民法院和海事法院，占全省 23 个中级人民法院的 74%；全省基层法院共建成 64 家门户网站，占 134 个基层人民法院总数的 47%。下面就广东省高级人民法院的网站公开平台建设及运营情况为例，考察广东司法公开实践。

（一）广东省高级人民法院网站总体情况

广东省高级人民法院官方网站的网址是 http：//www. gdcourts. gov. cn。广东省高级人民法院网站首页开辟了司法公开专栏，点击链接可以直接进入司法公开专栏网页（见图 3 - 1）。司法公开专栏设有"法院概况"、"立案"、"庭审"、"执行"、"来信来访"、"裁判文书"、"指导意见"、"典型案例"、"案例评查"、"司法统计"、"工作报告"、"白皮书"等栏目，涵盖了所有司法公开信息。另外，广东省高级人民法院网站首页还可以链接到两个专门的网页，即广东法院司法技术辅助网（司法鉴定，http：//219. 136. 254. 73/fy_ sfjd），广东知识产权司法保护网（http：//219. 136. 254. 73/zscq）。

图 3 - 1　司法公开专栏网页截图

（二）法院工作信息公开

法院工作信息主要是指介绍法院人（法官及其他司法工作人员信息）、财（年度预决算信息）、物（机构设置信息）以及地理方位、联系方式等信息，具体包括法院方位地址、机构设置与功能、司法机关人员简介、规章制度、联系渠道等信息的公开情况。法院作为公共机构，与每个公民都有着现实的或潜在的联系，其职能权限、机构设置等信息都应该向公众公开，方便公众了解。公开这些信息有助于公众和当事人方便快捷地找到法院的位置，对法院工作获得整体的了解和认识，并能通过网站披露的渠道进行咨询、投诉、建议等。

广东省高级人民法院的工作信息主要涵盖"法院概况"、"来信来访"、"指导意见"等栏目的信息。"法院概况"主要公开了法院的基本职能、内设机构职能（法院地址及联系电话提供于此）以及人员基本信息。人员信息主要公开了院领导（包括党组成员）姓名、性别、职务、法官等级；副巡视员的姓名、性别；审判委员会专职委员、刑事审判委员会委员、民事行政审判委员会委员、行政审判及执行专业委员的姓名、职务及法官等级；法官（按部门公开）姓名、职务和法官等级。"来信来访"主要公开了《国务院信访条例》、《广东省实施〈信访条例〉办法》等有关信访的文件规定以及投诉电话。为保证司法公正，促进高司法效率，提高司法的透明度与公信力，及时处理当事人、人民群众针对法院在审判执行工作反映的问题，广东省高级人民法院设立投诉电话（020－85110868），由专人负责接听。明确要求接听人详细记录对当事人、人民群众通过投诉电话投诉反映的事项，能够当场回答的当场回答；需要相应部门处理的，告知记录后会尽快转相应部门处理；不属法院处理事项的，告知通过其他途径解决。对于投诉记录应定期整理、总结，通过受理投诉及时发现法院工作中存在的问题，向相关部门提出改进工作的意见与建议。"指导意见"按照刑事、民事、行政、执行和国家赔偿分项提供。以执行为例，广东省高级人民法院公开的指导意见包括《广东省高级人民法院关于委托评估、拍卖工作的若干规定》、《广东省高级人民法院执行听证程序规则（试行）》、《广东省高级人民法院执行工作规范》等。另外，广东省高级人民法院首页还提供了举报投诉信箱以及各中级法院链接。

（三）诉讼指南信息公开

诉讼指南是法院对诉讼常识、诉讼风险提示、法律文书范本、立案信息、诉讼费用标准、诉讼流程、司法鉴定以及审判指导意见等作的解释说明。公开诉讼指南的作用，一个是方便当事人参与诉讼程序，另一个则是普及公众的法治知识，提升法治意识。对于那些有诉讼需求的公众来说，通过了解诉讼程序和常识，也可以对将要进行的诉讼作出预期判断。最高人民法院《关于确定司法公开示范法院的决定》明确要求法院"通过宣传栏、公告牌、电子触摸屏或者法院网站等，公开各类案件的立案条件、立案流程、法律文书样式、诉讼费用标准、缓减免交诉讼费程序和条件、当事人权利义务等内容"，并要求在法院网站或者其他信息公开平台公布人民法院的审判指导意见。

广东省高级人民法院在网站首页的"司法服务在线"栏目中设置"诉讼指南"项目,集中提供了诉讼相关指导信息。"诉讼指南"公开了"广东省法院判后答疑工作细则"、"民商事案件申请再审立案工作流程"、"广东省高级人民法院关于办理诉讼费用缓减免交申请的实施办法"、"诉讼费用交纳办法"、"诉讼风险告知书"、"诉讼档案查阅流程"、"民事案件当事人申请再审须知"等,让公众对诉讼的一般程序和收费有较为清晰的了解和认识。司法公开专栏中的"立案"栏目也提供了与立案有关的诉讼指南信息,如立案条件、立案流程、风险提示、诉讼费用等。

(四) 审判信息公开

审判是诉讼的核心环节,司法透明最重要的内容是审判信息的公开透明。审判信息涵盖开庭公告、旁听事项、听证事项、庭审直播、案件审理进度查询、送达公告、裁判文书、典型案件等方面。

广东省高级人民法院审判信息的公开主要集中在司法公开专栏中"庭审"、"裁判文书"和"典型案例"三个栏目。"庭审"栏目主要公开了开庭公告、送达公告、听证公告和庭审直播。开庭公告是指人民法院将未来几日内要审理的案件信息向社会发布,公告内容包括当事人、案由和开庭时间、地点等信息。《民事诉讼法》、《刑事诉讼法》均要求,公开审判的案件需在开庭三日以前先期公布案由、被告人姓名、开庭时间和地点。公众有权利知晓法院的主要工作,选择旁听公开审理的案件。广东省高级人民法院的开庭公告内容包括案号、开庭时间、开庭地点、当事人、主审法官、发布时间、公告状态等。为方便公众快速查找,广东省高级人民法院在此栏目还提供了搜索功能,根据选择的公告类型,输入公告标题或公告内容就可以查询到相应的公告(见图3-2)。

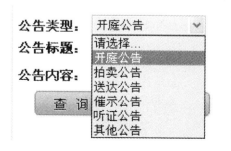

图3-2 公告搜索截图

在"裁判文书"栏目，网站对裁判文书进行分类公示，分为民事、刑事、行政、执行四类，每一类集中摆放显示案号和裁判书类型的标题链接。裁判文书的全文包括标题、发布时间和正文。裁判文书的内容可以编辑下载。"典型案例"栏目按照刑事、民事、行政、执行、国家赔偿对典型案例进行分析，其中包括2011年广东法院知识产权司法保护十大案件。

（五）执行信息公开

执行是实现诉讼目的的重要程序，执行公开是司法公开的重要内容。执行信息包括执行案件常识、执行公告、曝光台或不履行债务者名单、拍卖公告、鉴定、评估、拍卖信息、执行案件进度情况查询系统等。

广东省高级人民法院在"执行"栏目公开了执行动态、主动执行、指挥中心、不履行义务被执行人名单、执行信箱、举报电话等信息。"执行动态"以新闻报道的形式介绍全省法院的执行动态。"主动执行"公开了广东省高级人民法院发布的《关于在全省法院全面实行主动执行制度的通知》、《关于在全省法院实行主动执行制度的若干规定（试行）》、《主动执行案件流程管理规程》等文件以及2011年主动执行工作的进展情况和成绩，并提供"主动执行法律文书样式"。"执行指挥中心"公开了执行指挥中心建设纲要、简介以及建设纲要等信息。"不履行义务被执行人名单"分别提供了法人、其他组织不履行债务名单和自然人不履行债务名单，从公开的名单可以看到被执行人的姓名（或名称）、未履行债务标的额（本金）、执行法院、生效法律文书编号和执行案号，并提供查询功能（见图3－3）。选择所属法院，输入债务者名称、案号、债务者所在城市、时间等选项，可以查询被执行人信息。

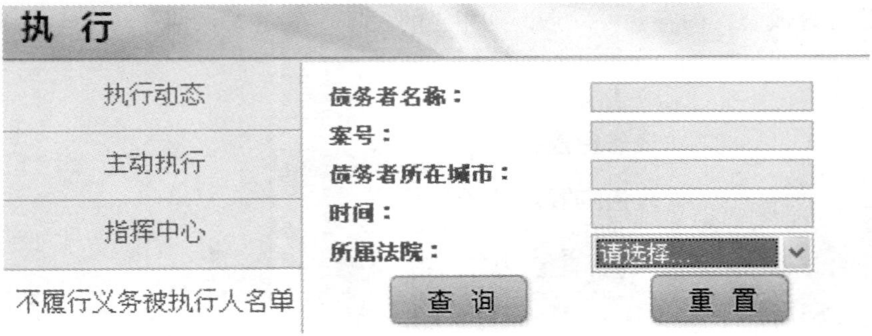

图3－3　被执行人信息查询截图

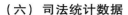

（六）司法统计数据

司法统计数据是法院工作的数字化成果，也是司法信息的重要组成部分，大多数信息都应体现在法院年度工作报告中，有一些统计数据还会单独发布。这些信息对于评判法院工作业绩、推动社会监督意义重大，因此，提供司法统计数据也是司法公开的重要内容。最高人民法院在《关于确定司法公开示范法院的决定》的通知中，要求法院"公开人民法院的重要审判工作会议、工作报告或者专项报告、重要活动部署、规范性文件、审判指导意见、重要研究成果、非涉密司法统计数据及分析报告等信息"。

广东省高级人民法院的司法统计数据主要公布在司法公开专栏的"工作报告"、"司法统计"、"白皮书"中。法院的年度工作报告是法院对过去一年工作的全面总结，根据规定，法院每年应当向同级人大报告工作。该报告也应当向社会公开，让公众知晓法院工作情况，以便加强对法院的监督。广东省高级人民法院提供了 2011 ~ 2012 年度工作报告。2012 年 1 月 15 日，广东省高级人民法院院长在广东省第十一届人民代表大会第五次会议上作了工作报告。2012 年 3 月 7 日，广东省高级人民法院将年度工作报告在网站上予以公布。

案件数据是法院工作业绩的直观反映，是法院年度工作报告的重要内容，同级人民代表大会主要通过审查法院年度工作报告中列举的案件数据来审议法院的工作。另外，详尽的案件数据对于学者从事相关研究也有重要的参考价值。从理想状态上讲，法院年度工作报告应该尽可能列举详细的案件数据，包括受理、审结数据，一审、二审和再审数据，民、刑、行政和国家赔偿详细的分类数据等。广东省高级人民法院工作报告提供了 2011 年全省法院案件受理数量、同比下降率、办结量、案件结收比率等。刑事案件数据方面，年度工作报告提供了案件总量、判处罪犯人数、同比增长率；共审结故意杀人、抢劫、绑架等一审刑事案件数量、判处罪犯人数以及判处 5 年以上有期徒刑直至死刑的人数比例；审结黑社会性质组织、危险驾驶、生产销售不符合安全标准食品等一审刑事案件数量、人数；审结集资诈骗、非法吸收公众存款、网络诈骗等一审刑事案件数量、人数；审结贪污、贿赂、渎职等职务犯罪一审案件数量、人数；未成年人非监禁刑适用率变化情况、对不构成犯罪的被告人宣告无罪的人数。民事案件数据方面，工作报告提供了审结各类民商事案件数量及同比下降率、解决诉讼标的额及同比增长率；审结婚姻家庭一审案件数量及同比增长率；审结房地产开发经营合同纠纷一审案件数量、审结民间借贷纠纷一审案件数量；审结知识产权一审案件数量及约占全国的比率；审结外经贸一审案件数量及约占全国的比率；审结海事海商一审案件数量。行政审判数据方面，工作报告提供了审结各类行政案件总数及同比下降率；决定予以国家赔偿的案件当事人人数；审查非诉行政执行案件数量及准予执行和不予执行的数量。执行案件数据方面，工作报告提供了执结案件数量和执结标的额。

除了年度工作报告之外，广东省高级人民法院还在"司法统计"栏目提供了《2011年广东全省法院司法统计公报》和《2010年广东全省法院司法统计公报》，公开了更为详细的案件统计数据。以《2011年广东全省法院司法统计公报》为例，广东省高级人民法院提供了"各类案件收结情况统计表"，包括一审、二审、再审、再审审查、司法赔偿、特殊程序、执行、减刑和假释的收案、结案数据；"各类一审案件情况统计表"，包括民事、刑事和行政的收案、结案数据；"刑事一审案件情况统计表"，包括危害国家安全罪、危害公共安全罪、破坏社会主义市场经济秩序罪、侵犯公民人身权利、民主权利罪、侵犯财产罪、妨害社会管理秩序罪、危害国防利益罪、贪污贿赂罪和渎职罪的收案、结案数据；"刑事案件被告人生效判决情况统计表"，包括生效判决数量、人数，生效判决被告人处理情况，如宣告无罪、免予刑事处罚、给予刑事处罚的数据，给予刑事处罚的又按照刑罚类型给出相应的数据；"青少年犯罪情况统计表"，分为不满18岁和18岁以上不满25岁两类；"民事一审案件情况统计表"，提供婚姻继承纠纷、合同纠纷、侵权及其他民事纠纷三类，并将知识产权、海事商事数据单列；"行政一审案件情况统计表"，按照交通、资源、社会保障、环保、卫生、财政、税收、教育等行业分类提供结案、收案数据，并列明作出维持、撤销、履行法定职责、驳回诉讼请求、驳回起诉、撤诉等裁判的数据；"司法赔偿案件情况统计表"，按照刑事赔偿和非刑事赔偿列明收案和结案数据，并明确撤回赔偿请求、决定赔偿、决定不赔偿的案件数据；"再审审查案件及来信来访情况统计表"，列明再审审查案件的收案、结案数据，处理来信和接待来访的数据，来信来访中的告诉、申诉、非诉数据；"各类二审案件情况统计表"，列明刑事、民事、行政收案和结案数据，列明维持、改判、发回重审、撤诉、调解数据；"各类再审案件情况统计表"，公开刑事、民事、行政收案和结案数据，列明维持、改判、发回重审、撤诉、调解数据；"执行案件情况统计表"，公开刑事、民事、

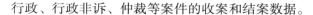

行政、行政非诉、仲裁等案件的收案和结案数据。

以上对网站的考察发现，广东省高级人民法院非常重视网络公开平台的建设。为充分利用网络技术，进一步深入推进司法公开工作，为公众提供快捷的司法服务及相关信息，广东省高级人民法院还开通了"法耀岭南"官方微博（http：//e. t. qq. com/guangdonggaofa），其他如深圳市中级人民法院和一些区县人民法院也都开通了官方微博。法院官方微博及时发布各类法院工作信息，如"庭审速递"、"法院动态"、"庭审预告"、"法官说法"等，加强与网友的沟通互动，并对社会公众关注、有重大影响的案件进行微博直播。另外，广东省高级人民法院还与中国移动广东分公司合作，利用移动公司的"无线城市"网络平台，向社会公众发布相关司法信息。在"无线城市"设立法院的司法公开模块，让广大群众能够通过手机或者平板电脑等无线终端随时迅速查看各类司法信息，拓宽了司法公开的渠道。

第六节　广东推进司法体制改革的经验与挑战

广东作为全国改革开放的"桥头堡"，在许多方面先行先试，开创历史先河，司法改革也不例外。广东法院积极推动司法公开透明，创新审判、执行机制，通过前移和延伸审判职能为经济发展、社会稳定保驾护航。一个地方进行司法改革的努力和突破固然可贵，但是现代司法制度的建立和完善，还有赖于从全国层面整体推进司法改革进程。在认真总结广东司法改革经验的同时，也应该从整体上对司法体制进行审视和反思。

一　广东司法改革经验

（一）进行实质意义上的司法公开

当前，在最高人民法院的大力推动下，各地都进行着不同形式的司法公开。在认识上存在差异、经济发展不平衡、领导重视程度不一等因素的共同作用下，各地司法公开的水平和效果大相径庭。与许多法院相比，广东司法机关进行了实质意义上的司法公开。

第一，司法信息公开的集约化。目前中国不论政府网站还是法院网站，存在的一个共性问题是网站首页内容凌乱，领导行踪等有关的新闻和图片在网站首页滚动播放，给公众查找信息带来麻烦。在这方面深圳市中级人民法院是个例外，进入深圳市中级人民法院网站的首页，除了在很小一块地方滚动播放新闻头条的标题之外，映入眼帘的是四个版块（见图3－4）。要查看详细的司法信息，须点击相应的版块进入该版块下的司法公开栏目。这种集约摆放司法信息的方式值得其他法院学习和借鉴。广东省高级人民法院采取了另一种做法，即在法院网站首页开辟司法公开专栏，进入司法公开专栏网页，可以查看"法院概况"、"立案"、"庭审"、"执行"、"来信来访"、"裁判文书"、"指导意见"、"典型案例"、"案例评查"、"司法统计"、"工作报告"、"白皮书"等栏目信息。

图3－4 深圳中级人民法院首页截图

第二，公开详尽的司法统计数据。司法统计数据真实反映司法机关的工作业绩，详细的案件数据对于学者进行学术研究也非常有帮助。但是目前大多数法院公开的司法统计数据较为笼统，许多详细的案件数据在本系统内掌握，不对外界公开。考察广东省高级人民法院的司法公开情况，发现广东司法机关在这方面做得非常到位，公开了详尽的司法统计数据。

广东省高级人民法院的司法统计数据主要反映在"工作报告"和"司法统计"两个栏目中。在2011～2012年度工作报告中，广东省高级人民法院提供了2011年全省法院案件受理数量、同比下降率、办结量、案件结收比率等，并对刑事、民事、行政、国家赔偿和执行等案件数据进行分类统计和公开。"司法统计"栏目提供的《2011年广东全省法院司法统计公报》和《2010年广东全省法院司法统计公报》，公开更为详细的案件统计数据。以《2011年广东全省法院司法统计公报》为例，广东省高级人民法院提供了"各类案件收结情况统计表"、

"刑事一审案件情况统计表"、"刑事案件被告人生效情况统计表" 等十余个数据翔实的统计表格。

第三，严格推行裁判文书上网制度。广东省高级人民法院制定的《关于推进生效裁判文书上网公开的实施办法》，确立了裁判文书在最大范围内公开的原则，对于不予上网公开的裁判文书实行审批制，并缩短上网时限，规定案件承办部门应当在裁判文书发生法律效力之日起 5 日内上挂门户网站，并提供裁判文书网页下载、打印功能。考察广东省高级人民法院的网站发现，实践中广东省高级人民法院严格按照该《实施办法》进行裁判文书公开。广东省高级人民法院的这些规定与做法显示出广东司法机关推行裁判文书公开的决心和力度，与很多法院为防止浏览者复制、下载裁判文书而普遍对上网的裁判文书设置技术障碍的做法不同，广东省高级人民法院提供裁判文书网页下载、打印功能的做法更显示出广东司法机关的开放和自信。另外，深圳市中级人民法院严格推行知识产权裁判文书上网制度，基本实现将 2003 年以来生效的知识产权裁判文书全部上网，增强了知识产权审判的透明度。

（二）从微观层面深化司法改革

目前，中国司法体制存在的最大问题就是司法不独立，但是要解决这一问题，需要从国家体制层面进行权力的重新配置，并不是一个地方法院力所能及的，因此，对于地方司法机关来说，司法改革的核心任务是如何压缩和规范法官的自由裁量权，最大限度避免 "同案不同判" 等影响司法公正和司法权威的情况发生。同案不同判，会损害当事人的权益，破坏法治统一性、确定性和可预期性，进而影响到司法的公信力和权威。为规范法官自由裁量权，提高司法公信力，广东省高级人民法院出台的《关于规范民商事审判自由裁量权的意见（试行)》，对民商事审判自由裁量权的适用范围、原则、方法和程序以及要实现目的等各个方面作出了具体严格的规定，并确立了民商事案件案例指导制度。广东省高级人民法院对法官自由裁量权进行程序上压缩和控制，并辅以案例指导制度的做法，既符合司法改革的世界潮流，又在一定程度上是对判例制度的尝试。域外法治较为完备的国家所进行的司法改革，主要致力于如何规范司法自由裁量权，判例制度由于能够弥补成文法的不足而越来越被更多的国家接受。

二　广东司法改革遭遇的瓶颈

广东司法改革在许多具体制度上进行了创新，然而要进一步推动，必然会触及司法改革的深层次问题。这些问题业已成为广东司法改革遭遇的瓶颈，也是整个中国司法改革面临的共同问题。

（一）现行司法财政体制影响司法全方位公开

考察广东乃至全国司法公开实践发现，司法财务信息不透明的问题较为普遍和明显。司法机关每年需要多少经费用于支付法官薪酬和法院运行，司法机关一般不对外公开。法院在每年向人大提交的法院年度工作报告中也基本不涉及法院的预决算、财务以及司法收费信息。虽然广东司法机关在网站上向公众公开了年度预算，但是全国大多数地方司法机关的司法公开都没有将财务信息包括进去。

司法机关之所以未能公开财务信息，与当下的财政运行机制有关。目前，我国实行的是司法与行政合一的财政体制，司法机关的经费统一由同一级政府财政部门申报、划拨。法院在向人大作工作报告的时候，仅汇报事权，财权则向所在地的政府归拢，由政府统一向人大负责。这种事权和财权分离的报告制度，与人大领导下的一府两院体制不相称。要提升法官薪酬和司法机构财政信息透明度，必须打破现有的财政体制，逐步探索公开法官及司法人员的薪酬报告、经费预算与使用情况方面的信息。

（二）政法分开不到位

与经济领域改革主要围绕政经分开、政企分开相同，司法领域的改革同样面临着政法分开的问题。所谓政法分开是指行政与司法要分开。司法与行政是两种截然不同的活动，行政属于法律执行活动，以效率为价值取向，强调一致性；司法则是法律适用活动，以公正为价值取向，强调独立性。司法独立包括两个层次：一个是司法机关的独立，司法机关于执行政府决策和维持秩序的行政机关之外独立运行；一个是法官独立，即在司法机关内部实行司法权与司法管理权的分离，法官独立于司法行政系统担当中立的仲裁者角色。按照司法独立的要求，目前中国进行的司法改革最为重要的环节就是政法分开，既包括外部的行政系统与司法系统分开，又包括司法系统内部司法权与司法管理权的分开。

在计划经济时代，法院被认为是国家的专政机关之一，在党政指挥下，发挥着人民民主专政的职能。改革开放之后，1982 年《宪法》明确规定，"人民法院独立行使审判权，不受任何行政机关、人民团体和个人的干涉"。按照宪法的要求，后来制定的《人民法院组织法》、三大诉讼法也都为保证人民法院"独立行使审判权"从组织法、程序法、证据法等各个方面进行制度设计。与西方法治意义上的司法独立的内涵不同，中国强调的司法独立是指"法院必须坚持在党的领导下，在人大监督下，依法独立公正行使审判权"。虽然全社会对司法独立的内涵和外延还未达成共识，但是政法分开作为司法独立的一项重要内容和要求是没有异议的。中国采取多种措施避免行政干预司法，但是目前政法不分的现象仍然十分严重，主要表现为两个方面。

第一，司法机关存在行政化和官僚化倾向。司法机关实行院长、庭长管理体制，院长和庭长虽然在专业职称上位于法官序列，但是具有相应的行政级别，特别是院长，可以与其他行政机关进行任职交流。在职能上，司法机关的主要职能是行使审判权，但是每当有重要的社会活动时，法院和其他行政机关一样，被要求参与其中。

第二，司法权与司法管理权没有严格的界限。在司法机关内部，司法审判权应该由法官行使，而辅助工作和一些行政事务应该由行政辅助人员处理，但是目前中国并没有将二者严格区分开来。例如司法公开工作，应该属于司法管理事务，不应该由法官来做。但是，目前法官之所以对司法公开有所抵触是因为司法公开增加了法官的工作量，法官除了审判案件之外，还肩负着司法公开的任务。

（三）信用体系建设缺乏统筹，执行难未根本解决

当前，全国各地各部门都在参与信用体系建设，建设了各自的信息系统，掌握着海量的信息。但是，全国没有形成统一的征信信息标识标准、信息分类标准、数据格式编码标准和安全保密标准，各部门往往各自为战，相互封锁，没有形成部门之间的信息共享机制。比如，人民银行的征信系统主要是商业银行等信贷机构提供的信贷信用信息，没有涵盖所有的信用领域；一些地方政务信息资源共享平台收集了海量信用信息，但无法与人民银行的信用信息系统整合共享。在法院执行方面，地方法院为了加大执行力度，只能协调本地方有关部门与其共享信息，因无法与全国的相关信息系统对接，严重影响其追查被执行人在本行政区域外的行踪和财产。

由于无法建立统一的检索平台，数据无法共享、整合，严重制约了法院执行工作中的信息查控。而且，各部门往往都以维护国家经济安全、保守国家秘密、保护商业秘密和个人隐私等为由，排斥数据信息的互联互通，导致各部门形成一个个的信息孤岛。这使得法院无法有效地核查被执行人信息，执行效率受到影响。

三 深化司法改革的路径选择

（一）厘清司法理念

理念是行为的先导，目前所进行的司法改革之所以无法深层次推进，最主要的原因是司法理念有待进一步厘清。以司法公开为例，当最高人民法院大力推动司法公开工作时，地方各级人民法院虽然在一定程度上加以落实，但是对司法公开还存在认识上的不清晰，认为司法公开工作是在给法院添麻烦，在做表面文章。司法公开是司法权运行的本质要求，从应然的角度讲，司法公开是司法机关分内本来就应该做好的事情，并非额外增加司法机关的工作量。实然上，受到神秘司法的影响，法院一直不重视司法公开工作，将司法公开看成可有可无的事情，没有加以制度化。因此，当司法公开作为司法改革的一部分被提上重要日程之后，法院的工作量增加也是必然的，但是可以通过技术革新、司法辅助人员编制的增加来增强人力，缓解工作压力，而不应该抵制司法公开。

（二）进一步界定司法权

中国的司法改革是在对司法改革相关的理论问题未进行充分论证的基础上推动的，因此司法改革出现一些无序、迂回与反复。厘定司法权是司法改革中的重大理论问题，要深入开展司法改革，必须首先弄清楚什么是司法权，司法权的核心职能是什么，司法权的范围有哪些。可喜的是，目前理论界和社会舆论都对司法改革的方向给予一定的关注，对司法民主化与司法职业化有着热烈的争论。理论争论不应该设禁忌，道理总是在论辩中变得愈发清晰。当司法改革何去何从受到关注并为人们所热烈讨论时，就意味着全社会对司法改革有着一定程度的反思，那么离制定成熟的司法改革制度也就不远了。

（三）司法改革制度化

目前所进行的司法改革主要是根据党政文件精神，由最高人民法院制定改革纲要加以推动的。司法改革作为全社会的系统工程，要想取得成功，不能靠司法机关自身单兵突进，还要进行全局筹划，谋定而后动。司法改革应在理论探讨达成共识的基础上，由最高权力机关按照法定程序制定司法改革法依法推动。具体而言，司法改革的主体要从最高人民法院转移给全国人大常委会，由最高权力机关的执行机关成立司法改革委员会引领。司法改革的依据不再是政策性的改革纲要，而是具体规定了改革方向、目标、程序等内容的司法改革法，实现司法改革的制度化。

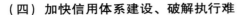

（四）加快信用体系建设、破解执行难

破解司法判决执行难，不能没有信用体系建设的支持，为此，必须加强统一领导、整体推动，打破部门之间的信息壁垒，提高信息共享水平，切实推行失信惩戒机制，明确有关规律法规的衔接和解释，加快信用体系相关立法。

第一，加强统一领导、整体推进。信用体系建设必须统一标准、相互协调、整体推进，打破各部门自行发展、各自为战的局面。否则，信用体系建设中的信息孤岛效应将永远无法消除，更不能切实推动解决执行难的问题。从信息化发展的形势看，信用体系的建立还必须打破地域界限，从全国角度综合考虑。其工作仅仅依靠地方政府很难有效推动，必须由国家统一领导、整体推进，明确建设规划和各部门各地方的职责任务，加强监督引导，尽快形成全国层面统一的信用信息平台，明确并统一信用信息系统建设标准。只有这样，才能最终形成以组织机构代码和公民身份证号码为基础的组织机构与个人信用信息数据平台，并依法对有需求的机构和个人开放共享。作为化解执行难的重要举措，法院系统在信用体系建设中发挥着不可或缺的作用，法院执行信息不但会在信用体系建设中占据重要地位，切实提升执行效率和执行质量也离不开其他领域信用信息的支持。因此，法院执行信息共享也应当纳入全国信用体系建设框架。

第二，打破信息壁垒，提高信息共享水平。没有信息、无法共享，都无助于形成信用体系。当前，包括法院在内的各部门已相继形成了各自完善程度不一的信用信息数据库，只有打破这些数据库之间的共享障碍，才能够使这些海量信息发挥应用的作用。这就应当尽快明确各部门在信息共享上的权限和责任，完善部门之间共享信息的机制和程序，避免部门一事一议地商讨信息共享问题。在法院与其他部门之间信息共享方面，建议最高人民法院牵头在全国层面协调法院与公安、国土、房管、银行、证券、保险、社保、教育、民航等部门之间的信息共享，使执行信息共享形成全国一盘棋，以利于在全国范围内查找被执行人及其财产。

第三，尽快建立失信惩戒机制。失信惩戒机制可以使信用体系建设发挥更大的威慑作用，让失信者无路可逃、无事可做、无地投资、无处消费，警示公众严守诚实信用的行为准则和道德底线。应借鉴广东执行联动的做法，在各系统信息共享基础上，通过曝光失信人员身份、限制其从事生产经营、任职晋升、自由出境和生活消费等，督促其自觉履行义务。

　　第四，明确信息共享相关法律法规的衔接解释。现实中，一些部门往往简单照搬现行法律法规中关于保护商业秘密、个人隐私、通信秘密等的依据，拒绝阻挠信息共享。为此，必须明确一点，权利是相对的，商业秘密不用赘言，个人隐私、通信秘密等公民基本权利也不例外。国际人权法上对基本人权的界定都允许出于保护公共利益或者执法的需要，对基本人权作出限制。加强司法判决的执行关系到司法权威和社会公正，法院因执行需要对被执行人进行手机定位等措施并不构成对个人隐私、通信秘密的侵犯，从法理上不存在任何问题。当务之急是对现行法律法规进行必要的有权解释，明确权利保护的原则及其例外。

　　第五，应当加快信用体系相关立法，为化解执行难提供法律支持。化解执行难，亟须法院系统参与信用体系建设，更需要尽快以立法形式提供必要的制度支撑。首先，应当尽快制定个人信息保护、商业秘密保护和信用信息采集利用方面的法律法规，明确各类组织尤其是个人在信息收集、利用中的权利义务，在完善信息保护机制的前提下有序推动信息共享。其次，应当在信用体系建设立法中明确对司法机关共享信用信息的条件、程序等作出规定，为有关部门参与司法判决执行联动提供依据。最后，应当将失信惩戒机制落实在立法中，为限制不执行司法裁判及有其他不守信行为的当事人从事经济社会活动提供明确的法律依据。

第四章　舆论监督推动法治建设

第一节　舆论监督概述

近代以来的各国实践都表明，法治与舆论监督之间具有相辅相成的关系，绝大多数国家的宪法或法律都直接或间接地规定了对舆论监督和表达自由的保障机制。中国 1982 年《宪法》第 35 条规定，公民有言论、出版自由；第 41 条规定，公民对任何国家机关和国家工作人员有提出批评和建议的权利。党和国家领导人也曾多次公开表示，要创造条件让人民讲真话、要创造条件让人民监督政府。

"舆论监督"中的"监督"，既包含对公权力的监督，也包含对公共服务领域和公民生活中的"恶"包括坏人、坏事的监督。揭露"恶"，批判"恶"，让公众认知"恶"、抛弃"恶"不是找碴儿、挑刺，而是使每一位公民拥有更好、更正常的公共生活。舆论监督越有力，就越能保障正常的公共生活。舆论监督是对国家和社会批判性的审视，是锲而不舍地去了解一个社会的真相，发掘它的本来面目，并试图理解它、解剖它。

按照从革命战争时期开始逐渐形成的文化宣传理论，新闻媒体是党的"喉舌"，必须接受党的领导，贯彻落实党的基本路线、方针、政策，为党的中心工作服务，同时，也负有监督各级党组织和政府及其工作人员的责任。早在中国共产党夺取全国政权初期的 1950 年 4 月，中共中央作出的《关于在报刊上开展批评和自我批评的决定》（以下简称《决定》）就规定了在报刊上开展批评和自我批评的原则、目的和具体方法，为具有舆论监督性质的批评报道出现第一个高潮奠定了基础。该《决定》指出："在报纸刊物上开展批评与自我批评，是巩固党与人民群众的联系、保障党和国家的民主化、加速社会进步的必要方法，使得人民群众能够自由地在报纸刊物上发表他们对于党和政府的批评和建议，纵然这些批评和建议并非完全成熟与完全正确，而他们也不会因此受到打击与嘲笑。"该

《决定》还指出，"报纸刊物对于自己不能决定真伪的批评仍然可以而且应当征求有关部门的意见"，任何人不得压制批评。对于属实的批评报道，被批评者应当公开接受批评和改正错误。

1954年7月，中共中央又作出了《关于改进报纸工作的决议》（以下简称《决议》）。《决议》指出："目前，报纸上批评与自我批评还没有经常的充分的开展，部分的批评不严肃不正确"，主要原因是党委对领导和支持开展批评做得不够；报纸上发表的批评有一部分发生事实错误和态度不适当，甚至有些报纸发生过脱离党委领导的倾向。《决议》提出：（1）报纸必须开展批评；（2）批评必须在党委领导下进行，正确开展批评；（3）要求各级党委应协助、支持报纸开展批评与自我批评，并保证它的实际效果。

中共中央十一届三中全会以后，随着党中央正确路线、方针的制定和执行，新闻媒体也逐渐恢复了批评与自我批评的优良传统。1981年1月，中共中央作出了《关于当前报刊新闻广播宣传方针的决定》（以下简称《决定》），《决定》指出："近年来，许多报纸刊物重视反映群众的意见和呼声，积极地开展批评与自我批评，增强了党和人民群众的联系，也提高了党和报刊的声誉。今后要坚持这样做。各级党委要善于运用报刊开展批评，推动工作。"《决定》增加了1951年《决定》和1954年《决议》都没有的内容，要求："批评要事先听取党的有关部门的意见和被批评者本人的意见。"

1987年10月，中共十三大报告提出："提高领导机关的开放程度，重大情况让人民知道，重大问题经人民讨论。""要通过各种现代化的新闻和宣传工具，增加对政务和党务活动的报道，发挥舆论监督的作用，支持群众批评工作中的缺点错误，反对官僚主义，同各种不正之风作斗争。"这是中共中央第一次在党的正式文件中使用了"舆论监督"的概念，并赋予舆论监督广泛的意义，它不仅包括批评报道，而且包括对党务、政务活动的报道，对重大情况、重大事件的报道。自此，新闻媒体开展舆论监督有了政策上的依据，并成为中国共产党赋予新闻媒体的重要任务。

1988年4月，中共中央办公厅转发了《新闻改革座谈会纪要》（以下简称《纪要》），强调"正确开展批评，发挥舆论监督作用"，"实行公开批评，是反对官僚主义，纠正各种不正之风，密切联系群众，加强舆论监督所必需的"。该《纪要》重申了1981年《关于当前报刊新闻广播宣传方针的决定》有关批评稿要事先征询有关领导机关和被批评者本人的意见的规定，但增加了两个限制条件，第一，仅限于"特别重要的批评稿件"。这意味着不属于"特别重要的批评稿件"，就不必经过这一程序；第二，要求"受征询的组织和个人应尽快在合理期限内作出明确答复"。该《纪要》还为新闻媒体的批评报道行为制定了一些"规矩"，并从党的政策和纪律方面对舆论监督作出了一定的规范。

1992 年中共十四大报告重申："强化法律监督机关和行政监察机关的职能，重视传播媒介的舆论监督，逐步完善监督机制，使各级国家机关及其工作人员置于有效的监督之下。"

1996 年《中共中央关于加强社会主义精神文明建设若干重要问题的决议》也强调新闻媒体"要加强热点问题引导和舆论监督，帮助党和政府改进工作，密切党和政府同人民群众的联系"。

1997 年中共十五大报告指出，"把党内监督、法律监督、群众监督结合起来，发挥舆论监督的作用"。

2002 年中共十六大报告再次写上"加强组织监督和民主监督，发挥舆论监督的作用"。

2007 年中共十七大报告进一步强调"落实党内监督条例，加强民主监督，发挥好舆论监督作用，增强监督合力和实效"。

需要指出的是，随着中共中央文件正式采用"舆论监督"一词，中国的规范性法律文件也开始使用该词。1990 年《报纸管理暂行规定》第 7 条把"发挥新闻舆论的监督作用"列为报纸的职能之一。1993 年《消费者权益保护法》第 6 条规定："大众传播媒介应当做好维护消费者合法权益的宣传，对损害消费者合法权益的行为进行舆论监督。"1997 年《价格法》第 37 条规定："新闻单位有权进行价格舆论监督。"

在处理舆论监督与坚持党的领导的关系方面，目前实践中体现了以下几个原则。第一，新闻媒体进行舆论监督要接受党的领导。舆论监督工作需要接受党的领导，这是由现阶段的新闻出版体制决定的，也为执政党许多有关舆论监督的文件所明确规定。第二，党组织和党员干部要接受新闻机构的舆论监督。党领导舆论监督，并不意味着党可以不接受舆论监督。相反，党和它的党组织、党员个人特别是党员干部都要自觉接受新闻媒体的舆论监督。第三，新闻媒体不得批评同级党委。这也是目前的新闻出版管理体制所决定的。但是，主流观点认为，如果是通过建设性提议等形式对同级甚至上级党委进行监督是可以的。事实上，在中共建政初期，党中央的有关文件并没有类似的规定，这一规定是1953年中共中央宣传部通过批复确定的。①

广东作为改革开放的"排头兵"，率先投入解放思想、先行先试的历史洪流之中；而广东的新闻媒体亦领风气之先，及时拨乱反正，积极实行新闻改革，充当解放思想和改革开放的有力"助推器"。从"真理标准的讨论"到全党开展反腐败斗争，这一时期的广东新闻界紧紧围绕党和政府的中心工作，不遗余力地宣传改革开放的方针和政策，批评各种阻挠十一届三中全会精神落实的错误观念和做法，使新闻批评的优良传统获得全面恢复和发展，并开创了新闻舆论监督的新局面。近年来，广东新闻媒体的舆论监督工作实现了长足的进步和巨大的飞跃，从单纯的事实披露和真相探察转向一种更深层、更理性的探讨，开始在批评的背后探寻民主法治轨道上的破题之策。

第二节　推进舆论监督制度化

在新闻批评向舆论监督深化的过程中，广东新闻媒体在全国率先找到实施舆论监督的新的突破口：新闻媒体的舆论监督与人大监督、政协民主监督强强联合，进行互动，并通过地方立法保障舆论监督。

1996年8月，广东省委作出《中共广东省委关于进一步加强依法治省工作的决定》，充分强调舆论监督在实现依法治省目标中的重要作用，并提出要建立

---

① 1953年3月4日，中共广西省宜山地委机关报《宜山农民报》在一篇社论中批评宜山地委，在报社内部以及报社与地委之间引起激烈争论。党报能否批评同级党委（严格地说，党报与领导它的党委不是同级）？广西省委宣传部就此请示中共中央中南局宣传部和中共中央宣传部。3月19日，中共中央宣传部复示，"关于宜山农民报在报纸上批评宜山地委一事，我们认为广西省委宣传部的意见是正确的。党报是党委会的机关报，党报编辑部无权以报纸与党委会对立。党报编辑部如有不同意见，它可在自己权限内向党委会提出，必要时并可向上级党委、上级党报直至中央提出，但不经请示不能擅自在报纸上批评党委会，或利用报纸来进行自己与党委会的争论，这是一种脱离党委领导的做法，也是一种严重的无组织无纪律的现象。党委会如犯了错误，应由党委会用自己的名义在报纸上进行自我批评。报纸编辑部的责任是：一方面不应在报纸上重复这种错误，另一方面可在自己权限内向党委会直至上级党组织揭发这些错误。报纸编辑部即便在上述情况下亦无权以报纸与党委会对立。这是党报在其和党委会的关系中必须遵行的原则"。

舆论监督与党内监督、法律监督、群众监督相结合的强有力的监督体系。将舆论监督工作提到依法治省的高度来审视，这说明当时的广东省委、省政府在新的形势下对舆论监督的高度重视。但一直以来，由于缺乏相应的制度、法规和配套保障机制的支持，以批评报道为主要内容的舆论监督开展起来阻碍重重。对于这一难题，得风气之先的广东再次走到了全国的前面，大力推进新闻发布制度和新闻发言人制度的建设，并率先进行了舆论监督制度化与地方立法的尝试。这方面的努力主要包括以下两点：其一，建立新闻发布制度先行一步。（1999 年 5 月 6 日，广东省政府办公厅转发了《省政府新闻办公室关于建立广东省新闻发布制度的意见》，明确以"广东省人民政府新闻办公室情况介绍会"的形式，定期向境内外媒体发布广东社会经济发展最新信息，同时指定省政府直属 15 个主要涉外单位设立新闻发言人及新闻联络员。这标志着广东省的新闻发布制度开始走向制度化、规范化，同时也使广东成为中国最早正式建立新闻发言人制度的省份。① 其二，率先尝试舆论监督的制度化。）1999 年 5 月 11 日，中共珠海市委配合其整顿机关作风的举措，在全国率先出台了一项地方性的舆论监督管理办法——《珠海市新闻舆论监督办法（试行）》，令全国为之瞩目。该办法对新闻舆论监督的指导思想、总体目标、范围和内容、基本原则、社会要求、组织领导以及检查和监督七个方面的内容均作出了规定，尽管尚不具有法律约束力，但可操作性强，出台之后便成为珠海市新闻媒体开展舆论监督的"尚方宝剑"。例如，针对批评报道出台难，该办法便有这样一条规定："批评性报道刊播前，各新闻传媒要确保事实确凿，但任何被批评对象不得要求审稿。"2000 年 2 月，珠海市又制定了《珠海市新闻舆论监督采访报道的若干规定》，进一步明确、细化了舆论监督的相关内容。该规定还进一步放宽了珠海市新闻舆论监督的采访范围，指出："只要不涉及国家安全、国家机密及军事机密的……在履行新闻舆论监督职能时，任何单位、部门尤其是公务人员都有责任接受采访，并与之密切配合，如实反映情况和问题，不得以任何借口拒绝、抵制、回避、推诿，或进行人身攻击和打击报复。"

自 2002 年中国共产党的十六大报告明确提出"发展社会主义民主政治，建设社会主义政治文明"目标之后，广东的改革开放开始向纵深发展，广东新闻媒体的舆论监督工作也进入了一个全新的发展时期。主要在以下几方面实现了突

---

① 《广东省人民政府新闻办公室主任李守进访谈录》，2003 年 11 月 7 日《南方日报》。

破。第一，舆论监督的空间获得拓展。2003 年早春，一场非典型性肺炎的疫情突然袭击广东，一时谣言纷飞，形势几近失控。在传统的新闻管理和控制机制下，广东的新闻媒体一度失声，但很快便突破禁区，首先投入疫情的报道。2003年 2 月 10 日，在广州市政府召开的新闻发布会正式发布非典型性肺炎的疫情消息的前一天，《羊城晚报》率先刊登消息——《广东发现非典型性肺炎病例》。2月 11 日，在广州市政府召开新闻发布会正式公布疫情后，广东新闻界迅速深入"抗非"一线，以大量而准确的信息引导舆情，批驳谣言，迅速遏制了谣言迅猛传播的势头，对稳定社会秩序功不可没。第二，舆论监督话语空间开放。2002年以后，广东省开始在全省县级以上政权机关全面推行政务公开，先后出台了一系列加强信息报送和新闻发布工作的相关文件，并在全国率先建立了完善的突发事件信息报送和发布制度体系，出台了全国第一部系统规范政务公开的省级地方性法规——《广东省政务公开条例》，极大地改善了广东新闻媒体舆论监督的生态环境。

中共广东省委还出台了《关于做好新形势下群众工作的意见》，明确提出"要发挥舆论监督在维护群众利益中的作用，通过各种新闻媒体接受群众监督，确保权力在阳光下运行；要建立健全舆论监督的相关法规，推动舆论监督法制化、规范化、有序化"。还强调"健全体现民意的民主科学决策机制，凡涉及重大利益、重大事项的决策，实行专家咨询、社会公示、听证制度、利益相关人座谈会制度和重大决策法律审查制度。建立多种形式的决策咨询机制和信息支持系统。建立听证报告公布制度。对涉及群众利益的重大决策，要进行群众参与率的考核评价。鼓励利用网络、问卷调查等形式问政于民"。这既阐明了新闻媒体开展舆论监督的重要性，也为舆论监督指明了方向。

第三节　推动网络问政全面展开

互联网这一新兴的信息传播媒介方便了公众获取信息、进行交流，也为舆论监督提供了重要的平台。公众通过网络上各种信息交流机制，方便快捷地发表对政务活动的各种观点、意见、建议，这既畅通了政府与公众的沟通渠道，也形成了对政府活动的全新监督机制。近年来，广东省各地顺应网络问政的发展趋势，积极推动网络问政的全面开展，进一步强化了舆论监督机制。此问题本书第五章将做详述。

　　网络问政一系列机制的建立和实施，为党委政府部门与群众尤其是网民之间提供了新的沟通渠道，实现了良性互动和交流，使党委政府各部门与群众之间多了一些沟通，少了一些隔阂，彼此拉近了距离，理解、宽容逐步增加。网络问政也以多种方式为网民提供了发表意见、表达诉求的渠道和途径，在一定程度上减少了群众上访的问题。网络问政工作得到了社会各界，尤其是网民的赞许，成为网民积极参与社会的"议政厅"。同时，通过深入分析网民留言中带有普遍性、倾向性、苗头性的问题，敏锐把握网民思想动态，及时有效地化解了一些突发事件。

　　广东省委的态度也对司法机关产生了积极影响，广东省高级人民法院要求全省各级法院自觉接受媒体监督，尤其是要以开放的心态、求真的精神、坦荡的胸怀、实事求是的态度重视倾听网络民意，扩大司法公开，尊重网络舆论监督。广东省高级人民法院提出，对于网络舆论监督批评正确的，要勇于承认，及时纠正；对于批评有出入的，要查清事实，及时说明真相；对于完全没有事实根据的，要及时正面引导，澄清事实。广东省高级人民法院表示，要对网络舆情早发现、早研判，正确引导网络舆情，处理网络舆情要主动提供信息，及时说明问题，争取第一时间发布权威信息，速报事实，慎报原因，既不失语，又不妄语。广东省高级人民法院还提出，网络舆论已经成为民众参与民主政治生活的重要途径，司法越来越受到网络舆论的关注，通过网络加强民意沟通，倾听民众意见，对于改进法院工作具有重要意义，要借助网络舆论这个"推手"，正确把握社情民意，使司法更贴近人民和时代，不断发现和改正不足之处，促进司法公正。

　　当广东人民不满足于提出的批评与建议能有人听，更希望能有人办时，"网友集中反映问题交办会"于2009年应运而生，省委办公厅对网友反映比较集中的一些问题进行了整理、分析、筛选，列出拟请有关市和有关单位办理的5个方面17个问题，进行集中交办，广东的网络问政由此升级为网络施政。仅在2011年2月的第五次集中交办会上，就有168宗信访件得到批办。集网上信访、手机信访、电话信访于一体的"广东网上信访大厅"也于2011年9月26日开始运行。

　　在这个思想文化多元、多样、多变的时代，人人手握"麦克风"，表达各自的诉求。作为执政者，必须改变管治思维，打通民意传递的管道，扩大民意容量，自觉接受监督。在媒体上见不到批评意见不等于没有不同意见；相反，批评不断见诸报端正是开放包容的体现。"广州欢迎你批评！"这是《南方周末》报道广州筹办 2010 年亚运会时所用的一个标题，反映了广州亚运的一个突出特点，也透出自信、开放、包容的广东气象。广州筹办亚运会以后，一直有各种批评意见。BRT 工程、"穿衣戴帽"、换花岗岩石板等，争议不断。甚至距开幕只有一周时，市民还在批评免费"惠民"政策导致地铁爆满，"迟早要出人命"。经过认真调研，有关部门向公众道歉，取消免费公交，改发交通补贴。与此同时，"口罩男"等草根明星与政府良性互动，一系列有关亚运会的争议得到较好解决。事后人们总结亚运精神，都漏不掉"和谐包容"这一条。

广东的舆论监督已经形成一个明确的路线图：以政治自觉推动官员善待舆论监督，以制度安排约束官员接受舆论监督，以整改实效引导官员善用舆论监督，进而在各方的良性互动中走向善治。

第四节 主动回应舆论

舆论监督以真实报道和客观评论为基础，失实报道甚至以讹传讹，不仅无法起到制约权力运行的监督作用，反而会造成媒体信用缺失甚至社会失控。如何依法妥善应对失实报道和监管传播谣言的媒体，是确保舆论监督和言论自由的重要环节。

例如，2011 年 6 月，部分媒体报道"洋奶粉或掀第三轮涨价风"，广东省物价局及时召开奶粉涨价调查会，召集雅培、伊利、美赞臣、多美滋、雀巢、贝因美等奶粉生产企业和华润万家、百佳、家乐福、吉之岛、好又多等奶粉销售企业参加会议。经与厂商核实，除雅培外，上述奶粉品牌均表示近期无调价安排，不会对价格进行上调。媒体所称美赞臣、伊利近期将涨价 10% 的内容与事实不符。尽管个别品牌奶粉价格出现上涨，但超市销售正常，消费者反映平静，未出现哄抢、囤积和缺货断档现象。广东省物价局在经过慎重而快速的调研后立即向社会发布通报，表示各级物价部门将继续密切关注奶粉价格波动情况，加强市场价格监测和监管以及舆论跟踪，严厉打击捏造散布涨价信息、串通涨价等价格违法行为，及时核实关于奶粉涨价的报道，对不实报道将立即予以回应，澄清事实。

再如，2008 年 10 月 22 日，《广州日报》刊出《百年老字号海天欲借壳上市》一文，报道了佛山海天调味食品有限公司（以下简称"海天味业"）欲借壳佛山塑料集团股份有限公司（以下简称"佛塑股份"）上市的有关传闻。报道刊出当天，佛塑股份的股票涨停；次日，佛塑股份被深交所紧急停牌，引发佛塑股份的相关供应商和贷款银行等激烈反应，给公司原材料供应及资金周转带来负面影响。针对这一紧急异常情况，广东证监局各相关处室按照证监会有关文件的精神和上市公司监管、舆论引导等辖区监管责任制的要求，快速反应，及时稳妥地做好调查核实、沟通维稳等多项工作。一是快速反应，迅速查清事实真相。事件发生后，广东证监局正式发函要求佛塑股份对近期信息披露相关工作展开全面自查；同时，按照该局舆论引导与媒体信息监管工作规程的要求，对报道的过程、内容展开全面调查。同时，正式约见《广州日报》撰文记者详细询问其采访过程。经调查，初步摸清了该撰文记者没有认真核实信息提供者的真实身份，对有关传闻的核实草率、片面，所报道的主要敏感信息不真实等情况，判定相关报道是失实的。二是多方协调，全力化解公司危机，及时消除不良影响。受该报道影响，佛塑股份面临着资金和经营风险，同时，佛塑股份的股价异常波动，被深交所予以停牌并要求及时澄清。在此危急关头，广东证监局领导与佛山市政府领导进行沟通，并派出相关处室负责人前往该市协调有关工作，使佛塑股份及时刊出了澄清公告，减轻了不实报道带来的不良影响。与此同时，广东证监局妥善处理了股民的相关信访投诉，并督促佛塑股份对部分情绪过激的股民进行耐心解释和安抚，尽力消除一切可能导致不稳定的因素。三是追究责任，协调宣传主管部门对有关责任人进行处理。广东证监局根据核查情况，向中共广州市委宣传部发函通报了失实报道的有关情况，要求该部责成广州日报社严肃处理报道相关责任人，组织采编人员认真学习有关资本市场新闻宣传的管理规定，加强对涉及资本市场敏感信息报道的内部审核工作，维护证券市场的正常秩序。经过多方努力，在失实报道刊出后三个工作日内，广东证监局查清了失实报道的真相，妥善地化解了失实报道引发的市场风险，这是广东证监局贯彻落实会党委要求，切实落实辖区监管责任制，通过快速反应、多方协调，保护广大投资者权益的又一次有效实践。

第五节 广东省保障舆论监督的经验

改革开放三十年以来，广东推进舆论监督工作的丰富实践提供了宝贵的经验和深刻的启示。首先，必须在改革与稳定的前提下逐步推进舆论监督工作。综观

广东经验：法治促进改革开放

改革开放以来广东新闻舆论监督的发展历程，不难看出其发展轨迹与改革开放步伐息息相关。一方面，改革开放极大地促进了广东市场经济和传媒市场的发展，给广东民主法治建设带来了长足进步，从而为广东新闻媒体创造了一个宽松而富有活力的生存环境，使舆论监督工作得以不断地向纵深发展。同时，舆论监督借社情民意之力，涤荡社会不良风气，弘扬社会正气，匡扶先进，鞭挞落后，又促进和保障了改革开放的顺利进行。因此，只有继续推进社会经济改革、政治改革与新闻改革向纵深发展，充分激发新闻业的生机与活力，营造文明的、民主的社会政治环境，新闻舆论监督工作才能不断进步。另一方面，在保持稳定的前提下逐步推进舆论监督工作。广东在积极推动新闻改革和舆论监督的同时，始终把"坚持党管意识形态，牢牢把握领导权"作为建设文化大省的一条基本原则，在以一种宽容的姿态对待新闻媒体的同时，又紧紧把握住正确的舆论导向，使新闻舆论监督与社会、政治、经济发展相协调。广东新闻媒体始终立足全局，围绕广东的中心工作来开展舆论监督。无论是进行批评报道，还是组织协商对话，广东媒体都能秉持建设性的立场，正确处理和协调政府与公众的矛盾，使舆论监督有利于问题的解决，有利于全局，有利于稳定。

其次，应当保护媒体进行舆论监督的积极性，并把舆论监督纳入民主法治体系，推动舆论监督由"人治"走向"法治"。舆论监督普遍面临的一大难题就是由于对权力的监督而导致媒体与政府关系紧张。在这一问题上，广东新闻舆论监督的状况显然要相对理想。这其中的原因，除了广东省各级政府采取开明的政策和广东新闻媒体注意舆论监督艺术外，主要还是对舆论监督角色和功能的准确认识和定位。广东省舆论监督工作已逐步由"人治"走向"法治"，并有望在地方新闻立法方面在全国率先取得突破。这些舆论监督长效保障机制的确立，极大地保障了新闻媒体的知情权、表达权和监督权，也说明一个道理：建立制度化、法制化的配套保障机制，是新闻舆论监督达到"长治"效果的必由之路。

第五章　公众参与的机制创新

第一节　公众参与概述

一　公众参与的概念与重要价值

关于公众参与的概念界定，学界尚未达成共识。例如，有学者从政府角度出发，认为公众参与是指"公共权力在作出立法、制定公共政策、决定公共事务或进行公共治理时，由公共权力机构通过开放的途径从公众和利害相关的个人或组织获取信息，听取意见，并通过反馈互动对公共决策和治理行为产生影响的各种行为"。[①] 亦有学者从公众角度出发，认为公众参与是指"公众在公共事务的决策、管理、执行和监督过程中拥有知情权、话语权、行动权等参与性权利，能够自由地表达自己的立场、意见和建议，能够合法地采取旨在维护个人切身利益和社会公共利益的行动"。[②] 在理论上普遍认可的公众参与具有以下特征：其一，政府与公众的良性互动；其二，重要的民主参政方式，有助于弥补选举政治的制度缺陷；其三，规范有序的意见表达方式，有助于通过沟通协商化解难题。

公众参与的兴起具有深刻的政治发展逻辑。随着市场经济发展和社会财富增加，多元化的独立社会主体日益壮大，开始形成多元化的利益要求和政治诉求，"管制型"政府难以满足社会发展需要，从而促成了"公众参与"的现代新兴民主形式。[③] 从提高政府执政能力的角度来看，公众参与的重要价值突出表现在以下方面。

---

① 蔡定剑：《中国公众参与的问题与前景》，《民主与科学》2010 年第 5 期。
② 戴雪梅：《和谐社会与公众参与问题研究》，《求索》2006 年第 8 期。
③ 吴育珊：《"三统一"与广东公众参与的制度创新实践》，《探求》2010 年第 1 期。

第一，有助于提高政府执政的合法性。随着多元社会的形成与发展，如何进一步巩固和提高政府执政的合法性，已成为现实课题。长期以来依托"政府绩效"保持合法性的做法，正在受到广泛质疑和挑战。对于拥有独立政治意识的社会主体而言，公众参与具有至关重要的政治意义。尽管从实践来看，公众参与并不能保证提高行政效率，但"参与"意味着在一定程度上主宰自己的命运，"在民主社会里，大多数公民宁愿自行管理自己的事务，哪怕做得不好也不愿让别人管理自己的事务，即使后者做得更好"。① 事实是，"如果人们被允许参与决定，他们就会觉得受到了比较公正的对待"。② 公众参与有利于在政府与公众之间达成共识，从而增强政府执政的合法性，因为"参与决策的人们更有可能支持那些制定与执行那些决策的机构"。③ 因此，"善治有赖于公民自愿的合作和对权威的自觉认同，没有公民的积极参与和合作，至多只有善政，而不会有善治"。④

第二，有助于提高政府决策的合理性与可行性。随着经济社会的发展进步，各种经济、政治、文化、社会、生态问题和矛盾的数量与复杂程度均呈现扩张态势。政府部门在掌握情况、比较分析、判断决策过程中面临的不确定因素日益增加。政府决策的科学性和可行性不仅取决于决策者能力，而且取决于决策信息的多寡和信息传输的效率。如果缺乏畅通的信息渠道，决策者即使拥有公正的品质，也难以凭借主观愿望表达和决定各种复杂的利益诉求，公正地协调和平衡各方权益。恰如有学者所言，"我们不能把希望寄托在行政机关不与公民广泛讨论的情况下能自觉、先觉地表达公民的真实意愿"。⑤ 从政府决策的视角来看，公众参与具有以下重要功能：首先是为行政决策提供相关信息，即"信息供给功能"；其次是表达来自公众的价值偏好，并与行政主体共同协商确定决策目标方案，即"价值聚合功能"；最后是促进公众对决策结果的接受，即"增进决策结

---

① 陈瑞华：《通过法律实现程序正义——萨默斯"程序价值"理论评析》，《北大法律评论》1998年第1卷第1辑。

② 宋冰：《程序、正义与现代化》，中国政法大学出版社，1998，第377页。

③ 〔美〕珍妮特·V.登哈特、罗伯特·B.登哈特：《新公共服务：服务，而不是掌舵》，中国人民大学出版社，2004，第48页。

④ 俞可平主编《治理与善治》，社会科学文献出版社，2000，第326页。

⑤ 沈荣华、周传铭：《中国地方政府规章研究》，上海三联书店，1999，第132页。

果可接受性功能"。① 公众参与有助于政府部门全面掌握情况，深入比较分析，综合判断决策，从而保证决策的合理性与可行性，减少决策执行过程中的矛盾和阻力，使之更好地服务于和谐社会建设的大局。②

第三，有助于加强对行政权力的监督和约束。随着市场经济发展和多元社会分化，政府部门承担的行政责任日益增加，行政权力也相应扩张，从而在一定程度上对社会公众特别是弱势群体的权益形成潜在的甚至是现实的威胁和侵害。于是，通过公众参与的方式进行意见表达，从而形成对行政权力的监督和约束，也就成为社会公众的必然选择。因此，"中国公民开始越来越强烈地、自发、自觉地为自己的权利而斗争。权利保护的要求通过社会的、传媒的、司法的和政治参与的各种途径表现出来。这就出现近几年中国公民社会与司法和法律之间尖锐冲突的景象。它使我们强烈地感觉到，来自社会民间的力量正在强烈地冲击着中国的现行体制，强烈地要求参与公共事务决策，即政策和法律的制定过程，以及参与行政执法和对政府的监督过程"。③

二　广东公众参与的现状

"公众参与"对提高政府执政能力、推进民主法治建设、维护社会公众权益都具有重要价值，成为社会各界所普遍关切的重要事项。对此，中共十六大报告提出"健全民主制度，丰富民主形式，扩大公民有序的政治参与"。十七大报告进一步提出，"坚持国家一切权力属于人民，从各个层次、各个领域扩大公民有序政治参与，最广泛地动员和组织人民依法管理国家事务和社会事务、管理经济和文化事业"。近年来，广东省积极探索公共参与机制建设并取得显著成效。在此基础上，广东省《法治广东建设五年规划（2011—2015 年)》进一步提出"不断拓宽人民群众参与民主法治的渠道，确保法治广东建设更好地体现人民群众根本利益，让人民群众在法治广东建设中得到更多实惠"的规划要求，从而为完善公众参与机制建设指明了发展方向。

从广东的实践来看，公众参与的现实难题突出体现在广泛性、有效性、可持

---

① 付宇程：《论行政决策中的公众参与形式》，《法治研究》2011 年第 10 期。
② 陈保中：《服务型政府建设中公众参与问题研究》，《理论探讨》2011 年第 6 期。
③ 蔡定剑主编《公众参与：风险社会的制度建设》，法律出版社，2009，第 10～11 页。

续性等方面。对此，广东省进行了有针对性的探索和实践，并初步形成了一系列有效举措和制度安排。

（一）提高公众参与的广泛性

如何保证社会公众特别是弱势群体的广泛政治参与，从而化解"沉默的大多数"问题，始终是政府部门面临的重要难题，因为"分散的、数量上众多的个体在保护其权利的战场上往往显得不堪一击；很多时候，分散的大多数个体在制度框架设定的游戏中注定要成为'悲怆的失败者'"。[①] 对此，广东实践的以下举措颇具成效。

首先，通过建立健全并实施好政府信息公开制度，化解信息不对称问题。对于社会公众而言，信息不对称问题是阻碍政治参与的首要障碍。相较于政府部门和强势利益集团，普通公众特别是弱势群体获取信息的渠道有限，很难掌握政治参与所需的专业信息，因此在多数情况下，唯有保持沉默。近年来，广东省严格贯彻落实《政府信息公开条例》，并在实践中加以发展和完善，从而为公众参与提供了至关重要的信息保障。

其次，通过网络问政的方式，降低社会公众的参政成本。对于社会公众而言，参政成本始终是限制政治参与的重要障碍。政府立法或决策的合理性会对普通公众产生正面影响，但平均收益有限，如果参政成本过高，势必会抑制普通公众的参政要求，使其产生"搭便车"倾向，导致"集体失语"。近年来，广东省各市县相继开展"网络问政"工作，利用网络技术实现社会公众的"低成本"参政，从而显著激发了社会公众的热情，有效拓展了官民互动的广度与深度。

（二）保障公众参与的有效性

如何有效筛选和汇聚公众意见表达的客观信息是政府部门面临的重要难题。"个体参与往往围绕个人利益或少数人的利益发生，其试图影响的也限于政府对某一具体问题的政策或处理，而很少涉及方向性、路线性的问题。"[②] 此外，缺乏必要的专业知识，也使得多数的意见表达都局限于表面，很少能提出实质性和建设性的意见，从而难以对政府决策产生预期效果。对此，广东采取了以下举

---

① 王锡锌：《利益组织化、公众参与和个体权利保障》，《东方法学》2008 年第 4 期。
② 赵含宇：《公共政策制定中的公众参与：条件、困境与突破》，《中国城市经济》2011 年第 9 期。

措，成效显著。

首先，推进社会组织建设，增强公众意见表达的筛选功能。"真正富有成效的公众参与不是个人层次的参与，而是非营利机构、志愿团体、社区互动组织等社会团体的参与"①，因为"经过组织化的方式对个体利益诉求进行内部的过滤和协调，可以使利益表达更加集中、更加有力，因此也更有可能对政策产生影响"。② 近年来，广东省加强了对社会组织特别是行业协会的建设和管理，从而为有效听取公众意见创造了有利条件。

其次，完善专家咨询、听证会、论证会、座谈会、民意调查等多层次公众参与方式，提高公众意见表达的汇聚功能。近年来，广东省各市县对规范性文件制定和重大行政决策过程中的公众参与方式进行了广泛的探索和实践，从而为公众意见表达开辟了新的渠道。

（三）确保公众参与的可持续性

从长期来看，如何实现公众参与的可持续发展将成为政府部门面临的关键课题。公众参政热情的消退、政府领导注意力的转移、官民互动过程中的误解，都有可能影响到公众参与的发展前景。为确保公众参与的可持续性，广东实践的以下举措颇具成效。

首先，加强制度化建设。对于公众参与的可持续问题，"问题的关键在于如何将公民积极参与的热情和行动与有效的公共管理过程有机平衡或集合起来，即如何将有序的公民参与纳入到公共管理过程中来，在公共政策制定与执行中融入积极、有效的公民参与"。③ 近年来，广东省各市县相继出台规范性文件，将公众参与机制特别是专家咨询、听证会等做法加以制度化和规范化，从而对政府、对部门形成了长期有效的制约监督。

其次，规范政府部门的回应机制。"参与民主的教育功能不仅在于大张旗鼓地收集公众意见，更重要的在于能够向公众说明征集情况，既增加公众的政治效用感，又以立法的公开透明，教会公众理性、客观地判断和分析问题。"④ 广东

---

① 〔美〕伦纳德·奥托兰诺：《环境管理与影响评价》，化学工业出版社，2004，第168页。
② 王锡锌：《利益组织化、公众参与和个体权利保障》，《东方法学》2008年第4期。
③ 〔美〕约翰·克莱顿·托马斯：《公共决策中的公民参与：公共管理者的新技能与新策略》，中国人民大学出版社，2005，第3页。
④ 〔美〕卡罗尔·佩特曼：《参与和民主理论》，上海人民出版社，2006，第49页。

省各市县在"网络问政"工作中，建立了明确的责任制度，从而有效保证了官民互动的顺畅有序，有力提高了公众参政的热情和积极性。

此外，广东省在民主法治宣传教育方面的积极探索和实践，也有助于提高政府官员和行政人员的民主理念，增强社会公众的参政意识，从而为公众参与的可持续发展创造良好的政治文化环境。

第二节　行政听证的规范化建设

一　行政听证制度的法治建设要求

从历史发展来看，听证制度的法律基础主要源于英国的"自然公正"原则、美国的"正当法律程序"、德国大陆法系的法治原则与依法行政原理。[①] 听证制度最初适用于司法领域，即"司法听证"，后来延伸到立法和行政领域，逐步形成"立法听证"和"行政听证"。所谓"行政听证"，是指行政机关在作出影响相对人权益的行政决定时，就与该行政决定有关的事实及基于此的法律适用问题，为相对人提供申述意见、提出证据的机会的程序。[②]

尽管听证制度对中国而言是"舶来品"，但社会主义法治原则能够为其提供坚实的理论基础。1982 年《宪法》第 2 条规定："人民依照法律规定，通过各种途径和形式，管理国家事务，管理经济和文化事业，管理社会事务。"第 27 条规定："一切国家机关和国家工作人员必须依靠人民的支持，经常保持同人民的密切联系，倾听人民的意见和建议，接受人民的监督，努力为人民服务。"这些规定为听证制度建设提供了宪法依据。

20 世纪 90 年代以来，中国的行政听证制度建设步伐加快。1996 年颁布的《行政处罚法》首次以法律的形式规定了行政听证程序，标志着行政听证制度的初步确立。同年颁布的《海关行政处罚听证暂行办法》、《税务行政处罚听证程序实施办法（试行）》和《技术监督行政案件听证工作规则》则标志着行政听证制度在部门规章中得以确立。1998 年施行的《价格法》和 2000 年颁行的《立法

---

① 杨海坤：《关于行政听证制度若干问题的研讨》，《江苏社会科学》1998 年第 1 期。
② 〔日〕室井力主编《日本现代行政法》，中国政法大学出版社，1995，第 178 页。

法》也先后将听证制度纳入了相关条款。2002年的《政府价格决策听证办法》、2000年的《审计机关审计听证的规定》和2002年的《国家外汇管理局行政处罚听证程序》更为全面、系统地对行政听证制度作出了规范。与此同时，包括广东省在内的各地方政府也都依据相关法律法规，结合本地实际情况，相继展开了行政听证制度建设的探索和实践，并取得明显成效。

行政听证制度对提高政府执政能力、推动民主法治建设、增进社会和谐具有重要的现实意义，因此在法治建设中备受重视。2004年，国务院颁布的《全面推进依法行政实施纲要》要求，在行政立法方面，"重大或者关系人民群众切身利益的草案，要采取听证会、论证会、座谈会或者向社会公布草案等方式向社会听取意见"；在行政决策方面，社会涉及面广、与人民群众利益密切相关的决策事项，"应当向社会公布，或者通过举行座谈会、听证会、论证会等形式广泛听取意见"；在具体行政行为方面，"对重大事项，行政管理相对人、利害关系人依法要求听证的，行政机关应当组织听证"。该实施纲要为行政听证制度的探索与实践指明了发展方向。

二　广东行政听证制度的探索与完善

广东省的行政听证制度建设起步较早。1990年，深圳市成立了全国第一个"价格咨询委员会"，直接参与城市水价调整咨询和决策过程，其是行政决策听证的雏形；1999年，深圳市政府法制局针对审批制度改革问题召开听证会，开行政立法听证先河。近年来，广东省在行政听证制度建设方面进行了广泛深入的探索和实践，并取得明显成效，突出表现在以下几个方面。

（一）拓展行政听证制度的适用范围

作为公众参与的重要方式，行政听证制度的适用范围直接体现了社会公众政治参与的广泛性和深入性。广东法治建设经过多年的扎实推进，已实现行政听证制度在行政立法、行政决策以及各类主要具体行政行为的广泛适用，有力推进了公众参与的发展与完善。

有关行政听证制度的具体适用范围，广东省尚未形成统一规定，但作为行政听证制度的先行者，深圳市人民政府2006年颁行的《行政听证办法》率先对行政听证制度的适用范围进行了规范。该办法规定："行政机关、法律法规授权的组织和行政机关依法委托的组织拟作出下列行政行为而需要组织听证的，适用本办法：行政处罚、行政许可等具体行政行为；涉及重大社会公共利益或者自然人、法人以及其他组织重大利益的重大行政决策；制定地方性法规草案、规章及规范性文件等抽象行政行为；法律、法规及规章规定应当组织听证的其他行政行为。"从而将行政立法、行政决策、具体行政行为全面纳入行政听证制度的适用范围。

不过，相较于深圳市"一步到位"的跨越式举措，其他市县更普遍的做法是通过颁行专门文件，渐进式地推进制度化建设。江门市人民政府 2007 年颁行的《行政听证办法》规定，行政听证"是指各级人民政府及其工作部门和法律、法规授权的组织在作出行政行为之前，公开听取、收集行政管理相对人以及其他公民、法人和组织对该行政行为意见和建议的活动"，具体包括"行政决策听证、行政处罚听证、行政许可听证、行政复议听证、价格听证以及其他行政事项听证"。其中将行政决策和具体行政行为纳入行政听证制度的适用范围，但对行政立法并未作出明确规定。2009 年，江门市颁行的《行政机关规范性文件管理规定》规定，"起草的政府规范性文件直接涉及公民、法人或其他组织切身利益，或有关机关、组织和公民对其有重大意见分歧的，应当征求社会各界的意见，起草单位应当举行听证会"，从而通过专门文件将行政立法正式纳入行政听证制度的适用范围。

此外，《佛山市重大行政决策听证暂行办法》（2007 年）、《河源市政府重大行政决策公示和听证暂行办法》（2007 年）、《汕尾市重大行政决策听证制度》（2009 年）、《湛江市重大行政决策听证和合法性审查制度》（2010 年）、《广州市重大行政决策听证试行办法》（2011 年）等，也都是通过颁行专门文件将行政决策纳入行政听证制度的适用范围，从而有序推进了公众参与的制度化建设。

（二）完善行政听证制度的运作程序

对公众参与而言，程序正义具有至关重要的现实价值。相较于掌握行政权力的政府机构，社会公众处于明显弱势地位，唯有通过完善的程序安排，才有可能对政府机构形成制度化的监督和约束。目前，行政听证在中国尚处于起步阶段，相关制度并不完善。《行政处罚法》（1996 年）与《行政许可法》（2003 年）都对听证程序有所规范，但过于疏略，难以在实践中起到切实保障社会公众政治参与权利的预期效果。广东公众参与通过实践，对行政听证制度的程序进行了创制与完善，从而为平衡社会公众与政府机构的不对称关系提供了可行路径。具体

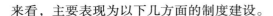

来看，主要表现为以下几方面的制度建设。

首先，回避制度。作为程序正义的原则性要求，《行政处罚法》与《行政许可法》都对回避制度予以规定，但其对象主要针对的是听证主持人。但在实践中，可能影响听证公正的并不限于主持人，因此深圳市和江门市的《行政听证办法》都将听证主持人、听证员、记录员、翻译人员、鉴定人、勘验人纳入回避制度的适用范围，明确规定如果上述人员是"听证事项承办人、听证当事人或其代理人的近亲属"，或"与听证事项处理结果有直接利害关系"，或"与听证事项有其他关系，可能影响公正听证的"，应当回避，从而有力提高了听证会的公正性和公信力。

其次，旁听制度。听证制度依循"公开、公正"的基本原则，因此除特定情况外，听证会应当公开举行。《行政处罚法》与《行政许可法》都对此予以明确规定。不过，有关公开举行的听证会是否允许旁听，以及如何保证旁听的有序进行，现有法律并无明确规定，从而使社会公众的旁听权利有可能受到限制。广东省各市县通过探索与实践，逐步形成了一系列行之有效的旁听制度规范。《广州市重大行政决策听证试行办法》规定，"听证会应当设立旁听席，旁听人数由听证组织部门确定。听证组织部门应当在旁听席设立新闻媒体采访人员席位"，并规定"听证会旁听人由听证组织部门在旁听名额限额内，按照报名登记的先后顺序确定"。《江门市行政听证办法》规定，"公开举行的行政听证，公民、法人或者其他组织可以申请参加旁听。听证会应根据听证内容设置旁听席。旁听人员采取自愿报名的方式，在举行听证5日前到行政机关办理旁听手续，由行政机关按规定的条件和程序确定后，按要求旁听听证。"《佛山市重大行政决策听证暂行办法》规定，"旁听人在听证会上不得发言"，但是"可以向听证机关提交书面陈述意见"。《深圳市行政听证办法》规定："听证参加人和旁听人员参加听证会时，应当遵守听证纪律。对违反听证纪律的人员，听证人可以进行劝阻；不听劝阻的，可以责令其离场。"通过相关旁听制度规范，一方面保证了社会公众的旁听权利，另一方面也维护了听证会的秩序和效率。

再次，听证报告制度。听证会的根本目的在于收集和筛选相关信息，以保证政府能在客观公正的信息基础上作出正确判断。《行政处罚法》与《行政许可法》都规定："听证应当制作笔录；笔录应当交当事人审核无误后签字或者盖章。"但是，听证笔录仅是信息收集工作。与此相比，信息筛选工作更为重要，否则就难以去伪存真，无从保证政府通过听证会取得信息的客观性和准确性。因此，广东实践在制作听证笔录的基础上，进一步要求制作听证报告，特别是要对听证会正反两方面的意见和建议加以整理总结，并提出否定或采纳的理由。对此，《江门市行政听证办法》规定："听证机关应当对听证笔录及相关材料进行整理，研究听证意见或者建议，制作听证报告。听证报告应当载明以下主要内容：听证事项；听证的基本情况；听证参加人提出的主要意见或者建议，依据的事实和理由；听证事项的处理意见或者建议。"《深圳市行政听证办法》、《广州市重大行政决策听证试行办法》、《汕头市人民政府行政决策听证规定》等也都有类似规定，从而有力提升了听证会的客观效果。

（三）强化政府回应

作为公众参与的重要形式，行政听证制度的关键职能之一就是在政府机构与社会公众之间构建稳定有序的互动交流渠道。因此，政府机构必须对社会公众的意见和建议有所回应，否则就很难在互动基础上推进行政听证制度的可持续发展。

广东公众参与通过近年的探索和实践，初步形成了听证会政府回应的有效举措。对此，《深圳市行政听证办法》规定："听证组织机关应当在听证会结束后15个工作日内公布听证报告，但涉及国家秘密、商业秘密、个人隐私或者法律、法规及规章另有规定的除外。"《广州市重大行政决策听证试行办法》规定："听证组织部门在政府作出决策后，应当向听证代表反馈听证意见采纳情况，并以适当形式向社会公布听证报告。"《河源市政府重大行政决策公示和听证暂行办法》规定："听证报告中提出的重要意见，决策中未采纳的，应说明理由，并及时向社会公告。"《汕头市人民政府行政决策听证规定》规定，"听证报告应当作为市政府行政决策的重要依据。对没有采纳的重要意见，由听证组织机关书面向听证陈述人反馈并说明理由。"从实践来看，相关举措有力提升了听证会的社会公信力和社会公众参与积极性。

第三节　推动"网络问政"　提升政府执政能力

一　网络问政的概念与现实意义

近年来，"网络问政"已成为社会各界所普遍关心的重要议题。2008年6月

20 日，胡锦涛总书记通过人民网"强国论坛"与网友在线交流，并在回答网民提问时明确指出，"我们强调以人为本、执政为民，因此想问题、作决策、办事情，都需要广泛听取人民群众的意见，集中人民群众的智慧。通过互联网来了解民情、汇聚民智，也是一个重要的渠道。"① 最高领导人的重视从而有力推动了中央部委和地方政府网络问政工作的蓬勃发展。

目前，作为新生事物，网络问政依然处在发展和完善的过程中，对网络问政的概念界定，学术界和实务界尚未达成共识。② 有观点从政府视角出发，认为网络问政是指"公共行政主体通过网络途径就政务情况向民众征询意见的活动过程"。③ 亦有观点从社会公众视角出发，认为网络问政是指"政治参与主体通过互联网直接或间接地影响政府决策和与政府活动相关的公共政治生活的行为"，即"公民网络政治参与"。④ 不过，对于网络问政的以下特征学界没有显著异议。

首先是互动性。从主体来看，网络问政过程中的政府与社会公众的交流具有明显的互动性特征，从而与传统政治参与模式中政府主动、社会公众被动的单向性交流过程形成显著区别。通过虚拟的网络空间，政府与公众在现实中的不对称性得到有效缓解和平衡，从而使公众能以相对平等的地位参与交流，而不再是单方面的受动者。

其次是开放性。从客体来看，由于社会公众的关切具有多层次、多领域、多角度的特征，因此网络问政所涉及的议题具有显著的开放性特征，涵盖社会生产生活的各个方面，而不再局限于传统政治参与模式中政府所选定的固定议题。

最后是技术性。从载体来看，网络技术进步是推进网络问政发展的重要动力和前提条件。随着信息技术高速发展，网络服务成本更低、速度更快、形式更多元，从而促使社会公众更广泛地参与网络问政，并有助于完善电子政府建设，保证网络问政工作的顺畅有序。

从实践来看，网络问政对于发扬民主、践行法治、监督权力、维护稳定都有重要的现实意义。

---

① 《胡锦涛总书记通过人民网强国论坛同网友在线交流》，人民网，2008 年 6 月 20 日。
② 宋迎法、高娴：《国内网络问政研究综述》，《电子政府》2012 年第 2~3 期。
③ 陆传照：《网络问政的开启及对问政者的角色考验》，《探索》2010 年第 5 期。
④ 玉素萍：《网络问政的伦理思考》，《学理论》2010 年第 23 期。

首先，网络问政具有重要的信息收集功能。对于政府执政特别是政府决策而言，广泛收集信息是客观、及时、准确反映民意要求的前提条件，因此始终是备受关切的工作重点。近年来，随着网络技术发展，"网民"呈现高速增长态势。据统计，截至 2011 年底，中国网民规模突破 5 亿，达到 5.13 亿，比上年新增网民 5580 万，互联网普及率达到 38.3%。① 网络问政有助于激发和调动广大"网民"的参政积极性，从而拓展政府信息收集的渠道和方式，进一步提高政府信息收集的广泛性、深入性、即时性。

其次，网络问政具有宣教安抚功能。政府政策能否贯彻落实并取得预期成效，很大程度上取决于社会公众的理解和支持。政策文本具有抽象性和原则性，因此在执行过程中有可能引起社会公众的理解偏差，从而影响政策执行效果，甚至引发官民矛盾。网络问政有助于及时反映社会公众的意见和不满情绪，并通过在线宣教的即时反馈机制，澄清事实、解释政策、说明情况，安抚公众情绪，从而维护安定团结的社会和谐局面。

再次，网络问政具有行政监督功能。如何对行政权力进行有效的外部监督，始终是社会各界普遍关切的议题。网络问政的出现为普通社会公众提供了参与行政权力监督的重要平台，从而有助于进一步完善行政监督机制。通过互联网，普通社会公众得以更便捷、更直接、更安全地揭露行政权力舞弊以及乱作为或不作为的现象，并能形成集群效应，避免部分领导干部"捂盖子"意图，从而为政府内部监督提供重要支持。

最后，网络问政具有民主培育功能。通过网络问政推进官民有序互动，一方面有助于坚持"群众路线"，增强政府行政人员特别是领导干部的法治精神和公仆意识，另一方面有助于培养和提高社会公众的民主观念和参政意识，从而为政治体制改革创造良好的社会环境。

二 广东网络问政的探索与实践

作为改革开放的前沿，广东省率先启动网络问政的探索和实践，并始终走在全国前列。近年来，广东网络问政已取得明显成效，相关举措和制度安排得到广泛认可，部分成功做法更成为其他省市仿效的对象。

---

① 中国互联网络信息中心：《中国互联网络发展状况统计报告》，2012 年 1 月。

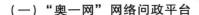

（一）"奥一网"网络问政平台

奥一网是隶属于南方报业传媒集团的中国第一个 Web 2.0 新闻互动社区网站。奥一网的网络问政平台建设始于 2006 年当地"两会"期间在深圳地区推出的"有话问市长"栏目。该栏目开辟了一个百姓问政的新通道，受到网民的热烈追捧，从而引起上级领导和社会各界的广泛关注。

2008 年 11~12 月，广东省委通过奥一网和南方网对 122 家省直、中直驻粤单位的机关作风进行评议，取得明显成效。2009 年 7 月，奥一网联合《南方都市报》对问政平台进行了升级改版，初步形成国内第一个系统化的网络问政平台，从而有力推动广东网络问政工作朝着纵深方向发展。

（二）河源样本

2008 年 6 月，河源市委书记陈建华在河源网发帖留言，希望与河源市的网友交流，从而开启了河源市网络问政之路。2008 年 8 月，"华哥信箱"正式开通，并很快得到网民的认可与支持，成为当地群众反映情况的便捷通道。①

2008 年 12 月，河源市整合"华哥信箱"、市长信箱、部门信箱、行风政风信箱、行政审批电子监察系统信箱、河源信访等六大信箱，开通了全市统一的网上信访平台"公仆信箱"。2009 年 12 月，"公仆信箱"已延伸到全市所有县直部门和乡镇综治维稳中心，子信箱扩展到 1020 个。"公仆信箱"按照"统一平台、分级管理、集中监管"的思路，建立市、县区、乡镇三级共享，办理、查询、回复、督办、统计、考核"六位一体"的统一管理平台，实现 1020 个子信箱纵横互联，并链接"广东网上信访"网。② 据统计，从 2008 年 12 月至 2011 年 11 月，"公仆信箱"共收到有效信件 5.07 万余件，涉及城市管理、道路交通、社会治安、教育、环保、林业、市重点项目建设等诸多领域，已办理 4.98 万余件，占有效信件的 98%。

2010 年 3 月，河源市在《河源日报》开设"公仆在线"，通过"点评网友来信"、"网友留言板"、"网友评报"等报网融合的形式关注民生、传递民意；2010 年 8 月，河源市开通"公仆信箱"信件跟帖系统"公民广场"，将群众反映

---

① 龙平川：《一个市委书记和一个城市的网络问政》，《政府法制》2011 年第 8 期，第 8 页。

② 《探索网络问政 创新社会管理——河源网络问政的实践与启示》，2011 年 6 月 7 日《南方日报》。

的热点难点问题开放给所有网民讨论；2010 年 4 月，市委书记陈建华在河源网开通实名"公仆微博"；2011 年 2 月，河源市开通"公仆信箱"手机版、手机短信信访系统，从而进一步拓展了网络问政的参与方式。①

（三）惠州样本

2008 年 6 月，惠州市委书记黄业斌对当地"西子湖畔"论坛的一篇有关公交问题的帖子进行了批示，引起网民的广泛热议。2008 年 7 月到 8 月间，黄业斌亲自批帖 109 条，初步形成"网友发帖提问，书记批帖回应，部门着手解决"的工作流程。②

2008 年 8 月，惠州市纪委、市委办、市政府办、市委宣传部主办，市经信局、市信访局、惠州报业传媒集团、惠州广电传媒集团承办的"惠民在线"论坛正式启用，确立了市领导和部门负责人定期轮流与网民开展在线交流的网络问政机制。2008 年 11 月，惠州市"惠民在线—网络问政"综合信息平台在市政府门户网站正式开通，并由惠州网、西子湖畔网站链接。该平台实现了"一揽子"问政项目：书记批帖、惠民在线论坛、部门回应、网友意见、网上调查、意见征集、热点难点追踪、统计监督等八大内容和功能。

2009 年 1 月，惠州市委办公室、市政府办公室出台《关于开展网络问政工作的通知》，要求下辖各县（区）及市直全面开展网络问政工作。2010 年 3 月，惠州市委书记黄业斌在奥一网南方微博开通"黄业斌微博"，成为广东省第一个开通微博的地市级领导。2010 年 5 月，惠州市纪委、市委宣传部、市监察局、市委督查办、市政府督查办联合下发《惠州市网络问政督查工作制度》，并成立市网络问政督查工作领导小组办公室，从而有力推进了网络问政工作的制度化和规范化建设。

三　广东网络问政的规范化建设

近年来，网络问政在中央和地方各级领导的引领下取得明显成效，得到社会公众特别是网民的普遍认可和好评。随着网络问政的深化发展，规范化建设的重要性日趋凸显，开始成为社会公众的关切重点。从短期来看，各级领导的重视无疑是推动网络问政蓬勃发展的重要动力；但从长期来看，网络问政的规范化建设

---

① 罗繁明、李康尧：《网络问政年度城市为什么是河源》，《决策》2011 年第 4 期。
② 《惠州网络问政历程》，中共惠州市委宣传部，2010 年 9 月，第 116～117 页。

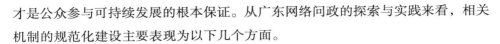

才是公众参与可持续发展的根本保证。从广东网络问政的探索与实践来看，相关机制的规范化建设主要表现为以下几个方面。

（一）信息筛选机制

网络问政面临的首要难题是信息筛选。由于广大网民在实际需求、立场视角、个人素质等方面存在巨大差异，因此，政府在网络问政过程中可能获得的是庞杂无序的海量信息。其中，会有针对中长期发展规划的重要意见或建议，会有对法规政策的咨询或质疑，会有对具体行政行为的抱怨和投诉，也会有各种毫无价值的垃圾信息。于是，建构有效的信息筛选机制也就成为保证网络问政有效开展的重要前提条件。从实践来看，惠州市推行的"信息摘报编写制度"颇具可行性。

惠州市委办公室、市政府办公室《"惠民在线"工作方案》（2008年）规定，相关部门要对网络问政获得的信息进行筛选，将"近期群众关注的涉及民生、经济、社会发展等各方面的内容，并具有一定的普遍性、典型性和启示性，有助于解决当前社会热点、焦点、难点和敏感问题，有助于促进社会团结稳定，有助于促进党委、政府的工作"的信息汇总到市委宣传部，形成每周两期的《"惠民在线"信息摘报》，报送市党政领导及市人大常委会、市政协主要领导。

对于各部门的信息筛选工作，惠州市委办公室《关于开展"惠民在线"网上办公工作的通知》（2009年）规定，各部门负责人指定专门科室、专门人员，进行网上信息收集，编写"网络信息摘报"。收集内容包括："局长信箱"、"部门信箱"中的来信；本地主要网站、论坛上网民较为关注的涉及本部门工作的问题或信息。发现重要信息、敏感信息，工作人员要及时编发、报送部门主要负责人，影响重大的要上报市委、市政府及上级部门。

（二）结果反馈机制

网络问政的可持续发展需要良好的官民互动基础，因此政府对网民政治参与行动的回应特别是对相关问题处理结果的反馈，也就成为进一步发展和完善网络问政工作的重点课题。如果缺乏行之有效的结果反馈机制，将会影响网民的政治参与热情，使得网络问政成为"无源之水"。从实践来看，惠州市推行的"部门回复制度"颇具可行性。截至2011年12月底，惠州市"惠民在线—网络问政"综合信息平台已回复网民信件8万多件，回复率99.46%，已办结总数7.59万件，办结率96.23%，基本实现"事事有回音，件件有着落"，得到网民的普遍好评。

惠州市委办公室、市政府办公室《关于开展网络问政工作的通知》（2009年）规定，对网民提出的问题，具体承办部门应及时回复。具体而言，分为三类情况：

一是交办回复。市领导在《"惠民在线"信息摘报》上的批示，统一由市委督查办或市政府督查办交由各县（区）、各部门处理。相关部门要及时处理落实，将处理情况及时上报，并向网民反馈。

二是日常回复。各县（区）、各部门每天要安排专人上网，查阅和浏览"惠民在线"网络问政版块，以及今日惠州网、市政府门户网和西子湖畔网站的论坛版块，对网民普遍关注的、涉及本部门的问题及时回复。其中，对网民提交的信件要统一通过市政府门户网的回复平台进行回复。

三是牵头回复。网民提出的比较复杂或者涉及多部门的问题，由市委督查办或市政府督查办定期召集相关部门协调处理，并由牵头部门将办理情况回复网民。

（三）监督考核机制

网络问政发展的根本动力，源于行政人员特别是领导干部的踏实工作。唯有对网民提出的意见、建议和问题做到"不回避、不忽悠、不作秀"，才能在官民互信不断增强的基础上，推动网络问政的建设与完善。于是，如何构建有效的监督考核机制，也就成为网络问政进一步深化发展的重要课题。从实践来看，惠州市推行的"督查工作制度"颇具可行性，有助于切实提高网络问政的工作效率。具体而言，《惠州市网络问政督查工作制度》（2010年）的核心内容主要包括三方面。

首先，明确责任主体。基于增强监督考核机制的客观性、公正性、权威性、高效性的现实需要，惠州市组建"市网络问政督查工作领导小组"，由市纪委副书记、市监察局局长任组长，市委宣传部分管副部长和市监察局分管副局长、市纠风办副主任任副组长，并且在市政府纠风办设立"市网络问政督查工作领导小组办公室"，从而有效保证了督查工作的推行力度。

其次，明确考核范围。督查工作的涉及范围相当广泛，具体包括：对群众咨询、投诉、意见和建议的办理情况、办结质量和办结时效；网络问政工作管理制度建设情况；网络问政工作档案、台账管理情况；人员配置、办公设备和经费保障情况；政府信息公开情况。其中最重要的抓手是办结时效。根据规定，一般性的咨询、投诉、意见和建议应在5个工作日以内办结和回复，复杂性或涉及多部门的延长至 15 个工作日，无法在规定时限内办结或无法解决的应在第 14 个工作日前向市网督办申请延时。

最后，明确奖惩办法。督查工作的考核结果与相关部门领导的业绩直接挂钩。根据规定，如果超过办结时限（未申请延时）、办结质量不高或存在弄虚作假等，将在《督查工作通报》中通报批评，并将在年度考核中扣除 2 分，扣分实行累加；如果在《督查工作通报》中被通报批评 3 次或年度考核低于 80 分，将在年度考核中被黄牌警告，单位负责人要向市委、市政府说明情况；如果在《督查工作通报》中被通报批评 3 次或年度考核低于 60 分，将由市网络督查工作领导小组组长对单位主要领导进行诫勉谈话，并追究相关单位和责任人的责任；如果年度考核成绩优秀，将得到表彰鼓励，并全市通报表扬；年度考核结果是县（区）党政正职及市直部门正职责任考核的重要内容。实行"领导负责制"的明确奖惩办法，有力提高了各单位领导干部的网络问政责任感和积极性。

第四节 实行"四民主工作法" 推进基层民主法治建设

一 "四民主工作法"的形成与发展

"四民主工作法"是指村民在村党组织的领导和村委会的组织下，在党员的带动下，通过民主提事、民主议事、民主理事、民主监事四个步骤，对农村重大事务进行讨论决定，并实施监督管理。作为农村地区基层民主法治建设的机制创新，"四民主工作法"的公众参与机制改变了村干部靠命令等方式开展工作的传统模式，纠正了长期以来村里事由少数人说了算的不合理现象，将"为民作主"、"替民作主"转变为"由民作主"，贯彻落实村里的事情村民提、村民定、村民办、村民管，实现了坚持党的领导、充分发扬民主和严格依法办事三者的有机统一。

"四民主工作法"的探索与实践，起始于广东省惠州市龙门县。随着基层民主法治建设的推进，以及经济社会的发展特别是城镇化和统筹城乡发展的不断深化，近年来农民的思想观念不断变化，民主意识不断增强，利益诉求不断增多，但在基层党委政府推进村民自治的过程中，部分基层干部因循守旧，工作方法简单，办事不力，处事不公，导致群众不满，基层矛盾时有发生，影响到和谐稳定的社会发展环境。于是，如何建立一整套能把基层群众的民主权利落实好、把基层组织战斗力和凝聚力发挥好、把基层党员群众积极性和主动性调动好的规章制度，也就成为广东省各市县基层政府所关切的重要课题。

龙门县在总结农村工作经验的基础上，借鉴重庆市开县"八步工作法"和惠州市惠环镇"村（居）民小组议事规则"的成功做法，于2005年4月提出了"四民工作法"，并且选择了经济落后、基层矛盾多、干群关系紧张的永汉镇马星村、龙城街道三洞村和龙潭镇土湖村开展试点。2006年3月，龙门县在马星村召开现场会，开始在全县推广"四民工作法"。

2007年4月，惠州市在龙门县召开现场会，开始在全市推广"四民工作法"。2009年12月，"四民工作法"在广东省统筹城乡基层党建工作会议上被正式命名为"四民主工作法"。2010年1月，"四民主工作法"写入广东省委贯彻十七届四中全会精神的实施意见，正式向全省推广。

2010年，"四民主工作法"被评为"全国基层党建创新案例"20个最佳创新案例之一。2012年，"四民主工作法"被评为广东省首届组织工作"十大品牌"之一。

二 "四民主工作法"的规范化建设

从2005年启动试点工作以来，龙门县始终在着力推进"四民主工作法"的规范化建设，并先后出台了《关于在村级推行"四民工作法"的意见》（2005年）、《关于在村级推行"四民工作法"的意见（修订版）》（2006年）、《村级推行"四民工作法"考评暂行办法》（2007年）、《关于进一步巩固和深化"四民主工作法"的实施意见》（2010年）等一系列规范性文件，从而初步构建了制度化和规范化的基层民主公共参与机制。从制度设计来看，"四民主工作法"包括民主提事、民主议事、民主理事、民主监事四个方面，彼此间环环相扣，从而形成井然有序的规范化运作（见图5－1）。

"民主提事"是指"村民的事情村民提"，即凡年满18周岁的村民以及村"两委"、村经济合作社等各类组织都有权力按程序对村务提出意见建议。提事内容包括：贯彻落实党和国家在农村的各项方针政策以及上级党委、政府重大决策的实施意见和措施；村集体经济项目的论证、立项、投资和生产经营方案；土地承包和使用权调整、山林管理与承包事宜，征用土地各项补偿费的使用和宅基

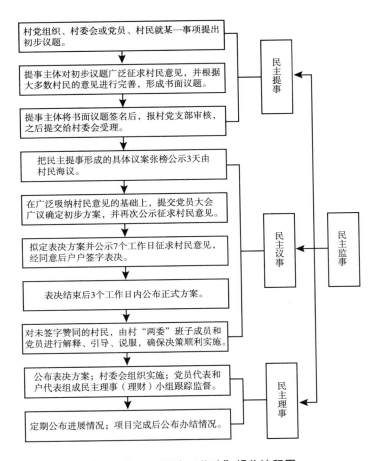

图 5 - 1 "四民主工作法"操作流程图

资料来源：中共惠州市委组织部、中共惠州市委基层办编《惠州市
"四民主工作法"指导手册》，2010 年 4 月。

地分配的方案等十大重要事项。提事程序包括征求意见、形成议题、议题受理三
个环节。提事主体将预案向村委会提出申请，受理申请情况由村委会报请党支部
审核批准，经党支部同意后村委会在 15 个工作日内提出民主决事方案。

"民主决事"是指"村民的事情村民定"，即村委会召集会议，组织决事主
体（村"两委"成员、党员村民、村民代表、户代表）对经过"海议"后确定
的"议案"进行表决，形成决议。这一步骤包括张榜公告、反复酝酿、确定议案、
会议表决、解释说服 5 个环节。其中，赞同率达到 80% 以上即为通过（有特殊规
定的除外）。表决结束后 3 个工作日内将结果向村民公布，并由村"两委"班子成

员、负责联系的党员进行解释、引导、说服，确保决策能够顺利实施。

"民主理事"是指"让村民管理本村的事情"，即由村"两委"班子成员、党员、村民代表、民主理事小组和民主理财小组，将经过民主议事通过的有关事项付诸实施。民主理事小组在每月的民主理事日，或不定期召开的民主理事会上，对村委会负责实施的村民决议事项进展情况进行审议和督促；民主理财小组在每月的民主理财日，或不定期召开的民主理财会上，对村民决议事项实施过程中的财务收支情况进行审议。民主理事和民主理财的审议结果，必须在3个工作日内张贴公示，接受村民监督。

"民主监事"是指由村党组织以及年满18周岁的村民对照相关规定对民主提事、民主议事、民主理事的全过程进行监督。具体包括事前监督、事中监督和事后监督。

"事前监督"即项目实施前的"三看"监督：看村委会接到的民主提事事项是否在15个工作日内作出答复或提交村民讨论；看民主提事的事项是否合法、合规、合情、合理，并符合大多数村民的意愿；看村"两委会"在民主决策过程中是否采纳群众意见。

"事中监督"即项目实施过程中的"三跟"监督："跟进度"，每月（每季度）定期公布项目实施的财务收支情况和项目进展情况；"跟程序"，严格按照经过民主议事规定的程序组织实施；"跟疑点"，对项目在实施执行时出现的疑点，向村委会或民主理事小组质询。

"事后监督"即项目实施后的"三查"监督："查财务"，公开项目完成的财务开支，接受群众的询问监督；"查质效"，向群众通报项目完成情况以及完成的质量和效果；"查干部"，对干部进行监督。

三 "四民主工作法"的成效

从龙门县农村地区的实践来看，"四民主工作法"的主要成效直观地表现为"三促进一提高"，即促进了农村经济快速发展，促进了农村社会和谐稳定，促进了基层民主政治建设，提高了党在基层群众中的威信。[①] 据统计，龙门县推广

[①] 黄业斌：《按农民的愿望办事——惠州市全面推行"四民工作法"的实践与思考》，《求是》2007年第16期。

"四民主工作法"以来，农业总产值已从 2006 年的 14.87 亿元增至 2011 年的 24 亿元，农民人均纯收入从 4120 元增至 7600 元，实现年均 16.9% 的快速增长。近年来，龙门县基本未发生上访事件和重大群体性事件，全县实现"零上访"的村民小组约占总数的 90% 以上，零上访村和村民小组数量呈逐年上升的良好趋势。此外，广东省调查总队的专项调查显示，2010 年龙门县群众安全感和满意度分别达到 91.57% 和 91.91%，位居全省前列。

通过公众参与机制创新，"四民主工作法"有效保证了农民的知情权、参与权、管理权与监督权，有助于加强民治、凝聚民心、集中民智、顺应民意、维护民利，能在根本上赢得农民的认可与支持，从而为化解农村发展中面临的难题提供了行之有效的制度安排，有力推进了基层民主法治建设。

土地征用补偿、基础设施建设集资、生产经营转型、扶贫补助分配等长期困扰农村基层工作的"老大难"问题，都能通过"四民主工作法"得到及时、稳妥、有效的解决。例如，龙田镇王宾村通过"四民主工作法"解决了县重点项目"益力矿泉水项目"管道铺设占用土地的补偿问题，保证了管道铺设的如期实施。龙江镇禾洞村、龙华镇横槎村、地派镇芒派村等通过"四民主工作法"落实集资修路，解决了久拖不决的"行路难"问题，有力促进了农产品特别是时令水果销售。龙江镇石前村通过"四民主工作法"推动了温室大棚种植项目，突破了农村保守思维的桎梏，促进了传统种植向科学种植的转型，有力提高了农业生产力。龙潭镇土湖村、蓝田瑶族乡新星村等通过"四民主工作法"妥善解决了"扶贫房"的分配问题，有效避免了可能出现的分配不均矛盾。[①]

第五节　广东公众参与的经验与完善建议

如前所述，通过规范行政听证制度、创新领导干部"网络问政"机制、探索基层民主法治"四民主工作法"机制等务实举措，广东在推进社会公众政治参与方面，积累了不少经验，走在了全国前列。比如，在网络问政方面，政府机关和领导干部能够不摆官架子，真正听取网民的意见建议，并切实和管理工作紧

---

① 中共龙门县委组织部、中共龙门县委基层办：《龙门县"四民主工作法"（资料汇编）》，2010 年 12 月，第 98～109 页。

密衔接在一起，既赢得了公众的信任，激发了公众参与的热情，也通过网络问政发现了管理中的不足，促进了自身工作的改进。

又如，惠州"四民主工作法"的成功经验主要有六点：核心是民主，村民是"议事"主体，要让他们直接参与村务管理，真正当家作主；关键是公开，村务、党务要公开，过程、结果也要公开，真正做到公开、透明，避免暗箱操作；重点是参与，议事是"海议"，决事是"公决"，让村民充分参与，充分表达愿望；前提是规范，开好"四个会"，把好"四个关"，即开好议事会、把好共议关，开好听证会、把好决策关，开好理事会、把好共管关，开好评审会、把好共审关；主导是支部，农村党员和村党支部是主导力量，充分体现党支部的领导核心作用；监督是保证，运作过程和结果都要接受群众和党支部全程监督。①

当然，任何机制都不可能尽善尽美，广东创新公众参与的机制仍有不少需要完善和注意的地方。比如，近年来广东的行政听证制度建设取得明显成效，但与社会公众的普遍预期相比，依然存在一定的差距。首先是听证主持人的独立性问题。目前的通行做法是行政机关首长或行政机关指定人员担任听证主持人。虽然通过回避制度的监督和约束，有助于消弭个人因素影响，但是行政主导的整体性影响却难以克服，会引起社会公众对听证会公正性的质疑。其次是听证参加人的遴选问题。目前的听证程序缺乏明确的听证参加人遴选机制，政府机构遴选工作的自由度和随意性明显，难以有效保证听证参加人的适格性与代表性。最后是听证会的效力问题。目前的法律法规对听证的效力并未明确界定，通行做法是规定"应当"或"可以"参考听证笔录（听证报告）。由于缺乏刚性约束，听证会很容易成为提供政治合法性的"过场"，难以实现公众参与对政府机构加以监督和约束的预期目标。从中长期看，如何通过机制创新进一步增强行政听证制度的社会公信力和行政约束力，已成为广东公众参与探索与实践的重要课题。

此外，"四民主工作法"在推广过程中，也必须重视依法办事原则，处理好党纪国法与村规民约的相互关系。"四民主工作法"的解决方案，必须以严格遵守宪法、法律、法规和执行党的路线、方针、政策为前提。从实践来看，由于受教育水平的局限，农村地区法制意识淡薄，有可能出现讲"民主"不讲"法治"

---

① 黄业斌：《按农民的愿望办事——惠州市全面推行"四民工作法"的实践与思考》，《求是》2007 年第 16 期。

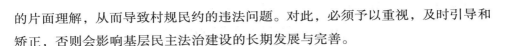

的片面理解，从而导致村规民约的违法问题。对此，必须予以重视，及时引导和矫正，否则会影响基层民主法治建设的长期发展与完善。

从长期发展来看，广东乃至其他地区公众参与的广泛性、有效性、可持续性都有待进一步完善，因而有必要继续重视和加强以下几方面的工作。

首先，进一步完善政府信息公开工作。对于社会公众而言，及时、准确、全面地了解和掌握政府信息是有效开展政治参与的必要条件。近年来，广东严格落实《政府信息公开条例》，从而在长期困扰公众参与的信息不对称问题上成功破题。网络信息技术的高速发展，更是为广东政府信息公开提供了重要助力。不过，政府信息公开的及时性、规范性、便利性都有待进一步提高。在今后的工作中，一方面应加强对公务员的信息公开意识和网络服务技能的培养，确保相关工作人员及时准确地实现政府信息上网，另一方面应推动对政府网站和信息管理系统的升级改造，增加服务内容，提高服务质量，特别是要切实改善信息检索的有效性和准确性，避免无关信息对浏览者的妨碍和困扰。

其次，进一步拓展公众意见表达机制。参政成本始终是限制社会公众政治参与的重要障碍。政府立法或者重大决策的合理性会对普通公众产生正面影响，但平均收益相对有限，如果参政成本过高，势必会对普通公众的参政意愿产生抑制作用。因此，构建顺畅、便捷、高效的公众意见表达渠道，也就成为推动公众参与的重要课题。在今后的工作中，一方面应继续加强对专家咨询、公开征求意见、听证会等传统方式的创新和改造，使之在操作过程中更具有可行性，更能客观全面地反映民意要求，另一方面应继续探索"网络问政"等创新方式，利用信息网络技术进一步降低社会公众的参政成本，从而激励社会公众的参政热情，有效拓展官民互动的广度与深度。

再次，进一步加强政府部门回应机制。社会公众参政热情的可持续性在很大程度上取决于政府部门对民意诉求的积极回应。无论是传统的行政听证制度，还是新式的"网络问政"制度，首要目的都是要在政府部门与社会公众之间构建稳定有序的互动交流渠道。因此，相关政府部门必须对社会公众的意见和建议予以积极回应，否则任何制度安排都很难获得社会公众的信任与支持。在今后的工作中，一方面应加强制度化建设，提高领导干部的责任意识，使政府部门对民意诉求的回应常规化和规范化，另一方面应重视对领导干部和公务员的回应技巧培训，避免在官民互动过程中出现不必要的摩擦和误解。

最后，进一步发展基层民主自治组织。如何有效筛选和汇聚公众意见表达的客观信息，始终是政府部门面临的重要难题。实践证明，经过组织化方式对个体利益诉求进行内部过滤和协调，有助于更准确、更集中、更可靠的民意表达，从而确保官民互动过程的顺畅有序。在今后的工作中，一方面应继续加强社会组织特别是行业协会的建设和管理，从而在社会分工日趋细化的背景下有效筛选和汇聚城市居民的利益诉求，另一方面应继续加强农村基层民主建设，推广"四民主工作法"等有效机制，从而改变传统的乡村管理模式，实现"为民作主"到"由民作主"的根本转变。

第六章　经济发展的法治环境

第一节　法治环境概述

任何经济体制都有其特定的游戏规则或制度框架，现代市场经济的游戏规则就是法治的规则。可以认为，法治是建立现代市场经济体制的制度基础，从两方面为市场经济提供了制度保障。其一是约束、激励与保障，即以预先设定的规则引导市场参与主体在各方均可以预期的范围内从事活动，包括产权界定和保护、合同缔结与履行、市场竞争秩序的维护，公平裁判等，以维持市场活动的秩序与交易安全。其二是对政府的约束，划定政府与市场主体的行为界限，尤其是约束政府对微观经济活动的任意干预，减少对经济活动的过多管制，把市场能解决的交给市场。

一　法治是社会主义市场经济的内在要求

（一）市场经济的自主性要求离不开法治

社会主义市场经济是自主性的经济，即承认和尊重市场主体的意志自主性的经济，这就要求用法律确认市场主体资格，明确产权，充分尊重和平等保护各类市场主体的财产权及其意志自由，以及规定市场主体行使权利的方法、原则和保障权利的程序。

（二）市场经济的契约性要求离不开法治

社会主义市场经济是契约经济，契约是市场经济条件下经济联结的纽带，市场交换或市场经济的具体运作，主要是通过市场主体之间自由、平等的协商所订立的契约来进行的。离开了契约这种法律形式，市场经济就寸步难行，而契约在市场经济中的作用，必须以法律对契约原则、方式和结果的确认与保护为前提。

（三）市场经济的竞争性要求离不开法治

社会主义市场经济的本质是竞争，竞争是市场经济的命脉，没有竞争就没有市场经济。通过竞争达到优胜劣汰，合理配置资源，这是市场经济的优越性之一。但竞争必须是公平、合法的竞争，否则，市场机制就可能失灵或扭曲。为此，必须实行切实有效的法律调整，直至实现法治的目标。因此，法治是维护正当竞争的保障。

（四）市场经济的平等性要求离不开法治

社会主义市场经济是主体地位平等的经济，因为市场经济中的经济主体是通过契约发生关系的，这就意味着双方当事人在地位上是平等的。因此，必须通过法律确认所有人的平等地位，至少在形式上平等地享有权利和履行义务。如果没有法律上的平等地位，市场主体之间的平等就失去了前提和保障。

（五）市场经济的开放性要求离不开法治

社会主义市场经济中，市场的开放与对市场主体的容量的扩大，是推动生产力发展的重要因素。市场的开放，一方面要求统一开放的国内市场体系；另一方面也要求市场国际化。统一的、开放的市场体系必须有统一的调整手段和相应的规则。

二 法治在社会主义市场经济中的作用

（一）引导作用

国家通过法的规范，引导市场经济主体在遵循市场经济体制自身要求的同时，也遵循一套统一而普遍适用的规则，避免或抑制各经济主体随意发展、大量不同主体之间的利益冲突、某些经济领域发展失控或呈现危机，使市场经济得以健康发展。

（二）促进作用

国家通过法律的规范，为市场经济的发展创造条件，反映市场经济规律，促进市场经济发展，确认政府职能的转变，以促使它更好地为市场经济服务。法治的促进作用一方面通过直接调整市场经济的法律，如民法、商法、经济法、经济行政法、劳动法、知识产权法等，为市场的发展、完善创造条件，扫除障碍，促使市场按法所反映的市场规律发展；另一方面通过如刑法、诉讼法、婚姻法等不直接调整市场经济的法，为正确处理政治关系、一般社会管理关系和家庭关系等

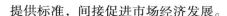

提供标准，间接促进市场经济发展。

（三）保障作用

国家通过法律的规范，确认和维护市场经济主体的正当权益，为市场经济运行提供利益保障；确立和维护必要的平等原则，确认市场经济主体平等地享有法定权利和平等地履行法定义务，平等地对待和处理各种经济纠纷，为市场经济运行提供平等保障；建立和维护必要的法律秩序、法律环境，为生产、流通、分配和消费等各个领域或环节提供以国家强制力为后盾的行为标准，为制裁和处理市场经济运行中产生的不正当竞争、徇私舞弊、贪污受贿、诈骗、盗窃以及其他经济违法犯罪行为提供标准，从而为市场经济运行提供秩序保障和环境保障。

（四）制约作用

国家通过法律规范，在引导、促进和保障市场经济的同时，也制约市场经济中的自发性、盲目性等非有序化倾向和片面强调本位物质利益的消极因素，使市场经济健康发展。

（五）确权作用

法治的确权作用主要有两方面，一是确认经济活动主体的法律地位，二是明晰产权制度。市场经济是主体多元化的、多种经济成分同时存在的经济，是各种不同经济主体在经济活动中地位平等、有权决策的经济。实行法治就是用法的形式确认和保障各种经济主体、经济成分的合法地位、平等地位和有权决策的地位，确认和保障各种经济主体参与民事活动的权利能力和行为能力，建立和完善法人制度。

（六）纠纷化解作用

市场经济运行的过程，也是有关经济主体的利益往往发生冲突的过程，是遵循必要的秩序，与秩序发生矛盾又维护秩序，使秩序复归正常的过程。市场经济通过法律作为解决纠纷的依据，通过法和法治的运行实现正常秩序，使经济活动中出现的纠纷，通过非暴力和秩序化的方式解决；使破坏市场经济秩序的违法行为受到应有的制裁或其他追究，从而维护良好的经济秩序。

第二节　广东构建法治环境、保障经济发展的历程

广东是中国改革开放的前沿重镇，不仅站在中国改革开放的前列，也为中国

广东经验：法治促进改革开放

其他地区的改革开放提供了有益的经验。改革开放 30 余年来，广东的经济发展实现了三个方面的转型：一是从传统计划经济体制向市场经济体制转型，即推行经济改革；二是从传统的农业社会向现代工业社会以及从传统的工业社会向信息社会发展的转型，即走新型工业化道路；三是从封闭半封闭到全方位开放的转型，即对外开放和融入全球化。广东在转型过程中任务极为艰巨、面临的问题极为复杂，但其改革取得了显著成效，从经济总量上看，1998 年超过新加坡，2003 年超过香港，2007 年超过台湾，乐观预计再过五年，广东的经济总量甚至可以超过韩国的经济总量。[①]

作为改革先锋，在 30 多年的经济发展进程中，广东对中国经济增长的贡献巨大，超过了京津唐、东三省、老三线等国家重点发展的工业地区。广东的经济增长不是数量上的单纯扩张，技术进步和改革带来的产权制度变迁才是经济增长的重要驱动力。[②] 广东不仅为中国贡献了"深圳速度"、"珠江模式"、"前店后厂"等模式，也贡献了改革开放的超前意识和丰富经验，而这些都是不符合西方主流经济学家的模型和预测的，也是其无法解释的。作为对中国经济体制改革贡献最多的省份，同时又是发生制度变迁最频繁、最活跃和最前沿的省份，广东的成功转型和发展另有原因。

30 多年来，在广东这块土地上，中国人创造了大量的财富，同时，由于利益的多元化、社会急剧转型以及一些制度层面改革的滞后，也积累了许多亟待解决的矛盾，穷人心存愤懑、富人患得患失并非个别现象。广东敏锐地看到，要解决这一关键问题，法治是必选项和首选项。广东省委十届八次全会审议通过的《中共广东省委关于制定国民经济和社会发展第十二个五年规划的建议》，明确指出民主法治是加快转型升级、建设幸福广东的根本保障。广东省委十届八次全会审议通过的《法治广东建设五年规划（2011—2015 年）》提出，到 2015 年，初步建成地方立法完善、执法严格高效、司法公正权威、法治氛围良好、社会和谐稳定的法治省。

从广东的高速发展和其法治建设的情况看，法治建设无疑是保障其经济增长

---

① 《"十二五"广东经济总量有望超韩国》，2011 年 4 月 28 日《羊城晚报》。
② 宋智文、凌江怀：《资本投入、技术进步、产权制度变迁与经济增长——基于广东的实证研究》，《佛山科学技术学院学报（社会科学版）》2011 年第 1 期。

的关键。广东在推进经济社会又好又快发展过程中，尤为突出的一个特点是高度重视法治建设，着力"构建法治为基、诚信为魂、效率为先、公平为本的社会主义市场经济"。广东的法治经济建设实践是"发展就是硬道理"的真实反映，它一方面是邓小平理论和"三个代表"重要思想以及科学发展观的实践成果，同时也是在特定历史环境下进行的创新。广东在法治经济建设实践中认为转变经济发展方式的一个重要内容就是要改革束缚经济发展的僵硬的体制机制，这个体制机制必须而且已经开始从以经济改革为主转化为以政府改革为主，坚持解放思想，反对全盘西化，借鉴所有人类政治发展和民主建设的有益成果。广东的法治经济建设实践是一个仍然在形成过程中的系统工程，为中国改革与转向扮演了先驱者的角色。市场经济体制有效运行的基本条件就是法治，现代市场经济作为一种体制的根本游戏规则就是基于法治的规则。广东的经济改革之所以取得成效，就在于在市场经济领域全面彰显了法治的力量，用法治为经济发展保驾护航。

改革开放 30 余年来，广东依靠法治保障经济发展呈现三个显著特点。一是突出了创制性和先行性。广东在改革开放方面先行一步，有特殊政策，有灵活措施，允许探索，可以试验，在立法上先行一步，为国家立法提供经验。二是突出了数量和速度。广东经济社会发展比较快，对外开放力度比较大，改革开放中遇到的问题和难题比较多，需要及时出台大量的法规来调整和规范，客观上十分迫切地要求加快立法步伐。三是突出了经济立法。30 余年来，广东省制定了大量的经济法规。广东省法治经济建设的进程反映了广东省现代化建设的进程，是对广东省改革开放成果的总结。根据改革开放的进程和深度，广东省法治经济建设可以分为以下四个阶段。

（一）改革初期（1978～1984 年）的法治经济建设

十一届三中全会以后，中国开始了改革开放的新篇章。当时广东省改革开放的重要内容是试办经济特区。时代赋予广东省建设市场法治的使命是探索进行经济特区的立法，把中央赋予的在经济体制改革和对外开放中的特殊政策和灵活措施用地方性法规的形式确立下来。

根据这一时代的特点，广东省把对经济特区的立法，尤其是建立和完善外商投资法律环境作为中心任务，结合广东的实际情况，进行了初步探索。这一时期最典型的立法是 1980 年制定的《广东省经济特区条例》。该条例规定了设立经济特区的目的以及外商在特区内投资设厂的程序、优惠办法、劳动管理等内容，为广东省三个经济特区的建制和运作提供了最基本的制度保障。此后，广东省又陆续制定了《广东省经济特区入境出境人员管理暂行规定》（1981 年）、《广东省经济特区企业劳动工资管理暂行规定》（1981 年）、《广东省经济特区企业登记管理暂行规定》（1981 年）、《广东省经济特区土地管理暂行规定》（1981 年）等单行法规，解决了经济特区改革开放过程中所面临的一系列现实问题，经济特区的法律法规制度逐渐完备。

（二）深化改革阶段（1984～1992 年）的法治经济建设

1984 年 10 月 20 日中国共产党十二届三中全会上，中共中央发布了《中共中央关于经济体制改革的决定》，确认社会主义经济是在公有制基础上的有计划的商品经济。1987 年，中国共产党召开了十三大，进一步强调要"深化改革、扩大开放"。这标志着中国进入了改革开放的关键时期，需要在实践中摸索改革开放的前进方向。正是在这样的时代背景之下，中央决定广东作为"全国改革开放的综合试验区"，由广东率先进行"市场导向的改革"的探索。从 1985 年到 1992 年这段时间，为适应改革开放的需要，围绕社会主义市场经济建设这个时代主题，针对改革开放中出现的新情况、新问题，广东省共制定和批准了 60 多项地方性法规，为全国立法摸索经验。在规范市场主体方面，1986 年制定了《广东省经济特区涉外公司条例》，这是中国第一部地方性公司立法，对市场经济的主体培育起到了重要作用。同年广东还制定了《深圳经济特区涉外公司破产条例》，建立了市场经济主体的退出机制。在规范市场行为方面，广东省在此时期制定了《广东省技术市场管理规定》（1986 年）、《广东省土地管理实施办法》（1986 年颁布，1991 年修正，2000 年失效）、《深圳经济特区抵押贷款管理规定》（1986 年）、《广东省拍卖业管理暂行规定》（1991 年颁布，已失效）、《广东省经济特区土地管理条例》（1991 年）、《深圳经济特区房地产登记条例》（1992 年）、《深圳经济特区房屋租赁条例》（1993 年颁布，1997 年、2002 年、2004 年修正）等一系列法规。在规范政府行为方面，广东省制定了《广东省行政事业性收费管理条例》（1991 年）、《广东省统计管理条例》（1992 年）等法规。通过出台这些法规，广东率先进行了社会主义市场经济改革中的立法探索，既推动了当时广东市场经济改革的发展，也为全国的市场经济立法积累了大量的经验。

（三）提出依法治省（1993～2008 年）后的法治经济建设

1992 年邓小平南行以后，广东不断突破思想束缚，逐步树立起以维护市场主体权利为本位、以强化政府服务为宗旨的立法新观念，制定了很多开创性的地方性法规。

1993 年 3 月，"国家实行社会主义市场经济"被写入了《宪法》，改革开放的纵深发展为广东省的市场法治建设带来了新的契机，提出了新的要求。一方面，全国的经济体制改革要求广东进一步发挥"立法试验田"的作用，在建立现代企业制度、发展和完善社会保障制度以及建立适应市场经济的法律体系等方面继续进行大胆探索；另一方面，广东省改革开放的不断纵深发展也对广东省的市场法治建设提出了新要求。为此，1993 年 5 月，广东省第七次党代会首次提出"依法治省"。1996 年 8 月，广东省委作出《中共广东省委关于进一步加强依法治省工作的决定》，10 月成立省依法治省工作领导小组及其办公室。至此，广东省的立法进入了一个飞速发展阶段。

这一时期，广东省的经济立法数量远远超过以往，完成了时代赋予广东省的市场法治建设的新任务。在这个阶段，广东的立法理念从以经济立法为中心向推动经济济、政治、文化和社会全面协调可持续发展转变，通过立法推动社会全面和谐发展。根据改革开放的需要，广东省的市场法治建设已经基本覆盖了社会生活的各个领域，在很多领域都已经基本形成了一批互相配套、相对成熟的法规群。

2003 年 4 月，胡锦涛同志到广东视察，提出了科学发展的战略思想，要求广东加快发展、率先发展、协调发展，在全面建设小康社会、加快推进社会主义现代化进程中更好地发挥排头兵作用。广东省人大及其常委会及时调整了立法工作思路，着力加强社会领域、民生领域的立法，广东法治经济建设以关注民生的视角，开始了由经济立法向社会立法、民生立法的重要转型。其中最具有代表性的是 2008 年通过的《广东省食品安全条例》。该条例首次在法律层面提出食品召回制度，是国内首部专门、系统和综合性的食品安全的地方性法规。

（四）实行"法治广东"以来的经济立法

2008 年，广东省委十届三次全会进一步作出"全面推进依法治省，加快法治广东建设"的战略部署，从广东省经济社会发展全局的高度，对法治广东建设提出目标要求。2011 年 1 月广东省委十届八次全会审议通过的《法治广东建设五年规划（2011—2015 年）》提出，到 2015 年，初步建成法治经济建设完善、执法严格高效、司法公正权威、法治氛围良好、社会和谐稳定的法治省。

广东经验：法治促进改革开放

法治广东战略规划实施以来，目前在法治经济建设的重点有三个部分：

一是将自主创新法制化。自主创新是推动产业转型升级，促进经济发展方式转变的核心和关键。广东省 2011 年 11 月通过的《广东省自主创新促进条例》是中国第一部规范促进自主创新活动的地方性法规，开创了自主创新立法的先河，标志着广东省自主创新促进工作进入法制化管理的全新阶段。

二是为珠三角进一步深化改革提供法治保障。珠江三角洲地区是广东发展的引擎，对于广东经济社会发展具有重要意义。2008 年底，国务院批复了《珠江三角洲地区改革发展规划纲要（2008—2020 年）》，把加快珠三角地区的改革发展上升为国家战略，并赋予"科学发展、先行先试"的重大使命。① 因此，广东省人大常委会制定并实施《珠江三角洲地区改革发展规划纲要保障条例》，构建确保规划纲要实施的机制保障、促进珠三角区域一体化的制度保障以及构建推动珠三角改革创新的体制机制保障。

三是根据中共十七届五中全会的精神，大力推动文化产业发展。十七届五中全会公报提出繁荣发展文化事业和文化产业，推动文化产业成为国民经济支柱性产业。广东省认真执行中央的决定，制定了《广东省公共文化服务促进条例》、《广东省非物质文化遗产条例》等多个直接或间接促进文化产业发展的地方性法规。其中，《广东省公共文化服务促进条例》是全国首个关于公共文化服务的地方性法规，通过完善激励机制，拓宽服务渠道，规范基层文化设施的建设和使用等，促进公共文化服务事业健康、可持续发展。

纵观广东省在建设法治广东过程中依靠法治保障经济发展的实践，可以发现，这一过程具有一定的特色。

首先是把开放作为先导。这一阶段以 20 世纪 80 年代初期的《广东省经济特区条例》、《广东省经济特区入境出境人员管理暂行规定》、《广东省经济特区企业劳动工资管理暂行规定》、《广东省经济特区企业登记管理暂行规定》、《深圳经济特区土地管理暂行规定》等招商引资的单行条例为代表。

其次是以改革为核心。改革是开放后的必然，在本质上是重新分配权力和职能的过程，也就是权力下放与政府职能转型的过程。在此过程中，广东坚持了权

---

① 《广东实施〈珠江三角洲地区改革发展规划纲要（2008—2020 年）基本情况〉》，2010 年 5 月 25 日《南方日报》。

力下放、政府职能转变。权力下放既表现为省对地市放权、地市对县放权、县对乡镇放权，也表现为财政权、审批权乃至综合性权力的下放。政府职能转变则体现为政府角色的三次转型，即从革命斗争型政府向经济建设型政府转型，从以前经济活动的计划者、控制者向市场经济规则的制定者、宏观经济的调控者、市场秩序的监管者逐步转型，以及从单纯重视经济增长的经济建设型政府向以经济建设和社会建设并重、以公共服务为宗旨并承担服务责任的公共服务型政府转变。[①]

第三节　广东构建法治环境、保障经济发展的具体实践

一　解放思想，制度创新

制度创新就是突破原有的条条框框，其最大的阻力就是路径依赖。改变路径依赖，首先要从政府自身寻找突破口。解放思想是政府突破的第一步，是正确行动的先导，是破除重重阻碍的有力武器，是推动事物不断向前发展的不竭动力。

作为改革开放龙头省份的广东，在经济社会发展过程中，经常会出现许多新情况、新问题，这些新情况、新问题没有现成的答案可以解决。要解决这些新情况、新问题，就只能摸着石头过河，迫切需要管理者拥有高度的政治智慧并密切结合实际经验建构创新性的法规来调整。

改革开放30余年来，广东正是在不断地解决新情况、新问题的过程中，敢想敢做，发挥了立法试验田的作用，突出了先行性、试验性和创制性的特点。数据显示，截至2009年，广东省先行性、试验性、自主性的地方性法规共236项，占法规总数496项的47.7%，其中现行有效192项，占现行有效法规389项的49.4%。[②] 其中具有代表性的有：

1981年制定的《深圳经济特区土地管理暂行规定》，第一次将土地使用权和所有权分开，确定特区土地有偿使用和转让制度，成为全国土地产权制度改革的催化剂。

1986年制定的《广东省技术市场管理规定》，首开了中国技术市场立法的先

---

① 肖滨：《演变中的广东模式》，《公共行政评论》2011年第6期。
② 《立法"敢为天下先"》，2011年3月10日《羊城晚报》。

河，是技术成果商品化在立法领域的一个重大突破。

1992 年的《深圳经济特区房地产登记条例》和 1993 年的《深圳经济特区房屋租赁条例》则首次将房地产纳入市场经济的法制监管轨道。

1993 年制定的《深圳经济特区有限责任公司条例》、《深圳经济特区股份有限公司条例》、《广东省公司条例》，开创了中国现在企业制度的先河，促进了现代企业制度的建立。

1995 年制定的《深圳经济特区律师条例》，开创了中国律师制度的立法先河，为《律师法》的立法奠定了基础。①

1998 年制定的《深圳经济特区政府采购条例》，是中国首部有关政府采购的地方性法规，实施时间比《政府采购法》早了整整四年。②

2001 年制定的《广东省预算审批监督条例》，是全国第一个省人民代表大会通过的预算审批监督的地方性法规。

2005 年制定的《广东省政务公开条例》，是中国第一部全面、系统规范政务公开的省级人大立法③，是打造"阳光政府"的重要举措。

2007 年制定的《广东省食品安全条例》，首次在法律层面提出食品召回制度④，为全国的食品安全立法进行了有益的探索。

2011 年制定的《广东省自主创新促进条例》，是中国第一部规范促进自主创新活动的地方性法规，开创了自主创新立法的先河⑤，标志着广东省自主创新促进工作进入法制化管理的全新阶段。

二　坚持法治在市场经济调控中的核心地位

在市场经济框架下，经济活动的各个方面都应该依靠法律来规范，这就需要大批科学的、高质量的经济立法、围绕发展、服务发展，有利于发展生产力，有助于营造一个法制健全、有效的市场环境，广东省在这方面的经验值得借鉴。

至 2011 年，广东省在现行有效的 419 项地方性法规中，经济类立法有 211

---

① 《深圳经济特区律师条例将启动修改》，2012 年 8 月 9 日《深圳商报》。
② 《立法"敢为天下先"》，2011 年 3 月 10 日《羊城晚报》。
③ 《〈广东省政务公开条例〉将于十月一日实施》，2005 年 8 月 4 日《羊城晚报》。
④ 《食品安全法有望今年出台　新法将提高违法成本》，2009 年 2 月 3 日《南方日报》。
⑤ 《我国第一部促进自主创新地方性法规在广东出台》，2011 年 12 月 1 日《科技日报》。

项，占总数的 50.3%①，这些法规为规范市场行为、维护市场秩序、保障和促进广东省经济发展和社会稳定发挥了积极的作用。主要来说，包括以下四个方面的立法。

（一）培育市场主体的立法

为了更好地规范市场主体的行为，广东省率先进行了有关的立法，主要涉及公司、合伙、股份合作企业、个体工商户、私营企业等市场主体，并对企业的会计管理制度、破产制度等进行了立法。广东省先后出台了《广东省公司条例》（1993 年5 月）、《广东省公司破产条例》（1993 年 6 月）、《深圳经济特区股份有限公司条例》（1993 年 4 月）、《深圳经济特区有限责任公司条例》（1993 年 4 月）、《广东省合伙经营条例》（失效）（1995 年 5 月，已失效）、《广东省股份合作企业条例》（1999 年 1 月）等地方性法规，积极引导和规范现代企业在广东的建立和发展。

广东重视培育市场主体，民营企业旺盛发展，成为拉动内资经济增长的重要力量。2011 年广东民营经济实现增加值 23336.44 亿元，同比增长 11.9%，高于整体GDP 增幅 1.9 个百分点，占整体经济的 44.3%。私营企业个数突破百万，达 110.83万个，增长 16.9%。广东省 4684 万家民营企业上缴 3718.96 亿元的税收。②

（二）维护市场秩序的立法

维护市场秩序方面的立法主要涉及假冒伪劣商品的监督管理、产品质量、消费者权益保护、不正当竞争、公平竞争等各个方面。如 1999 年制定的《广东省查处生产销售假冒伪劣商品违法行为条例》，对严厉查处生产、销售假冒伪劣商品违法行为，保护经营者、用户和消费者的合法权益，维护市场经济秩序起到了积极的作用。2008 年 1 月 1 日颁布实施的《广东省食品安全条例》是国内第一部专门、系统和综合性的食品安全的地方性法规③，为推动广东省食品安全的监管工作起到了积极的作用。

---

① 《羊城晚报》2011 年 3 月 11 日的报道《多项经济立法填补全国空白》显示，至 2010 年年末，广东现行有效的 412 项地方性法规中，经济类有 207 项；而根据广东省人民代表大会公开的资料显示，2011 年广东制定了自主创新促进条例、渔港和渔业船舶管理条例、民用建筑节能条例等 7 部地方性法规，其中 4 部为经济立法。故经过计算得到正文中的结果。

② 广东省统计局：《2011 年广东宏观经济形势分析及 2012 年展望》。

③ 新华网广东频道：《粤出台国内首部关于食品安全地方性法规》，http://www.gd.xinhuanet.com/newscenter/2007 - 12/03/content_ 11823650. htm。

（三）培育专业市场发展的立法

为培育专业市场的发展，规范各专业市场，广东省制定了大量的法规。一方面，对一些专业市场形成了一批互相配套、相对成熟的法规群，有力地保障了这些专业市场的发展和完善。另一方面，为了促进和培育专业发展的建立和发展，广东省有针对性地制定了一些推动专业市场发展的法规。例如，2002 年广东省制定了《广东省电子交易条例》，这是全国首部关于电子商务的条例，确立了电子签名的法律地位，解决了电子数据的法律有效性、证据效力两大难题，有力地促进广东省电子商务的进一步发展，也为全国的电子商务立法提供了经验。又如，1996 年广东省人大常委会制定了《广东省专利保护条例》，推动了广东省专利市场的建立和发展。再如，2002 年广东省人大常委会制定了《广东省商品交易市场管理条例》，极大地推动了商品交易市场的建立和完善。

（四）鼓励市场创新的立法

自主创新是推动产业转型升级，促进经济发展方式转变的核心和关键。2008 年广东省将《自主创新促进条例》纳入立法规划，由于自主创新这一领域的立法是创制性的，没有经验可以借鉴，面临的困难和障碍都很多，因此经过长达 4 年的起草和审议，该条例方才于 2011 年 11 月 30 日正式通过。这是中国第一部规范促进自主创新活动的地方性法规，开创了自主创新立法的先河，标志着广东省自主创新促进工作进入法制化管理的全新阶段。条例着眼于消除制约科技进步和创新的体制性、机制性障碍，创造性提出解决方案，建立了完善鼓励研究开发与成果创造、推动创新成果转化与产业化、强化创新型人才建设与服务、加大自主创新激励与保障力度等方面的制度。条例中规定了不少"高含金量"的新措施，如推动大型科学仪器共享，提高职务创新转化奖励比例限额等，对于加强自主创新能力建设，促进经济社会科学发展具有重要意义。

三 制度设计注重优化市场外围生态环境

市场外围生态环境是指经营活动所处的社会经济环境中外围不可控制的因素，主要有政治稳定、科学技术、文化发展、自然地理、劳动力等。政治稳定、自然地理等不是地方性法规能够调控的对象，因此，广东省在制度设计上比较注重保障劳动者权益和其他权益，以及促进文化和科学技术发展。

（一）保障、提高劳动者权益的立法

尽管在短期看来，保障并提高劳动者权益对经济主体和政府而言会提高其成本，但是长期来看，这是稳定经济环境、提升经济效益的必经之路，同时这也是"以改革稳增长、以改革促转型、以改革保民生"的必然要求。

改革开放 30 多年来，广东省在劳动保障方面进行了大量的立法，主要涉及：劳动合同、最低工资、失业保险、工伤保险、养老保险、工会组织、劳动监察、劳动安全、工资支付、劳动力市场管理、厂务公开等各个方面。例如，1993 年制定的《深圳经济特区劳务工条例》是新中国第一个通过立法来保障外来员工合法权益的法规，对外来员工的用工手续办理、外来员工的有序流动和外来员工权益的保护等事项作了规范。又如，2005 年制定的《广东省工资支付条例》对工资、正常工作时间工资和拖欠、克扣工资等概念作了明确界定，构建起了系统的规范工资支付行为的制度，加大了对欠薪企业的查处力度，对解决欠薪问题起到了极大的推动作用。

（二）其他权益保障的立法

广东对其他权益保障的立法主要涉及教育、农民问题、法律援助、企业权益保护和外嫁女等多个方面。在企业权益方面，如 2005 年制定的《广东省企业和企业经营者权益保护条例》着重规范了政府及各部门行政权力的行使，对维护企业和企业经营者的合法权益发挥了积极的作用。在法律援助方面，如 1999 年制定、2006 年修订的《广东省法律援助条例》是新中国第一部由省一级人大颁布的法律援助地方性法规，有助于促进政府法律援助机构网络的建立健全和法律援助的经费保障，初步解决了困难群众打官司难的问题。在农民问题上，1996 年制定的《广东省农民负担管理条例》为减轻农民负担，保护农民和农村集体经济组织的合法权益发挥了积极的作用。对于大量牵扯经济的"外嫁女"问题，2007 年制定的《广东省实施〈中华人民共和国妇女权益保障法〉办法》是国内首个以立法形式明确保护"外嫁女"合法权益的法规，对广东"外嫁女"权益纠纷的解决提供了明确的法律依据。

（三）文化和科学技术发展的立法

科学技术与文化是经济发展的精神动力、智力资源，也是新的经济增长点。当今许多新兴产业都建立在科技和文化的基础之上，如电子产业、信息产业、文化产业。琳琅满目的各种商品和商业性服务中，文化价值构成所占的比重高于物质价值构成的比比皆是。一些行业的出现直接得益于文化需求的推动，如红色旅游。至于"朝阳产业"文化产业更是文化与经济结合的典范。

为了推动文化和科学技术发展，广东作了大量立法努力。公共文化服务对于保障公民基本文化权益具有重要意义，广东省人大常委会制定了全国首个关于公共文化服务的地方性法规——《广东省公共文化服务促进条例》。条例通过完善激励机制，拓宽服务渠道，规范基层文化设施的建设和使用等，促进公共文化服务事业健康、可持续发展。非物质文化遗产是祖先的宝贵财富，是中华优秀文化的重要组成部分。为了加强对非物质文化遗产的保护、保存工作，继承和弘扬优秀的传统文化，广东制定了《广东省非物质文化遗产条例》，规范了保护单位和代表性传承人的认定，明确了其权利义务，完善了对非物质文化遗产的传承、传播和保护措施。

为了鼓励科技进步、自主创新，广东开展了大量科技立法工作。1991 年 7 月，广东省在国内率先提出"第一把手抓第一生产力"的要求，省委、省政府颁布了《关于依靠科技进步推动经济发展的决定》，其中心思想是实现经济增长方式的战略转型，从劳动密集型产业向技术密集型产业转变。1995 年 7 月，中共广东省委、省政府颁布《关于加速科学技术进步若干问题的决定》，以促进全面落实"科学技术是第一生产力"理念和科教兴国战略，加速科技向现实生产力转化，推动经济建设和社会发展，促进广东二十年基本实现现代化的进程。1998 年 9 月，广东省委、省政府颁布《关于依靠科技进步推动产业结构优化升级的决定》，在全国引起很大反响，国家科委向全国各省、自治区、直辖市转发了此文；2000 年 12 月，为进一步贯彻落实该决定，广东省科技厅颁发了《广东省专业镇技术创新试点实施方案》，有力地促进了广东省特色产业技术创新体系的建立，推动区域经济特别是镇级经济的发展和产业结构优化升级。2004 年 8 月，广东省委、省政府颁发《关于加快建设科技强省的决定》，指出要促进科学技术对各领域、各行业的渗透，为经济社会全面、协调、可持续发展提供强有力的技术支撑。

四　将建设法治政府作为提升投资环境的关键

建构法治政府是建构法治环境的关键。政府自己不守法、不依法行政，一切试图用法律规范市场的努力终将付诸东流。广东省在改革过程中的一个鲜明特征就是将建设法治政府、规范行政权力运行作为提升投资环境的关键。

为了规范权力运行，广东制定了许多规范行政权力的法规，主要涉及行政处罚、行政收费、统计管理、行政执法、政府采购、人大监督、人员编制、行政复议、政务公开等多个方面。这些立法对于推动依法行政，规范行政权力的行使起到了积极的作用。例如，1991 年制定《广东省行政事业性收费管理条例》后，广东省开展了大规模的行政事业性收费的清理工作，取消一切不合法收费项目，从而有效地遏制了行政部门滥收费的现象。又如，1996 年制定的《广东省规章设定罚款限额规定》有效防治了地方政府规章违反《行政处罚法》，不合理设置罚款的现象，有利于规范行政立法权、保障公民权利。又如，1998 年制定的《深圳经济特区政府采购条例》是中国首部有关政府采购的地方性法规，也有效地防治了政府采购领域的商业贿赂等腐败现象、为市民监督政府行为提供了法律保障。

广东还突出大部门体制改革，加大机构整合力度，努力形成新的组织结构和工作格局。如深圳、阳江、佛山市顺德区、汕头市濠江区在职能有机统一的大部门体制改革上力度最大，精简机构占原工作部门总数的 30% 以上。深圳、惠州等市坚持大部门体制下的"大处室"制，大力整合归并综合处室和性质相同、相近的业务处室及直属、派出机构，理顺了议事协调机构及其实体办事机构的设置，平均清理议事协调机构约 120 个，精简逾五成。各市平均有逾六成事项实现网上办理，东莞、清远等市实现全部审批事项全过程网上办理。东莞、江门、肇庆、韶关、梅州、阳江 6 市有超过 90% 的事项集中到政务中心办理；绝大部分"窗口"机构实现全部办事流程公开，同时对办事程序、环节进行简化，提高工作效率，压缩办事期限，并积极推进并联审批。截至 2011 年 9 月，21 个地级以上市平均有 10% 的审批事项推行了并联审批。①

为了优化投资环境，广东着力深化行政审批制度改革。2008 年以来，广东省政府共取消和调整行政审批事项 570 项，并向地级以上市下放 107 项行政审批事项。② 自 2009 年启动市县政府机构改革以来，21 个地级以上市平均取消行政许可和非行政许可审批、备案事项约 160 项，压缩 25.5%。③ 其中，中山市取消

---

① 《广东 21 地市审批事项平均压缩超 1/4 超 9 成人满意》，2011 年 9 月 5 日《南方日报》。
② 《广东加大放权力度压减行政审批事项》，http://finance.people.cn/GB/70846/17121527.html。
③ 《广东 21 地市审批事项平均压缩超 1/4 超 9 成人满意》，2011 年 9 月 5 日《南方日报》。

的审批事项占原有事项的近七成，韶关、清远等市改革后仅剩下 160 余项审批事项。与此同时，对公民、法人和其他组织能够自主解决、市场机制能够自行调节的事项，通过授权、委托及其他适当方式转移给事业单位或社会组织承担，放手发挥社会力量在社会事务管理中的作用。各市平均将行规行约制定、行业准入、教训培训、业务咨询等约 30 项职能转移给社会组织或事业单位承担，加快从一般竞争性和经营性领域退出，激发社会活力。① 2012 年 8 月，国务院批准广东省先行先试行政审批制度改革，为全国行政审批制度改革积累经验，这必将进一步推动广东省改革的深入发展和市场法治建设的日益完善。

---

① 《广东 21 地市审批事项平均压缩超 1/4 超 9 成人满意》，2011 年 9 月 5 日《南方日报》。

第七章　运用综合手段化解社会矛盾

改革开放30多年的发展经验证明，社会稳定是发展的助推器，也是社会的共识。在社会转型期出现的社会矛盾日益增多的现象，是发展中国家在前进道路上不可避免的一种常态，但是，用什么方法去有效维护社会稳定，则是实现社会和谐与进步的关键。作为执政者，要用符合时代发展的思想观念和行为方式，通过转变传统的社会治理模式，改变以"压"为主的简单粗暴方式，直接面对和处理众多社会问题。在解决社会矛盾的过程中，既要用理性防止仅凭单方面的主观认识和意志行事的专断，更要防止解决问题时方法上的简单粗暴。广东省作为改革开放的先行先试地区，一直坚持化解社会矛盾、维护社会稳定是复杂的系统工程的思路，并尝试运用综合手段，处理社会纠纷，维护社会稳定，取得了良好效果。

第一节　加强调解工作

广东在全省各县（市）区都成立了诉前联调工作联席会议制度，诉前联调工作联席会议的主要职责是研究制定和组织实施诉前联调工作规划，协调解决工作中存在的困难和问题，督促检查工作进展情况，组织安排调解员的教育培训，为诉前联调工作提供组织保障和经费保障。各县（市）区党委政法委书记为联席会议召集人，联席会议成员由各县（市）区法院、检察院、公安、司法、劳动、卫生、国土、房管等机关和妇联、工商联以及有关的行业协会、商会、消委会、律师协会等单位的主管领导担任，具体成员单位由各县（市）区社会治安综合治理委员会根据本地矛盾纠纷的实际予以确定。在全省各县（市）区法院立案庭统一设立诉前联调工作室，具体负责组织、协调、指导诉前联调工作的开展以及联席会议的日常工作。各县（市）区综治办主任兼任工作室主任，法院主管立案工作的副院长任常务副主任、立案庭庭长任副主任。

　　广东省坚持调解优先，依法调解，充分发挥人民调解、行政调解、司法调解的作用。实践中，广东省把人民调解工作做在行政调解、司法调解、仲裁、诉讼等之前，立足预警、疏导，对矛盾纠纷做到早发现、早调解。根据广东省社会治安综合治理委员会、广东省高级人民法院《关于建立诉前联调工作机制的意见》，当事人向县（市）区法院提起各类民商事、行政纠纷诉讼后，立案工作人员应进行审查甄别，除法律规定不能调解或不宜调解的以外，对未经基层综治信访维稳中心或其他调解组织调解的，要求立案工作人员应主动引导当事人选择基层综治信访维稳中心等调解组织调解；对经过基层综治信访维稳中心等调解组织调解不成功的，应主动引导当事人通过诉前联调工作机制解决纠纷。

　　以惠州市为例，其惠阳区着眼于"发现得早、化解得了、控制得住、处置得好"的要求，健全和完善排查预警机制、联动调处机制、考评督办机制，建立了人民调解财政补贴和专职调解员工作机制，构筑人民调解、行政调解、仲裁调解、司法调解相衔接的大调解格局。2010年6月，惠阳区率先在全市建立了诉前调解司法确认机制，设立了诉调对接中心，法院、公安交警、司法、劳动部门以"调解员＋法官＋书记员"的人员配置，按"非诉调解组织和法院参与调解、当事人申请司法确认、法院出具调解书、当事人自觉履行或法院主动执行"的流程，实现了调解、审查、确认、履行的"一条龙"，而且法院免收诉讼费。目前，"不起诉，找诉调"成为惠阳区群众解决矛盾纠纷的新现象。区人民检察院充分发挥检察职能，加大社会矛盾化解工作力度，在全市基层院率先设立乡镇检察室，主动走访辖区所属站所，列席当地综治维稳会议，积极发表检察意见，解答法律疑惑，将检察室作为化解基层社会矛盾的一条新渠道，使检察工作更贴近群众、服务社会。惠城区、惠阳区还率先推广村（社区）聘任法制副主任（法律顾问）制度，目前，律师共下乡上门提供法律顾问活动338人次，接听法律咨询电话1866个，提供法律意见235条，帮助审核修订村规民约、合同103件，协助调解矛盾纠纷117宗，起草和审查各类经济合同20份，开展形式多样的法制宣传教育专题讲座80多场，稳控了多宗疑难矛盾纠纷，一些久拖不决困扰村集体经济发展的矛盾纠纷也得到了妥善解决，提高了农村村民的法律意识和依法维权意识。

　　再以中山市为例，中山市中级人民法院一直强调办案时，不应就案办案、机械执法，在部分不属异常恶性的案件中，受害人的精神损害虽已无法挽回，但法院在审理时可通过促进双方和解的方式，让受害人得到一定的物质补偿，使其精神得到适当抚慰后，预防新的不稳定因素发生。在具体执行过程中，法院注意方式方法，采取稳妥有效的措施，注意疏导当事人的情绪，化解各方面矛盾，维护社会和谐稳定。该院在处理刑事案件时，很重视让被告人在进行补偿的同时取得被害方的谅解，从而争取最大限度地减轻处罚，使被破坏的社会关系得到一定程度的修复。仅 2011 年，中山市中级人民法院刑事审判庭调解的刑事附带民事赔偿案件就有 43件，其中一审刑事附带民事赔偿案件有 39 件，民事赔偿调解率占 41.5%，受害人拿到赔偿款 150 多万元，经该院执行局执行到的赔偿款则有 51.9 万元。①

第二节　完善信访机制

　　近年来，随着群众信访诉求的日益增多和反映内容的日趋多元化，广东各地积极探索完善信访机制，及时、有效地调处矛盾纠纷。比如，惠州市各地各部门按照《信访条例》的要求，大力畅通信访渠道，在建立健全领导包案、律师参访、下乡接访、信访主题日、领导约访等工作机制的基础上，不断完善、规范信访机制，构建"畅通、有序、务实、高效"的信访工作格局。一是建立和完善信访案件会诊办案制度。从 2010 年 7 月以来，惠城区每月召开一次会诊办案会，并创新会诊办案形式，召开信访案件会诊办案会，研究信访突出问题，约见上访群众，有效地推动了积案化解工作。二是运用好区化解社会矛盾应急基金。为了有效地化解社会矛盾纠纷，早在 2007 年，惠城区就设立了化解社会矛盾应急基金，专门用于解决按法律政策规定应该解决且急需解决，而一时又难于解决的信访问题，如因交通逃逸事故的医疗和丧葬救助、特殊困难群体的生活救助、医疗救助等，在维护社会稳定上发挥了较大作用。三是实行"信访代理"制度。由村（社区）工作站，镇街道中心或区中心指定专人代理群众上访诉求，由代理人按信访人诉求通过正常信访程序反映问题，达到政府与群众双赢。如惠城区平潭新圩村，在实际工作中不断完善信访代理制度，较好地解决群众问题，创出了该村矛盾纠纷"八年不出镇"的工作经验，受到领导、群众的好评。四是进一

---

① 《排队购物起争执致一死三伤》，2010 年 3 月 17 日《新快报》。

步规范信访三级终结制。惠州市认真开展信访事项复查复核工作，规范信访三级终结制，引导群众逐级反映问题，责任单位书面答复上访人，有效维护信访秩序，避免了群众重复越级上访。

惠州市还立足于法治惠民，创新运用法治手段化解基层矛盾机制。近年来，惠城区适应新时期经济社会发展需求的社会管理创新，立足于法治惠民，积极探索和创新基层社会矛盾化解新方式、新途径，促进基层民主法治建设。一是深入推行便民信访制度，进一步完善举报工作点的办公设施，由村"两委会"成员组成矛盾纠纷排查调处工作机构，轮流在工作点值班接待群众来访，建立健全信访举报工作点干部信访包干制度，形成镇干部包村、村干部包组的责任分工机制。目前全区102个行政村全部落实便民信访制度。二是推行农村法律顾问制度。2010年10月，在全区20个行政村开展法律顾问试点工作，开启了农村法律服务直通车，充分发挥律师和基层法律服务工作者作用，为农村提供法律咨询，开展法制宣传教育，修订完善村规民约、合同、协议等，协助调处矛盾纠纷，帮助困难群众依法获得法律援助等，着力引导村民以合法方式和正常途径表达利益诉求，帮助化解群体性、复杂性、易激性的矛盾纠纷。目前，惠城区102个行政村全部实现了"一村一法律顾问"的目标。建立农村法律顾问制度以来，农村法律顾问共下乡上门提供法律顾问活动338人次，接听法律咨询电话1866个，提供法律意见235条，帮助审核修订村规民约、合同83件，协助调解矛盾纠纷87宗，稳控了多宗疑难矛盾纠纷，一些久拖不决困扰村集体经济发展的矛盾纠纷也得到了妥善解决。

惠州市委、市政府出台了《关于加强社会建设的实施意见》，覆盖县、镇、村和企事业单位的综治信访维稳工作网络基本建成，在《惠州日报》实施"两抢一盗"警情天天报，相继开展"东江亮剑"、"三打两建"等专项活动，圆满完成了奥运会、亚运会、大运会和省运会等重大安保安排。惠州市还定期开展领导干部"大接访、大下访、大包案"，完善了矛盾纠纷"四级调处"机制，全市信访总量逐年下降，信访工作连续多年保持全省先进。惠州市自2008年起开通了"惠民在线"网络问政，解决了很多群众长期关注，或者没有得到解决的热点问题。据统计，从2008年至2010年，仅惠州市市委书记在总共100期《惠民在线信息摘报》上批示交办并解决问题461个，共有18名市领导、26名部门负责人、21名县（区）领导上线"惠民在线"论坛，网友现场留言14565个，上线领导现场答复问题1247个。网络问政综合信息平台共收到群众表扬、建议、投诉、咨询等信件

52024 件，已回复 51578 件，回复率达到 99.14%，已办结 49508 件，办结率达到
95.16%。① 惠州市还开通党政领导信箱，实施社区约请部门领导现场办公制度，
探索建立了"复退军人之家"、"出租车司机之家"、"流动商户之家"和"外来工
之家"，为复退军人、司机、流动商户、外来工与企业、政府之间沟通联系提供了
新渠道、新载体和新平台，在解决他们的困难和诉求、保障他们合法权益等方面起
到了积极作用。上述工作在相当程度上减少了群体性事件发生的概率。

第三节　确立社会工作介入矛盾调处的新思路

　　随着现代化、城市化进程的加快，中国社会正处于利益格局调整阶段，社会
问题数量增多，且冲突化的趋势愈加明显。传统信访工作遵循以自上而下为主的
工作逻辑，依靠思想政治宣传教育、行政管理作为主要工作模式已经不能适应当
前社会的发展。社会工作作为保障社会稳定和谐发展的推进器，在社会转型、政
府职能深入转换的历史新时期，社会工作已成为城市现代化、农村城市化进程中
缓和社会矛盾、解决社会问题、推进和谐社会建设的重要手段。社会工作是指社
会工作者以利他主义为指导，运用科学方法（包括社会个案工作、社会小组工
作、社区工作、社会行政等）从事的助人服务活动。社会工作作为一种"助人
自助"的专业活动，有系统的知识基础、专业理论以及工作方法和技术，有着
很强的应用性、科学性。同时，它又具备社会制度的特征，有受过专业训练的从
业人员，是现代社会解决社会问题的制度化手段，恢复并增强需要救助者社会生
活功能的一种制度化方法。信访工作在服务理念、服务对象、工作领域、功能作
用等方面与社会工作关系紧密，正确处理把握好信访工作与社会工作两者的关
系，就能达到共同促进和提高的目的。

　　广东省在借鉴国内外先进地区经验的基础上，结合本地实际，大胆创新信访
机制的新思路，把加强社会工作与"保稳定"结合起来，积极发挥社会工作人
才在权益维护、信访调处、心理疏导、行为矫正等方面的专业作用，化解矛盾，
维护稳定。以中山市为例，为了让社工尽快熟悉信访工作的基本情况，市信访局
要对社工进行为期一个半月共三个阶段的岗前培训：第一阶段，组织信访社工到

---

① 《致信市领导限时回复您》，2012 年 12 月 23 日《惠州日报》。

政法委、国资委、公安、城管、城建、妇联、社保局、农业局、国土资源局等九个部门，积极学习和了解各部门信访工作的重点、难点；第二阶段，组织社工服务中心在机构内部开展包括信访工作基本理论、信访工作现状、信访社工工作指引、常用法律法规、办公室礼仪等方面的培训；第三阶段，组织信访社工通过小组工作形式，结合社工有关尊重、接纳、聆听、同理心等服务技巧，逐层递进模拟练习个访、缠访、闹访、集体访的接访工作，并运用团体督导形式，探讨和总结模拟接访中遇到的困难和解决问题的方法。

为维护信访工作秩序，提高信访工作效率，正确、及时处理好信访案件，维护当事人合法权益，树立良好信访社工形象，中山市信访局根据社工工作的特点制定了全面的工作指引，内容包括：信访工作宗旨、信访社工工作职责、工作内容、日常工作制度、常用法规等，严格规范了信访社工的职业操守、保密制度、请示报告制度、首访负责制度及工作流程。为使信访社工迅速适应新环境、早日发挥专业所长，市信访局领导亲自组织带领信访社工到深圳、香港等地参观学习，组织信访社工到基层下访实践；亲自培训信访社工接访技巧，指导社工开展信访案件调处，让信访社工顺利融入新的工作环境。

从2010年9月至2011年5月，社工积极配合中山市信访局接访科做好群众接访工作，信访社工开展服务工作仅仅5个月，共接待来访群众1232批次，共计7370人次。其中填表受理转办598批、3526人次，调解处理303批、3193人次，咨询指引331批、651人次。在信访社工日常工作中，较多采用了"柔"、"梳"、"引"等社会工作专业方法服务群众，应对突发事件，社工专业工作方法在调处、化解社会矛盾方面发挥了积极的作用。

"柔"即柔性对待信访人。在信访工作中，经常会遇到个人到信访机构找寻工作人员进行心理宣泄的事件，这时信访社工在一定程度上就扮演了心理治疗师的角色。一方面以人性的关怀为基础而形成的社会工作专业理论能够有效地洞悉信访对象的需要；另一方面，利用社会工作中涉及的尊重、接纳、聆听、同理心等服务技巧，改善信访者的心理质量，引导其回归理性上访。信访工作模式从个性化、柔性化和人性化的服务方向开展。如一位妇女与厂方发生劳资纠纷来到市政府大门口闹访，并做出磕头、撞墙等自虐行为。社工接到指示后，第一时间进行了危机干预，情理并重，弱化了妇女的过激行为，随后社工引入心理咨询技巧，以家庭关系作为切入点，取得其信任，并深入了解其闹访的根本原因。在之后对这名妇女的回访中，社工始终保持真诚、接纳的专业态度，逐步引导妇女回归到理性的调解平台上，促进了纠纷的妥善解决。另一名来访人因为其丈夫过世前没有立遗嘱安排其财产如何分配，公证处要求来访人得到其他亲属的弃权确认才能将物业转到其名下。为此，来访人情绪激动、不停地哭泣，社工首先为来访人送上热茶，对其给予关怀和支持，通过积极关注，让来访人表达思想情感，宣泄心中压抑的不良情绪。待其情绪稍平稳后，社工再向其耐心地解释相关法律。上访人对相关法律有了一定的认识后，在亲人陪同下离开信访大厅，并同意到公证部门办理相关手续。

"梳"即梳理交办上访人诉求。上访人一旦自身利益遭受侵害，在多方奔走时常常会觉得被引至"云里雾里"，到上访时往往已搞不清其原本诉求。此时，社工要尽力为上访人理清诉求，帮助信访人从"云里雾里"走出来。如一位上访人因小区物业管理不满，多次奔走于规划、城建、环卫、城管执法部门和区政府之间，最后，信访人怒气冲冲地来到市信访局，一进门就把工作人员大声责骂一通，然后罗列了数十条投诉事项。信访社工耐心地聆听了上访人的诉求，以真诚、尊重的态度安抚了上访人情绪，并把信访人的投诉事项一一做好记录，耐心地协助上访人对信访事项进行逐一排序和整理，找出最需迫切解决的信访事项，并及时受理了信访案件，使信访人满意地离开信访大厅。

"引"即引导上访人依法上访。许多上访人由于对信访工作了解不足，经常把一些本与信访性质不相关的事情作为信访事项，如询问子女就学政策、希望通过关系帮助子女找到好工作、不服法院判决等等。遇到这种情况，信访社工及时提供必要的政策、法律等相关指引。例如，一位外地青年因被人伤害致残后不服法院判决，到中山市信访局信访，并表示要见市长，情绪表现得烦躁和消极。信访社工耐心聆听其诉求，协助其分析了目前面临的问题，告知其可通过申请法院强制执行、原居住地红十字会救助、残疾人帮扶等不同途径改善状况，并为其建立了多方位的社会支持网络，增强了服务对象解决问题的信心，上访人最终息访罢诉，问题也得到妥善解决。

广东省在不断探索和总结社工接访协助工作经验的基础上，开始对积案进行梳理分类，结合工作实际开展个案化解。在信访服务对象中，涉及个人事件较多。个案工作服务不仅是针对个人，还有困难的家庭，如住房困难、下岗失业、家庭经济困难都会在信访工作中遇到，信访案件中还会出现行为偏激的个人，运用思想教育，宣传国家法律法规的手段不能全面解决问题。运用社会工作的个案工作模式，能在信访工作中，探寻信访对象的问题成因，帮助其改变认知、开发自我潜能，不仅能帮助他们解决问题，调适心理，更重要的是帮助上访人增加自助能力，避免问题的再发生。相关部门还通过调动社会资源为下岗或生活困难的上访人联系其镇区所属部门，寻找就业培训的机会、帮助无力负担医院费用的病患者和家属申请补助等。个案工作的基本价值理念尊重个性，承认人的价值和独特性，关注个人和社会的福利都是信访工作中不能忽略的内容。把群众情绪疏导好，把群众意愿反映好，促进信访案件的妥善解决。

　　社工在信访系统原有基础上，对信访工作进行辅助和补充，在接访过程中侧重运用社会工作方法，运用第三角色定位，关注引导和调解，并有效整合社工资源，以社工个案工作专业方法协助上访群众（服务对象）恢复正常的社会功能，促进信访化解。社工在信访工作中的主要功能是：（1）为来访、来电、来信（邮）的对象提供法律、政策等相关资源的帮助；（2）对来访人中进行情绪安抚、相关政策法规解析，安定来访人激动情绪，设法让来访人进入理性上访状态；（3）牵线搭桥运用第三方身份将来访人引回争议调解的平台上，促进纠纷双方通过平等协商共同解决该纠纷问题；（4）对于不适宜由行政渠道受理的问题，以及个别心理存在障碍的上访人，由社工和心理咨询师进行介入，并作为个案跟踪处理，协助上访人乐观应对社会生活，恢复和发展其社会适应功能；（5）以家访、调研、在社区工作站进行信息采集等形式，多渠道收集民情民意；（6）预防与预警并重，开展《信访条例》及相关法规的宣传，引导群众依法信访。由于信访社工特别注重专业形象，让上访人在真诚、关注、耐心的氛围中较清晰地反映诉求，并及时提供必要的政策、法律等相关资源帮助，通过咨询、转介、协调等专业技巧引导上访者依法信访。由于运用不同手法及利用第三方身份，这种工作机制得到上访人的普遍接受。

　　广东省在认真总结经验的基础上，进一步完善信访社工制度，开拓信访社工服务新领域，确保服务的可持续发展。

　　一是建立信访社工服务网络。从单一的"点"上的服务扩展到网络式的"面"上服务，一方面，明确信访社工工作职能，分组进行日常接访工作、个案管理工作（如跟进信访个案回访工作、协助镇区个案跟进）等内容；另一方面，建立镇区信访社工服务体系，在各镇区设置 1~2 名信访社工，协助开展个案回访工作、定期到社区中心了解社情民意等。

二是建立信访社工支持体系。从"内部"优化管理，到"外部"支援维系，打造一个全方位多层次的支持体系，加快信访社工服务规范化建设。优化管理是指建立信访社工个案回访工作指引制度，从每月个案整理、回访筛选、个案跟进、综合评估等方面将工作流程和首访责任具体化。支援维系是指畅通服务渠道，完善服务系统，探讨司法与信访相结合的社工服务运作模式；进一步做好信访服务相关资料的收集和整理，并在实务工作中积极开展调研活动，参与课题研究，共同建立和发展信访社工服务新领域；进一步加大信访社工服务的宣传力度，提升信访社工服务的"知名度"。

三是进一步完善激励制度。社会对信访社工服务的认同，领导部门对信访社工能力的认同，信访社工对自我职业的认同，已经成为信访社工人才队伍建设的三大基础。因此，建立完善的激励制度，才能保障人才队伍的稳定和发展。信访社工人才队伍要发展，首先需要考虑督导人员构成的全面性，力求多方位管理和支持社工。而考虑到督导人才的培养和实际工作的需求，更应逐步从本土、本岗位优秀社工中培养管理性督导和支持性督导，打造出一支实力型的本土信访社工人才队伍。其次是把定期开展培训和交流活动提上议事日程，为信访社工增设释放压力正确渠道，营造上进、友好的学习氛围，从而提升信访社工队伍的整体素质，提高信访工作的效率。

四是建立信访社工考评制度。根据信访工作特点和工作岗位职责规范，进一步明确考核评估标准和激励措施。按照德才兼备的原则，结合信访社工专业水平，以职业素质、工作能力、服务成效等主要考评内容，由社工机构和服务单位进行综合考评。一方面，对优秀人才给予激励和业务奖励，吸引和广纳贤才；另一方面，促进人才的合理流动，保持信访社工人才队伍的优质性。

第四节　及时化解劳资纠纷

目前广东省发生的群体性事件中，最多的是劳资矛盾纠纷，约占全部纠纷的一半，多发生在珠三角地区。以深圳市为例，21 世纪初，深圳市劳动保障信访总量居高不下，2004 年上半年即达 4 万余宗，涉及近 17 万人，同比上升 13.6%；同时，劳资纠纷群体性事件频繁发生，2004 年上半年全市发生 30 人以上重大劳资纠纷 500 多宗，同比上升 11.9%；而且，欠薪成为劳动者投诉最集中的问题，因欠薪引发的员工投诉占全市劳动信访案件总量的 40%，其中重大劳资纠纷中有 80% 为欠薪引发，主要发生在建筑业、酒店服务业。①

针对这一实际情况，深圳市发布了《劳资纠纷群体性事件排查调处办法》，明确对一般因劳资矛盾引发、30 人以上、对社会生活造成一定影响的群体性事件，相关业务部门必须在接报后 1 小时内赶赴事件发生地点进行处理。同时，市劳动和社会保障系统将派出专人，采取定期排查、随时排查和专项排查的办法，对欠缴少缴社会保险人数超过 30 人、金额超过 10 万元的企业，被举报存在严重违反劳动法律法规行为的企业，在工资发放监控中发生有严重欠薪行为的企业等进行排查。同时，深圳市还将完善市、区、街道三级劳动保障信访网络，特区内各区街道办的劳动保障事务所有望配备 1~2 名兼职信访人员，使大量劳资纠纷化解在基层。

此外，深圳市还加快《深圳市员工工资支付条例》的立法和《深圳市企业欠薪保障条例》的修改完善工作，依法规范企业工资支付的行为；同时，加强工资发放的监控，通过建立信访举报投诉登记，对工业区、商业网点普查，建立完善企业档案库，开发分类监控信息系统，加强劳动监察的针对性。

在司法机关处理劳资纠纷案件时，也不会单纯局限于当事人的具体诉讼请求，而是着眼于社会稳定的大局，在法定权限范围内尽量顾及利益关联各方的正当权益的维护。2011 年中山市中级人民法院在审理一起涉及某首饰公司与其辞退的 76 名工人之间因加班费、经济补偿金等问题产生纠纷的 81 宗劳动纠纷案件时，了解到这 76 名离职员工的诉讼请求总额达到 300 多万元，而该首饰公司当时还有 148 名在职员工，如果按照同样的方法计算，公司还要付给这 148 名在职员工 500 万元以上劳动报酬，两者累计总额超过 800 万元。而当时该公司基本处于停业状态，只是没有进入法定破产程序而已。其厂房也是租用的，公司内仅留下包括车床、刨床等在内的生产设备，买家可以出价 100 万元左右。这也就是当时该首饰公司的全部价值。市中级人民法院认为，出于社会稳定的考虑，显然不能单单维护提起诉讼的 76 名工人的权利，还必须考虑在职的 148 名工人的权利。于是，承办法官明确告知该首饰公司负责人，公司所有设备不能擅自处置，所有变卖设备的钱将全部用于支付员工的报酬。该公司老板同意了法院的调处方案。

---

① 《深圳建立劳资纠纷群体性事件排查调处制度》，2004 年 8 月 13 日《深圳商报》。

最后各方达成一致意见：76 名离职员工获得总额为 28 万元的赔偿，首饰公司应在 1 个月内变卖公司设备支付该笔赔款，而剩余款项将用于支付尚在公司的 148 名员工的报酬。在此基础上，法院主持争议各方签署一揽子调解协议，同时对尚在首饰公司工作的 148 名员工的权益也预留了保障措施。这起曾导致百余工人集体"护厂讨薪"的劳资纠纷案终于尘埃落定。

第五节　以廉洁从政促进社会稳定

权力腐败不仅侵蚀执政党组织，更是激化社会矛盾、破坏社会稳定的罪魁祸首，很多群体性事件都是因权力腐败侵害公共利益，招致公众不满而发生的。因此，强化廉政建设，依法有效约束公权力的运行，是化解社会矛盾、促进社会稳定的关键，也是确保党群、干群关系健康发展的基础。广东省委、省纪委对此有十分清醒的认识，并通过认真细致的调查研究和经验教训总结，将廉政控权促进社会稳定的核心环节锁定在"如何监督一把手"的制度建设，强调不能仅靠"把好用人关"，还必须通过创新权力约束机制实现监督"一把手"的目的，这与目前其他地方的廉政探索不谋而合。

在当前廉政控权的实践中，监督"一把手"的机制主要存在三个突出问题。

第一，同级监督的无效。目前多数情况显示，同级监督在实践中不仅没有发挥出应有的作用，反而容易导致摩擦，损失效率，一些地方的基层甚至为了能够提高效率而倾向于党政"交叉任职"、"一肩挑"。在调研访谈中，即使是上级和同级的纪委书记、人大常委会主任等也都在座的情况下，某些"一把手"也会直言不讳地表示，"同级监督没有用"，甚至有人还开玩笑地表示，"那得看我想不想接受监督"，而且大家也表现出轻松的气氛，显示出对这一看法的认同。实际上，比起某些口口声声愿意自觉接受监督的官员，这些快人快语、直言"同级监督无效"的官员，可能更值得信任。但是，这并不能消除我们基于制度建设的忧虑。监督的一个基本原则是权力制衡，即没有一方可以独揽决策权力。如果同级领导班子其他成员无法实现对"一把手"权力进行有效的制衡，同级监督机制实际上就会沦为制度摆设。

第二，上级监督的无奈。加强党内监督，尤其是对各部门、各单位"一把手"的监督，关键不在"下面"而在"上面"，这是基层干部和群众普遍的真实心态。有的基层干部表示，"加强党风廉政建设，加大党内的监督力度，主要得靠中央自上而下地推进。作为基层干部，我们期待着中央和省、市能够出台更为有效的制度和措施来惩治腐败，并且能够取得实质性的进展和突破"。然而，中国是一个大国，中央不可能事无巨细都事必躬亲，上级也不可能遥控指挥所有下级"一把手"的廉政事务，对干部的使用也应本着"疑人不用，用人不疑"的原则，不能事事都"上面说了算"，况且我们在历史上曾经有过因为过于依赖上级领导，最终导致"信任上级领导到迷信的程度，服从上级领导到盲从的程度，美化上级领导到神化的程度"，无论是战争时期的"肃反扩大化"还是和平年代的十年浩劫，都不能说与此无关。上级不是万能的，上级的权力也需要监督和制约。因此，过于依赖上级监督，事实上无法实现有效遏制腐败现象。

第三，下级监督的无助。如果体制内的横向监督无效，自上而下的监督虽然可能有效但成本高昂，那么我们是否可以寄希望于自下而上的监督方式？说到如何搞好下级监督，特别是如何监督"一把手"，很多基层干部就流露出畏难情绪，或者言辞闪烁，或者避重就轻。一些干部表示，"如何监督'一把手'我真的说不好"，"我只是个小干部，这好像不是我能管的事"，"监督'一把手'关键是上面要动真格的……"有的基层干部干脆直截了当地说："你问的这种话题太敏感，我真的不想说，也不能说。"许多基层干部坦言，目前党内有关加强监督的措施、制度确实不能说不健全，但在具体实施、执行过程中，很多监督办法、措施都大打折扣，监督的效果不尽如人意。面对这种局面，作为基层干部，究竟该如何加强监督，特别是如何加强对上级领导的监督，自己心里也有很多困惑，很多人就是想说有时也说不太清楚。

相当数量的基层干部将当前的腐败问题归结为制度的不完善。一些基层干部甚至发出这样的感叹：如果监督制度本身不完善、有漏洞，监督的力度自然不够，效果也肯定不会理想。还有一些基层干部说："为根除腐败，中央、省、市都制定了很多措施，出台了很多文件，这些制度措施都很好，但很多制度、文件在执行过程中都流于形式，这就说明这些制度、措施本身仍然有空子可钻。"

为了有效实现廉政控权、促进社会稳定的目的，广东省和各市县通过先行先试进行了创新权力约束机制的有益探索。

首先，分解"一把手"权力，变"操作员"为"监督员"。通过科学分权保证权力的公有性质，既要防止公有权力的"个人化"包括"一把手化"，又要防

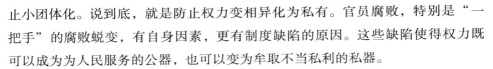

止小团体化。说到底，就是防止权力变相异化为私有。官员腐败，特别是"一把手"的腐败蜕变，有自身因素，更有制度缺陷的原因。这些缺陷使得权力既可以成为为人民服务的公器，也可以变为牟取不当私利的私器。

深圳市在探索监督"一把手"的制度建设的过程中，结合"许宗衡案件"的教训分析，深刻认识到，当人、财、物方面的决策实际上由"一把手"说了算的情况下，任何监督作用都有限。所以，只有让"一把手"由"操作员"变成"监督员"，才能打破"一把手"、"一支笔"作主的现象。于是，深圳市采取分解"一把手"权力的做法，实行"一把手'四个不直接分管'"，深圳市委、市政府联合发布的《关于加强党政正职监督的暂行规定》明确规定，在领导班子分工中，党政正职不具体分管人事、财务、审批、执法等事项，明确由班子其他成员协助正职分管。按照《深圳市市管单位领导集体决策重大问题议事规则（试行）》的规定，党政主要负责人不得擅自改变集体研究的事项，只对财务开支和人事工作进行审核和监督，不得在人事管理工作会议特别是干部任免会议上首先表态作导向发言，在议事中应末位表态。

同样，广州市也通过市委全委会成员行使重要干部初始提名权和重要干部任用市委常委会票决制，坚持常委会决定干部任免前由党委书记与副书记、分管组织、纪检等工作的常委共同酝酿，着力规范领导干部特别是"一把手"的用人权，通过部门预算网上公开等措施，规范领导干部特别是"一把手"的财权。

这一分权制度将"一把手"的职能转变成监督副手和下级部门，形成相互制衡的关系。实际上这也是对"一把手"的考验和保护，还能让"一把手"脱离这些繁琐的事务，全心全意抓好主要工作。与此同时，副职有了权力，有利于调动副职的工作主动性，任监督之职的"一把手"时刻约束着副职用权行为，因而不敢乱用。反过来讲，这一制度赋予副职直接分管的权力，增强了对"一把手"的监督力度。

分权给副手，并不等于"一把手"就不用负责任了，副手出问题，"一把手"得负连带责任，轻则受党纪、政纪处分，重则被免职。基于这一点，"四个不直接管"并不代表不管，而是让"隐性权力显性化，显性权力规范化"，但关键还是要有配套制度的保障，如"财务管理制度"、"工程招标管理制度"、"责任追究制度"、"民主议事制度"、"重大事项票决制"等。

其次，强化党委"全委会"的决策权以制约常委会。强化党委"全委会"

的决策权的实质意义，就是把目前通常由地方党委常委会行使的一部分决策权划给党委全委会，从而使全委会逐渐成为一个名副其实的党内决策机关。

深圳市《党政领导干部选拔任用条例》和《规范领导干部初始提名办法》明确规定，在认真履行民主推荐、考察、酝酿等必经程序后，对党政正职的拟任（推荐）人选，由党委全委会（党工委会）审议，进行无记名投票表决。

如果说党代会常任制是制约党委的党内立规、决策之权，那么，强化党委"全委会"要防止的，则是党委书记作为一把手有可能通过实际控制常委会而出现的专断。十六大前，经中央同意，中央纪委明确提出：地县党政领导班子正职的拟任人选，分别由省、市党委常委会提名，党的委员会全体会议审议，进行无记名投票表决。这不仅是把地方党委常委会一部分决策权划给全委会的最早改革，而且是"票决制"最具实质意义的重大突破。这是中央的决定，把"三重一大"中的一重即"重要干部任免"，交由全委会票决。另外的"两重一大"，即重大决策、重大项目安排和大额度资金使用，也应当逐步交由全委会票决。

再次，完善权力行使的程序性限制。深圳市实行"党委常委会"不审议具体项目、不决定具体事务的做法。不仅"一把手"不能直接过问具体的项目和具体的业务办理情况，常委会也不能以开会的方式讨论具体的项目审批或变更业务部门具体的决定，只能对主管部门或人员进行监督，同时，实施"三重一大"集体决策制度。这种程序性限制，使得"一把手"和常委会无法接近可能出现权钱交易的机会，却可以对下级的行为进行监督。

又次，建立"一把手"事务公开制度。阳光是最好的防腐剂，电灯是最好的警察。政务公开是廉政的有效配套机制。广东省出台文件，明确党政各级"一把手"的哪些工作必须向社会公开、什么时间公开，都应制定严格规范的制度。着重抓好对"一把手"重点时间段（得到提拔重用时、换届选举时、工作取得成绩上级表扬时和个人及家庭遇到婚丧嫁娶、逢年过节、生病住院、出国考察时）和重点环节（工程招标、项目审批、贷款、减免税收、人事安排和其他可能进行权钱交易的环节）进行监督。

最后，实行"党代会常任制"。不改变权力过分集中的现象，党内民主难发展，党内监督难进行，党内权力难平衡。中共十六大报告提出要"建立结构合理、配置科学、程序严密、制约有效的权力运行机制，从决策和执行等环节加强对权力的监督"；要"以完善党的代表大会制度和党的委员会制度为重点，从改革体制机制入手，建立健全充分反映党员和党组织意愿的党内民主制度"；要"扩大在市、县进行党的代表大会常任制的试点"。党代会常任制的目的是不让党内权力机关形同虚设。而是加强党委会的试点，是要适当地约束党委常委会的决策之权。"常任制"试点如何进一步推进，既需要中央的统一部署，同时更离不开各地区各部门积极主动的探索创新。

第六节　建立和完善社会稳定风险评估机制

随着经济的快速发展，利益格局的调整变化，各种矛盾纠纷不断出现，一定程度上制约着地方经济的发展。若事前对这些矛盾纠纷的存在和发展缺乏客观的评估和认识，在处置过程中就会处于被动局面。广东省一直在积极探索可以事前对重大事项决策出台后可能引发的不稳定因素进行充分评估的机制，创新制定处置方法，希望能够为经济发展带来的效果与措施出台后引发的社会影响作比较，权衡利弊，为经济持续、快速、健康发展打下良好的基础。2011年，广东省委、省政府办公厅联合下发《关于对重大事项进行社会稳定风险评估的实施意见》并召开全省社会稳定风险评估工作会议，标志着广东启动了社会稳定风险评估工作。

广东提出社会稳定风险评估制度，就是要改革涉及民生问题重大事项决策机制，加强矛盾源头治理。该制度要求对涉及民生的重大政策、重大改革措施、政府重点工程项目等，未经评估不进行决策。这对于全省从源头上预防和减少社会矛盾的发生，有效避免和妥善化解群体性事件，推进科学决策、民主决策、依法决策，保障经济社会又好又快发展，具有深远意义。

广东省各地根据各自职责任务，结合实际，制定细则，明确了风险评估的主体、内容、程序以及评估结果和评估责任等内容，具有较强的可操作性。对拟实施事项可能引发的矛盾冲突以及所涉及的人员数量、范围和激烈程度作出评估预测，并提出解决的措施与建议。早在2009年6月广州市就研究起草了《关于对重大事项进行社会稳定风险评估的实施意见（试行）》，经反复修改、十易其稿，2009年10月以市委办公厅、市政府办公厅名义正式印发。自开展试点工作以来，2010年广州的矛盾纠纷总数同比下降了12.9%；30人以上的重大群体性矛盾纠纷同比下降 57%，群众进京非正常上访批次与人次分别下降 69.23% 和 91.66%，并实现了全国"两会"期间群众进京"零上访"、上海世博会期间群众到沪"零上访"、亚运会期间群众到涉亚场所"零上访"。广州市各区（市）和相关市直单位都出台了实施细则，完成重大事项社会稳定风险评估 700 多例。肇庆市选取市交通运输局、市城市综合管理局为试点单位。江门市选取市中级法院、国土资源、环保、城乡规划等局作为第一批先行先试单位。河源、梅州、湛江、云浮等地则直接全面铺开。

广东省在推进改革开放的过程中，始终坚持把事关广大人民群众切身利益的重大决策，关系较大范围群众切身利益调整的重大政策，涉及较多群众切身利益并被国家、省、市、区县确定为重点工程的重大项目，牵涉相当数量群众切身利益的重大改革等，作为维护社会稳定实施源头治理的系统工程来抓。2011 年广东省启动社会稳定风险评估工作后，即对全省 447 件事项进行了重大决策类评估，重大工程项目类的评估有 319 项，其中评估有重大风险不准实施的重大决策 10 个项目、重大工程项目类 5 个。广东省直部门则选取维稳任务较重、风险评估需求迫切的重点单位、重点区域和重点项目、重点业务开展试点示范工作，全面推进重大事项社会稳定风险评估工作。广东还把开展风险评估工作纳入党政领导干部阶段考核、年终考核的重要内容，把考核结果作为领导干部晋级升职、评先受奖的重要依据之一。2012 年，广东省委省政府决定在总结试点经验基础上全面建立和完善社会稳定风险评估机制。

第七节 在法治轨道上化解矛盾纠纷

维护社会稳定，最主要也是最可靠的，还是要走依法办事的道路。尽管目前全社会对于法律在国家和社会中的作用似乎都很肯定，但是却存在一种很不正常的现象，面对很多社会矛盾，无论是当事人，还是参与和处置矛盾的相关政府人员，往往会采取一种回避法律的方式去解决问题。而一些地方的党委和政府也乐于采取依靠政策而不是法律的方式，调节和处理群众的诉求。但是从历史和现实的经验教训来看，法治才是处理社会矛盾最有效、最基本的方式。任何脱离法治的方式方法，虽然在短时期内，能够在表面上化解或缓和社会矛盾，但是由于它们大都是以弱化法律功能和政权公信力为代价，长此以往，社会将不得不为由此产生的长期非正常治理模式付出沉重代价。

随着广东社会转型进入攻坚阶段，群体事件多发，如何在法治轨道上化解矛盾，妥善处理群体事件，是广东今后一段时间里面临的一大挑战。首先，从社会方面来看，群众的民主、平等和权利意识不断增强，相关诉求增多，群众工作的内容越来越丰富；群众现实利益的思想增强，利益纠纷增多，群众工作对象越来越广；群众维权意识增强，维权方式日趋激烈，群众工作的要求越来越高；诉求表达渠道多元，矛盾激化风向增大，群众工作的环境越来越复杂；利益诉求趋同趋众，聚合效应明显，群众工作的难度越来越大。而不少干部存在着三种不良作风：一是群众观念淡薄，对群众疾苦置之不理；二是做群众工作方法简单，习惯于发号施令，居高临下；三是群众工作不扎实，见困难就拖，见问题就推。对群众反映的问题久拖不解决，甚至放任不管，以致酿成严重后果。对此，广东省委提出，群众工作就是要忠实履行全心全意为人民服务的根本宗旨，以实现维护和发展群众的根本利益为着眼点，及时解决群众最关心、最直接、最现实的利益问题；着力完善民生保障机制、权益维护机制和矛盾化解机制，畅通群众诉求表达渠道，创新群众工作的方式方法，提高群众工作的真实本领，全面加强和改进群众工作，进一步密切与群众的血肉联系，推进广东政治、经济、党建、文化、社会各项事业的全面进步。

通过调查研究，广东省委发现，许多群体性事件刚刚开始时其实很简单，群众的要求也是合理的、不高的。以乌坎事件为例，村民就提出两个诉求。一是反映土地问题，乌坎村 13000 多人，7 个自然村，78 个姓，乌坎村有 9000 亩土地，已经被卖了 6700 多亩，只剩下 2000 多亩，但是既没有把村民变成市民，也没解决村民享受城市低保的问题。二是反映村务不公开，村干部可能存在贪污受贿问题，卖地不跟村民商量。由于问题一直未能得到解决，引发多次村民示威，警民发生激烈打斗，之后村民自发组织"乌坎村村民临时代表理事会"，并游行通往陆丰市政府大楼前与警方爆发冲突，此后开始警民对峙局面。汕尾市政府把乌坎村民申诉定性为"在境外的某些机构、势力和媒体与乌坎村事件确实有一定关系，把问题炒得沸沸扬扬，无限放大"，但村民表示这只是土地问题诉求。此后，村民薛锦波等五人被刑事拘留，其中薛锦波在被关押了三天后死亡。官方验尸结果与薛之家人探视后认定的情况大相径庭，这两件事情导致村民情绪激动而把事件激化，亦因此得到国际媒体的注意。2011 年 12 月 20 日，广东省政府官员先派代表进村内与村民代表临时理事会谈判，成为事件和平发展的转机。

在乌坎事件发生后，广东省委主要负责同志就指出，"乌坎事件的发生有其偶然性，也有必然性，这是经济社会发展过程中，长期忽视经济社会发展中发生的矛盾积累的结果，是我们工作'一手硬一手软'的必然结果。"广东省工作组在处理乌坎事件的过程中，紧紧依靠党和人民，具体做到五个坚持。第一，坚持民意为重，以最大决心、最大诚意、最大努力解决群众的合理诉求，严肃查处违法腐败行为。第二，坚持群众为先，依靠群众解决乌坎问题。明确表示，陆丰乌坎村群众的主要诉求是合理的，基层党委政府在群众工作中确实存在一些失误，村民出现一些不理性行为可以理解。第三，坚持以人为本，全力做好死者家属的安抚优恤工作。第四，坚持阳光透明，及时公布调查处置工作的进展情况。第五，坚持法律为上，依法依规、讲情讲理，妥善解决问题。政府回应和解决群众的诉求界定是否合理，首先要以法律法规来界定，同时要以人为本，考虑人民群众的实际利益，对前段部分乌坎村民在参与上访游行过程中出现的不理智行为给予充分理解和谅解，参与打砸的只要有悔改表现也给予宽待；即使是对策划、组织违法行为的人员也给出路，只要他们有悔改表现，不再组织村民妨碍工作组进村解决群众合理诉求，都一律宽大处理。

乌坎事件等群体性事件的处理过程和正反面效果显示，保持冷静、理智、克制、秩序的气氛，在民主法治的轨道上处理群体事件，完全可以实现以人为本与社会稳定、和谐的共赢。

第八章 广东依法加强
农民工工作的探索

第一节 概述

改革开放30多年来，亿万农民工①以极大的热情和勇气，走出农村，进城务工或在乡镇企业就业，积极投身建设中国特色社会主义伟大事业，为城市创造了财富，为农村增加了收入，为城乡发展注入了活力，对中国现代化建设作出了巨大贡献。这一在中国工业化、城镇化和现代化进程中产生的特殊社会群体至少有三个明显特点：规模庞大，流动性强，地位失调。资料显示，从全国层面来看，这个群体的总数还在继续增加。2010年，全年农民工总量为2.4亿人，比上年增长5.4%；2011年，全年农民工总量为2.52亿人，比上年增长5%。同时，尽管在本地务工的农民工在逐年增加，但是多数人还是在跨省、跨市的远距离流动着。2010年，全国外出农民工1.53亿人（其中举家外出农民工有3071万人），占到农民工总数的63.3%之多；2011年，外出农民工1.58亿人（其中举家外出农民工有3279万人），仍然占到农民工总数的62.8%。②另外，相关研究显示，相比十年之前，这个群体地位失调情况有所改善，但是其面临的问题并没有得到切实和彻底解决，群体内部的张力以及可能导致的冲突仍然是一个不容忽视的影响社会稳定的因素。

党中央、国务院历来高度重视农民工工作，多次强调全国各地要把做好农民工工作作为一项紧迫而重要的任务抓紧抓好，各有关部门要研究制定部门涉及农

---

① 出于研究需要（例如尽可能保持资料口径的统一性），本研究仍然使用"农民工"称谓而不是广东新近提出的"异地务工人员"。

② 《中华人民共和国2010年国民经济和社会发展统计公报》、《中华人民共和国2011年国民经济和社会发展统计公报》，国家统计局官方网站，以及《2011年中国农民工调查监测报告》，http://guoqing.china.com.cn/zwxx/2012-05/03/content_ 25293895.htm。

民工管理服务的政策措施，各司其职，分工负责，形成合力，共同做好农民工工作。从全国层面来看，近年来关于农民工的管理服务工作已经迈入了一个崭新阶段。之所以称为"崭新阶段"，是因其表现出以下几个特点。

其一，建立了专司农民工工作的机构和机制，改变了以往要么"多龙治水"、要么"无人问津"的局面。2006 年，国务院成立了"国务院农民工工作联席会议"（以下简称"联席会议"）。联席会议不刻制印章，不正式行文，日常工作由当时的劳动保障部（现为人力资源和社会保障部）负责。联席会议的主要职责是：在国务院领导下，研究拟订农民工工作的重大政策措施，为国务院决策提供意见建议；督促检查各地区、各部门相关政策落实情况和任务完成情况，协调解决政策落实中的难点问题；研究确定年度工作要点和阶段性工作计划；定期向国务院汇报农民工工作情况，并及时通报各地区、各部门。联席会议由国务院办公厅、发展改革委员会、教育部、科技部、公安部、监察部、民政部、司法部、财政部、劳动保障部等 31 个部门和单位组成。国务院领导同志担任联席会议的总召集人。联席会议必须定期向国务院汇报工作进展情况，每半年召开一次联席会议全体会议，不定期召开专门会议和开展专项活动和联合调研。①

2008 年 7 月，人力资源和社会保障部成立了农民工工作司。这一机构的成立是农民工管理发展史上的大事，标志着农民工管理服务工作纳入政府常规工作范畴。该司的主要职责为：拟订农民工工作综合性政策和规划，维护农民工合法权益；推动农民工相关政策的落实，协调解决重点难点问题；协调处理涉及农民工的重大事件；指导、协调农民工工作信息建设。

其二，对农民工群体所付出的努力和所作出的贡献给予充分肯定，运用褒奖活动引导全社会改变对农民工群体的歧视和排斥。2008 年，国务院农民工工作联席会议举办了"全国优秀农民工"评选活动。联席会议指出，近年来，在各行各业涌现出一大批取得突出业绩的优秀农民工，为充分肯定农民工在改革开放和现代化建设中的重要作用，宣传优秀农民工的先进事迹，激励广大农民工学习先进，努力工作，营造全社会尊重和关爱农民工的良好氛围，决定授予王永奎等

---

① 《国务院关于同意建立农民工工作联席会议制度的批复》（国函〔2006〕19 号），http：//www.gov. cn/gongbao/content/2006/content_ 283957. htm。

1000 人"全国优秀农民工"称号。①

其三，改变以往"头痛医头，脚痛医脚"的工作方式，对农民工工作作出系统和周密的部署。2008 年 12 月 20 日，国务院办公厅下发了《国务院办公厅关于切实做好当前农民工工作的通知》（国办发〔2008〕130 号），对加强农民工工作作出部署。一是采取更加积极的就业政策，广开农民工就业门路。二是加大对农民工培训的投入，改进培训方式，增强培训效果。三是按照国家有关规定，抓紧制定扶持农民工返乡创业的具体政策措施，引导掌握了一定技能、积累了一定资金的农民工创业，以创业带动就业。四是努力创造有利于农民工稳定就业的良好环境，维护农民工的劳动保障权益。五是按照国家政策认真做好返乡农民工的社会保障和公共服务。六是切实保障返乡农民工土地承包权益。

针对农民工培训工作仍然存在着培训项目缺乏统筹规划、资金使用效益和培训质量不高、监督制约机制不够完善等问题，继《国务院关于解决农民工问题的若干意见》（国发〔2006〕5 号）和《国务院办公厅转发农业部等部门 2003—2010 年全国农民工培训规划的通知》（国办发〔2003〕79 号）两个文件下发之后，2010 年 1 月 21 日，国务院办公厅颁布了《关于进一步做好农民工培训工作的指导意见》（国办发〔2010〕11 号），重申了加强农民工培训对于提高农民工技能水平和就业能力、促进农村劳动力向非农产业和城镇转移以及推进城乡经济社会发展一体化进程的重要意义，并就强化培训能力建设、提高培训质量、建立规范的培训资金管理制度等几项工作作出了明确规定。

广东是改革开放的"排头兵"，在经济增长取得历史性突破的同时，广东省为省内外农民工提供了大量就业机会，成为全国吸纳农民工就业最多的省份，为缓解全国就业压力和促进地区协调发展发挥了积极作用。与此同时，广大农民工也为广东省现代化建设作出了重大贡献。资料显示，2004 年，广东省有 2130.3 万暂住人口，约占全国暂住人口的 1/3，位居全国各省份之首，其中，95% 居住在珠三角地区。现阶段，仍有大量农民工工作和生活在广东尤其是珠三角地区。2008年，参加工伤保险的农民工为 1523.89 万人，比上年增加 173 万人；2009 年，参

---

① 《国务院农民工工作联席会议关于表彰全国优秀农民工的决定》（人社部发〔2008〕94 号），中华人民共和国人力资源和社会保障部网站。

加工伤保险的农民工为 1632.00 万人，比上年增加 108.11 万人；2010 年，参加工伤保险的农民工为 1799.3 万人。① 另外，据经验观察和知情人士透露，尽管近几年前往广东打工的农民工有所减少，但是实际工作和生活在广东的农民工远不止这么多，尤其在珠三角地区，非本地户籍人口往往数倍于本地户籍人口。

长期以来，在农民工管理服务上，广东一方面积极贯彻落实党中央、国务院的精神和要求，另一方面结合全省实际情况作出了不少开创性的探索。尤其是"孙志刚事件"之后，广东省各级党委政府和各有关部门更加重视农民工问题，意识到妥善解决好农民工问题，关系到广东省经济社会持续、协调、健康发展，关系到社会稳定和社会主义新农村建设，关系到全省全面建设小康社会、率先基本实现社会主义现代化，同时，也将对全国就业局势的稳定产生重要影响。因此，广东省委、省政府要求"各级政府和各有关部门要从落实科学发展观出发，从全省经济社会发展大局出发，站在构建和谐广东的战略高度，充分认识做好农民工工作的重要意义，把农民工工作作为一项重大战略任务，摆上重要位置，加强领导，加大力度，切实抓紧抓实抓好"，并对建立健全维护农民工权益的保障机制、加快建立覆盖农民工的就业服务和职业培训体系、改革创新农民工社会保障制度、加强对农民工的各项公共服务等几项工作作出了周密部署。②

经过多年探索，广东省农民工工作至少在四个方面取得了成效：一是在加强领导、组织推进农民工工作方面建立了新格局，形成了"党委政府统揽、上下协调一致、部门齐抓共管"的工作新机制；二是在创新机制、全面贯彻《国务院关于解决农民工问题的若干意见》方面推出新举措；三是在积极维权、着力解决农民工突出问题方面取得新成效；四是在加强服务、大力优化农民工生产生活环境方面取得新进展。③

时至今日，广东省面临着两个新问题。一是如何保持领先优势再创新的辉煌。由于土地的制约、资源能源以及劳动力成本的上升，近年来不少企业转移至中西部地区寻找新的"洼地"，进城务工人员的选择机会增多，"厂选人"的情况逐渐演变为"厂选人"与"人选厂"并存的局面。在此背景之下，广东（以

---

① 《2008—2010 年广东国民经济和社会发展统计公报》，广东省人民政府网。
② 《广东省人民政府关于进一步加强农民工工作的意见》（粤府〔2006〕97 号）。
③ 《粤召开农民工工作领导小组第一次全体成员会议》，广东省人民政府网，2007 年 09 月 07 日。

及其他先发地区）需要认真研究如何通过改善就业环境和提高福利待遇以吸引和留住外来务工人员。二是如何破解双重二元结构。经过 30 多年的努力，从总体上看，广东在破解（本地）城乡二元结构方面取得了重大进展，但是城乡差距和矛盾仍然没有得到彻底解决。与此同时，30 多年的经济快速发展引发了社会结构的巨大变迁，外地人数倍于本地人成为广东省域范围内多数地区，尤其是珠三角地区人口结构的重要特点。如何破解本地人与外来人这一新的二元结构，实现本地人和外地人的共生共荣、共享成果和共谋发展，是一个亟待认真研究的重大问题，而农民工问题显然是其中的关键问题。

第二节 农民工工作的基本情况

近年来，广东各级党委政府和相关部门在破解上述难题以及农民工管理和服务工作上作出了积极探索。尤其值得注意的是，广东在农民工群体管理服务上有着总体设计和周密部署，并表现出以下几个特点：一是"常规化"，即对农民工群体的管理和服务实现"常规化"，主要表现为各级政府都设立了专门机构负责农民工管理服务的日常工作，并且要求职能规范、运作良好；二是"民主化"，即在对农民工加强管理和服务的同时，注重发挥农民工群体的主体作用，有效搭建各类平台将农民工群体组织起来，尽量让农民工自我管理、自我教育和自我服务；三是"系统化"，即将农民工管理服务工作纳入地方经济社会发展大局来规划和部署，并且农民工工作机制本身也自成体系。这些做法在广东辖区内的不同地区的落实程度和具体实现方式各具特色。

一 常规化：从常设机构入手抓好农民工工作

目前，在广东省范围内，加强农民工管理服务已经步入"常规化"阶段。各级党委政府和各有关部门建立了负责农民工管理服务工作的领导小组和常设机构，并且职能要求规范、机构运作正常。农民工工作机构"常规化"主要表现在以下几个方面：

（一）五级管理

截至 2007 年，广东省形成了省、市、县（区）、乡镇（街道）、居（村）委会五级管理体系。在省级层面，广东省建立了三个常设机构负责农民工管理服务工作：一是省社会治安综合治理委员会成立了流动人口治安管理工作领导小组，下设办公室在省公安厅；二是按照国务院农民工工作联席会议的设置框架，成立了省农民工工作联席会议；三是省人力资源和社会保障厅内设了农民工工作处。农民工工作处的主要工作职责是：会同有关部门拟订农民工工作综合性政策和规划，推动农民工相关政策的落实，协调解决重点难点问题，维护农民工合法权益，指导、协调农民工工作信息建设；承担省农民工工作联席会议的日常工作。

广东省内各市也建立了相应的领导小组和职能部门，但是各市设置模式不同（详见下文"三种模式"的分析）。市级以下日常工作机构设置的情况是：在珠三角地区，各镇（街）设立了流动人员和出租屋服务管理中心，各居（村）委设立服务管理站。在其他地区，在流动人口2000人以上的乡镇设立了流动人口服务管理中心。另外，在加强日常机构建设的同时，广东还加强了相关人员和队伍建设。目前，全省组建了一支4万人左右的流动人员和出租屋综合协管员队伍。

（二）三种模式

省内各市常设机构主要有三种模式。

模式一，在市政府设立办公室。这种模式主要见于广州、东莞、中山等市。其中，中山市于2005年4月正式成立了"中山市流动人口管理办公室"，正处级建制，挂靠市政府办公室。该办公室的主要职责是：贯彻执行国家和省有关流动人口和出租屋管理的政策法规、方针政策，拟订全市流动人口和出租屋管理的政策、年度工作计划并组织实施，负责对全市各部门、各镇区流动人口和出租屋管理服务工作的监督检查和协调指导；定期收集全市流动人口和出租屋管理服务工作的情况和信息，研究、解决新问题；受理流动人口的投诉，督促有关部门、镇区及时办理、切实维护流动人口的合法权益；开发、管理"中山市流动人口和出租屋综合管理信息系统"，具体实施流动人口积分制管理工作；承担市流动人口管理领导小组日常工作；承办上级交办的其他事项。

模式二，在综治委设办公室。这种模式主要见于深圳、珠海、汕头、佛山、惠州等市。其中，佛山市于几年前成立了流动人口服务管理领导小组，并设立办公室（简称"市流管办"）作为流动人口和出租屋管理的日常工作机构。市流管办与市综治办合署办公，内设流动人口服务管理工作科（简称"流管科"）。市流管办的主要职责是：贯彻执行国家、省和市关于加强流管工作的方针、政策，指导全市各区流管工作的开展；根据市委、市政府和市流管领导小组的部署，提出贯彻方案，并督促检查落实；督促、协调各流管成员单位开展流管工作；协调解决各区在开展流管工作中遇到的具体问题；开展调查研究，提出对策和建议，为市流管领导小组当好参谋助手；掌握各区流管工作情况，定期向市流管领导小组报告工作；总结交流典型经验，鼓励先进，推动后进；完成市流管领导小组交办的其他工作。市流管领导小组实行年会制度、流管成员单位工作情况报送制度、各区流管工作情况月报制度以及年度考核评比制度等。

模式三即在公安局设立办公室负责流动人口和农民工的日常管理服务工作。模式一与模式二这两种常设机构，是相关各市根据流动人员密集、服务管理任务较重的实际而设立的。在流动人口较少的其他各市，则一般采取模式三，例如，潮州市公安局的户政部门承担了流动人口入户和农民工积分入户工作，梅州的农民工服务管理机构也设在了公安部门。这三种模式的常设机构的设立，不但标志着农民工服务管理工作步入"常规化"，而且机构的职能设置显示：这些常设机构已经逐步从管制导向型转向了服务管理并重导向型。

二　民主化：将农民工组织起来

加强农民工管理服务是一项艰巨的重要工作，各级党委和政府责无旁贷。现阶段，广泛动员和组织农民工群体依法参与社会管理等事务，并且实现政府行政管理与（包括农民工群体在内的）基层群众自治有效衔接和良性互动，是各级党委和政府必须认真研究和探索的重要课题。广东在破解这一难题上迈出了坚实的步伐。

广东是中国改革开放的前沿，也是最具活力的地区。近年来，广东在社会组织（也称民间组织）领域的改革和创新引人注目。社会组织领域的改革和创新，充分彰显了广东鼓励和推进基层群众自治的民主主张。鼓励、培育和扶持社会组织有助于将广大农民工组织起来，并为其搭建起参与公共事务、提供自我服务的平台。尤其值得称道的是，这种做法没有止步于城市，而是延伸到了农村；这种做法也没有止步于本地人，而是延伸到了外地人。也正因为如此，将群众组织起来，以民主化手段促进经济发展和加强社会管理，在广东收效良好。对惠州建设"特殊之家"做法的分析将进一步支持这一判断。

三　系统化：统筹谋划农民工工作

经济发展和社会管理犹如拉动时代前进的双轮驱动。在中国经济取得长足进步之后，加强和创新社会管理显得尤为重要。如何让双轮驱动齐头并进，是摆在各级党委和政府面前的一道难题。农民工问题是社会管理的重要内容。近年来，区别于把农民工问题当作棘手"麻烦"、额外工作和"包袱"的思路和做法，广东各级党委和政府把农民工问题作为区域经济社会发展"题中之意"，认真研究、统一规划和周密部署，呈现出"系统化"特点。

近年来，广东提出了"加快转型升级、建设幸福广东"的总体工作目标，积极启动和实施"六项幸福工程"。一是大力实施"人才兴福工程"，切实为建设幸福广东提供人才智力保障。二是大力实施"就业谋福工程"，围绕推进经济转型升级和实施双转移战略，最大限度促进就业。三是大力实施"技能致福工程"，促进体面劳动、提升幸福指数。四是大力实施"社保安福工程"，切实解除群众生活后顾之忧。五是大力实施"收入增福工程"，逐步提升建设幸福广东的水准。六是大力实施"和谐稳福工程"，改善劳动关系促进社会和谐稳定。① 广东省将农民工管理服务工作纳入"六项幸福工程"当中统筹和谋划，强调在实施"六项幸福工程"进程中，坚持促进农民工就业与优化人力资源配置结合，努力夯实农民工创造幸福生活的基础；坚持提高农民工技能素质与助推产业转型升级结合，努力增强农民工谋求幸福的能力；坚持维护农民工合法权益与构建和谐劳动关系结合，努力强化农民工稳定幸福的保障；坚持加强基础能力建设与推进基本公共服务均等化结合，努力营造农民工共享幸福的环境。② 正因为有这样的统筹和谋划，农民工工作基础不断夯实，劳动力资源配置不断优化，农民工权益维护不断加强，农民工社会保险水平不断提高，农民工生产生活环境不断改善，关心关爱农民工的社会氛围更加浓厚，农民工工作不断取得良好成效。

为了考证和呈现这些思考，本研究将选择广东省珠三角地区的东莞市、惠州市、中山市作为研究个案，重点分析东莞市"新莞人服务管理局"（作为加强农民工群体管理服务"常规化"的样本）、惠州市的"外来工之家"（作为加强农民工群体管理服务"民主化"的样本）以及中山市的"八项机制"（作为加强农民工群体管理服务"系统化"的样本）。对三个样本的分析，将全面展现广东省近年来在加强农民工管理服务方面的新探索，包括成效、问题以及可拓展空间。

---

① 《广东省副省长肖志恒：大力实施六项幸福工程》，2011 年 1 月 18 日《南方日报》。
② 《广东省农民工工作电视电话会议召开》，中国在线，2011 年 5 月 9 日。

第三节　农民工工作常设机构：东莞样本

东莞市位于广东省中南部。近年来，该市深入推进经济社会双转型，切实抓好结构调整等工作，确保了东莞经济平稳增长，呈现出城市综合实力稳步增强、产业结构持续优化、人民生活不断改善、社会事业全面进步的良好局面。由于历史原因，东莞形成了以电子信息制造业为龙头的比较完整、门类齐全的工业体系，加之其特殊的地理位置，多年以来，东莞吸引和集聚了大量以农民工为主体的流动人口。资料显示，2007 年末，全市户籍人口达 171.26 万人、常住人口达 694.72 万人；2011 年末，全市户籍人口达 184.77 万人、常住人口达 825.48 万人。[①] 根据新莞人服务管理局的数据，2012 年东莞有常住非户籍人口 662 万人。现阶段，由于各种原因，流动人口数量上有所减少，但是外地人和本地人的比例大致维持在 6∶1 或者 7∶1。

东莞既是经济大市，也是流动人口大市，但传统上对流动人口的管理理念滞后、部门职责不清、工作成效不大。为了改变这种局面，东莞开始以建设服务型政府为导向，以体制机制创新为动力，努力探索符合东莞实际、具有地方特色的新莞人服务管理模式，这些创新有力地确保了社会大局稳定，促进了经济社会发展。通过新莞人服务管理局的履职情况，就可以看到变化、做法和巨大的成效。

一　落实农民工管理服务的职责

东莞市将负责农民工管理服务日常工作的机构设在了市政府系统（即属于模式一），命名为"新莞人服务管理局"。该局成立于 2008 年，其前身是 2004 年成立的出租屋管理办公室。目前，该局内设办公室、出租屋业务管理科、服务协调科和宣传信息科四个部门，设定行政编制 23 名、后勤服务事业编制 5 名。

现阶段，新莞人服务管理局所履行的管理职责主要包括：贯彻执行国家和省、市有关流动人口和出租房屋服务管理的方针政策、法律法规和规章制度，拟定新莞人和出租房屋服务管理的规定并组织实施；统筹全市新莞人和出租房屋服务管理工作，研究制订发展规划，并组织实施和监督检查；规划和建立健全新莞

---

①　《2007、2011 年东莞市国民经济和社会发展统计公报》，东莞市统计调查信息网。

人服务、培训体系，协调督促有关部门做好新莞人的服务、培训和维权工作，负责界定新莞人享受优惠服务的资格和在各行业中评优推先的组织协调工作；收集、登记、统计和分析全市新莞人有关信息，为市委市政府提供有关决策依据及建议，并向有关职能部门提供有关数据信息；协助有关职能部门做好房屋租赁登记备案、出租房屋税收征管、计划生育、户口登记、暂住证发放、出租房屋管理整治以及社会治安综合治理等工作；协调指导镇（街）新莞人服务管理中心开展新莞人和出租房屋服务管理工作，负责全市新莞人和出租房屋服务管理队伍建设；组织开展流动人员和出租房屋服务管理政策法规宣传和课题调研及理论研究。

二　注重农民工管理服务的政策制度设计

政策制度设计是做好外来务工人员管理服务的基础。为此，东莞市新莞人服务管理局牵头组织或配合职能部门，加强新莞人服务管理工作方面的政策制度设计。在全市指导性、纲领性的政策方面，东莞市先后出台了《中共东莞市委东莞市人民政府关于进一步加强新莞人服务管理工作的意见》、《中共东莞市委关于进一步做好新形势下群众工作的意见》、《东莞市新莞人服务管理工作考核办法》等。在新莞人基本公共服务普惠和维权方面，东莞市先后出台了《东莞市积分制入户暂行办法》、《东莞市积分制入户管理实施细则》、《东莞市新莞人子女接受义务教育暂行办法》、《东莞市"优秀新莞人"评选活动方案》、《关于改善新莞人居住条件的指导意见》、《东莞市出租屋租住人员计划生育管理与服务实施细则（试行）》、《东莞市新莞人职业介绍和职业培训补助资金管理暂行办法》等十多份规范性文件。

三　创造农民工融入城市的条件

加强对农民工服务、管理的根本是设法使其尽快融入城市，真正成为城市的一分子。东莞市深刻认识到这一点，注重提升农民工的主体意识。

其一，开展积分入户工作。2010 年，广东省开始实施积分入户制度，并给每个地区下达了指标。当年下发给东莞的指标为 12370 个。最终统计数据显示，在 2010 年里，有 10854 外来人口成功落户。2011 年，东莞采取了不同于 2010 年的做法。一是扩大了申报许可对象，外地农业户籍人口、非农户籍人口以及本地农业户籍人口均可申报。二是制定了标准，明确了准入条件（包括素质、纳税、财产和奖励几个方面），统一了起点分数（即130分）。三是改集中申报为全年受理，而且实行一个窗口受理和并联审核，相关部门之间每天实行对接，工作效率提高很多。这一变动不但使工作压力减少了，申请人也觉得灵活方便了。四是入户指标不设上限。这主要基于以下考虑：从2010年来看，成功入户的平均积分必须达到145分，事实上，符合条件的不一定愿意入户，条件不够的还要继续创造条件，因而设定上限"意义不大"。

其二，落实积分入学工作。积分入学指的是把公办学校的名额空档拿出来用于接收流动人口子女（年满6~15周岁），到底接收谁而不接收谁则主要依据积分的多寡。现阶段执行的积分规则涉及11个项目，既有加分项目也有减分项目。具体项目包括文化程度、技术职称或国家职业资格、在莞服务年限、参加社保年限、居住条件、计划生育、投资兴办工商企业（或个体工商户）近三个年度生产经营累计纳税额或个人近年缴纳工资薪金个人所得税税额、参加志愿者服务以及接受教育情况，另外，在莞期间获得表彰的给予加分，受过劳动教养或其他刑事处理的给予扣分。积分入学申报与积分入户的申报使用同一系统，两种信息实现共享，统一由新莞人服务管理局收集、管理和受理，然后根据各项申报人的情况打分，交由市教育局按照积分从高到低进行录取（教育局提前公布学位数）。不过，与积分入户不同的是，因为"僧多粥少"，积分入学是设上限的。2009年，东莞共计接纳流动人口子女1.1万名，截至2011年底，接纳人数达到4万名。教育部门的学籍数据显示，现有56.3万名流动人口子女在东莞各级各类学校借读。

其三，新莞人服务管理局还负责开展"优秀新莞人"评比活动。2009~2011年，东莞市每年评出200名以内"优秀新莞人"。从2012年开始，东莞市"优秀新莞人"评选改为两年开展一次，每届评选10名"优秀新莞人"。而且，今后的"优秀新莞人"评选参选门槛进一步降低、评选奖励进一步增加，只要持居住证、在莞工作并缴纳社保即可参选，无工作年限、参保年限约束，获评者即使不入户东莞，其子女也可直接入读公校。另外，新莞人服务管理局还负责新莞人的相关培训工作、宣传工作和文化服务，包括组织新春关爱慰问活动，扶持"打工文学"，资助关于东莞故事的书籍出版，组织"十佳打工文学家"评选活动，组织广场文化活动以及开展送文化下基层活动，做好节假日的慰问走访工作等。

其四，逐步改善包括农民工在内的外来务工者的居住条件。东莞市出台了《关于改善新莞人居住条件的指导意见》，提出积极采取各种措施，多渠道提供新莞人居住场所，逐步改善新莞人居住条件，增强新莞人的归宿感和认同感，以人性化服务推动和谐东莞建设。根据该意见，改善新莞人居住条件主要包括以下形式：（1）用工单位改善本单位新莞人居住条件；（2）筹建新莞人居住小区、实施政策性租赁住房；（3）加强出租屋服务管理、改善居住环境；（4）优化政府服务。东莞市还鼓励筹建新莞人居住小区，实施政策性租赁住房。为此，政府给予政策支持，如对新莞人居住小区的建设项目，市和镇（街）国土部门应在用地方面给予支持，可参照经济适用住房和廉租住房的用地供应方式，并完善用地手续，且要求各镇（街）要适度加大财政投入力度，多渠道筹集用于新莞人居住小区的建设资金，创新融资方式，引导社会资金按有关政策规定参与建设。该意见还要求住房公积金管理部门应逐步完善住房公积金制度，鼓励新莞人提取住房公积金用于购买或者租赁住房。

其五，为农民工参与社会管理创造条件。调研还了解到，2007年，东莞市首次面向新莞人公选团市委副书记，而且强调选拔产生的团市委副书记主要为新莞人提供服务。当年团市委新莞人专职副书记的要求是：30岁以下，在东莞市企业、"两新组织"担任中层职务两年以上的管理人员，并且是非东莞户籍。公选出来的团市委新莞人专职副书记为聘任制，聘期5年，聘期内享受同级别领导职务政治、工资等待遇，但户口和人事关系不转入东莞。另外，东莞还面向全市新莞人公选聘任市总工会和市妇联专职副主席各1名。除了这样的平台，东莞还为新莞人提供了更多参与决策、管理和监督的机会。截至调研结束时，已经公开选拔20名优秀新莞人到基层部门担任机关公务员和事业单位职员，现有1名新莞人当选省人大代表，1名新莞人当选省党代表，17名新莞人当选市党代表，5名新莞人当选市政协委员。这些做法和举措表明农民工管理服务工作已逐步实现了"常规化"，并呈现出"民主化"的趋向。

第四节　农民工管理民主化实践：惠州样本

惠州市位于广东省东南部。在广东经济腾飞的背景下，惠州市经济实现稳健发展，人民生活水平稳步提升，城市化、现代化升级提速。近年来，惠州市在进一步做好包括农民工群体在内的外来人员服务和管理工作上作出了不少探索，推出了许多具有特色的举措。例如，2008 年，为了引导和激励外来人员热爱惠州、扎根惠州，积极投身科学发展"惠民之州"建设，共享惠州改革发展成果，惠州在全市实施"优秀外来人员扎根工程"。工程的实施坚持"以人为本，共建共享"的理念，采取"以贡献赢得积分，按积分享受服务"的模式。2008年 9 月 27 日，惠州市委、市政府联合发文，对"优秀外来人员"的申报基本程序、信息采集和管理办法、居住积分卡办理办法、获得积分以及共享公共服务类型等作出了明确规定。① 诸如此类的举措在此不作赘述。惠州通过建设"外来工之家"将农民工群体组织起来的做法尤其值得注目，充分彰显了"民主化"主张。

一 "外来工之家"的形成及其实践

"外来工之家"的实践首创于惠州市龙门县龙江镇。该镇矿产资源丰富，建材业是镇里的支柱产业。镇内铅锌矿厂、采石场等厂矿企业周边地区常年聚有2000 多名外省籍民工，他们大多从事采矿、运输、石场作业与石灰生产等工作。这个群体工作时间灵活（一般不执行八小时上班制），接触人员复杂（一般以小团体为单位从厂矿企业揽活干），管理难度较大。而且，外来工之间、外来工与当地群众之间的吵架斗殴现象时有发生，有时甚至还引发群体性事件。2007 年 2月，一名贵州籍外来工与当地群众因赌博引发争吵打架而被打伤致死，导致 300多名外来工围堵镇政府和派出所。针对这些情况，龙江镇党委和政府经过充分调查和认真研究，2009 年 10 月提出了建设"外来工之家"的设想。

"外来工之家"由两大主体部分构成。其一是"工作领导小组"。该领导小组以镇党委书记为组长，镇长、分管企业副镇长为副组长，相关部门负责人为成员。其二是"外来工管理协会"。协会共有理事 9 名，其中设会长 1 名、副会长2 名，理事从外省籍外来工中选举产生，会长和副会长按照"素质好、威信高、能力强"的标准从当选的理事之中选举产生。"工作领导小组"与"管理协会"按照党委领导与群众自治对接原则，共同议决和处理全镇外来工管理和服务相关

---

① 《中共惠州市委惠州市人民政府关于惠州市"优秀外来人员扎根工程"的实施意见（试行）》（惠市委发〔2008〕31 号），广东省人民政府网。

事宜，同时尤其注重发挥各地方外来工"老乡会"自我教育、自我管理、自我服务、自我监督的作用。为了确保"外来工之家"正常运作，镇财政每年拨出2万元专款作为"管理协会"的活动经费。

"外来工之家"建立和完善了相关工作制度。其一，建立了"坐班"制度。"领导工作小组"以及"管理协会"每天各派出一名成员值班，负责当天的工作。其二，建立了"沟通"制度。镇党政领导坚持每月召开外来工代表座谈会，了解外来务工人员的生活状况和思想动态，征求外来务工人员对镇级党政工作的意见和建议。镇党政领导干部还不定期到外来务工人员当中走访。其三，进一步完善了接访登记制度、转办制度、督办制度和归档制度。

"外来工之家"郑重作出"三不"承诺：不让一名在龙江的外来务工人员因企业恶意欠薪而蒙受损失；不让一名在龙江的外来务工人员子女上不了学；不让一名在龙江的外来务工人员维不了权。

"外来工之家"积极开展有益活动和提供各种服务。其一，依法维权活动。"外来工之家"除了负责调解劳资纠纷和化解外来工之间、外来工与本地人之间的矛盾外，还积极帮助外来工解决找工、看病、子女上学等各方面的具体困难。其二，宣传教育活动。重点抓好《劳动法》、《安全生产法》、《环境保护法》等法律法规宣传教育活动，增强外来工的安全意识、法律意识和社会责任意识。其三，文化娱乐活动。定期组织各种文艺演出，丰富外来工的业余生活，拉近外来工之间、外来工与本地人之间的关系。其四，开展走访慰问活动，实施困难员工关怀行动。

自成立运作以来，龙江"外来工之家"帮助外来务工人员解决了不少关于找工、讨薪、看病、减免子女上学借读费用、争取工伤补偿等方面的具体困难，切实保障和改善了这一特殊群体的基本权益。同样重要的是，该组织还为区域经济社会稳步、健康发展作出了重要贡献，初步实现了"百姓满意、政府受益"的工作目标，成为一种广受欢迎的共赢机制。

首先，促进了地区经济发展。"外来工之家"在帮助企业解决招工困难问题上发挥了重要作用。2011年年初，厂矿生产回暖，企业员工短缺。面对这一情况，"外来工之家"迅速召集联席会议，达成了由"外来工管理协会"理事按照企业提出的用工人数分头完成招工指标的共识。各位理事在15天之内完成招工任务，帮助企业解了燃眉之急。与此同时，"外来工之家"在招商引资方面也扮演了重要角色。各位"管理协会"理事看到龙江发展潜力巨大，纷纷动员老乡前来投资和经商。据不完全统计，镇内现有跑建材运输的外来工车辆300多台，由外来工兴办的汽车维修店36间、地方特色饮食店12家，圩镇商铺门面出现一店难求的局面，房租一涨再涨。

其次，保障了社会稳定。三年多来，"外来工之家"成功调处了20宗劳务纠纷，成功解决了10多件棘手事件，助推了"两降"、"三无"、"四强化"喜人局面的形成。2011年，镇内刑事、治安案件同比下降81%，外来人口刑事犯罪同比下降95%；无黄赌毒、无偷抢群殴、无罢工上访；外来工维权意识强化、集体观念强化、遵纪守法行为强化、自我管理与担当社会责任能力强化。

最后，改善了政群关系。"外来工之家"的建立在政府、企业、外来工之间架起了桥梁。因为有了这座桥梁，对党政部门和工作人员而言，问情于民有了窗口，问计于民有了平台，问政于民有了基地；对务工人员而言，反映问题有了去处，遇到困难有了"娘家"。桥梁的存在及其作用的发挥，促进了干部群众之间的沟通和交流，改变了以往政群关系紧张乃至对立对抗的局面，滋养并形成了政群之间相互信任、友好合作的氛围。

二　"外来工之家"的推广和发展

目前，建设"外来工之家"的经验已在龙门县以及惠州辖区内的其他许多县（市）推广。除了"外来工之家"之外，惠州市还建立了不少"特殊之家"。2008年，由惠州市交通运输局牵头成立了"惠州市出租车司机之家"（以下简称"司机之家"）。惠州市全市共有出租汽车1650辆，出租车司机3300余人，其中80%以上的司机都是来自外省或本省外市，流动人口服务管理的工作任务较重。"司机之家"作为政府、企业和司机三方沟通和交流的平台，通过接待来访司机、接听诉求电话、发放诉求（建议）登记表、召开司机座谈会、深入企业收集意见和建议等多种途径，加强与司机的沟通、联系，做好司机意见的收集、整理、反馈和解释工作，为司机提供一个提诉求、吐心声、献建议的畅通渠道。

2012年初，由惠州市城市管理行政执法局牵头成立了"惠州市流动商户之家"。惠州辖区内现有流动商户3442家，尤其不少是涉少涉疆的流动商户。"流动商户之家"设有三级网络：第一，市城管执法局设立市流动商户之家；第二，各辖区执法大队设立流动商户之家工作站；第三，各辖区执法队设立流动商户之家工作室，分别负责各层级的流动商户管理和服务。对应三级网络，惠州有关部门还成立三级管理机构，即市局与区成立流动商户之家工作领导小组，执法大队（分局）与区直部门成立流动商户之家工作站工作领导小组，执法队与（镇）街道"捆绑"形成"流动商户之家工作室领导小组"。尤其值得注意的是，当地还对应三级网络开展了遴选三级流动商户代表的工作，其中，执法队工作室商户代表从本街道办辖区流动商户中产生，执法大队工作站商户代表从下属工作室商户代表中产生，市流动商户之家商户代表从各执法大队工作站商户代表中产生。流动商户代表代表辖区流动商户参加"流动商户之家"的重要活动，履行"流动商户之家"赋予的职责权力。"流动商户之家"的运作执行"七步工作法"。"七步工作法"指的是建立信息联动机制、拓宽流动商户诉求渠道、建立矛盾纠风排查制度、定期召开流动商户代表座谈会、开展走访慰问活动、实施困难流动商户关怀行动和定期组织流动商户宣传调研。

另外，"特殊之家"还包括"复退军人之家"。2007 年，惠州市成立了"复退军人之家"，为复退军人（共计 8.9 万多名）搭建起一个"疏导思想，了解诉求，解决困难，化解矛盾"的平台。因为"复退军人之家"不涉及农民工、外来务工人员问题，本研究在此不作深入分析。简言之，这一系列"特殊之家"在机构设置和工作机制上大体相同，在功能上具有"异曲同工"之妙，为加强区域社会管理以及建设"惠民之州"发挥着不可替代的重要作用。

第五节　农民工工作系统化实践：中山样本

中山市位于广东省中南部。电子信息制造业、纺织服装业、电气机械业、化学制品业、金属制品业是其五大支柱产业。近年来，中山坚持以"率先加快转型升级、建设幸福和美中山"为核心任务，加快转变经济发展方式，经济增长平稳较快，社会发展稳定和谐。

多年来，中山吸引了大量打工人员。2007 年，全市年末常住人口为 251.00 万人，公安户籍人口为 145.15 万人。2011 年，全市年末常住人口 314.23 万人，公安户籍人口 150.73 万人。2010 年，参加工伤保险的农民工有 62.17 万人；2011 年，参加城镇医疗保险的农民工有 93.37 万人，参加工伤保险农民工有 67.34 万人。①近年来，中山市致力于以"八项机制"促进和谐劳动关系，进而实现了对包括农民工群体在内的外来务工人员的综合权益的"系统化"维护。

一　建立经济转型升级保障机制

中山市以"三个一百"（即助推 100 家外资企业转型升级、做大做强 100 家内资企业、重点引进 100 家优质企业）战略为抓手，着力调整利于构建和谐劳动关系的产业结构和经济基础。近年来，中山市注重产业升级和优化存量，先后制定了 20 多项政策，鼓励和扶持不同类型的企业转型升级，并建立了 4 个省级产业转移园区，引导部分劳动密集型、资源依赖型、环境容量需求型企业异地转移发展。另外，该市还注重以增量稀释存量，继续加大招商引资力度并不断提升招商引资质量，积极参与省委、省政府牵头的央企招商、民企招商等三大招商战役，签约项目总投资额接近 4000 亿元。

这些举措的实施收获了丰硕成果。2011 年上半年，全市固定资产投资、一般预算收入增速位列珠三角地区第一名，生产总值、规模以上工业增加值增速在珠三角地区排第三位，继续以广东省 1% 的土地、3% 的人口，创造和保持了经济总量名列全省第五的佳绩。中山市大力推动转型升级带来不断增强的经济实力、不断优化的经济结构与不断提升的经济发展质量，为构建和谐劳动关系提供了殷实的物质基础和有力的经济保障。

二　强有力的组织领导机制

中山始终以严肃的政治态度和强烈的大局意识对待构建和谐劳动关系工作，坚持将和谐劳动关系纳入各级领导干部政绩考核，着力构建党委政府主导、职能部门联动、党群组织参与的齐抓共管格局。目前，中山辖区内建立和实施了三类联动机制。一是部门联动机制，采取一个问题、一名领导、一套班子、一套方案、一抓到底的办法，形成调处劳动争议的合力。二是党、工、青、妇横向联动机制。三是市、镇、企业纵向联动机制，各级党群组织帮助企业配班子、强队伍、定制度、建制度和搞活动，以企业党群工作促进劳动关系和谐。目前，全市

---

① 《2007、2010、2011 年中山市国民经济和社会发展统计公报》，中山市政府门户网站。

共组建"两新"党组织 2105 个，基层工会 10191 家，基层共青团 1846 个、基层妇女组织 780 个，覆盖企业 14281 个、企业职工 111.6 万人。[①]

三　公正严明的劳动执法机制

首先，中山市大力开展普法宣传教育，通过法律培训、流动宣传等送法进企业活动，不断增强企业和职工的法制意识，引导形成企业依法管理、职工依法维权的良好氛围。近年来，该市累计组织法律培训班 800 多场，培训企业经营者和劳动关系协调员 35 万人次。其次，中山市认真执行《劳动合同法》等法律法规，全面实行全员劳动合同管理，指导和督促企业遵守法律法规，依法保障职工合法权益。最后，中山市还积极探索建立企业劳动保障守法诚信制度，对全市 50 人以上企业建立诚信档案，按照企业遵守劳动保障法律法规等诚信状况将企业分为 A、B、C、D 四级，根据企业不同信用等级进行分类管理，将评为 C、D 两级的企业列为工资发放的监控重点。同时，实行用人单位重大劳动保障违法行为社会公布、行政司法联动打击欠薪逃匿等制度。2010 年以来，全市共计检查用人单位 1.96 万家，为 10.9 万名职工追回工资 1.66 亿元。

四　公平合理的薪资分配机制

确保劳动收入稳定增长是构建和谐劳动关系的关键。为此，中山市采取了定标准、重协商、强保障等系列措施。一是严格实施最低工资制度。中山市不断完善企业工资指导线和人力资源市场工资指导价位制度，每年及时公布企业工资指导线和人力资源市场工资指导价位，适时调整最低工资标准。二是全面实施工资集体协商制度，有效引导劳资双方加强沟通、协商解决工资分配等问题。目前，全市已建立工会的企业达到 10693 家，企业单独签订工资集体协商合同 3568 份，覆盖职工 436239 人。区域性、行业性工资集体协商合同的签订也达到相当比例。三是严格规范工资支付行为，建立和完善工资保障金制度，对建设领域重点实施工资支付监控，启动探索将工资保障金制度延伸到租赁企业（即场地属于租赁性质的企业）。目前，在中山市，建设领域已经全面实行工资保障金制度，全市已收取建设领域工资保障金 7 亿元，已在 4 个镇开展租赁企业工资保障金制度试点。

---

① 《广东中山：围绕构建和谐劳动关系　建立八项机制》，2011 年 8 月 18 日《工人日报》。

五　广泛参与的民主管理机制

中山市注重通过政策激励、建章立制、宣传发动等措施，鼓励引导企业加强职代会、集体协商、厂务公开等与职工切身利益有关的制度建设，让职工对企业管理和决策有发言权。在职工人数800人以上、已建立工会组织的企业，成立企业劳动争议协商委员会。2010年以来到本调研结束时，由职工参与的企业劳动争议协调委员会成功化解7290宗劳动争议案件。同时，积极引导和鼓励企业职工参与民主管理，全市职工通过民主听证、职工热线、企业网上论坛等渠道，提出合理化建议8347条，开展技术革新项目3217个，带来经济效益16.8亿元。[①]

六　共同成长的职工发展机制

中山市积极组织开展"同是中山建设者"百佳外来务工人员、优秀技能人才、劳动关系和谐企业、百佳雇主等评选活动，先后有1800多名优秀务工人员、150多家企业获市级以上表彰，并在优秀工人、农民中选拔基层公务员和事业单位职员20多名。2010年以来，全市投入2670万元举办安全生产、职业技能和公民道德等专题培训，培训从业人员5万多人。[②] 全市实现镇镇建有图书馆和健身广场，村村建有农家书屋和健身园。

七　充满温馨的人文关怀机制

中山市坚决落实广东省《关于加强人文关怀改善用工环境的指导意见》，杜绝对包括农民工在内的职工的打骂、搜身、性骚扰，鼓励职工理性表达诉求，倡导广泛普及生殖健康知识。[③] 在全国率先实施流动人员积分管理制度，每年安排一定数量流动人员入户、入读公办学校，增强外来务工人员的归属感和认同感。2010年至今，全市共有1.5万名外来务工人员或其子女通过积分实现入户和入学。同时，积极探索全民共享的公共服务体系建设，着力推进城市居民与农村居

---

① 《以八项机制促进和谐劳动关系》，2011年9月4日《南方日报》。

② 《中山：50人以上企业建诚信档案》，2011年8月17日《广州日报》。

③ 文件具体内容详见《关于加强人文关怀改善用工环境的指导意见》，载中山市政府门户网站。

民、户籍居民与外来务工人员平等共享的社会保险制度，在广东省率先实现基本养老保险、住院和门诊基本医疗保险全覆盖。

八 关口前移的矛盾化解机制

为了有效化解涉及农民工的矛盾纠纷，中山市突出抓好基层劳动关系工作平台建设，探索建立厂内协调、村级调解、镇区仲裁、市内信访的劳动关系协调处置网络，努力做到协调不出厂、调解不出村、仲裁不出镇、信访不出市。目前，全市建立市级劳动争议调解委员会、24 家镇级调解委员会，272 家村级调解委员会、199 家企业调解委员会，调解员共计 1600 多名。与此同时，实现了劳动仲裁机构实体化，全市设立劳动仲裁中心庭 5 个，基层仲裁庭 21 个，建立绿色维权通道，推出了现场开庭、当庭裁决工作模式，基本实现了劳动争议快立快调、快审快结。近 3 年来，全市共成功调解劳动争议 5.1 万宗，涉及金额 4.4 亿元；共立案仲裁 1.6 万宗，涉及人数 5.5 万人。同时，还健全了职工诉求表达机制，畅通职工诉求反映渠道，落实领导包案下访、领导挂片督导等制度，做到举报投诉件件有着落、事事有回音。

第六节　加强农民工工作面临的问题

目前广东省的农民工管理服务工作已经呈现出"常规化"、"民主化"和"系统化"特点。"常规化"、"民主化"和"系统化"的做法显示了在加强农民工管理服务工作上，广东各级党委政府的主张和作为正逐步从排斥走向包容。同时，通过对东莞、惠州和中山三个样本的分析，我们还看到"常规化"、"民主化"和"系统化"做法之中也包含了越来越多的包容性元素。正因为这些包容性制度和举措的实施，农民工群体综合权益得到较好保障和不断改善。

当然，广东农民工管理服务中也同样存在一些需要改进和完善的地方。以广东在全省范围内推行和实施的积分入户政策为例，该政策的实施为流动人口实现真正城市化（而不是"伪城市化"）搭建了平台，为农民工群体（实际上是部分"精英分子"）打通了享受城市居民的权益渠道。但是，第一，积分入户的门槛比较高，一般农民工积分达标难度比较大。因为总体素质偏低，参保情况不够理想，加之对于地方的具体贡献难以计算，一般农民工很难"攒够"入户所要求的 60 分。第二，积分入户的吸引力相对有限。以东莞为例，对于高端人才来说，东莞只是排在广州、深圳之后的第三选择，积分入户对这类人群没有多少吸引力。向往入户的主要有以下三种情形：在东莞找到了发展方向的；在东莞已经生活了 10～20 年，第二代人是在东莞长大的；在东莞做生意的广东省内人士。基于上述原因，同时考虑到农民工群体在解决随行子女入学方面有迫切要求，广东同步推出了门槛要求低于积分入户的积分入学政策。尽管最后积分达标、进入公办学校就读的农民工子女相对于需求群体来说是相当有限的，但是总体来讲，农民工随行子女接受教育的权益较之以往已经获得了明显改善。

在广东农民工管理服务工作上，部分地方党委政府还面临着不少问题和困难，大致可以归纳为两种类型。一是实施（某些）管理无法可依。例如，"进屋"无法可依。为了加强流动人口管理，必须做好住宅小区出租房屋巡查工作，但是因为没有物业公司的配合和支持就无法进入房屋检查，也没有哪项法律规定物业公司必须要给予配合与支持，是否有可能转变工作思路，寻找更有效的工作路径则至关重要。二是提供（某些）服务无资可用。例如，负责农民工管理和服务的职能部门"搞多少服务只能看市委市政府的资源"，"国家和省里能给的资源也比较有限"。对于容纳了大量农民工的村庄来说也面临了相同的情况。在村庄经济收入较好的早些年间，村委会把提供公共服务作为做好招商引资工作的前提性工作。近年来，随着社会管理任务加重而且工作重心下移，员工基本工资提高导致企业压力增大，以及村级负债较大（有些地区六成左右的村庄已经是资不抵债），多数村庄只能选择性地对外来人口提供公共服务。而金融危机的到来使得情况变得更加不容乐观。

今后，不断转变思路，创新方法，加强法制建设，推进依法治理，确保经济稳步健康发展以及改革中央与地方之间、地方不同层级之间的事权、财权与相应责任分配格局和机制，是广东乃至全国都必须坚持的努力方向。唯有如此，农民工权益才能真正得到有效保障和改善。也唯有如此，才能真正实现从排斥走向包容乃至更理想的境界——融合。在现有制度框架和经济社会条件之下，广东在这方面的不少探索可圈可点，值得研究、思考和推介。

第九章 规范地方立法 服务社会发展

第一节 地方人大立法概述

立法制度是国家政治制度的重要组成部分，广义的立法包括所有国家机关制定抽象性规范的行为，狭义的立法是指代议机关制定法律法规的行为，在中国，狭义的立法是指各级人大制定法律法规的行为。根据《宪法》和法律，省、自治区、直辖市和较大的市的人大及其常委会可以制定地方性法规，这是人民依法参与国家事务管理、促进地方经济社会发展的重要途径和形式。省、自治区、直辖市的人大及其常委会根据本行政区域的具体情况和实际需要，在不得与宪法、法律、行政法规相抵触的前提下，可以制定地方性法规。较大的市的人大及其常委会根据本市的具体情况和实际需要，在不得与宪法、法律、行政法规和本省、自治区的地方性法规相抵触的前提下，可以制定地方性法规，报省、自治区的人大常委会批准后施行。此外，经济特区所在地的省、市的人大及其常委会根据全国人大及其常委会的授权决定，可以根据经济特区的具体情况和实际需要，遵循宪法的规定以及法律、行政法规的基本原则，制定经济特区法规，在经济特区范围内实施。地方性法规可以就执行法律、行政法规的规定和属于地方性事务的事项作出规定，同时，除只能由全国人大及其常委会制定法律的事项外，对其他事项国家尚未制定法律或者行政法规的，可以先制定地方性法规。

一 地方人大立法的发展历程

地方人大及其常委会积极行使地方立法职权，从地方经济社会发展实际出发，制定了大量地方性法规，对保证宪法、法律和行政法规在本行政区域内的有效实施，促进改革开放和社会主义现代化建设发挥了重要作用。

从 1949 年新中国成立到 1954 年《宪法》颁布，这段时期是中国地方人大立法的初步发展阶段。1949 年 12 月 26 日，中央人民政府政务院制定的《大行政区人民政府委员会组织通则》规定：大行政区人民政府或军政委员会有权根据共同纲领和国家的法律、法令，以及中央人民政府规定的施政方针和政务院颁布的决议、命令，拟定与地方政务有关的暂行法令、条例，报政务院批准或备案。1950年 1 月 6 日中央人民政府政务院制定的《省、县、市人民政府组织通则》规定：省、市、县人民政府有权拟定与省政、市政、县政有关的暂行法令、条例或单行法规，报上级人民政府批准或备案。这一时期，地方制定暂行法令、条例或者单行法规的活动，还不能称为现在所说的地方立法，但具有地方立法的萌芽。

从 1954 年《宪法》的颁布至 1979 年《地方各级人民代表大会和地方各级人民政府组织法》的颁布是中国地方立法遭遇挫折的时期。1954 年《宪法》确立了由中央统一行使国家立法权的制度，取消了地方享有的法令、条例拟定权，仅规定民族自治地方有权制定自治条例、单行条例，全国人民代表大会是行使国家立法权的唯一机关，全国人大常委会负责解释法律、制定法令。1975 年《宪法》和 1978 年《宪法》在立法权方面也作了类似的规定。

1979 年《地方各级人民代表大会和地方各级人民政府组织法》规定省级人大及其常委会行使地方性法规制定权，第一次以法律的形式赋予地方立法权，地方人大立法开始走上法制化轨道。1982 年五届全国人大五次会议通过的《宪法》，确认了 1979 年《地方各级人民代表大会和地方各级人民政府组织法》规定的地方立法制度。《宪法》第 100 条规定："省、直辖市的人民代表大会和它们的常务委员会，在不同宪法、法律、行政法规相抵触的前提下，可以制定地方性法规，报全国人民代表大会常务委员会备案。"这次会议还对《地方各级人民代表大会和地方各级人民政府组织法》进行了修改，规定了省会市和经国务院批准的较大的市的人大常委会有权拟定地方性法规草案提请省级人大常委会审议制定。1986 年，《地方各级人民代表大会和地方各级人民政府组织法》再次修改，进一步规定了省会市和较大的市的人大及其常委会有权制定地方性法规报省级人大常委会批准后施行。《立法法》中还增加规定，经济特区所在地的市的人大及其常委会也可以制定地方性法规。

地方人大立法主体为以下两大类：一是省、自治区和直辖市人大及其常委会，目前，中国除台湾地区外共有 22 个省、5 个自治区和 4 个直辖市；二是较大的市人大及其常委会。根据《立法法》的规定，较大的市包括：省、自治区的人民政府所在地的市（以下简称"省会市"）；经国务院批准的较大的市；经济特区所在地的市。

二 地方人大立法权的配置

根据《宪法》、《地方各级人民代表大会和地方各级人民政府组织法》、《立法法》等，省级人民代表大会及其常务委员会、较大市的人民代表大会及其常务委员会具有制定地方性法规的立法职权。省、自治区、直辖市的人民代表大会及其常务委员会，有权依照《宪法》和法律制定在本行政区域内实施的地方性法规。地方性法规可以就为执行法律、行政法规的规定，需要根据本行政区域的实际情况作具体规定的事项制定地方性法规。按照《立法法》的规定，除第 8 条规定的全国人民代表大会及其常务委员会专属立法权的事项外，其他事项国家尚未制定法律或者行政法规的，省、自治区、直辖市和较大的市根据本地方的具体情况和实际需要，可以先制定地方性法规。在国家制定的法律或者行政法规生效后，地方性法规同法律或者行政法规相抵触的规定无效，制定机关应当及时予以修改或者废止。

实践中，地方人民代表大会及其常务委员会立法职权的内容范围比较宽泛，除了有权就经济、教育、科学、文化、卫生、民政、民族等比较确定的重大事项制定地方性法规外，"政治"的重大事项也在地方立法的权限之内。在社会实践中，"政治"是一个具有很大弹性和包容性的概念。什么是政治的重大事项，在理论上难以界定，在实践中不好把握。由于立法权限模糊，地方立法规定的事项有很大的余地。

三 制定地方性法规应当遵循的原则

根据中国的立法体制，地方人大立法应当遵循以下两个基本原则。

（一）实际需要的原则

在制定地方性法规的过程中，无论是制定执行性的地方性法规，还是在中央尚未立法而先行立法的情况下，都要注意根据本地的具体情况和实际需要，有针对性地立法，在地方立法中贪大求全的倾向是不可取的。另外，地方性法规所规范的事项，应只限于本行政区域。有的地方性法规的内容涉及水污染治理的事项，如果水域只限于本行政区域，本地方制定这样的法规无疑是可以的；但如果水域跨不同行政区域，那么一个行政区域的地方性法规对全流域的污染问题作出规定，就是不适当的，即使制定出来，也无法得到执行。

（二）不抵触原则

《宪法》是国家的根本大法，法律、行政法规是地方性法规的上位法，制定地方性法规不能同宪法、法律和行政法规相抵触，否则无效。多年来，由于《宪法》和法律对于地方性法规的权限未作具体界定，因此，对于何谓"不抵触"，在理论界和实践中有不同的理解。有的意见认为，既然宪法和法律对地方性法规只规定不相抵触原则和报备案制度，对地方立法权限并无明确的限制性规定，因此，地方性法规只要遵循了不抵触原则，只要是地方实际需要的，就都可以制定，即使涉及中央统一管理的事项，地方性法规也不是不可以规定。有的意见则认为，地方性立法从属于中央立法，地方性法规不仅不能同宪法、法律和行政法规的规定不一致，对于中央尚未立法的事项，地方性法规不应先行立法。无论从理论和实践上看，上述两种对"不抵触"原则或过宽或过窄的理解都是有失偏颇的。

《宪法》规定，中央和地方国家机构的职权划分，遵循在中央统一领导下充分发挥地方主动性、积极性的原则。不抵触原则正是在地方性法规与中央立法的关系上体现了上述中央与地方关系总的原则。根据不抵触原则，第一，地方性法规的制定要有利于国家法制统一，只能由法律规定的事项，地方性法规不能涉及；法律、行政法规已经作出规定的，地方性法规不能与之相违背。第二，在地方性法规的制定中，应充分发挥地方立法的主动性和积极性，通过制定地方性法规，结合本地方的具体情况和实际需要，因地制宜，保证宪法、法律和行政法规的实施，同时有针对性地解决地方性事务。对于专属立法权之外的事项，考虑到国家处于改革时期，中央立法不能一步到位的，地方可以先行立法，在总结实践经验后，再上升为中央立法。

第二节　广东人大地方立法概述

20 世纪 90 年代，以邓小平同志发表南方谈话为标志，中国进入了探索建立社会主义市场经济体制的新时期。1993 年 4 月，全国人大常委会委员长乔石同志视察广东，提出在探索建立社会主义市场经济法律体系方面，改革开放前沿的广东可以先行一步，"成为立法工作的试验田"。根据这一指示，广东省人大常委会和省政府发出了"开足马力，全速推进"地方立法的动员令，积极拓展法规规章起草工作新渠道，充分调动各方面立法的积极性，进行探索性、先行性、试验性立法。广东有关市场经济方面的立法，如《广东省公司条例（已废止）》、《广东省公司破产条例》、《广东省期货市场管理规定》、《广东省经纪人管理条例（已修正）》、《广东省合伙经营条例（已失效）》、《广东省典当条例（已修正）》等法规和规章，既填补了国家立法空白，又为全国立法提供了经验。

2000 年《立法法》实施后，为适应立法法施行后的新形势，广东的地方立法进入了规范化、制度化、程序化的新时期，立法理念从注重数量向注重质量转变，从以经济立法为中心向推动经济、政治、文化和社会全面协调可持续发展转变，越来越注重立法的科学性和民主性。广东省人民代表大会制定了《广东省地方立法条例》，省人大常委会会同省政府陆续建立了立法协调制度和法规草案指引制度，省人大常委会办公厅印发了《广东省人民代表大会常务委员会立法技术与工作程序规范（试行）》，对地方立法工作作出了全面规范。广东省人大法制委员会和省政府法制办还联合编制了"十一五"地方性法规立法规划项目库。从 2001 年至 2007 年年底，广东省人大及其常委会审议通过的地方性法规共 91 项、批准的地方性法规 126 项，广东省政府制定的规章共 55 项，年均出台法规规章不足 39 项，立法速度明显放缓，立法质量明显提高。这一阶段，广东的社会领域立法和强化资源环境保护、促进可持续发展、推动政府职能转变等方面的立法明显加强，《广东省老年人权益保障条例》、《广东省失业保险条例》、《广东省工资支付条例》、《广东省职业介绍管理条例》、《广东省企业和企业经营者权益保护条例》、《广东省法律援助条例》、《广东省防震减灾条例》、《广东省爱国卫生工作条例》、《广东省突发公共卫生事件应急办法》、《广东省安全生产条例》、《广东省节约能源条例》、《广东省环境保护条例》、《广东省饮用水源水质保护条例》、《广东省食品安全条例》、《广东省行业协会条例》、《广东省促进中小企业发展条例》、《广东省企业信用信息公开条例》、《广东省政务公开条例》等地方性法规先后出台。

一　围绕经济发展大局，推进地方立法

加强经济领域立法是完善市场经济体制、促进经济社会可持续发展的迫切需要。广东省人大常委会坚持以科学发展观为指导，紧紧围绕广东省改革发展大局，把经济社会发展迫切需要、立法条件又比较成熟的项目作为立法重点，在保证上位法有效贯彻实施的同时，突出地方特色，着力解决实际问题，制定、修订了一系列与广东省改革发展决策相统一、与改革发展进程相适应的地方性法规。

　　广东是全国改革开放的综合试验区，也是"全国立法工作的试验田"。为适应广东改革开放和经济社会发展先行一步的需要，及时解决改革发展中遇到的新矛盾、新问题，广东省各立法机关充分运用地方立法权，以改革创新的精神，积极开展自主性、先行性、试验性立法，制定了许多在全国具有首创意义的地方性法规。例如，在土地使用制度改革方面，1981年广东省人大常委会批准颁布了《深圳经济特区土地管理暂行规定》，率先在全国实行国有土地有偿使用制度，对外商征收土地使用费。在总结这方面试点经验的基础上，1988年广东省人大常委会修订并重新颁布了《深圳经济特区土地管理条例》，明确规定可以协议、招标、公开拍卖三种方式有偿出让或转让国有土地，有力地推动了深圳经济特区土地市场的形成和发展。

　　为适应广东市场经济先行发展的需要，在调节市场主体方面，广东率先出台了有关公司、个人合伙、股份合作企业、期货市场和劳务管理等的法规；在规范市场中介组织方面，率先在经纪人管理、房地产业管理、典当业管理、拍卖业管理和劳务中介机构管理等领域进行了立法；在维护市场秩序方面，率先就农村社区合作经济承包合同管理、农村承包合同纠纷仲裁、国有土地使用权公开招标拍卖、建设工程造价管理、房地产出让转让及开发经营、个体工商户及私营企业权益保护、电子交易、企业信用信息公开、集体建设用地使用权流转管理和食品安全监管等进行立法；在加强宏观调控方面，率先出台了基金会、农村电价、经营服务性收费、房地产增值费征收、土地增值税征收、资产评估、股份有限公司审计等方面的法规；在健全社会保障方面，率先制定了民办社会福利机构、归侨侨眷权益保护、国有企业富余职工安置、流动人员劳动就业、残疾人就业保障、企业职工劳动权益保障、企业职工最低工资和失业保险、社会养老保险、社会工伤保险、工会劳动法律监督以及法律援助等法规；在城乡建设方面，率先在城市控制性详细规划管理、河道采砂管理、城镇群协调发展规划等方面进行了立法。

　　而且，近年来，广东省进一步加强了立法的综合性。例如，为促进中小企业健康发展，鼓励创新，加大创业扶持力度，制定了《广东省促进中小企业发展条例》；为推进全社会节约能源，提高能源利用效率和经济效益，保护环境，制定了《广东省节约能源条例》；为增强政务活动公开性、透明度，保障公民的知情权、监督权，制定了《广东省政务公开条例》；为加强文化设施建设，促进文化事业和文化产业的发展，制定了《广东省文化设施条例》；为健全食品安全保障制度，保障公众身体健康和生命安全，制定了《广东省食品安全条例》；为解决拖欠劳动者工资的问题，保障劳动者的合法权益，制定了《广东省工资支付条例》；等等。广东省人大常委会还制定了《广东省实施珠三角地区改革发展规划纲要保障条例》（以下简称《条例》）。《珠江三角洲地区改革发展规划纲要（2008—2010 年）》（以下简称《规划纲要》）作为指导珠江三角洲地区当前和今后一个时期改革发展的行动纲领，对珠三角地区进行了新的定位：科学发展模式试验区、深化改革先行区、扩大开放的重要国际门户、世界先进制造业和现代服务业基地、全国重要的经济中心。为依法保障《规划纲要》的重要战略定位及指导地位，加大执行力度，《条例》明确规定，各级政府及其有关部门应当严格执行《规划纲要》，任何单位和个人不得擅自调整《规划纲要》，因情况变化确需调整的，由省政府按照国家有关要求向国家有关主管部门提出调整建议。同时，《条例》规定编制和修改相关规划要以《规划纲要》为依据或者相衔接，在组织协调、争议处理、信息共享、法制协调、评估考核等机制上都一一进行了明确。《条例》还规定，地方性法规和政府规章的制定机关应当根据实施《规划纲要》的需要，及时制定、修改或者废止有关地方性法规。为了完善宏观经济调控下主要由市场形成的价格机制，广东省人大常委会修订了《广东省实施〈中华人民共和国价格法〉办法》，规定大多数商品和服务价格实行市场调节价，只有少数商品和服务价格实行政府指导价或者政府定价。同时，广东省人大还结合本省实际强化了经济杠杆在价格调控中的作用。此外，广东省人大常委会还制定修改了《广东省土地利用总体规划条例》等地方性法规。这些法规涉及经济、政治、文化和社会生活的各个领域，对促进广东省经济又好又快发展、推动广东省社会主义民主政治建设、完善社会管理、提高公共服务水平发挥了积极作用。

二　加强社会领域立法，着力保障民生

在继续抓好经济领域立法的同时，广东省人大常委会明确把社会领域的立法摆到更加突出的位置，着力解决人民群众最关心、最直接、最现实的利益问题，推动和谐社会建设向更深的层次发展。近五年来，省人大常委会涉及社会领域的立法共有 25 件，占立法总数的近 1/3。例如，在健全社会保障体系方面，制定了《广东省社会保险基金监督条例》、《广东省工伤保险条例》等法规；在推进社会事业发展方面，制定了《广东省爱国卫生工作条例》、《广东省医疗废物管

理条例》等法规；在保障群众基本生活方面，制定了《广东省食品安全条例》、《广东省饮用水源水质保护条例》、《广东省工资支付条例》等法规；在特殊群体权益保护方面，制定了《广东省老年人权益保护条例》、《广东省实施〈中华人民共和国妇女权益保障法〉办法》等法规；在促进社会组织发展方面，制定了《广东省行业协会条例》等法规；在加强社会管理方面，制定了《广东省突发公共卫生事件应急办法》、《广东省固体废物污染环境防治条例》、《广东省预防未成年人犯罪条例》、《广东省计算机信息系统安全保护条例》等法规。

三　加强文化立法，建设文化强省

推进公共文化服务，发展公共文化事业，是建设文化强省的基本要求。广东省人大常委会制定的《广东省公共文化服务促进条例》，是全国首部关于公共文化服务的地方性法规。该法规明确管理体制和政府职责，完善激励机制，拓宽服务渠道，规范基层文化设施的建设和使用，促进公共文化服务事业健康、可持续发展。此外还制定了《广东省非物质文化遗产条例》，规范保护单位和代表性传承人的认定，明确其权利义务，完善对非物质文化遗产的传承、传播和保护措施，更好地保护广东省珍贵的非物质文化遗产资源。

四　坚持地方特色，立法改革创新

地方特色是地方性法规的鲜明特征，地方立法突出地方特色，是地方立法的重要价值取向，是地方立法生命力之所在，决定着地方立法工作的成败得失。突出地方特色是地方立法的出发点，也是地方立法的最终归宿，因此应坚持把突出地方特色贯穿地方立法的全过程。突出地方特色，既要抓好自主性立法和创制性立法，也要抓好实施性立法。实施性法规要突出地方特色，就不能照抄照搬上位法，而是要把对上位法进行细化作为重要的着力点，尽可能将上位法比较原则的规定具体化，增强立法的必要性、针对性、操作性，并对上位法的规定进行必要的补充，力求创造性地解决应当由地方自己解决的问题。

广东省在地方立法过程中，坚持因地制宜，紧扣实际，根据广东实际情况和需要，充分发挥地方立法灵活性和操作性强的特点通过立法有针对性地解决广东经济社会发展中遇到的各种问题。

经济特区的地方立法实践对中国其他经济特区立法工作起到了良好的示范作

用。1979 年 7 月广东获得地方立法权以后，地方立法最主要的任务就是适应建立经济特区的需要，开展经济特区立法。根据全国人大授权，广东省深圳、珠海、汕头三市可以自行制定经济特区法规。1980 年 8 月 26 日，第五届全国人大常委会第十五次会议审议批准了《广东省经济特区条例》。这是全国第一部有关经济特区的立法，规定了建立经济特区的宗旨，经济特区的性质和任务，经济特区的基本方针和政策等，根据这项法律，经济特区的设立有了直接的法律依据。为进一步扩大开放、加快改革发展，全国人大常委会于 1981 年 11 月通过了《关于授权广东省、福建省人民代表大会及其常务委员会制定所属经济特区的各项单行经济法规的决议》。广东省人大及其常委会制定的经济特区单行经济法有效地发挥了经济特区作为国家对外开放"窗口"和经济体制改革"试验场"的作用，将国家赋予经济特区的"特殊政策"、"灵活措施"法律制度化，为经济特区不断深化体制改革、扩大对外开放、加快经济发展提供了充分的法律保障。这些立法，涉及外商投资、税收优惠、土地改革、技术引进、经济合同、企业登记、劳动工资、商品房管理、经济特区与内地之间人员往来管理等方面，既通过立法规定改革开放的发展方向，又将改革开放的成果以立法的形式固定下来，进一步推进改革开放。1992 年 7 月 1 日，第七届全国人大常委会第二十六次会议通过了《关于授权深圳市人民代表大会及其常务委员会和深圳市人民政府分别制定法规和规章在深圳经济特区实施的决定》；1996 年 3 月 17 日，第八届全国人大第四次会议通过了《关于授权汕头市和珠海市人民代表大会及其常务委员会、人民政府分别制定法规和规章在各自的经济特区实施的决定》。此后，经济特区立法进入了一个新的时期。

五　改革创新，发展和完善立法工作制度

广东省人大常委会积极探索推进科学民主立法、提高立法质量的办法和措施，建立和完善了一系列立法工作制度和机制。五年来，一是修订了《广东省地方立法条例》，将原来的法规案审议制度由两审制改为三审制，从程序上促进了立法质量的提高。二是建立了立法指引制度，与广东省人民政府联合下发了《广东省法规草案指引若干规定（试行）》，提高了法规起草质量和常委会审议水平。三是完善了民主立法、公开立法制度。进一步完善了立法顾问制度和公开征求立法意见制度，通过召开立法听证会、论证会、座谈会或者在报纸、网络等媒

体公布法规草案和问卷调查等方式，充分听取立法顾问、人大代表、社会公众和法学专家的意见，取得了良好效果。四是健全了立法工作协调机制。广东省人大常委会先后出台了《关于进一步加强立法协调工作的意见》和《关于进一步加强与较大的市地方立法协调工作的意见》，广东省人大常委会与省政府及各较大市的立法协调工作得到了明显加强。五是规范了立法技术与工作程序。总结多年来地方立法的实践经验，出台了立法技术与工作程序规范，推动了立法工作的科学化、规范化和制度化。六是加强了立法工作机构和队伍建设。成立了广东省人大常委会法制工作委员会，增设了两个法规处，充实了省人大立法力量，确保了立法工作的连续性和专业化。此外，广东省人大常委会还研究建立了广东省"十一五"时期地方立法项目库，探索开展了两个行政许可规定的立法后评估工作。通过上述措施，广东省地方立法的科学性得到增强，工作机制逐步完善，立法过程更加协调顺畅，科学、民主、公开立法稳步推进，立法质量和立法水平不断提高。

第三节　扩大地方立法中的公民有序参与

一　公民参与立法的意义

立法是一个开放的过程，立法必须面向社会、面向群众。立法不是公民被动接受的过程，而是公民主动参与制度构建的过程。扩大公民有序的立法参与，发挥公民在广东省地方立法中的作用，将公民从法律规范的被动调整者转变为法律规范制定的主动参与者，才能使法规制定充分体现民情、反映民意、集中民智，使广大人民群众认识到法规是在广泛民主的基础上形成的，是全社会都应当一体遵行的行为规范。在立法工作中，坚持走群众路线，认真听取人民群众的意见、要求和呼声，不仅是人民群众的主体地位和中国立法本质所要求的，也是使地方性法规适合人民需要、符合社会实际的有效途径。

公众参与立法的程度是衡量一个国家立法民主化程度的重要指标之一。扩大立法的公众参与，有助于广大人民群众感受立法、了解立法，深刻认识法律的权威和价值，从而提高法律实施的效果；也有助于多元利益诉求通过立法程序得到合理平衡，从制度源头上预防与减少社会矛盾冲突。根据《立法法》的规定，立法应当体现人民的意志，发扬社会主义民主，保障人民通过多种途径参与立法活动。地方立法应当充分发扬民主，立足于群众并紧紧依靠群众，进一步拓展人民群众参与立法工作的途径和形式，充分发挥各级人大代表在立法工作中的作用，不断增强立法工作的民主性和透明度。通过扩大公民有序参与立法程序，推进各种形式实行民主立法、科学立法，可以使立法工作更好地集中民智、反映民意、体现民志，也是提高立法质量的重要保证。只有保障公民充分有序地参与立法，才能使地方立法真正体现人民群众的根本意志和利益。

从"公开是例外"到"不公开是例外"，现在公开立法已经成为常态。民主立法、开门立法既是一种立法理念，也是一种立法方式。立法涉及方方面面的利益和关系，是社会利益关系最根本、最有效的调节器，是对经济社会发展进行制度设计的过程，涉及面广、调整力度大，每个人都十分关心，越来越多的人都希望能参与到立法过程中来，表达自己的利益诉求。现在，法规草案都要公开征求意见，立法的透明度更强，公众参与度更大，提出了很多立法的意见和建议，许多重要的、合理的意见和建议都得到采纳。由于立法与各方的利益息息相关，社会各界围绕有关问题展开争论，针锋相对地进行立法博弈的现象时有发生。如何在各种不同的意见中寻求最佳的契合点，使不同意见在民主立法中渐趋一致，在矛盾的焦点上"砍好这一刀"，这就需要进行充分的专家论证和立法听证。立法顾问来自方方面面，具备专业知识，了解群众诉求，能较全面地收集立法依据和参考信息，他们积极参与立法工作，是民主立法、开门立法的一种具体体现，他们提出专业意见，能更有效地增强民主立法、开门立法的力度。

二　广东省地方立法公民参与状况

近年来，广东省地方立法机关逐步扩大公民有序参与立法程序，建立和完善民主参与机制，把立民主、透明之法作为完善民主立法机制的最高要求。广东人大多年来的立法实践在民主立法、开门立法、科学立法方面，作了许多有益的探索，创新了许多有效的形式，充分证明了发扬民主是提高立法质量的根本途径。

广东省人大在立法工作中，坚持走群众路线，从群众中来到群众中去，大力推进开门立法、民主立法，不断探索和完善科学立法、民主立法的体制机制。从1997 年开始，广东省人大及其常委会开始探索将关系到广东人民群众切身利益的重要法规草案通过新闻媒体向社会公众公开征求意见。1997 年，《广东省燃气管理条例》在提交审议前两个月通过报纸公布了条例草案的主要内容，向社会公开征求修改意见，媒体将收集到的意见和建议，送交广东省人大有关委员会，供立法决策参考。这是广东省首部公开登报征求意见的法规。《羊城晚报》等媒体认为，公开登报征求意见是广东推进立法民主化走出的"第一步"。此后，广东省人大又将法规草案征求意见的发布范围，从报纸等传统新闻媒体进一步扩大到南方网、广东人大信息网等网络媒体，在更广泛的层面上征求公民意见。自 2003 年 11 月开始，广东省人大常委会首次向省人大代表、有关行业协会、各地级以上市人大法制委员会书面征集立法项目和法规草案稿，并于 11 月 21 日在《南方日报》刊登，面向社会公开征集立法项目和法规草案稿。此后，省人大常委会每年都通过报纸、广东人大信息网向社会公开征集立法项目和法规草案稿。社会公众参与立法，已经不限于单纯对拟定的法规条文发表意见，而且扩展到法规的立项甚至是法规草案的拟就层面。在修改《广东省物业管理条例》时，就物业管理活动中存在的五个突出问题，广东省人大常委会举办了来自业主和业主委员会、物业服务企业和建设单位、基层政府和组织专家学者及其他社会人士等共 200 多人参加的立法听证会，认真听取了各方意见。广东省人大常委会坚持将每个法规草案都征求省人大代表、省直部门、地级以上市人大常委会和相关权利义务关系人的意见，并在网上向公众征求意见。对涉及全省改革发展的重大问题和人民群众切身利益的法规草案还在主要媒体上刊登，并对法规草案的重点难点问题作提示说明，引导公众讨论，广泛听取意见。此外，省人大常委会还在扩大法规起草渠道，建立法规立项论证制度，开展立法后评估，加强规范性文件备案审查以及完善立法程序方面作了大量有益的探索，有效提高了立法质量。

三　广东省探索扩大公民参与的新途径和形式

除了通过各种座谈会、论证会等形式广泛征求意见外，广东不断进行有益的探索，扩大公民参与的新途径和形式。一是从 1997 年开始，尝试将与人民群众利益密切相关的法规草案公开登报征求意见，先后有《广东省燃气管理条例》、《广东省物业管理条例》、《广东省旅游管理条例》等近十个法规草案公开登报征求意见。二是从 1999 年开始探索立法听证会的形式，将一些专业性较强、分歧意见较大的法规草案，通过举办听证会进行充分论证，如《广东省建设工程招标投标管理条例》、《广东省建设工程监理条例》、《广东省物业管理条例（修订草案)》等。三是通过立法论坛的形式，更为广泛地听取专家、学者、业界资深人士和有关方面的意见，取得了很好的效果。四是建立了立法顾问制度，聘请有关专家、学者和具有丰富实践经验的同志为常委会的立法顾问。五是依托高校的资源优势，委托有关专家对立法项目进行基础研究或者参与法规的起草工作，如1993年制定的《广东省经纪人管理条例》等。六是通过政府网站公布法规草拟稿征求意见，如《广东省电子交易条例（草拟稿）》。七是综合运用多种形式征求意见。如电子商务立法首先由省人大法委、财经委、省政府法制办公室、信息产业厅和羊城晚报报业集团联合举办，广东电子邮政局等单位协办，召开了"广东省电子商务立法论坛"，征集各方面对电子商务立法的意见和建议。其后，信息产业厅组织了由中山大学、省电子商务认证中心、省律师协会等单位的专家组成的起草小组拟订了建议稿，在中山大学召开了公开征询意见会，并在政府网站上公布了草拟稿，充分征求各方面的意见。在这个基础上经过反复修改，形成了草案。草案进入审议阶段后，为便于常委会组成人员了解有关情况，常委会会议期间特别邀请了起草组的专家之一、中山大学的谢康教授作关于"电子商务与电子商务法律"的专题讲座。讲座结合条例的起草情况，就电子商务目前存在的主要问题及通过立法需要解决的几个主要问题作了详细的介绍，现场还进行了电子签名及如何确认交易双方的真实身份的演示，取得了非常好的效果。

1999年9月9日，广东省人大常委会就《广东省建设工程招标投标管理条例（修订草案）》，首次公开举行立法听证会，广泛征求社会各界意见。之后，在国内还没有有关立法听证会程序具体规定的情况下，广东省人大常委会借鉴国外议会的某些做法，结合广东实际情况，制定了立法听证会程序，成为广东地方立法史上的创举，这在全国也是第一次。2003年7月8日，广东省人大常委会就《广东省爱国卫生工作条例（草案）》中"该不该立法不吃野味"、"该不该限制宠物活动场所"又举行了一次立法听证会。有专家称赞，这场轰轰烈烈的立法听证会的普法意义已经远远超出了它作为民主立法程序的意义，正是广东人大的"开门立法"之举令昔日"神秘"的立法殿堂化为生动的普法"课堂"。

四　完善人大代表参与立法的各项制度

人大代表是国家权力机关的组成人员，充分发挥人大代表在立法中的作用，是进一步推进立法民主化、科学化和提高立法质量的有力保证。人大代表来自各

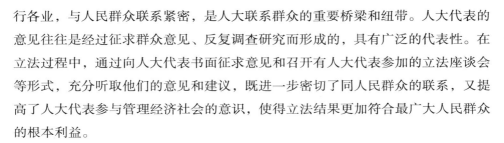

行各业，与人民群众联系紧密，是人大联系群众的重要桥梁和纽带。人大代表的意见往往是经过征求群众意见、反复调查研究而形成的，具有广泛的代表性。在立法过程中，通过向人大代表书面征求意见和召开有人大代表参加的立法座谈会等形式，充分听取他们的意见和建议，既进一步密切了同人民群众的联系，又提高了人大代表参与管理经济社会的意识，使得立法结果更加符合最广大人民群众的根本利益。

广东省发挥人大代表在立法工作中的作用，主要体现在三个方面。一是充分发挥人大代表在地方立法提出机制中的作用。提出立法议案、建议，是人大代表依法履行职责的重要体现。人大代表来自于各行各业，关注社会生活的方方面面，了解人民群众的愿望和要求，因而能从实际出发提出好的立法建议。在编制年度立法计划和立法规划项目库时，要充分听取人大代表的意见。通过人大代表的提案，及时了解群众的愿望和要求，把人民群众反映强烈的"热点"、"难点"问题列入人大及其常委会立法议程。如2005年，广东省就群众关心的立法重点热点问题，对省人大代表和有立法权的广州、深圳、珠海和汕头市人大代表共2000多人进行了问卷抽样调查，为编制2006年立法计划草案和2007～2010年立法规划项目库提供了有益的参考。二是充分发挥人大代表在地方法规制定中的作用。广东省在立法工作中坚持"开门立法"，尤其是充分发挥人大代表的作用，广泛集中民情、民意和民智。提高立法质量的关键在法规起草阶段，广东省认真听取人大代表意见，有条件的大都邀请人大代表参与起草。在法规的调研、修改阶段，除了要坚持征求一定数量的人大代表意见外，更要直接听取相关领域、相关行业的人大代表意见。例如，2003年省人大主任会议通过的《关于法规草案征求省人大代表意见的办法》，对法规草案征求人大代表意见的时间、方式、人数、征集和处理等作了具体的规定，尤其是关于每个法规草案均征求30～50名省人大代表的意见，对于提高立法质量有很大的帮助。在审议阶段，邀请人大代表列席常委会会议或者专门委员会会议。同时，加强与人大代表的联系，及时给他们反馈法规制定情况，保障人大代表对立法的知情权。在整个立法过程中，要始终保持立法机关和人大代表的良性互动。三是建立健全了人大代表对法规实施情况的反馈机制。立法的民主性和透明度，不仅要体现在立法过程之中，还要体现在立法后对法规实施绩效评估的工作中。掌握法规出台后的实施情况，开展实施绩效的评估，了解法规实施产生的经济效益和社会效益，是对立法质量的检验，也是立法工作的延续，有利于发现立法工作中存在的问题，及时做好法规的修改、废止工作。法规实施情况的反馈机制的主要作用在于通过各种渠道及时掌握法规的实施情况，为进一步做好立法工作打下基础。人大代表广泛联系各个方面的群众，参与立法项目的提出和法规的制定，同时其本身又是社会实践的主体，对法规的实施效果、法规实施中暴露出来的问题或缺陷，有着切身的体会和充分的发言权。广东省法规实施情况反馈机制重点收集人大代表的意见，把握好社会需求与法规本身之间存在的差距，提高立法质量，及时做好相关的立、改、废工作，使立法工作与不断发展变化的社会实际之间保持和谐的关系。

第四节　坚持科学立法　提高立法质量

为了促进科学立法、民主立法，提高立法质量，广东人大坚持以科学发展观为指导，坚持立法与深入学习实践科学发展观活动相结合。用科学发展观统领地方立法工作，把科学发展观的精神实质和核心内容贯穿到立法工作的全过程，始终把坚持发展是第一要义、坚持以人为本、坚持全面可持续发展、坚持统筹兼顾作为立法的根本要求。为促进立法理念、立法工作的创新发展，广东省人大坚持立法与社会实践相结合。在地方立法工作中，着重把握时代发展的大方向，研究经济社会的实践活动，把握经济社会的发展规律，研究广东经济社会的现状，创新解决广东实际问题的体制机制，树立更高的目标追求，使地方立法工作在创新中得到发展，在发展中不断创新。为了保证地方立法与社会现实相适应，广东省人大坚持以动态的眼光、发展的思路，从不断变化的世情、国情、省情出发，不断增强地方立法工作的针对性、前瞻性和实效性。

一　建立法规立项论证制度

法规立项是立法工作的第一关，是确保法规质量的首要环节，如何实现立法资源的高效率分配，如何确保经济社会科学发展急需的法规和关乎民生的社会立法能够及时出台，一直是困扰地方立法的难点问题。2008 年 10 月，广东省人大常委会专门召开了地方立法研讨会，对科学立项问题进行了专门的研讨，在此基础上，制定了《广东省地方性法规立项工作规定》，对法规立项的原则、标准、要求和程序都作了明确的规定。2008 年编制省人大常委会五年立法规划时，对该规定进行了试行。实践证明，对法规立项进行科学论证，改变了以往拍脑袋立项、凭领导意志立项、靠关系立项的状况，确保了法规立项的科学性。[①]

二　科学编制立法计划

立法计划是有立法权的地方人大对年度内制定、修订和废止地方性法规作出的设想和部署，是为常委会会议审议地方性法规案事先作出的工作安排。科学合理地编制立法计划，是加强立法工作、提高地方立法质量的必然要求，是立法工作走向规范和成熟的重要标志。科学地编制立法计划，不仅能使立法工作有目的、有计划、有步骤地进行，而且编制立法计划本身就是把握情况、协调关系、解决问题的过程，为制定"良法"奠定了基础；立法计划本身的质量不高、不科学，就难以保证今后的立法工作顺利进行、制定出高质量的法规。科学合理的立法计划能够体现地方立法在整个国家立法体系中的地位，从立法源头上避免"越权立法"和"重复立法"现象，发挥地方立法应有的作用。

在实践中，广东省制订年度立法计划时坚持四条原则：与改革、发展、稳定重大决策相结合的项目优先；自主性、先行性、试验性立法项目优先，实施性的法规项目不是特别需要或者上位法没有授权的，一般不予安排；原有地方性法规与法律、行政法规不一致，或者与国际规则不适应，需要修订或废止的项目优先；地方实际迫切需要，而且条件比较成熟的项目优先。在此基础上，2007 年制定的《广东省人民代表大会常务委员会立法技术和工作程序规范（试行）》对年度立法计划的编制原则、编制机构和编制时间，立法计划项目的提出、公开征集、论证和确定，立法项目库与年度立法计划的衔接等内容作了明确规定，进一步规范了立法计划的编制和执行。[②]

三　完善立法顾问制度

通过聘请有丰富理论功底和丰富实践经验的专家参与立法工作，有利于充分发挥他们专业知识精和理论素养高的特长，有利于借鉴和吸收国内外一切优秀的

[①]　柯旭、吴章敏：《广东省地方立法三十年工作的回顾和展望》，广东人大网，2009 年 12 月 08 日。
[②]　柯旭、吴章敏：《广东省地方立法三十年工作的回顾和展望》，广东人大网，2009 年 12 月 08 日。

立法成果和经验，从而更加科学地设计法规制度，使法规草案的结构布局更加合理，逻辑规范更加严密，涉及对象更加实际，与其他法律法规更加协调一致。同时，立法顾问作为各方面的专家学者，往往能从自己多年研究经验的角度，从关注中国法制涉及生活大局的角度，从国际先进经验同中国的立法实践比较的角度等，站在相对中立和客观的立场，综合研究分析各方面的情况和不同的利益诉求，通过理性思考，作出价值判断，为立法机关提供更加科学、合理的意见和建议，把立法理念提升到一个更高的境界。通过让各类专家学者积极参与到立法工作中来，在立法机关与专家学者之间建立起直接、及时、多方位的信息沟通渠道，拓宽地方立法的信息通道，形成信息的良性互动与互补，帮助立法机关预测、分析、论证有关情况，优化决策目标，拟制最佳方案，防止和减少决策失误，达到提高地方立法质量的目的。

立法顾问制度是广东人大立法工作机制的重要组成部分，是推进科学立法、民主立法的重要举措，是提高立法质量的有效途径。为此，广东省人大常委会出台了《关于聘任广东省人民代表大会常务委员会立法顾问的若干规定》，明确了立法顾问的主要任务，即为省人大常委会制订立法计划提供咨询；应邀参与省人大各委员会法规草案的起草、调研和修改工作，主要就法规草案的重点、难点和规范性问题进行研究，提出意见；应邀参与有关立法专题问题的调研和论证工作；应邀参加省人大各委员会审议法规草案的有关会议和其他相关工作。各专门委员会在法规草案的起草、调研、修改和审议工作中应邀请相关立法顾问参加，充分征求立法顾问的意见，将征求意见情况向主任会议汇报，并反馈给法制委员会；法制委员会积极配合各专门委员会，做好立法顾问的联系等工作。

四　建立立法指引制度

科学立法的一个重要方面是把好法规草案的起草、协调、审议等重要关口。当前，地方立法中普遍存在以下问题：有的法规草案所要调整的社会关系、所要解决的主要矛盾和重点问题把握不够准确；地方特色不够突出，前瞻性、可操作性不够强；草案的条款与上位法相抵触；草案仍然存在部门利益倾向；立法技术不足，立法粗糙等。为此，广东省人大常委会办公厅和广东省人民政府办公厅联合下发了《关于印发〈广东省法规草案指引若干规定（试行)〉的通知》。《广东省法规草案指引若干规定（试行）》（以下简称《若干规定》）的出台，标志着全国第一个立法指引制度在广东正式建立。

《若干规定》对立法指引所包括的内容作了原则规定：法规草案送审稿指引以及法规草案指引的制定机关、实施程序和要求；法规调整的社会关系、解决的主要问题、重点和难点，调整社会关系的法律调整方法和手段；法律、行政法规等立法依据，所起草法规与相关法律、行政法规的相互关系；法规中拟提出的有关解决问题的机制和主要制度，特别是涉及机构设置、行政职能调配、行政收费、行政许可、行政处罚、行政强制措施等内容的，应当论证其合法性、合理性和可行性；法规中保护公民、法人及其他组织合法权益的主要措施、制度，规定公民、法人及其他组织义务的，应当充分说明依据、理由；其他省、市的相关立法经验；国际上的相关立法经验、国际惯例；其他需要诠释的内容等。

《若干规定》还规定，法规草案指引主要从立法的四个环节上进行规范。一是有关部门在提出年度立法计划项目时，应同时报送立法项目建议书，建议书应附送法规草案稿，明确报送省政府的时间。今后凡是没有法规草案稿并明确报送省政府的时间的项目，一律不列入当年立法计划新制定项目；省政府所属的有关部门向省政府报送法规草案送审稿时，应当同时向省政府法制办报送法规草案送审稿指引。省总工会、团省委、省妇联、省残联等省直单位以及受委托的机构起草的法规草案送审稿，也按此规定执行。二是省政府向省人大常委会报送法规草案时，省政府法制办应当同时报送法规草案指引；省人大有关专门委员会或者省人大常委会有关工作委员会直接起草的法规草案，应当同时附上法规草案指引。三是省人大有关专门委员会或者省人大常委会有关工作委员会审议法规草案时，对法规草案主要内容提出修改建议的，应当在修改的条款后附上法规草案修改建议说明，阐明依据和理由。四是省人大法委对法规草案进行统一审议时，对法规草案主要内容作出修改的，或者对常委会组成人员比较集中的意见以及省人大有关专门委员会、省人大常委会有关工作委员会对主要内容的审议意见未采纳的，应在修改的条款后附上法规草案修改稿审议说明，阐明依据和理由。[①] 在实施过

---

① 易明刚：《一项全新的立法工作制度：全国第一个立法指引制度的出台与解读》，《中国人大》
2006 年第 3 期。

程中，广州市人大法工委在起草制定《广州市人民代表大会代表议案条例》时，第一次率先列出法规草案注释，进一步为制定《若干规定》提供了经验。2006年以后，广东省人大常委会全面实行了立法指引制度，不仅省级立法实行，审查批准广州、深圳、珠海、汕头等较大市立法也实行立法指引制度。广东省人大常委会先后制定通过的《广东省珠江三角洲城镇群协调发展规划实施条例》、《广东省各级人民代表大会选举实施细则》、《广东省湿地保护条例》、《广东省跨行政区域河流交接断面水质保护条例》、《广东省人民代表大会常务委员会关于修改〈广东省地方立法条例〉的决定》等7项地方性法规，审查批准广州市人大常委会的《广州市白云山风景名胜区保护条例》、《广州市生猪屠宰和生猪产品流通管理条例》等3项法规，深圳市人大常委会的《深圳市养犬管理条例》，珠海市人大常委会的《珠海市服务业环境管理条例》、《珠海市政府非税收入管理条例》、《珠海市消防条例》，汕头市人大常委会的《汕头市生活饮用水源保护条例》等，均按照《若干规定》实行了立法指引。

五 建立和完善了法规清理工作机制

改革开放30多年来，为适应广东省经济社会发展的客观需要，广东省人大及其常委会先后制定地方性法规和有关法律问题的决定、决议316项，现行有效的地方性法规和有关法律问题的决定、决议241项，为创造良好的法治环境起到了积极的作用。但是，随着改革开放的发展，部分法规出现了与上位法不一致或者与广东省经济社会发展的需要不太适应的情况，因此，需要对广东省的地方性法规进行全面清理。2008年，省人大常委会制定了《广东省地方性法规清理工作若干规定（试行）》，对法规清理的定义、原则、启动程序、工作分工、清理结果等内容作了较为具体的规定，力求推动法规清理工作制度化、规范化、常态化。①

第五节 完善立法制度 规范立法程序

为健全地方立法制度，规范地方立法活动，广东省人大常委会于2001年2

---

① 易明刚：《一项全新的立法工作制度：全国第一个立法指引制度的出台与解读》，《中国人大》2006年第3期。

月 19 日通过了《广东省地方立法条例》，对立法计划和法规起草，省人民代表大会立法权限和程序，省人民代表大会常务委员会立法权限和程序，较大的市的地方性法规、民族自治县自治条例和单行条例批准程序，法规解释，适用和备案等方面作了规范。为进一步贯彻《立法法》，使广东省的地方立法制度与国家立法程序和立法工作体制相衔接，2006 年 1 月，省人大常委会修订了《广东省地方立法条例》，对立法计划的编制、法规草案的起草、征求意见、发挥人大代表作用等重大问题作了进一步规定，使立法工作进一步规范化、制度化和合理化，特别是将原来的法规案两审制改为三审制，明确了三个审议阶段的不同审议重点，使三个审议阶段形成有机联系的整体，为提高立法的效率和质量奠定了良好基础。

该条例系《立法法》在地方立法程序方面的具体化，其内容全面、具体，基本涵盖了省人大及其常委会行使地方立法权的各个方面。条例的颁布实施标志着广东省地方立法工作全面步入法制化轨道。为了防止地方立法中部门利益导向，本条例通过严格立法程序、促进立法公开等制度对立法程序进行了细化和完善。条例在程序上设立了三审制度：一审是听取提案人的说明，由分组会议对法规草案的立法必要性、可行性、法规案主要问题及有关专门委员会的审议意见等进行充分审议；二审是由法制委员会提出关于法规草案修改情况和主要问题的汇报，印发人大常委会，由分组会议进一步审议；三审由法制委员会提出审议结果报告，由分组会议对法规草案修改稿进行审议。

在进行地方立法的同时，广东人大不断总结立法经验，推进立法程序规范化和法制化。省人大常委会法工委起草的《广东省人民代表大会常务委员会立法技术与工作程序规范（试行）》（以下简称《规范》）注重立法工作的科学化、规范化和制度化，要求立法工作机构和人员必须具有较好的立法操作技能，并遵循基本的立法工作规律，其对于提高地方立法的质量发挥了重要作用。该规范根据广东立法工作的需要，结合地方立法工作中一些行之有效的经验，调整范围比较全面，体现了广东特色。全国其他各省制定的立法技术规范，主要通过规范法规文本和立法相关文件的表述与格式来规范相应的立法基础性工作，其调整的内容主要包括两部分：一是地方性法规的内容构成、表述方面的规范，即通常所说的表述规范；二是立法相关文件的制作规范，即通常所说的格式规范。而广东省除了这两方面的内容外，还因为立法数量多，需要对立法工作进行全面的规范。例如，《规范》明确将立法工作程序纳入调整范围，除了规范法规文本和立法相关文件的表述和格式，还对立法基础性工作的整个流程作了规范，包括立法工作程序中所涉及的年度立法计划的编制，法规的起草、论证、听证、审议、评估，地方性法规的解释，地方性法规的询问答复等工作的规范。《规范》对立法工作程序的规定有助于提高相关立法基础性工作的质量，进而提高地方性法规的质量。

为了保证立法工作的法制化，提高立法质量，《规范》在总则中规定"制定地方性法规，应当符合下列要求：（一）符合地方立法权限，内容不得与宪法、法律、行政法规相抵触；（二）内容应当根据本省的具体情况和实际需要规定，注重可操作性，不追求体例上的'大而全'、'小而全'；（三）涉及的主要制度、措施等切实可行；（四）一般不重复上位法的规定，注重对上位法进行细化和具体化；（五）结构严谨、协调，语言文字准确、简明，立法文本统一、规范"，从合法性、可操作性、实用性、不重复性、规范性等五个方面对提高法规的质量提出了明确要求。《规范》第二、三、四编则围绕这五个方面的要求对相关内容作了具体规范。

《规范》重点对权力的规范行使作了较为细化的制度设计，以保障公民、法人和其他组织的合法权益不受侵犯。根据其第63条，立法在确保行政权力有效行使的同时，也要对其进行规范、制约和监督，规定相应责任，做到权力与责任相对应，保障公民、法人和其他组织的合法权益不受侵害。权力行使程序上，应当合理、便民，符合公开、公正、效率和有利于执行与监督的要求。而且，《规范》第二编第二章第二节、第三节从权利（力）与义务相对应的角度，分别对管理主体权力和责任以及公民、法人和其他组织的权利和义务专节作了详细规定。第64条规定"设置权力性条款，应当遵循下列原则：（一）权力主体应当明确；（二）权力的设置应当遵循合法、合理和效率原则；（三）权力的内容应当具体、可行，具有可监督性；（四）上位法对权力范围有明确规定的，地方性法规只能对其进行细化，不能随意扩大"；第66条规定"涉及公民、法人和其他组织的权利的规定，应当具体明确。上位法已作规定的，从其规定；上位法对权利未作限制性规定的，地方性法规不得作限制性规定"；第67条规定"公民、法人和其他组织承担的义务应当与其享有的权利相适应。在规定公民、法人和其他组织应当履行的义务时，应当明确规定其享有的权利，做到权利与义务相统一"。

为了贯彻《立法法》规定的民主立法和科学立法原则，广东省人大在民主立法、科学立法方面也进行较多的探索，形成了一些较为成熟的地方立法经验，并通过制定规范，将这些经验上升到了制度的层面。例如，关于年度立法计划项目的编制，《规范》第 193 条对向社会公开征集立法项目建议作了规定，第 196 条对将立法计划征求意见稿征求省人大代表、省直有关单位、各地级市人大常委会、各自治县人大常委会、省人大常委会立法顾问的意见和必要时召集有关专家进行论证等内容作了规定，第 202 条对年度立法计划确定后向社会公开的内容作了规定。关于地方性法规的起草，《规范》第 217 条规定，起草地方性法规草案，应当通过书面征求意见、网上征求意见和召开座谈会、论证会、听证会等多种形式，广泛听取各方意见；第 222 条规定起草地方性法规草案可以邀请有关专家、组织参加。关于地方性法规的审议，《规范》第 274 条规定，有关专门委员会应当采取召开论证会、听证会、座谈会、书面征求意见或者公开征求意见等方式听取各方面的意见和建议；第 279 条规定，省人大法工委在修改地方性法规的过程中，应当征求 30 名以上省人大代表、有关机关、组织和专家的意见，同时在省人大网站上公开征求社会各界意见。此外，还分别对论证会、听证会这两种科学立法和民主立法的重要形式作了较为全面的规定。

第六节　广东加强地方立法创新的经验

广东省委提出了科学发展，先行先试和加快产业转型升级，建设幸福广东的核心工作任务。广东省人大围绕这一核心任务，坚持解放思想，实事求是，与时俱进，适应新形势、总结新经验、研究新问题，在制度创新、体制创新、机制创新上下工夫，多个方面在全国率先立法，为广东的改革开放事业提供了有力的法治保障。目前，广东省人大在通过立法进行改革创新的实践中探索和积累了许多经验，也有不少成功的改革创新实践。通过对广东省人大立法的经验进行深入研究分析，可以为中国改革开放进程中的立法提供有益的启示。

首先，从广东推动地方立法的实践看，坚持党的领导、人民当家作主、依法治国有机统一是其重要的经验之一。坚持党的领导、人民当家作主、依法治国的有机统一贯穿于社会主义民主政治建设的全过程和各个方面。只有在实践中坚持三者的统一，才能坚持社会主义政治制度的特点和优势，从制度和法律上保证党的理论、路线、方针、政策的贯彻实施，不断推进社会主义民主政治制度化、规范化、程序化，实现社会主义政治制度的自我完善和发展，为党和国家的长治久安提供政治和法律制度保障。广东省各级党委通过完善体制机制，着重发挥党委统筹和协调作用，将党委决策通过各级人民代表大会等民主程序转化为人民意志，实现党委决策讲效率，民主程序依法律，充分发挥党委在协调三者有机统一中的作用，在探索如何实现三者有机统一方面探索了一些新途径、新办法，取得了一定的效果。从调研的几个地方党委机构设置方面来看，各级党委普遍建立了协调机构。1996年，广东省委成立广东省依法治省工作领导小组，省委书记任组长，省人大常委会主任任常务副组长。领导小组的常设办事机构设在省人大常委会，形成党委发挥领导作用、人大发挥主导作用、一府两院发挥执法主体作用，政协发挥民主监督作用的工作机制。各市、县（区）也基本采用了这一模式。这种工作机制的最大特点是党委统揽法治工作全局，将法治工作放在经济社会发展全局中进行部署，并通过民主程序将党委各项决策进行法定化、制度化。

其次，抓好立法质量是积极发挥地方立法作用的重中之重。较高的立法质量是确保地方立法有效实施，切实解决地方发展所面临问题的关键。因此，广东在推动地方立法中尤其重视完善制度机制，提高地方立法的质量。其中，广东的地方立法尤为注意建立健全公众参与、专家论证和决策机构决定的机制。凡涉及经济社会发展全局的重大事项，广泛听取社会各界的意见；凡涉及公民法人或者其他组织切身利益的重大问题，向社会公告和听证；凡涉及专业性技术性强的事项，认真听取专家意见或经专门研究机构充分论证。这有效保障了立法的民主性、科学性。

最后，善于运用法治手段解决科学发展的现实问题。广东省委强调民主法治是落实科学发展的根本保障，着力运用法治手段解决科学发展中的现实问题。省委从全局出发，采取多种措施，将地方立法工作纳入经济社会发展的总体部署，科学规划地方立法总体目标，提出切实可行的保障措施，运用法治手段调整社会关系、解决社会矛盾、规范社会行为，引导推动和保障改革发展的顺利进行。为了推动和保障科学发展，在省委的统一部署下，通过完善和细化相关法律制度，各地区、各部门依法放宽市场准入，积极培育各类市场主体，增强市场经济活力，积极做好劳资纠纷调解，出台政府垫支工资款项政策，协调企业破产与厂房租赁纠纷，及时化解国际金融危机背景下部分企业倒闭裁员欠薪引发的社会矛盾和纠纷。

第十章　人大监督的实践与经验

第一节　人大监督概述

人大监督，是指各级人民代表大会及其常委会为了全面保证宪法和法律的实施，维护人民的根本利益，防止行政和司法机关滥用其权力，通过法定方式和程序，对国家机关实施的检查、调查、督促、纠正和处理活动。人大监督是国家根本制度的监督，是中国监督体系的重要组成部分。

人大监督制度在中国得以形成与发展，绝非历史之偶然。人大监督的思想源远流长——它既得益于西方分权理论与代议制度的启示，也是对马克思主义监督学说的继承和发展，更是中国共产党人在社会主义革命与建设的实践中逐步探索的经验之总结；人大监督制度的理论基础十分丰厚——它深植于人权理论、民主理论、制权理论和法治理论。人权、民主、制权、法治是人类进入文明时代以后不断追求的理想境界，马克思主义者，特别是中国共产党的历代领导人，结合本国国情，将人权、民主、法治、权力制约等理念和理论创造性地运用于实际，创立和建成了具有中国特色的人大监督制度。新中国的第一部宪法——1954 年《宪法》即确立了中国人大监督制度的基本框架；经 1978 年《宪法》至 1982 年《宪法》，尤其是《各级人民代表大会常务委员会监督法》（以下简称"《监督法》"）的出台，人大监督制度逐步得以恢复、重塑与丰满。

一　人大监督制度的形成和发展

在《监督法》出台之前，《宪法》既是人大监督的授权之法，也是人大行使监督权的主要依据。因此人大监督制度的发展脉络，是从宪法中延伸出来的。

新中国成立至今，全国人大一共颁布了四部宪法：1954 年《宪法》（1954

年)、1975 年《宪法》(1975 年)、1978 年《宪法》(1978 年)、1982 年《宪法》(1982 年)。这些宪法及其相关法律的历程和内容和体现了人大监督制度发展的波折之路。1954 年《宪法》明确规定，全国人民代表大会是最高权力机关，是行使国家立法权的唯一机关，有监督宪法实施的职权。全国人民代表大会常务委员会有监督国务院、最高法院和最高检察院的工作，撤销国务院同宪法、法律和法令相抵触的决议与命令等职权。在 1954 年《宪法》关于权力机关监督原则规定的基础上，第一届全国人民代表大会还通过了《地方各级人民代表大会和地方各级人民委员会组织法》，对地方各级权力机关的监督作出了相应规定。1955 年 8 月，全国人大常委会又作出了《关于全国人民代表大会代表和省自治区直辖市人民代表大会视察工作的决定》，规定了人民代表每年视察的次数、形式、内容，以及要求各级执行机关必须为视察提供方便等。该《决定》是充分发挥权力机关监督作用的配套法规。1954 年《宪法》及有关法律的颁行，形成了中国人大监督的基本框架，体现了中国人民行使国家权力的基本性质，但它在涉及人大监督的某些方面尚存不足，比如：第一，由于县级以上各级地方人民代表大会未设常设机构，使得权力机关对执行机关的日常工作监督较难实施；第二，县以上各级地方人民代表大会未设常设机构，本级人民代表大会的选举工作由本级人民政府主持，因而在一定程度上影响了权力机关监督职能的发挥；第三，各级人民政府有权"停止下一级人民代表大会的不适当的决议的执行"，在一定程度上混淆了权力机关与执行机关的关系，不利于权力机关对执行机关的监督。

1975 年《宪法》颁布时，中国正处于"文化大革命"期间，国家政治生活偏离常轨，宪法与法律遭到践踏，公民的基本权利得不到保障，权力机关名存实亡。1975 年《宪法》以阶级斗争理论为核心，强调党的"一元化"领导和权力集中，取消了权力机关的监督职能，只字未提人大监督，比起 1954 年《宪法》是一种严重的倒退。1978 年《宪法》在权力机关监督方面的最大特点是基本恢复了 1954 年《宪法》中对权力机关监督的规定[①]，同时新增了一些权力，对于国家政治生活逐步走上正轨在客观上起到了一定作用。例如，1978 年《宪法》

---

① 1975 年《宪法》第 16 条明确规定："全国人民代表大会是在中国共产党领导下的最高国家力机关。"

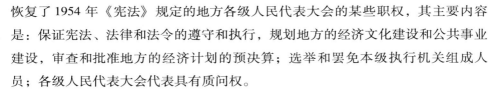

恢复了1954年《宪法》规定的地方各级人民代表大会的某些职权，其主要内容是：保证宪法、法律和法令的遵守和执行，规划地方的经济文化建设和公共事业建设，审查和批准地方的经济计划的预决算；选举和罢免本级执行机关组成人员；各级人民代表大会代表具有质问权。

1978年《宪法》在人大监督职权规定方面的一个重大进步，是并未沿用1954年《宪法》中"各级人民政府有权停止下一级人民代表大会的不适当的决议的执行"的规定，使得人大在行使监督权时免受上一级行政机关的干扰。在1978年《宪法》的基础上，1979年召开的第五届全国人民代表大会第二次会议对《宪法》的某些条款又作了增删修改，并制定通过了新的《地方各级人民代表大会和地方各级人民政府组织法》。人大监督权通过该法律得以进一步加强，该法律确立了人大监督由全国性事务延伸到基层，由一年一度的会议监督扩展到经常性监督的新局面，使中国人大监督制度取得了重大进展。

1982年召开的第六届全国人民代表大会制定并通过了中国第四部《宪法》（即1982年《宪法》）。在发挥权力机关监督方面，1982年《宪法》全面恢复了1954年《宪法》中规定的各级权力机关的监督职权，并根据实践需要增加了新内容：第一次明确规定了国家行政机关、审判机关、检察机关均由人民代表大会产生，对它负责，受它监督；全国人大常委会有权撤销国务院制定的同宪法、法律相抵触的行政法规；在全国人大闭会期间，全国人大常委会有权审查和批准国民经济和社会发展计划、国家预算在执行过程中所必须作的部分调整；明确规定了应由国家权力机关选举决定产生和罢免的人员；恢复了1954年《宪法》中所规定的全国人民代表大会和全国人大常委会对特定问题组织调查委员会的权力。1982年《宪法》的突出成就是，扩大了人大常委会的职权，为人大常委会对执行机关实施经常性监督提供了有力的法律支持和保障。

除了宪法外，2006年制定的《监督法》在总结人大监督实践经验的基础上，对监督的形式、程序等，作了较为全面且切合实际的规定。

首先，创设了专项工作报告制度。人大听取和审议"一府两院"的工作报告是现行宪法所确立的基本监督制度。但现行《宪法》和组织法所规定的人大听取和审议"一府两院"的工作报告，仅在人大会议期间，而且"一府两院"的工作报告一般是宏观性的，人大对"一府两院"工作报告的审议难以抓住重点问题，很难有效监督"一府两院"的工作。[①] 为保证各级人大常委会及时了解重大问题，并对"一府两院"在重大问题上所作的决定进行有针对性的具体监督，《监督法》创设了在人大闭会期间由各级人大常委对"一府两院"的专项工作报告进行审议的制度，这一制度保证了各级人大常委会能够及时、有效地监督"一府两院"的工作。

其次，立法监督制度加以完善。《监督法》在《立法法》所规定的立法监督体制的基础上，进一步规定：县级以上地方各级人民代表大会常务委员会对下一级人民代表大会及其常委会作出的决议、决定和本级人民政府发布的命令，经审查认为有不适当的情形的，有权予以撤销。这使得中国的立法监督制度更加完善。

最后，健全了司法解释的审查机制。《监督法》第32条明确了全国人大常委会对最高人民法院、最高人民检察院作出的司法解释的监督职权，列举了可以向全国人大常委会对司法解释提出违法审查要求或建议的主体，包括任何国家机关、社会团体和公民个人，同时还规定了全国人大常委会具体审查司法解释的处理办法，从而保证了全国人大常委会对司法解释的合法性进行监督的法律效力。

二　人大监督的基本原则

(一) 依法监督原则

人大的监督权来自于宪法和法律，人大监督的对象、内容、范围和方式都要严格符合宪法和法律规定，在法律规定的职权范围内，按照法定程序，对法定的对象进行监督。是否需要行使监督权、如何行使监督权都以宪法法律为准绳。各级人大及其常委会坚持在宪法和法律规定的职权范围内行使监督权，维护和保障宪法规定的国家机关之间的职权分工。在人大与"一府两院"的关系方面，既有监督又有支持，既依法监督，又不代行行政权、审判权、检察权。从人大常委会和政府的职权划分来说，人大常委会通过听取和审议政府工作报告、执法检查等形式，抓住政府工作中民众反映较为集中的、带有普遍性、倾向性的问题进行监督，促进依法行政，但并不对具体问题进行直接处理。就人大常委会与法院、

---

① 莫纪宏：《强化监督权：人大如何监督"一府两院"》，http://ido.3mt.com.cn/Article/200609/show484331c32p1.html，2012 年 7 月 11 日。

检察院的职权划分而言，人大常委会不代替"两院"办理具体案件，其监督重点是解决审判工作、检察工作中群众反映强烈、带有共性的问题，如受理难、执行难、超期羁押、刑讯逼供、司法不公等，通过听取和审议"两院"专项工作报告，实施执法检查等形式，督促司法机关完善内部监督制度，促进公正司法。人大常委会对"一府两院"工作进行监督，秉行尽职不越位、决定不处理、监督不代办的关系，防止和避免人大的工作错位。

在监督权行使的程序方面，各级人大常委会严格根据《监督法》和相关法规规定的程序行使监督权。监督权行使的程序，包括人大常委会行使监督权时所应遵循的方式、步骤、时限和顺序，等等。无论是人大常委会行使监督权，还是"一府两院"接受人大常委会的监督，以及人大常委会行使监督权过程中所涉及的有关部门或个人，都应遵守相应的程序规定。

（二）民主集中制原则

人大作为国家权力机关，其运作方式既不同于党委，也不同于政府，更不同于企事业单位，既不是首长负责制也不是分工责任制。《宪法》和《监督法》明确了人大及其常委会实行集体负责制的特点。① 各级人大及其常委会在行使监督权时，恪守民主集中制这一重要原则。

（三）公开监督原则

《监督法》第 7 条规定："各级人民代表大会常务委员会行使监督职权的情况，向社会公开。"这是中国法律首次明确规定人大常委会行使监督权的公开原则。将人大常委会行使监督权的情况向人民公开，既保证了人民的知情权，也是人大常委会保持同人民群众的联系、倾听人民群众意见、接受群众监督的重要方面，体现了人民对常委会工作的监督，还是建设社会主义民主政治的重要内容。

（四）间接处理原则

人大在监督过程中发现被监督对象有违反法律规定的行为的情形时，多采取间接方式加以解决，即转交有关部门，由有权机关作出处理，或直接督促违法机关及时纠正自身不法行为。从人大监督的方式上看，听取工作汇报、质询、询

---

① 　如《宪法》第 3 条规定："中华人民共和国的国家机构实行民主集中的原则"；《监督法》第 4 条规定："各级人民代表大会常务委员会按照民主集中制的原则，集体行使监督职权。"

问、调查、视察、接受公民申诉和控告检举等，也都是通过评价、批评、建议、督促等手段来达到监督目的，人大自身一般不直接参与纠正与处理违法事件。这一间接性特点是由人大的职能特征所决定的。

三 人大监督的主要内容

人大监督的内容主要包括一般监督和宪法监督两类。当前《监督法》所规定的内容仅限于合法性监督的范畴，对于合宪性监督的规范依据是由《宪法》所直接规定的人大监督宪法实施的权力。本书所讨论的"人大监督"将囿于《监督法》所规定的"合法性监督"范畴内。

（一）立法监督

立法监督是指人民代表大会及其常委会审查法律、法规以及其他有关规范性文件是否违反宪法、法律，是否违反人民代表大会的决议、决定的监督活动。立法监督的目的是为了使一般法律同宪法和基本法律保持一致，法规同法律相一致，各种规范性文件同人民代表大会颁布的法律、决议、决定相符合，从而维护国家法制的统一。目前地方各级人大的立法监督主要是通过对法规、规章和规范性文件的审查，通过接受有关国家机关、社会组织和公民对违法的法规、规章和其他规范性文件的申告，认定其是否违法，并要求有关机关自行纠正或撤销，或由人民代表大会或常委会决定纠正或撤销。有效开展规范性文件的备案审查工作，确保规范性文件不与宪法、法律和法规相抵触，是《监督法》及相关规范的要求。做好规范性文件备案审查工作，有利于维护社会主义法制的和谐统一，有利于从制度上和源头上加强对权力运行的监督。

（二）对法律实施的监督

法律实施监督，是指人民代表大会及其常委会为保障法律、法规在社会生活中的贯彻执行而采取的手段。现行《宪法》规定，地方各级人民代表大会及其常委会有权在本行政区域内保证宪法、法律、行政法规的遵守和执行。

对法律实施情况的检查监督（即执法检查），是近年来大力加强的一种监督方式。1993年，全国人大常委会制定的《关于加强对法律实施情况检查监督的若干规定》（已失效）对执法检查重点的确定、执法对象、执法检查工作的组织和原则、执法检查的方法、执法检查报告和报告的审议、执法中发现违法案件的处理，以及新闻媒体对执法检查的结合等一系列问题，都作出了规定。《监督

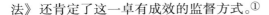

法》还肯定了这一卓有成效的监督方式。①

目前，地方各级人大法律实施监督的主要内容是，就上级人民代表大会和本级人民代表大会颁布的法律、法规和决定的实施情况进行执法检查和视察。检查有关执法机关是否贯彻执行了某法律，发现法律实施中存在的问题，督促有关机关严格执法，要求改进执法工作，就执法中普遍存在的问题提出改进意见和完善立法与执法的措施。对违法情况，可质询或组织有关执法部门，直至追究执法部门及其领导人员的责任。②

（三）对政府行为的监督

对政府行为的监督即政府行为合法性监督。所谓"政府行为"，是指行政机关及其政务类官员依照法律规定的职权或在法律授权范围作出的重大行政行为。一般而言，政府行为包括两类：一类是以政府名义作出的重大行政行为（如一年或一段时间内的政府工作、财政预算、政府采取的重大行政措施）；另一类是由人民代表大会选举或任命的国家政务官员作出的行政行为。他们的行为是需要对人民代表大会负责的。一般行政人员的行政行为并非政府行为，因而不需承担对人民代表大会的责任，也因此不是人大监督的内容。对非政府违法行为的监督，由行政监察部门或其他部门实施。人大对政府行为监督的内容可以概括为两个方面：一是对计划和预算的监督；二是对政府履责的监督。

（四）对司法的监督

这是人民代表大会对人民法院、人民检察院的司法工作以及对司法人员在司法工作中是否有法必依、严格依法办事实施的监督，特别是对严重违法造成的冤假错案进行检查了解，督促其纠正。人大对司法机关的监督包括：通过听取工作报告了解司法机关执行法律和有关司法政策的基本情况；对法院、检察院提出质询；作出有关决定，指导司法机关的工作；对司法解释是否符合法律实施审查；受理人民群众对司法机关所办案件的申诉和对司法人员违法行为的控告；等等。

（五）人事监督

人事监督有狭义和广义之分。狭义的人事监督，是指各级人民代表大会及其

---

① 《监督法》第22条规定，各级人民代表大会常务委员会每年选择若干关系改革发展稳定大局和群众切身利益、社会普遍关注的重大问题，有计划地对有关法律、法规实施情况组织执法检查。

② 蔡定剑：《人大制度二十年发展与改革讨论会综述》，《中外法学》2002年第2期。

常委会行使法律规定的对国家机关政务类官员的罢免和撤职、免职的权力；广义的人事监督则把上述官员的选举、决定人选和任命行为也作为监督内容。

（六）特别调查

《宪法》第71条规定，全国人大及其常委会认为必要的时候，可以组织关于特定问题的调查委员会，并且根据调查委员会的报告作出相应的决议。调查委员会进行调查时，一切有关的国家机关、社会团体和公民都有义务向它提供必要的材料。《监督法》对特别调查即调查委员会的组成与职权等均作出了规定。

第二节 广东人大监督的实践与创新

1979年，改革开放的中国步入全面推进民主法制建设的轨道，正是在这一年，广东省人大常委会设立，人大监督的实践掀开了历史性的一页。30多年来，在改革开放和民主法治开全国风气之先的广东，各级人大及其常委会秉承着"把监督工作放在与立法工作同等重要的地位"的宗旨，在完善人大制度、加强监督方面作了深入探索和大胆实践，在行使监督权方面践行"敢于监督"与"善于监督"的有机统一，监督的力度逐步加强，方式与方法不断创新，监督的针对性和实效性逐年提高。尤其是近年来，以2006年《监督法》的颁行为契机，广东省人大的监督工作严格遵守《宪法》和《监督法》、《代表法》等所规定的监督权行使的各项原则，在保持着连续性的同时，呈现出鲜明特点，成就了众所瞩目的人大监督的"广东现象"，展现了广东人大的独特风范，亮点频现。一是综合运用从一般性监督——组织代表视察、调查、检查等，到刚性监督——质询、否决、罢免等在内的监督方式，监督方式从单一走向多样，方法和途径不断创新。二是严格遵守《宪法》的原则性赋权、《监督法》的一般性规定，并制定和实施了一系列具体和可操作的法规、规章和制度，人大监督逐步走向规范。三是鲜明地提出要抓住人民群众普遍关注的、反映强烈的、带有共性的问题，对"一府两院"工作实施监督，人大监督的重点更加明确与清晰。四是逐步实现从程序性监督向实质性监督的转变，其中最重要的在于明晰了替纳税人管好政府"钱袋子"的责任。五是对于人大常委会行使监督职权的情况以及"一府两院"执行人大常委会决议的情况等，都向人大代表通报并向社会公布，兼之新闻发言

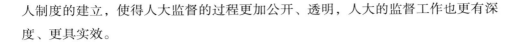

人制度的建立，使得人大监督的过程更加公开、透明，人大的监督工作也更有深度、更具实效。

一　开拓创新，探索监督形式

自 20 世纪 80 年代起，广东人大就开始在现行宪法和相关法律作出明确规定的方式外，积极探索一些行之有效的监督方式。灵活多样的监督形式，供广东人大根据监督对象、监督内容、监督目的的不同而选择。既可以是对有关机关工作的全面监督，也可以就一个具体问题开展了解和调查，这种了解调查可以是公开的，也可以是不公开的；这种监督可以是集体的、以大会的方式进行，也可以是小范围的；可以是固定化、经常化的，也可以是临时性、集中进行的；可以是事先的预防的监督，也可以是事后的纠正、制裁性的监督；可以以对有关国家机关工作人员或领导人当面提出质询的较强硬的方式进行，也可以以提出建议、意见等较为温和的方式进行。不同的监督方式适应不同的情况，产生了良好的监督效果，是广东人大监督实践的经验积累。

（一）听取和审议"一府两院"工作报告和专题工作报告

听取和审议"一府两院"的工作报告或专题汇报，是国家权力机关开展工作监督的基本、主要、常用的形式。人大及其常委会听取由它们产生的国家机关的工作报告和专题工作汇报，是人大的一项权力。

为了落实广东省委于 2009 年年初就贯彻国务院批准的《珠江三角洲地区改革发展规划纲要（2008—2020 年)》所作的统一部署，广东省人大常委会将听取和审议省政府的专项工作报告和建议作为监督重点加以落实。一是听取和审议省政府关于贯彻实施规划纲要情况的专项工作报告，进一步督促纲要实施，并将审议意见交由省政府研究处理；二是听取和审议省政府关于珠三角地区交通一体化建设情况的建议作为常委会重点督办的建议。围绕保障性住房建设工作，2010 年，省人大常委会听取和审议了省政府关于保障性住房建设情况的报告，2012 年 7 月，广东省十一届人大常委会第三十五次会议再次听取和审议了省政府关于保障性住房建设工作落实情况的报告，目的是使常委会组成人员更全面深入地了解有关情况，更好地审议议题，促进省政府及其有关部门依法履职，把保障性住房建设工作做得更好。根据《广东省人大常委会 2012 年监督工作计划》，2012 年广东省人大常委会还将听取和审议省政府关于广东省境内路桥收费全面推行一卡通电子收费情况和贯彻落实省教育规划纲要情况的报告。

为使对工作报告的审议更富实效，从 2011 年开始，广州市人大常委会选取了部分专项工作报告实施工作评议和满意度测评。为此，广州市人大常委会专门制定了测评工作暂行办法，并明确将测评结果与审议意见一道，印送市委、市政府、市有关领导、市委组织部门，以及市政府有关部门，将测评结果作为评价被测评单位工作的重要参考。2011 年 4 月，广州市人大常委会首次对市政府关于就业服务体系建设情况报告进行了满意度测评。2011 年 12 月，还在听取和审议民政等 4 个部门落实政府工作报告目标任务情况的报告时进行了工作评议和满意度测评。

在司法监督方面，广东省人大常委会除了每年听取省检察院和法院的年度工作报告之外，还先后安排听取和审议省检察院关于加强和改进反渎职侵权工作情况的报告，听取和审议关于完善审判工作内部监督机制情况的专项工作报告，听取和审议省检察院关于完善检察机关监督机制、促进公正执法的情况报告，等等。

（二）执法检查

执法检查，是指对法律实施情况的监督检查。它是在 20 世纪 80 年代中期，因应"执法短缺"这一法治建设中颇为突出的问题，由一些地方人大常委会提出后付诸实践，并逐步规范和发展起来的。1993 年，八届全国人大常委会第二次会议通过了《全国人民代表大会常务委员会关于加强对法律实施情况检查监督的若干规定》（已失效），以立法的形式肯定了这一监督方式，明确了执法检查的内容和重点、执法检查的活动和要求等；1996 年，广东省人大常委会制定了关于开展执法检查的地方性法规——《广东省各级人民代表大会常务委员会执法检查工作规定》，对于完善执法检查机制起到了重要作用；《监督法》的颁行，使得执法检查这一形式更具有规范性和可操作性①，从而使人大的执法监督迈上了一个新台阶。

在广东，执法检查这一监督方式已为各级人大常委会所普遍采用。通过多个

---

① 《监督法》第 21 条规定："各级人民代表大会常务委员会参照本法第 9 条规定的途径，每年选择若干关系改革发展稳定大局和群众切身利益、社会普遍关注的重大问题，有计划的对有关法律、法规实施情况组织执法检查"；第 26 条规定："常务委员会年度执法检查计划，经委员长会议或者主任会议通过，印发常务委员会组成人员并向社会公布。常务委员会执法检查工作由本级人民代表大会有关专门委员会或者常务委员会有关工作机构具体组织实施。"

层次、多种形式的执法检查，对增强人们的法律意识、保障法律法规的有效实施、纠正违法行为、打击违法犯罪活动，起到了积极的推动作用。从内容上看，执法检查一般是围绕与当前的中心工作或民众普遍关心的问题所密切相关的法律、法规的执行情况进行的；从形式上看，既有大型执法检查也有小型执法检查，既有重点检查也有一般检查，既有人大常委会组织的，也有人大专门委员会组织的；从检查方法上看，一般采用现场视察、调查研究、听取执法部门的工作汇报、召开有关方面参加的座谈会等方法，并将各种方法综合起来加以运用。对于在检查中发现的问题，及时向执法部门提出意见和建议，但不直接处理问题。

仅在 2012 年 4 月至 6 月间，广东各级人大就进行了多项执法检查工作，该监督形式的使用频率及卓越成效可见一斑（见表 10－1）。

表 10－1　2012 年 4～6 月广东各级人大开展执法检查的情况

时　间	执法检查内容	执法检查主体	具体形式
2012 年 4 月	广东省贯彻实施《禁毒法》的情况	广东省人大常委会执法检查组	听取工作汇报、实地检查
2012 年 4 月	河源市贯彻实施《残疾人保障法》的情况	河源市人大常委会执法检查组	听取工作汇报、实地检查
2012 年 5 月	中山市贯彻实施《文物保护法》的情况	广东省人大常委会执法检查组	听取工作汇报、实地检查
2012 年 5 月	中山市贯彻实施《档案法》、《档案法实施办法》和《广东省档案条例》的情况	中山市人大常委会执法检查组	听取工作汇报、实地检查
2012 年 5 月	中山市贯彻实施《中小企业促进法》和《广东省促进中小企业发展条例》的情况	中山市人大常委会执法检查组	听取工作汇报、实地检查
2012 年 5 月	江门市贯彻执行《食品安全法》的情况	江门市人大常委会执法检查组	听取工作汇报、实地检查、问卷调查
2012 年 5 月	潮州市贯彻实施《食品安全法》的情况	潮州市人大常委会执法检查组	听取工作汇报、实地检查、问卷调查
2012 年 5 月	广州市贯彻实施《广州市城市管理综合执法条例》的情况	广州市人大常委会执法检查组	听取工作汇报、实地检查
2012 年 6 月	广东省贯彻实施《残疾人保障法》的情况	广东省人大常委会执法检查组	听取工作汇报
2012 年 6 月	汕尾市贯彻实施《电力法》的情况	汕尾市人大常委会执法检查组	听取工作汇报、实地检查

续表

时　　间	执法检查内容	执法检查主体	具体形式
2012 年 6 月	汕尾市贯彻实施《水法》的情况	汕尾市人大常委会执法检查组	听取工作汇报、实地检查
2012 年 6 月	新兴县贯彻实施《道路交通安全法》的情况	云浮市人大常委会执法检查组	听取工作汇报、实地检查
2012 年 7 月	梅州市贯彻实施《妇女权益保障法》的情况	梅州市人大常委会执法检查组	听取工作汇报、实地检查、查阅有关资料、召开座谈会

（三）专题询问

询问与质询是人大监督权的重要形式，虽在《地方各级人民代表大会和地方各级人民政府组织法》、《监督法》、《预算法》中皆有充分体现，却曾经一度处于被"遗忘"的状态。转机出现在 2010 年 3 月召开的十一届全国人民代表大会第三次会议上，吴邦国委员长在常委会工作报告中明确提出，要以增强监督实效为核心，进一步完善监督工作方式方法，加大监督工作力度，依法开展专题询问和质询。随后，全国人大常委会连续两次就中央决算报告和国家粮食安全问题开展了专题询问，引起社会的极大关注，获得广泛赞誉和好评。地方人大备受启发，一些地方的人大常委会以全国人大常委会为典范，相继开展了专题询问活动，专题询问的制度化和常态化趋向日益显现。

在全国人大常委会的示范带动下，广东人大和其他一些地方人大迅速行动，围绕涉及民生和社会关注的热点问题，大胆尝试专题询问的监督形式，取得了较好的监督效果。广东省人大常委会首次开展专题询问是在 2010 年广东省人大常委会在对广东省贯彻实施《食品安全法》的情况进行执法检查的过程中，就食品安全风险监测、农产品源头监管、信用档案建设、小作坊监管、食品添加剂使用以及对危害食品安全行为的打击整治等六个方面的问题，对省政府及相关部门进行询问。2012 年 7 月，广东省人大常委会围绕《省政府关于保障性住房建设工作落实情况的报告》的有关问题开展了专题询问，省政府各相关部门领导均到会，就保障性住房的覆盖群体、科学选址、工程质量、资金保障、退出机制等问题作出了回答。

围绕某个特定的主题，有重点、有计划、有组织地进行专题询问，能够使人

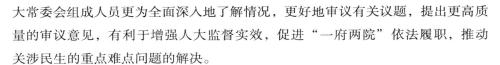

大常委会组成人员更为全面深入地了解情况，更好地审议有关议题，提出更高质量的审议意见，有利于增强人大监督实效，促进"一府两院"依法履职，推动关涉民生的重点难点问题的解决。

专题询问还是一种向政府部门施加压力，促进其工作完善的有力手段。例如，针对有些部门的部门预算存在执行率低、专项预算没有支出、有关制度没有执行等问题，广州市人大常委会在听取和审议《关于广州市本级 2010 年决算（草案）报告》时，选择了对一至两个项目预算执行率低的单位进行专题询问，搞清楚执行率低的原因，明确有关部门的责任及整改措施，并对广州市制定的某些影响资金使用和工作开展的政策提出改进调整的意见，促进了预算效能的发挥。

（四）视察和专题调研

视察是人大代表广泛联系群众、了解社会的固定渠道之一。视察也是一种调查，是一种纯粹的监督了解。代表视察的内容主要是围绕人大会议即将审议的议题进行调查研究，了解宪法、法律的实施情况，了解全国人大及其决议、决定的贯彻执行情况，以及人民群众的意见和要求。① 调研既是人大行使监督职权的基本方法，也是重要任务。通过深入的调查研究，人大可以更好地行使其职权，更及时地了解民情和反映民意，保证人大及其常委会的议事决策符合人民的利益。

专题调研和视察是广东人大运用频率较高的一种监督形式。专题调研与一般的工作调研不同，前者具有主动性强、针对性强、效力更强等特点，常委会可以自主选题调研，调研更能有的放矢，突出重点，提出的建议和措施更加务实可行，提出的审议意见具有法律效力，政府必须报告有关研究处理落实情况。

自 2010 年开始，两年多来，广东省人大常委会开展了推动区域协调发展的调研，并连续两年对扶贫开发"双到"（即"规划到户，责任到人"）工作开展专题调研监督和代表专题视察活动，提出了推进扶贫开发工作的系列措施，要求省政府进一步抓好思想认识、制度设计、长效机制的建立健全、班子建设和法制建设，努力缩小地区差距，确保广东省各个地区的民众共享改革发展的成果。

2012 年，广东省各级人大常委会组织了多次专题调研和视察活动：3 月20～22 日，广东省人大常委会调研组到阳江市进行了关于社会保险工作情况的调

---

① 蔡定剑：《中国人民代表大会制度》，法律出版社，1998，第 365 页。

研；5 月 25 ~ 29 日，江门市人大常委会部分常委会组成人员及市人大代表对江门华侨农场改革遗留问题相关情况进行调研；6 月 14 日，省人大常委会调研组来河源市调研检察机关反渎职侵权工作整改情况；6 月 15 日，省人大常委会有关领导率部分省人大代表到华南师范大学视察普通高考评卷工作；6 月 26 ~ 27 日，省人大农村农业委员会调研组到茂名市，对《广东省实施〈中华人民共和国村民委员会组织法〉办法（修订草案)》和农村小额贷款等情况进行调研；6 月，潮州市人大常委会调研组就该市职业教育发展进行了专题调研；7 月 10 ~ 12 日，省人大常委会某副主任带队的全国和省人大代表专题视察组赴广州、珠海、东莞三市开展"三打"专题视察；7 月 11 日，省人大教科文卫委员会组织部分省直人大代表，围绕社会普遍关注的食品安全问题，到越秀区教育路盐运西社区进行调研；7 月 19 日，佛山市人大常委会组织部分市人大代表对《关于政府标本兼治，切实提高食品安全监管效果的议案》的办理情况进行专题调研。

在对"两院"的监督方面，广东各级人大常委会围绕提高司法工作的公信力以及群众和人大代表对"两院"工作满意度，组织对法院、检察院工作的专题调研，督促"两院"不断提高公正司法水平。例如，2011 年，广东市人大常委会专门听取和审议了广东省检察院关于加强和改进反渎职侵权工作情况的报告，并赴六个地级以上市开展调研，听取当地检察院的情况汇报，实地察看基层检察机关反渎职侵权工作，听取有关人大代表、专家学者的意见和建议，进一步推动了反渎职侵权工作开展；2011 年 6 月，紫金县人大常委会调研组到紫金县检察院调研了预防和减少青少年违法犯罪工作；2012 年 3 月，湛江市人大常委会组成人员到市检察院调研，并就如何强化法律监督、推动湛江市司法工作进行了交流。

（五）罢免和撤职

根据现行《宪法》和法律的规定，人大及其常委会有权罢免、撤销由它选举、决定任命的国家机关组成人员的职务。罢免是指人大免除违法失职的国家机关领导人职务的方式，罢免的范围是它选举国家机关领导人的范围。罢免案不需要有必须违法的理由，是否罢免根据代表的判断而定。撤职是指人大常委会免除由它任命范围内的违法失职的国家机关组成人员职务的方式，撤职案与罢免案的原因和法律效力一样，但机关和对象不同，撤职权指向的是政府的副职领导人及法院、检察院的领导人。

人大罢免和撤职、撤销等权力，属于人大的制裁权，是人大行使监督权所使用的最严厉手段。2009 年，广东省人大常委会依法任免地方国家机关工作人员137 人次，罢免全国人大代表 2 人；2010 年，接受 1 人辞去全国人大代表职务，罢免全国人大代表 1 名，依法任免地方国家机关工作人员 97 人次，罢免全国人大代表 1 名。[①]

（六）规范性文件的备案审查

规范性文件的备案审查是《宪法》赋予地方各级人大常委会的法律监督职权，也是《监督法》规定的地方各级人大常委会的经常性监督工作形式。《监督法》在《立法法》已有的立法监督规定的基础上，总结和吸取了地方人大备案审查工作的成功经验，对规范性文件备案审查作了一些新的规定，进一步完善了规范性文件备案审查制度。

近年来，广东省各级人大常委会依法做好规范性文件的备案审查工作，根据《监督法》、《立法法》的有关规定和《广东省各级人民代表大会常务委员会规范性文件备案审查工作程序规定》的要求，重点督促和指导行政法规和地方性法规的清理工作，对新制定的规范性文件主动开展了审查研究，保证其准确实施，维护国家法制统一。

二 化虚为实，增强监督实效

人大监督"刚性"不足一直为人诟病。为了"化虚为实"，近年来广东人大主动探索创新，其努力有目共睹。

首先，强化法律监督实效。广东人大将"敢于监督"和"善于监督"相结合，通过对法规、规章、决定、决议、命令及司法解释的备案审查，实施法律监督；督促和鼓励政府从法律上、制度上和政策上营造公平的社会环境，强化对利益调节、收入分配、公民权利和保障等方面的监督，以法律手段来规范社会行为；在对规范性文件进行备案审查时，对于政府的有关文件和政策，确实存在严重问题的，予以撤销。

其次，强化工作监督实效。广东人大近年来根据具体情况，选择运用听取和审议"一府两院"专项工作报告、审查和批准决策、开展执法检查、开展专题询问

---

① 《广东省人民代表大会常务委员会工作报告》（2010 年、2011 年）。

和质询、受理民众的申诉和控告、开展专题调研和视察等多种监督形式，对"一府两院"在工作中是否正确实施法律，是否依法行使职权，是否正确贯彻国家方针和政策，是否正确执行人大及其常委会作出的决议和决定等情况实施监督。

再次，变"事事监督"为有重点、有针对性的监督。针对民众反映的热点难点问题和经济社会发展中的重点问题，开展执法检查和调研视察等活动，掌握和了解真实情况。

复次，纠正执法不力，提高执法检查的实效。现实中存在着执法监督不力、执法检查"走过场"的现象，具体表现为：检查监督范围过大，缺乏重点目标；向下检查蜻蜓点水式，缺乏深入实地调查研究；对检查出的问题，难以直接纠正违法行为和查处违法人员，只能转交相关部门进行处理；执法检查明显缺乏运用具有法律效力的监督手段，容易导致执法主体的侥幸心理和短期行为，缺乏执法效果持久性。有鉴于此，广东人大开展了执法检查（在《监督法》出台之前，曾经与工作评议、述职评议、个案监督等相结合），并把执法检查同代表视察、调查研究、听取和审议汇报，以及跟踪监督、整改有机结合。针对人民群众反映强烈的重点和热点问题来开展执法检查工作，对一些重要的法律和法规，连续多年进行跟踪监督，切实提高了执法检查的效果。

最后，有效行使本行政区域内的重大事项决定权。一方面，更加积极地作出高质量的决议、决定；另一方面，更为注重对这些决议、决定执行情况的监督检查，以确保人大行使重大事项决定权的严肃性和权威性。2009年10月15日，广州市人大常委会修订通过的《广州市人民代表大会常务委员会讨论决定重大事项办法》（以下简称《办法》），从实体上和程序上都有助于人大重大事项决定权的"由虚到实"。该《办法》细化了重大事项范围，同时规定对人大常委会审议意见及"一府两院"对审议意见的研究处理或者执行决议、决定情况，人大要向人大代表通报并向社会公布，加强对决议、决定执行情况的跟踪检查。

三 突破"瓶颈"，加强财政监督

在人大监督中，财政监督堪称"重中之重"。财政预算收入来自纳税人、来自全体公民，其分配和使用关涉人民和国家的利益，因此，对财政预算进行监督以促使政府妥善使用财政资金，不仅是建立公共财政制度的客观要求，而且是建构民主宪政国家的必然要求。温家宝总理曾经指出："一个国家的财政史是惊心动魄的。如果你读它，会从中看到不仅是经济的发展，而且是社会的结构和公平正义的程度。"① 但一直以来，人大对政府财政预算的审批监督中不同程度地存在着所谓"程序合法，实质虚置"的状况。可喜的是，包括广东人大在内的部分地方人大已开始着手建构解决预算监督"有形无实"问题的系统工程，使《宪法》赋予地方人大的预算监督权逐渐实至名归，也为国家层面的预算改革提供了可贵的可供借鉴的经验。广东人大十余年来的预算监督发展历程，其背后是由"柔"而"刚"的工作新思维，带着预算监督工作的新气象。

（一）细化预算项目，攥紧政府"钱袋子"

1996 年，广东省人大开始组织起草《广东省预算审批监督条例》，并于 2001 年 2 月省人大通过。这一地方性法规完善了人大预算审查监督的途径，使"政府要花钱，人大说了算"制度化，由此成为全国第一个由省级人大制定的专门规范预算审查监督的地方性法规，并成为广东人大预算监督实践的一个"分水岭"。在 2001 年以前，广东省政府每年向省人大会议提交的预算报告，支出方面只列到"类"，而在 2001 年的广东省九届人大四次会议上，7 个试点单位提交了详细的预算草案，标志着人大预算监督审查"走过场"成为历史。

2002 年，省政府提交的预算草案扩展到 27 个部门，长达 144 页；在 2002 年年初的广东省九届人大五次会议上，省人大常委会在财经委员会设预算监督室，从机构设置上加大了人大对预算监督的力度。2003 年 1 月，在省十届人大一次会议上，省政府提交了厚达 605 页的《广东省 2003 年省级部门预算单位预算表》，囊括所有的 102 个省级部门，清楚列出了支出的每一个专项，详细到具体项目。2004 年 2 月，省十届人大二次会议上，代表们拿着一本厚达 540 页的省级部门预算表，开始了计较甚至质疑，启动了对预算草案的实质性审查监督。围绕预算草案的审查，人大会组织了对财政部门的两场询问会，组织了专题座谈会，听取了代表对预算草案的意见。在首次举行的预算草案座谈会上，代表们的预算监督审查热情高涨，且部分代表认为预算报告应当向社会公开。2007 年，预算草案的封面上首次去掉"秘密"两字，意味着代表们可将草案带回家研究，阅后不必交还。2009 年，预算草案变成"电子书"，增加"项目支出明细表"内容

---

① 《温家宝于 2008 年 3 月 18 日在十一届全国人大一次会议的记者招待会上答记者问》，http：//www. cnhubei. com/xwzt/2008zt/2008qglh/2008qglhjj/200803/t259516. shtml，2012 年 7 月 10 日。

的电子查询，以往仅仅列出大类别收支数字的下面，首次清晰列出了具体的收支款目，预算案编制实现了由"类"到"款"的重大突破。2010 年，广东省财政厅首次在其网站上公开了 2010 年的省级财政预算，向全社会进行公布，尽管此次公开的省级财政预算只有"粗线条"，但其对于推动财政监督的意义不可低估。从 2010 年开始，广州市人大常委会要求广州市政府将统筹安排的专项资金（包括市基本建设统筹资金、城市维护建设资金和科学技术研究与开发资金等）编制成《政府投资项目计划草案》，列出所有的安排细项，提交广州市人大常委会审议，使代表真正搞清楚财政专项资金的钱"为什么花钱"、"花到了哪里"。2011 年，广东财政厅网上公开的大账本的数量进一步增加，从上一年的 9 张预算表增加到 19 张，省级公共财政和省级政府性基金预算公开的范围进一步扩大，其中，省本级财政支出、省级财政转移支付、省级和省本级政府性基金预算支出均一一单列。2011 年 5 月 23 日，广东省编办同意省人大常委会增设预算工作委员会，下设办公室和预算监督处，相应撤销了省人大财政经济委员会预算监督室。新增的预算工作委员会主要承担省人大及其常委会的审查预决算、审查预算调整方案、监督预算执行，以及有关地方性法规草案的起草、审议方面的工作。

再将目光投向预算细化工作做得十分出色的广州市。广州市早在 2001 年就率先探索将部分部门预算提交市人代会审议，至 2008 年实现了将所有部门的部门预算交付市人代会审议。部门预算要求列至细项，内容完整，此举有效提高了财政预算的透明度。2008 年以来，广州市人大常委会每年选择一些部门，由财经委和财经代表专业组对这些部门预算进行提前审议，把好预算关。为使审议工作更细更实，每年的人代会上，市人大常委会都会选择两个部门预算，安排部分人大代表进行专题审议，被审议部门的主要负责人到会回答代表提问。2011 年开始，又明确每年增加一个政府投资的重要项目预算纳入专题审议。这些措施增强了预算审查的权威性，并通过"以点带面"，有效地提高了预算单位的公共财政意识和预算安排的合理性。

广东人大的一系列积极作为，获得了业界、学术界和传媒的广泛好评。① 广

① 王洪伟：《预算监督：广东人大监督之利剑》，《浙江人大》2003 年第 4 期；文芬：《各级人大一把"尚方宝剑"监督：二十五载磨一剑》，2004 年 9 月 21 日《南方日报》；赵立韦、邵建斌：《从"广东现象"看如何加强预算监督》，《人大研究》2004 年第 6 期；林洁：《广东省人大增设"预工委"盯紧政府"钱袋子"》，2011 年 9 月 15 日《羊城晚报》。

东人大在财政预算审批中由柔而刚的新思维，推动人大预算监督从形式上的审查批准走向实质性的审查批准，在一定程度上改变了地方人大在审查批准本级政府财政预算时普遍存在的不作为现象，真正代表人民攥紧了政府的"钱袋子"。

（二）预算信息公开化，打造"透明钱柜"

除了省级财政预算实行网上公开等举措，广东人大还采取了其他措施推动了预算信息的公开化。2004 年 8 月，广东省人大财经委与省财政厅实现联网。通过"广东省国库集中支付系统"，财政花出去的每一笔钱都会在第一时间进入人大监督的视野，政府财政成为"透明钱柜"。这改变了长期以来财政预算一家独管的局面，在中国历史上从未有过。这标志着，广东人大对财政支出的监督开始由周期性的报表监督走向实时监督，由结果监督走向各环节的全程监督，能够更好地对财政资金的规模、流向和使用情况等进行监督，能够为人大常委会审查财政预算执行情况提供最原始和真实的资料。除了每年向人大提交的财政预算报告在媒体摘要发表外，专项资金、财政性资金使用的审计报告或审计结果报告等也逐步从人大会场走入了公众视野。2005 年，省人大财经委员会、省财政厅、省信息产业厅、省监察厅联合召开了推进建立财政预算监督系统现场会，推动全省地级以上市人大财经委员会与当地财政国库集中支付系统联网。截至 2007 年 9 月，全省地级以上市都已建立财政预算监督系统。2008 年，省人大财经委员会与省监察厅、省财政厅、省审计厅、省信息产业厅共同研究制定了推广财政预算监督系统的具体工作方案，推动财政预算监督系统联网范围扩大到审计部门。按照要求，省审计厅于 2008 年年底就实现了与省财政国库集中支付系统联网。2009 年，重点推进全省地级以上市的审计与财政预算信息联网工作，将财政预算监督系统联网范围扩大到同级审计部门，鼓励有条件的地级以上市将财政预算监督系统向县（区）一级延伸。在 2009～2010 年两年时间里，省人大财经委员会牵头，组织省监察厅、省财政厅、省审计厅、省信息产业厅有关人员组成调研组，先后 4 次赴珠三角、东西两翼、粤北地区共 12 个市，了解各地财政预算监督系统联网范围扩大到同级审计部门的工作进展情况。在调研中，调研组对各市反映的问题及时给予了明确的指导意见，督促各有关部门要总结规律，认真研处，采取有效措施，力争解决。调研组提出了几点要求：一是逐渐扩大纳入监督系统内容，逐步增加政府采购、非税收入等系统，做到一般预算、基金预算、财政专户的财政性资金内容都可在系统进行查询；二是人大要发挥协调作用，人大财经委要与监察、财政、审计、信息产业部门加强沟通，协调和落实这项工作任务的完成；财政、审计部门要加强沟通，审计部门要将系统需求及时反馈给财政部门，增强联网监督预算执行情况的效用；财政部门要继续完善监督系统的识别、统计、分析、预警功能及各种综合分析信息功能。

在省级及全省地级以上市人大财经委员会与财政国库集中支付系统实现联网的基础上，截至 2010 年 11 月，省级及全省地级以上市审计与财政国库集中支付系统也实现了联网，实现了《中共广东省委贯彻落实〈建立健全惩治和预防腐败体系 2008—2012 年工作规划〉实施办法分工方案》所要求的由省人大财经委员会牵头落实的"进一步完善实时在线财政监督系统，扩大监督范围，积极推进省、市实时在线财政预算监督系统联网"这一任务的阶段性目标。财政预算监督系统联网范围扩大到审计部门可以整合利用信息资源、提高审计效率，能够有力强化对财政预算的监督。

（三）引入绩效理念，钱要"花得值"

在审计成为预算监督的有效工具并逐步推动预算执行公开的同时，广东人大在对政府部门的监督中引入了绩效评价体系，即将政府公共开支的合理性、有效性纳入人大监督范围。从 2002 年开始，广东省以深圳市作为试点，推行财政支出绩效审计制度，以深化预算审查监督。人大不仅管住了政府怎么切分财政蛋糕，还盯紧了政府花钱的效益。2003 年 2 月，深圳市在全国首开先河，将《深圳市 2002 年度绩效审计工作报告》提请市人大常委会审议，披露了"总值超过 6 亿元医疗设备存在相当程度的浪费、闲置情况"等问题，产生了很好的实际效果和社会影响。① 2004 年的绩效审计报告则曝光 8 个项目的资金问题，其中包括：科技三项费用被挪用 2414 万元，个别单位利用城市生活垃圾无害化处理项目的建设和运行资金私设"小金库"，金额合计 658 万元。这一年，绩效审计覆盖面更大，涉及专项资金使用管理、部门预算、政府投资项目等方面。其中对深圳市环境保护局部门预算进行绩效审计，也是深圳首次对部门预算进行绩效审计。2004 年 8 月，广东省财政厅等部门联合制定了《关于印发〈广东省财政支出绩效评价试行方案〉的通知》（粤财评〔2004〕1 号）。2005 年，绩效审计得

---

① 唐娟：《预算监督：构建阳光下的政府财政——深圳市人大常委会预算监督制度评介》，《人大研究》2005 年第 2 期。

到逐步推广，而广东省人大则继续推进对财政资金使用的绩效监督，抓紧与财政部门研究制定"财政资金绩效监督标准"，使得绩效监督有衡量的标准。2009 年6 月，佛山市南海区政府出台《佛山市南海区财政专项资金使用绩效问责暂行办法》，建立了由人大财经工委、监察局、审计局、财政局、人事局联合组成的绩效问责架构，明确了问责范围为区财政安排专项资金 50 万元以上及其他有必要的项目，并将绩效问责结果纳入了南海区年度机关单位绩效与作风考评中。2010年，广州市人大常委会制定了《广州市政府投资管理条例》，明确了政府每年的投资总额和重大项目须经代表大会审查批准，对政府投资决策程序及政府投资管理进行严格的规范和监督。

四　形成合力，加大监督力度

为加大人大监督的力度，广东省人大常委会曾多次召集省人大各专门委员会、常委会的工作委员会以及各有关部门的会议，认真研究如何围绕改革发展稳定的大局，抓住民众关心的热点、难点问题，切实加强和改进监督工作，明确人大要做到"敢于监督"、"善于监督"，在监督深度上下工夫。要求人大监督的事项、监督的形式、监督的意见和建议等都要有针对性。人大在完善监督机制的进程中，正视实际存在的问题，通过探索、改革监督方法和形式，在提高监督实效上取得突破。从常委会主任会议，到省人大内务司法委员会会议，经过反复研究，形成了新的思路：在"突出重点"和"上下联动"两个方面探索监督的新路子。推行"上下联动"，就是对重点监督项目，由省人大联合市、县（区）人大，在共同研究部署的基础上，在各自的职责范围内分级实施监督、分级督促整改。在具体执行上，省里确定了执法检查项目后，各市、县在原方案基础上增加与本地实际相结合的方案，检查时由省、市、县协同合作，通过建立健全上下级人大的会议、信息交流等制度，共同推动执法监督落到实处。2003 年 7 月，在东莞召开的广东省人大内务司法工作会议上，"上下联动"开展执法检查的新方式成为热门话题，并达成了一个共识：采取上下联动的方式进行执法检查，有利于在更大的范围内、更全面地了解执法检查的情况和问题；有利于三级人大协调一致，互相配合，避免力量分散和重复检查，充分发挥三级人大监督的整体效应，形成一定的声势，强化监督力度；有利于更全面地了解执法实际情况，抓住重点、有的放矢，并逐级落实督促整改，促使执法中存在的问题得到解决，取得监督的实效。广东省人大常委会在大力推进省、市、县三级人大上下联动的监督方式的同时，还推动将常委会的重点监督与委员会的经常性监督相结合的方式，以及执法检查发布制度、重大监督事项发布制度、约见和答复制度、人大监督工作公开制度等，展示了在监督机制和方式上勇于创新、善于创新。广州市人大常委会在监督工作中有"四个注重"，其中一个就是"注重联动监督"，即注重与区（县级市）人大常委会联动开展执法检查，检查明察与暗访相结合，着重解决实际问题。

广东人大还注重借助外部专业力量，参与监督工作。这有助于进一步加强人大监督的专业性，同时也可以减轻经济和人事编制上的问题。在预算监督方面，注重充分运用审计力量。更多、更好地利用审计成果是人大常委会在充实完善专业审查人员和机构之前的有效途径之一。由于当前的人大预算执行监督主要侧重于宏观性层面（如财政资金的整体投向、效益效果等方面），而审计监督则多侧重于微观性层面，具体审计各预算单位的财务收支情况等，可以为常委会提供许多有用的信息支持和依据。

五　健全机制，规范监督程序

人大工作的法律性、程序性强，但相关法律规定大都比较宏观，可操作性不强，地方人大执行起来比较困难。广东人大根据法律规定，结合工作实践，加强了制度建设，努力提高监督工作的规范化、科学化水平。

（一）清理相关法规，细化《监督法》规定

在《监督法》颁布后，为了与新法相衔接，广东人大及时、全面地清理了相关的地方性法规和工作文件：一是废止了四项地方性法规①；二是修改了三项地方性法规②；广东省人大常委会对于涉及监督内容的工作文件，也对照《监督

---

① 广东省十届人大五次会议和省十届人大常委会第二十九次会议废止了《广东省各级人民代表大会常务委员会监督条例》、《广东省各级人民代表大会常务委员会执法检查工作规定》、《广东省各级人民代表大会常务委员会评议工作规定》、《广东省各级人民代表大会常务委员会实施个案监督工作规定》。

② 广东省十届人大常委会第二十九次会议根据《监督法》对三项地方性法规的部分规定作了相应修改：《广东省人民代表大会常务委员会议事规则》关于撤职案的审议、个案监督、听取和审议工作报告、工作评议和述职评议、质询、特定问题调查等方面的规定；《广东省各级人民代表大会常务委员会人事任免办法》必须补充《监督法》中关于撤职案方面的新规定；《广东省各级人民代表大会常务委员会信访条例》中关于人大常委会听取信访人的意见和信访工作汇报、人大信访工作机构向常委会和主任会议报告工作等的规定。

法》进行认真清理，对主任会议议事规则等需要修改的工作文件进行了修改。广州市人大常委会于 2007 年制定了《广州市人大机关实施监督法若干意见》，进一步规范了监督审议意见的形式和形成程序，明晰了各部门的责任。2008 年，广州市人大常委会对《广州市人大机关实施监督法若干意见》实施一年来的效果及时进行总结评估，完善了常委会执法检查及听取和审议专项工作报告前期调研等程序，增强了监督的有效性和针对性。

（二）规范性文件备案审查工作制度化

为了进一步做好规范性文件备案审查工作，使其规范化、制度化、程序化，广东省十届人大常委会第三十三次会议审议通过《广东省各级人民代表大会常务委员会规范性文件备案审查工作程序规定》。该规定明确了备案审查的范围。人大常委会备案审查的规范性文件仅限于本省各级人民代表大会及其常务委员会所作出的涉及公民、法人、其他组织权利义务的，具有普遍约束力的决议、决定，以及县级以上人民政府发布的涉及公民、法人、其他组织权利义务的，具有普遍约束力的行政决定和命令；该规定还明确了审查程序的启动方式。人大常委会对规范性文件的审查以被动审查为主、主动审查为辅。除了对明显违宪或违法的规范性文件可以进行主动审查外，还可以根据有关单位和人员的审查要求、审查建议来启动审查程序。另外，该规定还确定了备案审查机构的分工和职权。规范性文件的审查工作分为三个层次，分别由不同的机构负责。有关专门委员会或者工作委员会会同负责法制工作的机构负责规范性文件审查的具体工作；常委会主任会议决定是否向制定机关提出书面审查意见来建议制定机关自行修改或者废止该规范性文件，是否将撤销规范性文件的议案、建议提请常委会会议审议等事项；常委会会议审议、表决撤销规范性文件的决议、决定。

（三）完善各项监督工作制度

广东各级人大对包括常委会议事规则、主任会议议事规则、执法检查办法、视察办法、人事任免办法、讨论决定重大事项的规定等进行了完善，形成了较为完整的制度体系。经过数年运转，广东人大监督工作进一步规范，监督质量得到有效提高。例如，高州市人大创新了主任会议议事规则，并实行监督哨位前移，对国家机关行将出台的决策进行论证，通过调查研究，提出一些具有预见性的意见建议，以防止盲目性和随意性，避免不成熟的决策给国家和人民造成不应有的损失。江门市蓬江区和汕尾市人大也都就人大监督运作机制进行了制度创新。

（四）建立新闻发布制度

广东省很早就建立了新闻发布制度，成为推动人大制度创新和人大工作发展的重要举措。2012 年 1 月，《广东省人大及其常委会新闻发布办法（试行）》开始施行。该办法旨在提高广东省人大及其常委会工作的透明度，保障人大代表和社会公众的知情权，引导社会舆论。根据该办法，广东省人大及其常委会的监督工作情况等，将通过召开新闻发布会、情况介绍会、媒体吹风会、个别采访、集体采访、网络访谈、回应网民问询、发布新闻稿、答复记者提问等方式，及时对外发布。该制度是获得新闻传播的主动权、为人大制度建设和工作发展营造良好的舆论环境的需要，有助于树立和展示广东人大民主、有为、开放的良好形象。

（五）建立代表联络机制

广东省各级法院和检察院为了进一步拓宽外部监督渠道，进行了许多努力探索和有益实践。在法院系统，已建立起"全方位、全覆盖、经常化、制度化"的人大代表联络工作机制。在此机制下，建立了专门联络机构、配备了专职人员；法院各部门的主要领导均为人大代表联络员，分别与同级人大代表中各代表团或小组的代表建立起相对固定的联络关系，联络工作范围已全面覆盖所有代表和代表小组；重大联络活动每年不少于 3 次，各基层法院每年不少于 1 次。2008 年 6 月，广东省高院正式了启动"百庭观摩"活动，至 2009 年 2 月，全省各级法院累计邀请人大代表、委员 6256 人次参加视察法院、工作座谈和观摩庭审、听证、见证执行等活动 358 场。此外，通过人大代表"百场见证执行"、"百场征求意见"、"百场走访下基层"等活动的开展，代表联络工作由单向联络变为了双向互动。全省法院建立了人大代表联络办公室，设立代表联系专线电话，开辟了代表旁听庭审的"绿色通道"。许多法院还设立了代表联络短信平台，每月定期向人大代表通报法院审判、执行、队伍建设等方面的情况以及重大案件开庭信息。为进一步规范代表联络工作，广东高院制定了《关于进一步加强与人大代表联络工作的实施意见》等，规范了加强代表联络工作的方式和程序，建立了邀请人大代表视察和评议法院工作制度、向人大代表通报法院工作和重大事项制度等。广州市也在积累实践经验的基础上，先后出台了《广州市法院与各级人民代表大会代表联络制度（试行）》、《广州市中级人民法院关于与人大机关、人大代表联络的办法》等规范。

广东省检察院也把加强和改进代表联络工作作为接受人大监督的重要途径。

比如，省检察院坚持向人大及其常委会报告工作部署、重要事项，邀请人大代表、政协委员、人民监督员观摩公诉出庭活动。此外，还建立了人大代表联络员制度和手机短信联系平台，及时通报检察工作情况，体现出了对代表和代表工作的高度重视。2008 年起推出"阳光检务"，几年来成效显著，获得省人大代表的高度评价。广东省检察院《关于进一步加强与人大代表联络自觉接受人大监督的意见》的制定，是实现人大代表联络工作经常化、制度化、规范化的重要举措。根据该意见的指示，检察系统已建立起人大代表联络员制度、上下联动机制、代表联络工作通报制度，采取主动登门走访，召开座谈会征求意见，邀请人大代表参与执法检查、视察和评议检查工作等方式，为人大代表更好地了解检查工作创造了有利条件；认真办理人大代表的意见建议，并及时反馈给办理机构。

六　更新意识，提高监督能力

人大及人大代表自身的素质和意识是做好监督的基础。长期以来，人大及人大代表在监督方面的认识不到位，专业化水平不高，是制约监督效果的重要因素。

第一，更新人大监督意识。以发展的眼光来看，以前各级人大及其常委会监督工作相对薄弱。随着依法治国、建设社会主义法治国家的推进，各级人大及其常委会逐渐意识到加强监督工作的重要性，把监督与立法放在同等重要的位置，监督工作明显加强。普通民众对人大监督的认识也有所提高，从过去总认为人大监督是个可有可无的"摆设"，甚至认为人大监督是"挑毛病"、"找岔子"，从而不配合人大监督，到意识到人大监督的重要性和必要性，从而开始高声呼吁加强人大监督。行政部门、司法机关及公职人员也意识到人大监督不仅是制约，更是促进和支持，因而积极配合监督的多了，不愿意被监督的少了。监督主体和监督对象都已逐渐意识到，对于人大监督来说，保证宪法和法律在本行政辖区内良好施行是其首要任务，保证经济建设实现科学可持续发展是其首要责任，保证社会主义和谐社会有序构建是其首要目标。

第二，提升监督主体的综合素质和能力。广东省各级人大及其常委会加强了对人大代表、委员的学习、培训，人大代表、委员的参政意识、监督意识、能力逐步得到提高，能够充分代表民意、表达民意，人大代表和委员的自身素质不断提高。例如，2009 年 11 月，广东省人大常委会专门开设了预算审查监督培训班，培训该省人大代表学习预算监督；针对以往常委会会议缺勤人员较多、会议质量不高的问题，广州市人大常委会于 2010 年 8 月出台了《关于确保常委会会议质量的意见》，明确一系列刚性措施，包括严格会议考勤、与会人员会议出勤情况在媒体公布等。该意见实施后，出席、列席会议人员，缺勤、缺席和请假的现象大为减少，会风明显好转，会议质量明显提高。2011 年人代会期间，广州市人大常委会继续严格实行会议考勤制度，将代表出席市人代会会议情况由内部通报改为通过媒体每日向社会公开，同样取得了明显成效，会风焕然一新。

第三，人大常委会和各专门委员会组织设立日渐完善。在人民代表大会闭会期间，大多日常工作都由人大常委会和专门委员会行使。为了加强对司法机关的监督，成立了内务司法委员会；为了加强预算监督，成立了预算监督工作委员会。委员会组成人员也趋于专职化和专业化。2011 年 5 月，省人大常委会增设预算工作委员会，下设办公室和预算监督处，相应撤销了省人大财政经济委员会预算监督室。新增的预算工作委员会主要承担省人大及其常委会的审查预决算、审查预算调整方案、监督预算执行，以及有关地方性法规草案的起草、审议方面的工作。

第三节　广东人大监督的成效和启示

近年来，在依法治国、建设社会主义法治国家理念的指引下，结合现实的需要，广东省人大逐渐加强监督，在促进依法行政、促进司法公正、丰富民主与法制建设的内涵、加快建设社会主义法治国家的进程等方面，取得了显著成效。

一　人大监督取得的成效

（一）维护了社会主义法治的尊严，促进了法律的正确贯彻实施

广东各级人大常委会每年要对多部法律、法规进行执法检查。例如，广东省人大常委会于 2008 年开展了对包括《广东省饮用水源水质保护条例》在内的五部法律、法规的执法检查；2009 年，开展了三项执法检查，2010 年，开展了两项执法检查；2011 年，开展了一项执法检查。① 此外，广东省各级人大常委会还

---

① 《广东省人民代表大会常务委员会工作报告》（2009～2012 年）。

依法做好规范性文件的备案审查工作。

（二）促进了依法行政和公正司法

广东人大通过听取和审议"一府两院"的工作报告，抓住改革发展中的重大问题和民众所普遍关心的热点、难点问题，听取专题汇报，开展民主评议、代表视察，对"一府两院"的工作进行了全面的监督，有力地促进了政府部门依法行政，司法机关公正执法。在司法监督方面，广东省人大常委会围绕提高司法工作的公信力以及群众和人大代表对"两院"工作满意度，组织对省法院、省检察院工作的专题调研，督促"两院"不断提高公正司法水平。先后安排听取和审议省检察院关于加强和改进反渎职侵权工作情况的报告、听取和审议关于完善审判工作内部监督机制情况的专项工作报告、听取和审议省检察院关于完善检察机关监督机制促进公正执法的情况报告，督促司法机关完善自身监督和制约机制，提高执法水平和办案质量，保障司法公正。

（三）促进了国家机关廉政、勤政建设

广东人大将任前监督与任后监督有机结合起来，做到任前进行法律知识考试，任后不定期开展评议，对一些有问题、不称职的干部，予以免职、撤职，或建议有关部门及时作了处理和调整，促进了被选举、任命的国家机关工作人员依法行政、当好人民公仆的责任感和使命感。

（四）维护了社会稳定大局和群众切身利益

人大监督切实促进了广东关系到改革发展稳定大局和群众切身利益、社会普遍关注的问题的解决。近年来，广东省人大常委会采取听取专项工作报告、开展专题询问和专题调研的"三专"监督，通过连续监督、跟踪监督，围绕群众普遍关注的住房、教育、食品、交通、饮用水等民生问题，加大监督力度，增强监督实效，推动政府切实解决有关问题。例如，常委会每年都听取和审议省政府关于社会保险基金的年度决算和第一季度预算执行情况的专项工作报告，依法监督社会保险专项基金的管理和使用。连续三年把检查《广东省饮用水源水质保护条例》实施情况作为重点监督项目，确保饮水安全，让群众喝上干净水、放心水，连续四年加强检查监督，督促省政府和有关市县加强协调，切实做好东江支流石马河、淡水河的污染整治工作，保障了粤港4000多万人的饮水安全，受到民众特别是香港全国人大代表的高度评价。针对民众高度关注的食品安全问题，2011年，开展了《食品安全法》实施情况的执法检查，并且首次开展了食品安全专题询问，督促政府加强和完善食品安全监管，产生了积极效果，受到了民众的广泛肯定。

（五）推动了省委重大决策部署的贯彻落实

国务院批准的《珠江三角洲地区改革发展规划纲要（2008—2020年）》，明确了广东省今后一段时期改革发展的战略目标和任务。自2008年至2012年，广东省常委会多次听取和审议了省政府的专项工作报告，组织代表专题视察珠三角地区交通一体化建设情况，推动省政府全部撤销政府还贷的二级公路收费站，比国务院规定时限提前3年完成。督促政府继续加大环境污染防治力度，防止在实施"双转移"过程中将污染源转移到粤东西北地区。2011年还制定了《广东省实施珠江三角洲地区改革发展规划纲要保障条例》，从法制层面保障纲要的贯彻实施。2009年，省委作出了实施扶贫开发"规划到户，责任到人"，推动广东省区域协调发展的重大战略部署。常委会相应开展了推动区域协调发展的调研，并连续两年对扶贫开发和"双到"工作开展专题调研监督和代表专题视察活动，提出了推进扶贫开发工作的系列措施，要求省政府进一步抓好思想认识、制度设计、长效机制的建立健全、班子建设和法制建设，努力缩小地区差距，确保广东省各个地区的群众都能共享改革发展的成果。为推进《珠江三角洲环境保护规划纲要（2004—2020年）》的实施，促进广东省低碳绿色发展，广东省人大常委会听取和审议了省政府《关于落实省人大常委会关于〈珠江三角洲环境保护规划纲要〉决议情况的报告》，督促政府继续加大对珠三角地区水、大气、固体废物等污染的防治力度，深化区域环保合作，切实防止在实施"双转移"过程中将污染源转移到粤东西北地区。

二　广东人大监督的经验

在"敢为天下先"的广东，人大监督的内容、形式和方式在创新中经历成长和成熟，人大监督的成就和成效也在创新中逐步显现。可以说，广东人大监督在许多领域先行先试，为全国性的人大监督工作的推进提供了宝贵的经验，以下仅择其要者述之：

（一）慎重选择监督议题

人大监督的范围十分广泛，监督工作应做到有所侧重，方能取得良好效果。胡锦涛同志曾指出：各级人民代表大会及其常务委员会要依照宪法和法律的规定，把改革发展稳定中的重大问题和关系人民群众切身利益的热点难点问题作为监督重点，积极改进和加强监督工作。[①]

就广东省来说，近年来人大监督主要着眼于解决经济社会发展和民生领域的突出问题，包括对经济运行的监督、对保障和改善民政工作的监督、对生态环境保护工作的监督，以及对司法和普法工作的监督，等等。广东的经验告诉我们，在选择监督议题时，应紧密联系本地经济社会发展实际，突出监督重点的科学性和针对性。一是抓住影响全局的事项和问题开展监督，紧紧围绕地方党委的中心工作和本地区的工作大局，有针对性地选择事关经济社会发展全局的重大问题；二是抓住关系人民群众切身利益、社会普遍关注、反映强烈的问题进行监督，努力为民众排忧解难；三是抓住最新颁布实施的法律法规进行监督。中央和地方新近颁布的法律法规，在施行一定时间后有必要检查实施情况，集中解决新法实施过程中存在的困难与问题，总结经验，改进工作。

值得一提的是，广州市人大常委会近两年来在选择监督议题方面，坚持公开向社会征集市人大常委会年度监督议题并选择纳入工作计划，充分吸纳了民意，也使监督工作更具针对性和实效性。2010年9月，广州市人大常委会首次通过媒体向社会公开征集2011年监督议题建议，得到了群众的积极响应。在半个月时间里，收到一大批社会各方面的来信、来访、电子邮件和网上留言，署名人数近200人。广州市人大常委会经过对民众意见的认真研究，将民众提出的优先发展公交等议题列入2011年监督工作计划。在确定2012年监督议题的过程中，广州市人大常委会仍然坚持了这一做法。

（二）综合运用多种监督手段

从全国范围看，地方人大运用频率较高的监督方式主要局限在听取和审议"一府两院"的工作报告、执法检查、视察和调研等方面，而询问权、质询权等一些重要的监督手段则被束之高阁，没能得以常态化运用。即便是相对于质询、特定问题调查、罢免、撤职等"刚性"手段较为"温柔"的询问权，也在地方人大的监督实践中处于被"搁置"甚至被"遗忘"的状态，致使对监督出来的问题难以及时纠正，对失职行为难以认真地查处，也就难以发挥应有的监督作

---

① 胡锦涛：《在首都各界纪念全国人民代表大会成立50周年大会上的讲话》。

用。为改变这种状况，广东省把执法检查、听取专项汇报同其他监督方式结合起来，特别是把宪法和法律赋予人大在监督中可以行使的质询、撤职、罢免等方式运用起来，从而加大了监督的力度。比如，在执法检查过程中，看准时机，有针对性地选择几个在社会上影响较大，各方面反映比较强烈的典型违法案件，组织特定问题调查，一查到底，并以此为突破口，找出执法过程中存在问题的根源，根据调查结果作出严肃处理。在调查过程中邀请新闻媒体参与，充分发挥新闻舆论监督的作用，使国家权力机关的监督与新闻舆论监督更紧密地结合起来。这些监督方式的综合运用，对于督促"一府两院"依法行政、公正司法有很大的推动作用，也会有力地促进法律法规正确实施。

（三）做好监督的后续跟踪工作

人大及其常委会的监督能否取得实效，最终要通过"一府两院"的执行效果和整改成果来检验。从实际情况来看，一些地方的人大常委会在监督时，虽然指出了问题，提出了整改意见、建议，但由于跟踪督办力度不够，造成相关部门落实不认真甚至出现敷衍塞责现象，导致监督流于形式，地方国家权力机关的权威受到损害。有鉴于此，广东人大拿出了盯住不放的韧劲和一抓到底的狠劲，抓好后续跟踪督办，杜绝"重形式，轻结果"、"重答复，轻落实"等现象的出现。对整改工作认识不到位、措施不得力、成效不明显的，可以由主任会议决定，或者由常委会组织跟踪检查，直至问题真正得到解决，切实做到善始善终。例如，广州市人大常委会将人大代表在市人代会会议上的审议发言意见整理交由"一府两院"和市人大常委会研究处理回复。2011 年初，广州市人大常委会首次组织力量对市人大代表在大会期间的审议发言进行汇总梳理，整理出 536 条针对性、操作性较强的具体意见和建议，分别印发给"一府两院"和市人大常委会各部门，要求对代表审议意见和建议认真研究处理，并将处理情况回复代表。"一府两院"和人大代表普遍反映，这一做法有利于提高代表履职的积极性，有利于促进"一府两院"和市人大常委会的工作，有利于增强人代会的决策监督功能和权威性。广州市人大常委会还连续几年对生态公益林经济补偿、农村留用地政策落实、消防站建设等重大问题进行监督，紧抓不放，狠抓落实。针对部门预算执行率低的"老大难"问题，2011 年和 2012 年，广州市人大财经委选取了与民生关系较为直接的教育、卫生和农业等法定支出的部门预算开展了专项调研。在此基础上，广州市人大财经委 2012 年继续对

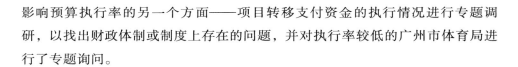

影响预算执行率的另一个方面——项目转移支付资金的执行情况进行专题调研，以找出财政体制或制度上存在的问题，并对执行率较低的广州市体育局进行了专题询问。

三　广东人大监督的启示

社会的进步发展为人大监督提出了新的课题。广东人大监督的经验表明，地方各级人大及其常委会应紧跟时代步伐，扬长避短，与时俱进，开拓创新，努力做到既敢于监督又善于监督，把监督工作推向一个新的高度，方能不负宪法和法律赋予的神圣使命。

（一）正确处理宏观、中观与微观监督的关系

第一，关注宏观监督。人大的监督权是一项具有法律效力的最高层次的国家性监督权力。它超越于其他的监督权，而正是这种超越之处，决定了人大监督权具有明显的间接性和宏观性。因而人大的监督权应侧重于对监督对象起威慑、督促、指导的作用，而不是直接地去干预和纠正。彭真同志曾指出，做人大工作的同志应多考虑一些根本的、长远的、重大的问题，"重大原则问题，该管就管，少一事不如多一事；日常工作不必去管，多一事不如少一事"。① 人大监督必须突出重点，注重宏观监督。否则，既容易出现越俎代庖，干预行政或司法工作的情况，即越权；也容易出现主次不分，因陷入具体事务的纠缠而未能抓好重大事务监督的情况，即失职。宏观监督主要体现在以下几个方面：首先是保证宪法的贯彻执行，防止和制约违宪事件；其次是有关本行政区域内全局性的大事，例如财政预算问题、经济建设问题、民主与法治建设问题等；再次是关系广大人民群众切身利益和群众普遍热心关心的问题，如环境保护、消费者权益保护、社会福利、社会治安，等等。

第二，强化中观监督。人大在强化宏观监督的同时，也应加强中观层面的监督。这里所说的中观监督，是指人大对"一府两院"及其工作人员在一定时期内的执法情况、工作业绩和综合水平进行检查和督促。其基本方式主要包括执法检查、民主评议等。执法检查对于保证法律的全面、真实、及时落实起着十分重要的作用。列宁曾指出，"究竟用什么来保证执行法令呢？第一，要监督执行法

---

① 中共中央文献编辑委员会：《彭真文选》，人民出版社，1991，第423页。

令；第二，要惩治不执行法令。"① 为了保证法律的执行，就必须进行执法检查，它是一种力度适中的监督方式，具有灵活性、适时性的特点。正因为如此，执法检查开展起来规模可大可小，手段可强可弱，具体措施可以根据需要来决定。这类中观监督方式力度适中、操作简便、形式灵活，有助于强化人大监督职能。

第三，正视微观监督。微观监督是指人大及其常委会对行政、司法机关在权力运作过程中，就其具体的、个别的典型事例进行的监督。例如人大对司法机关的个案监督。尽管《监督法》未对人大个案监督进行规定，但对于人大个案监督是否涉嫌对司法裁判进行篡改，是否违背司法独立原则、破坏法治权威，尚余讨论空间。当然，即便人大个案监督可行，也应采取慎重的态度：一是要注意其针对性，针对大案、要案、典型案件进行监督，突出监督重点；二是要注意实效性，注重信息反馈，人大可要求或责令处理的机关直接呈送处理结果；三是要注意程序性，人大对个案不宜直接进行处理，而应该通过督察的方式，由原处理机关重新处理，或者向其上级机关反映。

（二）正确处理法律监督、工作监督和人事监督的关系

第一，立足法律监督。人大作为国家权力机关，其主要职能就是保证宪法和法律的实施，保证宪法和法律不致遭到来自任何方面的亵渎和侵犯，维护国家法制的统一性与权威性，这是人大监督最重要的方面。人大的法律监督主要包括三个方面：一是对执行机关履行法律、法规赋予的职责的情况进行监督；二是对国家机关行为的合法性进行监督；三是对国家机关的（广义上的）立法活动进行监督。

第二，强化工作监督。工作监督，是对"一府两院"的工作是否正确执行了国家的方针政策，是否符合人民根本利益，以及"一府两院"的组成人员是否尽职尽责所进行的监督。对"一府两院"的监督，不能仅停留在"合法性"监督的层面，而应对其"合理性"、"绩效性"也进行监督。因为"一府两院"，特别是人民政府担负着促进经济发展、保证社会稳定、提高人民生活水平的社会使命，其工作应讲求科学和效用。工作监督可概括为三个方面：一是对工作科学性的监督。"一府两院"的工作是否具有科学性，是否符合客观实际和客观规

---

① 中共中央马克思、恩格斯、列宁、斯大林著作编译局：《列宁选集》（第2卷），人民出版社，1972，第358页。

律，直接关系到国家和地区的经济发展和人民的利益，权力机关应对它们工作的科学性进行监督。二是对工作实绩的监督。实绩监督主要是指对"一府两院"的工作业绩进行监督，这项监督可以增强"一府两院"及其公职人员的责任感和使命感，督促其在各自领域内作出最大的努力。三是对廉政的监督。廉政监督是反腐机制中具有较大权威的监督，也是促使执行机关实现"低成本、高效益"的目标的监督。它对于确保执行机关的廉洁性、保证社会公正、维护人民权益具有十分重要的意义。

第三，完善人事监督。人事监督，即人大及其常委会对由其选举、决定任命的国家工作人员履行职务的情况进行考查和考核，以及对他们在履行职务过程中的违法行为和其他不称职的行为进行监督。人事监督反映了人大与其他国家机关之间的主从地位，表明了人大的国家权力机关的地位。这种监督权在西方被奉为议会监督政府的最有力方式。在中国，人事监督是目前最需完善的一种监督方式。各级人大及其常委会行使法律所规定的对国家执行机关政务类公务员选举、任命决定以及罢免、撤职等人事监督任免权，是人大行使管理国家权力的重要组成部分，也是人大有效控制国家权力、保证行政、司法机关及其重要领导干部的政策和行为符合人民利益的根本手段之一。对于违法失职的"公仆"，代表人民利益的人大代表有充分权力向人大及其常委会控告、检举和弹劾，并运用人大的人事监督权对其进行处置。

（三）正确处理事前、事中、事后监督的关系

决策、执行、反馈是实施某一目标的全过程。人大监督工作也应包括事前、事中、事后监督。只有在各个环节都进行监督，才能及时地防止、制止和制裁各种不法行为，将损失和不良影响减少到最低限度。因此，人大监督要注意全过程监督。

第一，着眼事前监督。监督的本质是对权力的制约，其目的是为了尽可能地减少政府及司法机关的违法和不正当行为，减少公职人员的失职和违法行为，防止权力的异化，因此人大监督应该着眼事前监督，防患于未然。《地方各级人民代表大会和地方各级人民政府组织法》第 7 条规定，"省、自治区人民政府所在地的市和经国务院批准的较大的市的人大常委会制定的地方性法规，须报省、自治区人大常委会批准后才能施行"，这里的"批准"既是一种立法程序，也是一种事前监督的方式，即通过事前审查避免出现违法情况；该法第 44 条规定的地方人大常委会"讨论、决定本行政区域的政治、经济、文化、教育、卫生、民政、民族等工作的重大事项"，这里的讨论、决定也是一种事前监督方式。此外，"计划、预算监督权"亦是典型的事前监督的一种，政府的财政预算报告只有在事前经过人大审议通过方能实施。但目前由于人大会期短，这种监督恐流于形式，人大应加强这种监督的实效。此外，还应建立重大事件报告制度。"一府两院"应当及时就本行政区域的重大事项向人大及其常委会作专题报告或汇报，人大及其常委会有权决定和讨论本行政区域各方面工作的重大事项。

第二，注重事中监督。事前监督的主要目的是防止权力异化，而事中监督的主要目的是及时制止权力异化。如果缺乏对权力及时的事中监督，权力主体可能会为了牟取个人或小团体的利益而擅自变更事前审议的计划与目标。如此，事前监督也就形同虚设。某些地方人大会议上审议通过的计划、预算往往难以得到切实执行，主要就是由于事中监督不力。另外，行政机关和司法机关拥有较大的自由裁量权，对于提高行政及司法机关的办事效率是很有必要的，但如果不对这种权力进行及时、适度的监督，权力主体有可能滥用自由裁量权。

第三，强化事后监督。从人大监督发生的过程看，它具有事后性的特点。事后性表现在：人民代表大会监督手段的实施一般都发生在事情发生之后。例如，对立法的监督常常是对已制定或生效的法律、法规、规范性文件等进行审查；对政府行政行为的监督，一般在违法行为发生之后，人大才采取适当的监督手段。过多的事先行动会对行政机关和司法机关的工作造成干涉和困扰。而且，有些行为在事前也无从知晓其性质是合法抑或违法，其后果是有益抑或有害，因而无法进行事前监督。事后监督实质上是一种救济措施和制裁机制，它是在事后对业已形成的滥用、超越职权的行为或违法行为进行惩治。

第十一章 人大代表制度创新

第一节 人大代表制度概述

人大代表制度是中国人民代表大会制度体系的重要组成部分，它的运行机制与状态直接关系到国家的和谐社会构建、民主法治建设等重大课题。从宏观角度来说，人民代表大会制度是实现人民当家作主的宪法原则的制度安排，是与人民民主专政的国体相适应的政权组织形式，是国家的根本政治制度。人大代表是人民代表大会的组织细胞，因此，积极做好代表工作，充分发挥代表作用，是推动人大制度和人大工作不断发展完善的关键。从微观角度来说，人大代表制度的存在与我们的生活息息相关。代表的活动和履职行为，关系到人民的意志能否得到充分的表达、人民的合法权益能否获得切实的维护。

人大代表制度的理论基础是马克思主义的代议制理论，中国的人民代表大会制度具有自己的特点。① 第一，国家的一切权力属于人民是人民代表大会制度的逻辑起点。中国现行《宪法》第2条明确规定了："中华人民共和国的一切权力属于人民。"第二，民主选举是人民代表大会制度的前提。《宪法》第2条规定："人民行使国家权力的机关是全国人民代表大会和地方各级人民代表大会。"第三，以人民代表大会为基础建立全部国家机构是人民代表大会制度的核心。这是我国人民代表大会制度不同于西方资本主义国家"三权分立"议会制度的具体体现。第四，对人民负责，受人民监督是人民代表大会制度的关键。

代表制度在人民代表大会制度中的地位十分重要。人民代表大会制度是一种代议制度。《宪法》第2条规定："中华人民共和国的一切权力属于人民。人民

---

① 周叶中：《宪法》，高等教育出版社，2009，第225~226页。

行使国家权力的机关是全国人民代表大会和地方各级人民代表大会。"一切权力属于人民，这是中国国家制度的核心内容和根本准则。然而，在经济、文化和技术条件的约束下，人民不可能都直接参加公共事务管理。人大代表制度是规范人大代表选举、履职、监督等一系列行为的制度系统。《中华人民共和国全国人民代表大会和地方各级人民代表大会代表法》（以下简称《代表法》）第 2 条规定："全国人民代表大会代表是最高国家权力机关的组成人员，地方各级人民代表大会代表是地方各级国家权力机关的组成人员。全国人民代表大会和地方各级人民代表大会代表，代表人民的利益和意志，依照宪法和法律赋予的各项职权，参加行使国家权力。"人大代表是人民经过选举产生，派往国家权力机关，代表人民参与行使国家权力的使者。

《宪法》和《代表法》的上述规定表明，人大代表是国家权力机关的组成人员。人大代表连着两头，"一头是国家机关，一头是人民群众，代表把国家和人民联系在一起。人民通过代表参与国家事务，监督国家工作人员。在代议制度下，没有代表的作用，民主就可能是虚构的，人民当家作主的管理国家的权力就难以落实。"① 因此，只有充分认识人大代表在政治和社会生活中所处的地位和作用，才能更好地完善人民代表大会制度；只有充分发挥代表的作用，增强代表活动的实效性，才能更好地实现人民管理国家和社会事务的权力，落实人民当家作主的地位，推进中国的民主法治建设。

第二节 广东省人大代表制度的实践

广东省人大常委会自 1979 年 12 月 26 日依法产生以来，非常重视代表工作，不断创新和拓宽代表履职的渠道，充分发挥全省十多万人大代表的作用。经过30 余年的探索和积累，先后创新和建立了法规草案征求省人大代表意见、常委会领导约见代表、邀请全国和省人大代表列席常委会会议等制度，组织代表参加执法检查、专题视察和调研，举办"代表活动日"和"代表热线"等活动，探索"专业性代表小组"活动和建立重点代表议案建议办理制度等。代表工作体制机制的创新，大大增强了代表活动的实效性，不仅为广东省的民主法治建设、

---

① 蔡定剑：《中国人民代表大会制度》，法律出版社，2003，第 179 页。

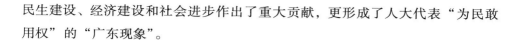

民生建设、经济建设和社会进步作出了重大贡献，更形成了人大代表"为民敢用权"的"广东现象"。

一 构建代表与选民的和谐关系

自代议制度形成，国家权力所有权与行使权的关系问题便应运而生。这种关系主要涉及四个具体方面。第一，代表在行使职权过程中应当受本选区选民特殊指令的约束还是有权自由决断？第二，代表在所在代议机关中是应当代表所有选区的整体利益还是代表自己所由选出的选区的利益？[①] 第三，发挥代表作用与公民参与的关系如何协调和统一？第四，除了代表与选民之间的三组关系外，代表作为人民群众与国家机关之间的纽带和桥梁，代表人民行使国家权力，必然还要与政府发生关系，人大代表是否应协助本级人民政府推行工作？

前两个问题体现为代表意志与选民意志以及选民利益与人民整体利益之间的平衡关系。对代表、选民、人民之间意志与利益的优先关系的不同选择和安排，构成了强制委托代表制与独立代表制两种代表制度在理论上和实践中的根本差异。第三个问题体现为代表的能动性与选民的民意之间的协调关系。第四个问题涉及人大代表的职责定位，即在人民群众与国家机关之间的监督与负责关系中，代表如何在选民与政府之间构建和谐关系。广东省人大在创新代表工作机制，开展代表活动过程中，立足于人民的根本利益，致力于整合资源、协调利益，构建代表与选民、代表与政府之间的和谐关系。

广东省人大常委会在宪法和法律确立的制度框架下，既加强代表制度理论研究，力图突破委托代表制和独立代表制在监督与不监督、独立与不独立、选区利益与整体利益的冲突关系；又积极进行实践探索，一方面在省内试点代表向选民述职制度，以加强对代表的监督，另一方面发挥代表履职的积极性和主动性，加强代表培训，鼓励代表依照自己的判断、学识和品德去作出决定。但是，代表的"自主决定"要受制于两个方面的约束：一是必须听取和反映选民们的意见和要求，二是必须代表人民的利益和意志。据此，广东省人大代表制度的基本理念是立足于人民的根本利益开展代表活动，努力从代表接受选民监督和为选民服务两个方面构建代表与选民的和谐关系。

---

① 胡位钧：《两种代表制理论之再评价》，《法商研究》1998 年第 2 期。

首先，人大代表要立足于人民的根本利益开展代表活动。中华人民共和国的一切权力属于人民。推进民主法治建设的关键在于尊重和保护人民权利。人大及其常委会作为人民行使国家权力的机关，一切活动必须代表最广大人民的根本利益，体现人民的愿望。因此，人大的工作要深深根植于人民群众之中，充分尊重和保障人民的民主权利，逐步扩大立法、监督、讨论决定重大事项等工作的民主化程度，了解民情、反映民意、集中民智，使人大切实成为党和国家联系人民群众的重要民主渠道，保证人民当家作主权力得到实现。营造更加健康有序、公平公正的社会政治秩序，使人民的政治、经济、文化权益得到切实尊重和保障。[①]

其次，人大代表工作要致力于构建代表与选民的和谐关系，即平衡好选民利益与整体利益、选民意志与代表意志之间的关系。平衡选民与人民的利益，既通过视察、专题调研、代表热线、代表小组活动等多种形式和渠道听取选民的意见和要求，又在代表履职过程中，特别是在议案建议的提出与表决中有整体意识和大局观念，以协调好选民利益与经济社会发展大局的关系，协调好选民与人民的利益关系。平衡发挥代表作用与选民民意之间的关系，体现为在听取和反映选民意见和要求的同时，发挥代表履职的自觉性和能动性，善于分析选民意见，以形成有质量的议案建议，促进民生热点问题的解决，构建代表与选民、人民与政府的和谐关系，促进经济社会的全面发展。

实践中，广东省人大坚持立足人民，构建代表与选民和谐关系的理念，不断推进和创新代表工作形式和制度，人大及代表的地位不断提高，摆脱人大"橡皮图章"的形象，代表的声音也更有力量。越来越多的代表通过各自途径和方式，践行"权为民所用，情为民所系，利为民所谋"，在社会生活中发挥着日益重要的作用，成为推动民主法治进程，构建和谐广东的重要力量。

二 平衡代议制民主与公民参与之间的关系

间接民主与直接民主之间的衔接问题是伴随中国民主政治建设的进步，公民的民主参与意识逐渐增强后而凸显的。根据《宪法》的规定，人民既可以通过选举代表组成国家权力机关来实现当家作主的权力，也可以依照法律规定，通过

---

① 广东省人民代表大会制度研究会：《法治的脚步——纪念广东省人大常委会暨各市、县、区人大常委会设立三十周年》，广东人民出版社，2011，第58~59页。

各种途径和形式，直接参与对国家和社会事务的管理。党的十七大报告也指出："人民当家作主是社会主义民主政治的本质和核心。要健全民主制度，丰富民主形式，拓宽民主渠道，依法实行民主选举、民主决策、民主管理、民主监督，保障人民的知情权、参与权、表达权、监督权。"① 正是在这样的时代语境下，人大代表制度必须探索和创新发挥代表作用与扩大公民参与的衔接机制。

在民主政治建设的时代背景下，发挥代表作用与公民参与之间的关系，主要是指代表的活动要以选民的民意为基础，即代表履职要通过调研、视察、接访等途径了解和听取选民的意见和要求，代表提出议案建议、行使表决权等都要以察民意、听民声、问民情为基础。此处的民意基础，是指《代表法》第 2 条所规定的"听取和反映选民们的意见和要求"，而非强制委托理论所要求的"按照选民的意志行事"。即代表要了解和听取选民的意见和要求，但也可根据自己的经验和判断对这些民意进行综合和提升，形成法律意义上的议案、建议或意见。

为平衡好发挥代表作用的代议制民主与公民参与的直接民主之间的关系，广东省人大创新和拓展了公民参与的渠道和范围。例如，广州市人大常委会为了进一步提升市民群众参与人大立法的积极性和广泛性，锐意改革、大胆创新，从 2008 年开始在网易、腾讯等著名网站上向社会公布法规草案，进行问卷调查、公开征求意见，广泛收集网友的意见和建议。实践中，这一做法既提高了立法质量，又畅通了公民参与渠道，开创了广州市网络民主立法的新局面。更为值得一提的是，为了倡导沟通和讨论，扩大市民对热点、难点问题的参与，1992 年 5 月，广州市人大常委会和广州市电视台联合创办大型政论性电视公开论坛——"羊城论坛"。论坛在开放的人民公园举办，市民不仅可以免费进入，而且可以发言和参加讨论。论坛至今已经坚持了近二十年，举办了百余期，成为提高广州市民参政议政意识，建设社会主义民主政治的有效途径。

三　构建代表与政府的监督关系

代表是由选民选举产生的，依法组成各级国家权力机关，代表人民监督"一府两院"行使管理国家和社会的权力。因此，从法理上来讲，代表应当代表

---

① 胡锦涛：《高举中国特色社会主义伟大旗帜　为夺取全国建设小康社会新胜利而奋斗——在中国共产党第十七次全国代表大会上的报告》，人民出版社，2007，第 29 页。

人民的意志和利益，监督政府。但是在立法实践中，1954 年、1979 年《全国人民代表大会组织法》和《地方各级人民代表大会和地方各级人民政府组织法》，要求人大代表"协助本级人民委员会推行工作"、"协助本级人民政府推行工作"，1982 年《宪法》恢复了人大代表的监督者身份，纠正了《地方各级人民代表大会和地方各级人民政府组织法》的错误，不再要求人大代表协助本级人民政府推行工作。随后，1982 年 12 月颁布的《全国人民代表大会组织法》也根据《宪法》取消了关于要求人大代表协助本级人民政府推行工作的规定。但是，1979 年的《地方各级人民代表大会和地方各级人民政府组织法》在经过 1982 年、1986 年、1995 年和 2004 年四次修正后，在第 37 条保留了地方各级人民代表大会代表应当"协助本级人民政府推行工作"的规定。1992 年颁布的《代表法》第 25 条、第 28 条也规定代表应当协助本级人民政府推行工作，直至 2010 年《代表法》第二次修正后才取消了该规定，重新确立了人大代表的监督者身份。①

实践中，广东省人大代表因敢于依法行使质询权、询问权而闻名全国，被誉为人大工作的"广东现象"。人大代表对"一府两院"及相关领导干部的质询和询问，充分体现了广东省人大代表对政府的监督者身份。此外，代表约见也是广东省人大代表监督的一条有效途径。即人大代表可以就重要问题直接约见"一府两院"有关领导，反映群众的意见。代表约见使代表与有关领导、国家机关之间有了更直接的联系，既是对政府的有力监督，又畅通了代表反映人民群众意见的渠道。

第三节　广东保障代表依法履职的实践经验

广东省历届人大代表利用法律法规赋予的职权，在实践中积极探索，不断拓宽代表活动领域，提高代表建议办理质量，增强活动实效，加强代表培训工作，努力提高服务水平，保障代表依法履职，发挥代表作用。

---

① 从现行有效的宪法和法律规定来看，中国的人大制度中基本确立了代表对政府的监督职责。因此，笔者认为应该适时修改《地方各级人民代表大会和地方各级人民政府组织法》，取消关于人大代表应当协助本级人民政府推行工作的规定，在整个法律体系内一致确立人大代表对政府的监督者身份。

一 改进和加强议案、建议办理工作

广东省人大常委会把办理代表议案建议作为尊重代表权利、发挥代表作用的一件大事来抓，着手议案建议形成的各个环节，努力通过多种途径和方式提高代表议案建议的办理质量。

（一）扩大代表参与常委会工作的范围

代表议案建议的提出与办理都必须经过人大常委会相关工作机关，因此要加强和改进代表议案建议工作，提高办理质量，首先要建立健全代表对常委会工作的参与机制，使代表了解常委会工作的方向和重点，跟踪所提议案建议的办理进程，推动有关问题的解决。在扩大代表对常委会工作的参与方面，广东省人大常委会特别注重征求代表对参与常委会活动的意见。具体工作制度体现在以下两个方面。

首先，改进代表列席常委会会议的方式。由于常委会会议的会期不长，所议事项较多，代表如果仅仅只是列席常委会会议，便难以对所审议的事项有全面和深入的理解，既无法形成具有较高质量和针对性的意见和建议，也不可能真正关心、跟进和监督相关审议事项的处理。为了让人大代表能够深度参与常委会的工作，从 2006 年开始，在每次常委会会议期间，省人大常委会除了继续组织代表列席分组审议之外，还分别召开列席的人大代表和各市人大常委会负责同志的座谈会，专门听取代表对会议审议事项的意见和建议，并专刊印发简报。这个改进更加有利于发挥代表的作用，效果很好，得到人大代表的广泛称赞。

其次，注重征求代表对法规草案及有关工作的意见，邀请代表参加立法活动、执法检查、调研、列席专门委员会会议等，切实发挥代表在立法、监督工作中的作用。比如，广州市人大常委会根据年度立法计划安排，扩大代表参与立法活动的范围，引导代表积极参加经济领域、社会领域、城市建设管理等方面的立法工作；加大立法信息公开化程度，有重点地邀请代表参与立法项目的调研、起草和征求意见座谈会以及立法听证会、论证会、立法后评估等工作。在制定《广州市控制吸烟条例》、《广州市饮用水水源污染防治规定》、《广州市政府投资管理条例》、《广州市信息化促进条例》等法规过程中，广州市人大常委会注重邀请相关代表参加征求意见座谈会或公开发函征求代表的意见。2007 年以来，共组织代表 496 人次参与了 53 个立法项目的调查、论证和修改。

（二）建立代表意见表达绿色通道

广东省"代表建议直通车"的开通源起于 1994 年发生在揭阳市东县新亭镇硕联村的牛墟经联社的"牛墟事件"。当年，该经联社干部以低价"分配"宅基地以权谋私，引起村民群众强烈不满，全国人大代表陈妙珍为民代言却遭到打击报复。1998 年 3 月，在九届全国人大一次会议广东代表团全体会议上，陈妙珍发言时谈到了她的经历和困惑。

1998 年 4 月，广东省委、省人大常委会和省政府办公厅联合发出《关于快速办理人大代表提出的重要建议的意见》，开通了代表反映民意和快速办理代表重要建议的"直通快车"。从此，代表对全省各方面工作和群众反映强烈的热点问题，可以直接向省主要领导提出建议以及反映情况，这大大激励了代表的履职热情，扩大了代表在群众中的影响，使代表更敢于依法维护人民群众的利益。

实践中，广东省人大代表以"直通快车"的形式，反映基层群众的呼声和要求，解决了不少群众关心的热点和难点问题。以"直通快车"构建代表意见表达的绿色通道，是广东省人大创新代表议案建议办理工作的重要举措，不仅大大推进了本省代表建议的办理工作，更可以为其他省市的人大工作提供经验。

（三）规范议案建议办理机制，提高满意率

广东省人大常委会把办理好代表议案建议作为保障代表依法行使职权的重要工作来抓，规范办理程序，创新工作机制，不断提高代表对办理工作的满意率。此外，为了更好地分析经验得失，开创新的工作局面，常委会每年都对代表议案建议办理工作进行总结，并形成年度总结会议材料。

1. 代表议案的处理

为了规范代表议案的提出和办理，根据中央 9 号文件精神，广东省人大常委会制定了《广东省人民代表大会代表议案处理办法》。近年来，代表议案的办理情况如下：

2003～2007 年，省十届人大历次会议主席团交付审议的代表议案共 91 件。其中，立法议案 46 件涉及立法项目 30 项，已经制定法规的 6 项，进入审议程序的 1 项，列入立法计划的 6 项，列入立法项目库的 13 项，建议由政府制定规章的 4 项。认真办理关于《广东省东江水系水质保护条例》执行情况的监督议案，督促政府职能部门依法查处了造成污染的责任单位和个人。对历次会议主席团交付审议的其余 44 件议案（合并为 3 个问题），常委会作出了 3 项决议，交付政府

执行。

2008 年，认真办理省十一届人大一次会议主席团交付审议的 16 件议案。其中的 15 件立法议案，已办结 4 件，列入本届常委会立法规划 9 件，列入立法项目库的 2 件；检查妇女权益保障法实施情况的监督议案，高度重视，认真组织执法检查，督促有关方面重视解决法律实施过程中存在的突出问题，保障出嫁女合法权益，畅通司法救济渠道。审议了关于解决水库移民遗留问题和关于加快营造生物防火林带工程两个议案的办理情况报告，作出批准如期结案的决议，并就议案办理结束后继续加大工作力度，切实解决存在问题提出了明确要求。

2009 年，省十一届人大二次会议主席团交付审议的 8 件议案，已列入本届常委会立法规划的 2 件，待国家法律修改后再作研究的 5 件，待条件成熟时再作修改的 1 件。听取和审议了省政府关于解决小型水库安全隐患问题议案的办理情况报告，并批准结案。

2010 年，省十一届人大三次会议主席团交付审议的 16 件议案，已启动立法程序的 1 件，拟列入立法计划的 7 件，待条件成熟再立法或修改的 6 件，建议先行制定政府规章的 1 件，督促政府办理监督议案 1 件。听取和审议了省政府关于加强贫困地区农村机电排灌工程建设的议案办理情况的报告，并批准结案。

2011 年，省十一届人大四次会议主席团交付审议的 12 件议案，已列入本届常委会立法规划的 5 件，待国家法律修改后再作研究的 1 件，待条件成熟时再列入立法规划的 5 件，建议先由省政府制定规章的 1 件。

2. 代表建议的办理

在规范代表议案工作的同时，广东省人大常委会制定了《广东省各级人民代表大会代表建议、批评和意见办理规定》，规范和加强代表建议办理工作。一是提出了"再认识、再落实、再分析、再督办"的办理工作新要求；二是健全办理工作责任制，形成承办单位主要领导负总责、分管领导亲自抓、经办人员认真办的工作机制；三是规范和改进办理程序，强化跟踪督办，加强督促检查，推动代表所提问题的解决；四是注重加强与代表的沟通，组织代表视察办理和督办工作，听取办理工作情况报告，使代表及时了解办理工作进展情况；五是完善建议督办机制，积极推动建议办理从"答复型"向"落实型"转变。为此，一方面要加大督办力度，促进代表议案建议从"有益之言"转化为"有益之事、有益之策、有益之法"，努力让代表满意，让群众受益。另一方面要抓好代表建议办理答复情况的反馈工作，对代表不满意的，要求承办单位重新办理，确保办理质量。

近年来，代表建议的办理情况如下：

2003~2007年，共办理代表会议期间提出的建议2958件、闭会期间提出的建议509件，人大代表对建议办理的满意率逐年提高。省十届人大五次会议期间代表提出了490件建议，经过办理和再次办理，代表满意和基本满意的达到100%。

2008年，省十一届人大一次会议期间代表提出的606件建议，代表对办理答复情况已反馈意见的有605件，其中表示满意的308件，基本满意的270件。对代表表示不满意的27件，要求有关部门重新办理。对闭会期间代表提出的62件建议，及时交办、督办。

2010年，省十一届人大三次会议期间代表提出的725件建议，代表对办理答复情况已反馈意见的有722件，表示满意的和基本满意的共687件。对代表表示不满意的建议，督促承办单位加强与代表的沟通并重新办理和答复。

2011年，省十一届人大四次会议期间代表提出689件建议，代表对办理答复情况已反馈意见的有662件，表示满意的和基本满意的共651件，占98.3%，比2010年提高了3个百分点。

（四）加强和规范重点督办建议的处理

为了推进代表建议重点办理工作的规范化和制度化，省人大常委会制定出台《广东省人大代表建议、批评和意见重点处理办法》。此外，为了提高重点建议的办理质量，常委会还成立督办工作领导小组，由常委会领导亲自牵头督办，并组织代表深入实地调研视察，提出解决问题的意见和建议。近年来，省人大常委会每年都要选择若干件事关全局和人民群众切身利益的建议作为重点建议，加大督办力度。

2003~2007年，省人大常委会重点督办的关于农村义务教育、社会治安综合治理、水污染防治、山区城市生活污水处理厂建设、推广可再生能源、扶持少数民族乡发展、反假币斗争、网吧管理、药品市场管理、看守所危房改造等建议，都取得明显的办理效果。

2008年，省人大常委会选择关于做好农村五保供养工作、扩大生态公益林面积提高补偿标准、农田水利基本建设、尽快清理设置不合理公路收费站、淡水河污染整治等 5 件涉及群众普遍关心的热点难点问题的建议作为重点建议，进行重点办理、重点督办，取得了较好的办理效果。

2009 年，省人大常委会确定了关于撤并珠江三角洲地区公路收费站促进珠三角地区交通一体化、跟踪督办淡水河综合整治、严格实行"收支两条线"促进公正司法、加强中小型灌区改造、加强农业技术推广体系建设、大力发展高中阶段教育等 6 项建议为重点办理的建议，督促省政府下大力气办理，切实解决问题，取得较好成效。

2010 年，省人大常委会选择关于路桥一卡通电子收费、石马河流域污染整治、财政扶持农民专业合作社发展、维护散居少数民族合法权益等 4 项涉及群众普遍关心的热点难点问题的建议，进行重点办理和督办，取得明显成效。

2011 年，省十一届人大四次会议上代表提出的 14 件建议合并为关于加快残疾人基本服务设施建设、加快重点江海堤围除险加固工程建设、尽快出台省医疗纠纷预防与处理办法构建和谐医患关系等 3 项建议，交由省政府重点办理。

通过上述重点建议的办理，使一批代表特别关心、反映集中、处理难度大的问题得到较好解决，代表、人民和政府之间的关系更加密切、和谐，同时也为广东省经济、社会的全面发展作出了贡献。

（五）发挥代表在建议办理中的作用

省人大常委会在办理代表建议的工作中，注重与代表的沟通和联系，抓好代表对建议办理答复情况的反馈工作。坚持每年组织领衔提出建议的代表，对承办建议较多的单位的办理情况进行视察。为了及时总结经验，查找存在问题，推动承办单位改进工作，更好地解决建议所反映的问题，2010 年，常委会组织了首次省人大代表建议"回头看"视察活动，组织代表对十届省人大历次大会提出的关于"加强我省食品安全工作"、"交通基础设施建设"和"加快发展我省社区卫生服务事业"三个专题共 101 件建议的办理情况进行了视察和跟踪督办。视察中代表与建议承办单位面对面沟通，发挥了代表的主动性和积极性，督办的效果比较好。

二 增强代表视察和调研工作的实效性

视察和调研是代表在闭会期间依法执行代表职务的一种重要活动形式。经过多年的实践，广东省人大代表视察调研活动得到不断改进。就视察而言，现在既有大会召开之前的集中视察，还有平时内容多样的专题视察、代表个人的持证视察。视察的组织形式也从过去集中、单一、大型、综合性的"大呼隆式"，发展为小型、专题、深入、实效，即参加视察的代表队伍小型精干，活动有专题性和针对性，视察深入基层、深入群众，讲求实效，促进问题的解决。就代表的专题调研而言，过去比较零星、分散，活动时间不固定。2005 年中央 9 号文件出台以后，将专题调研规范化，作为人大代表闭会期间的一种活动形式固定下来。从 2006 年起，代表每年年中开展一次专题调研。现在，年中有调研，年末有视察，代表闭会期间的活动内容更加丰富。

实践中，广东省人大代表紧密围绕全省的中心工作，法律法规的贯彻实施，"一府两院"依法行政、公正司法的情况和人民群众关心的热点问题开展视察和专题调研，灵活运用听取汇报、召开座谈会、实地察看等多种形式，听取各方面的意见和建议。

2008 年，省人大常委会全年组织全国和省人大代表列席常委会会议，参加执法检查、视察、调研、代表热线等，共 2800 多人次，其中，先后组织代表就产业与劳动力"双转移"、建立完善防治自然灾害应急机制、物价、能源安全与节约能源、粮食安全、食品安全、住房保障、外来工权益保护、农田水利基本建设、农村医疗卫生工作、农村土地流转和管理、扶持中小企业、金融危机下的就业等问题进行了视察和专题调研，推动了全省中心工作和人代会通过的决议、决定的贯彻落实。省人大常委会还组织代表视察调研财政工作，了解上年的预算执行情况和新一年的预算草案编制工作、重点资金的安排使用、上级财政补助资金的安排使用及向下级财政转移支付等情况，加强了代表与财政部门的沟通。

2009 年，围绕《珠江三角洲地区改革发展规划纲要（2008—2020 年）》实施情况、推进珠江三角洲交通一体化工作情况、扩大内需各项政策的落实、产业结构调整、中小企业融资、工业和交通行业节能减排、促进农民稳定增收政策落实、农村社会保障体系建设、高校毕业生就业、饮用水源水质保护、综治信访维稳工作、公正司法等，省人大常委会组织代表开展了执法检查、专题调研、集中视察、专题视察、"代表热线"等活动，推动全省中心工作和人代会通过的决议、决定的贯彻落实。

2010 年，就"十二五"规划编制、"三旧"改造、节能减排、科技进步与创新、农业产业现代化建设、基层医疗卫生体制改革、新型农村合作医疗情况等专题，省人大常委会组织代表开展了调研和视察。

2011 年，围绕综治信访维稳工作、《民办教育促进法》实施情况、城乡文化建设、农田水利建设、水污染综合防治、城乡基层医疗卫生服务体系建设、保障房建设等专题，省人大常委会组织代表开展了集中视察和调研。

综上，广东省人大代表工作坚持按照"小型、专题、深入、实效"的原则组织代表开展专题调研和集中视察活动。围绕全省的中心工作和人民群众关心的热点难点问题选题，运用多种形式深入基层调研，形成了高质量的活动成果。

三　创新代表联系选民制度，促进代表与选民的和谐关系

从代表的义务而言，代表是人民意志的传声筒，人民利益的代言人。代表只有了解人民的愿望，知人民之所需，才能为人民履行好代表的职责，才能称得上是真正的人民代表。因此，《宪法》、《代表法》都规定代表要密切联系群众，经常听取和反映人民的意见和要求。

从代表的身份角色和性质定位而言，人大代表是各级人大的组成人员，是国家权力机关扎根于人民、密切联系群众的载体和桥梁。代表行使代表职权和反映群众利益诉求、维护群众权益这两方面的工作是结合在一起的。人大代表来自广大人民群众，分布在社会的各个方面和各个阶层，他们能够直接、真实而及时地了解群众的呼声和要求，把群众所关心的问题通过人大开会和闭会期间的活动反映给人大和有关部门解决，既便于党和政府了解民情、集中民智，又可以监督政府，维护人民群众的切身利益。

广东省人大常委会在发挥人大代表作用、密切联系群众方面进行了一系列探索，创造了有益的经验，取得了明显的成效。例如，深圳市区级人大设立代表联系选民意见箱、建立代表接访日，把联系群众、听取群众意见的工作规范化和制度化；茂名市、区两级人大代表通过挂钩扶持农村特困户活动的开展，拓展代表与群众联系的途径，都取得了较好的效果。

（一）代表公示制度

在广东，通过人大的网站、社区代表公示栏、代表联系卡等方式公开人大代表的基本情况和联系办法，包括代表的照片、姓名、单位、邮编、联系电话、电子邮箱、权利义务等，是促进代表与人民群众联系的重要手段。代表也可以利用个人网站，沟通情况、传递信息，直接听取人民群众的意见，强化与人民群众的

联系，形成互动关系，真正反映社情民意。

（二）代表工作室

近年来，广东逐步建立和完善了社区和村的人大代表工作室，使之成为代表与人民群众保持日常性联系的固定场所。为加强基层人大代表工作，深圳市、中山市等设立了区人大代表工作室，作为常委会代表工作机构的延伸。近年来，中山市又指导镇区建立设施齐全的人大代表活动室，为代表活动创造更加良好的场所，进一步增强代表的归属感，调动代表履职的积极性。

（三）代表活动日

广东省还完善人大代表接待日制度，对接访的事项，除按规定转交有关机关处理外，对于影响重大，或涉及面广，或关系人民群众权益的重大事项，可形成代表建议、批评和意见。如中山市坚持开展"市人大代表统一活动日"。2001 年出台的《中山市人民代表大会常务委员会联系代表办法》将每年 9 月 15 日确定为市人大代表统一活动日。自 2001 年开展此项活动以来，不仅在内容上不断丰富，而且在规模、形式等方面进行了创新发展。现在"活动日"除市人大代表外，还邀请了全国、省、镇各级的人大代表一同参加，围绕同一个主题开展视察、检查、座谈等多种活动，较好彰显了人大代表的地位和作用。

（四）"代表热线"

广东各级人大开通"代表热线"，组织代表直接听取群众意见。2011 年 6 月，为了增进省人大代表和人民群众的联系和互动，由省人大常委会选举联络人事任免委员会、省人大常委会研究室和羊城晚报社合作开通"代表热线"，每季度一次，每次两个小时。"代表热线"一直坚持开通，近 200 位人大代表参加接听。

多年来，主办单位选择群众最关心的热点问题，或结合每次省人大常委会的议题，确定每次开通的"代表热线"的中心话题，使得"代表热线"具有很强的针对性。群众在"代表热线"反映的问题，代表们不仅作了认真的回应，更把在热线活动中收集到的群众意见带到常委会上，跟踪解决了一些热点、难点问题。如今，"代表热线"不断改进，已经成为代表联系群众、了解民意的一个重要渠道。

（五）述职制度

根据《宪法》和法律的规定，代表应当接受选民或选举单位的监督，选民或选举单位有权罢免自己选出的代表。述职是代表接受监督的一个重要途径，是对宪法和法律关于人大代表接受原选区选民和原选举单位监督这一原则规定的具体落实。它既有利于密切人大代表与人民群众的联系，又有利于选民对代表的监督，使人大代表更好地反映广大人民群众的利益。由此，建立和规范代表特别是连任代表候选人向原选举单位汇报自己行使职权情况的述职制度，可以强化代表的责任意识，推动代表积极主动地联系选民，代表人民的利益。

为了监督和促使代表积极联系选民，更好代表人民利益，广东省的部分市区人大对代表述职制度进行了探索。根据深圳等地的经验，述职内容主要包括两方面：一是执行代表职务的情况；二是在执行代表职务的过程中如何反映和表达人民群众的意见和要求。代表的述职应该每年一次，在人代会期间进行。在不可能全部实行会上口头述职的情况下，书面的述职材料应该发至原选举单位的每一选民手中。而准备连任的代表候选人，则必须在原选举单位口头述职，接受选民对其代表任期内的代表工作和代表活动情况的询问，并由原选举单位决定是否提名为代表候选人。

上述制度的运行，使人民群众与代表的联系渠道畅通、形式灵活而且直接便捷。通过加强代表与选民的联系，代表们把党的路线、方针、政策准确及时地传达到群众之中，带头遵纪守法，广泛收集群众的意见和建议，想群众之所想，急群众之所急，积极维护群众的利益，以实际行动赢得群众的理解和信任。

四　加强代表对"一府两院"的监督，增强人大权威

中国的人大制度中确立了人大代表对政府的监督职责。代表应当立足于人民群众的根本利益，对"一府两院"的工作进行有效监督。

（一）质询、询问

《宪法》、《全国人民代表大会组织法》、《地方各级人民代表大会和地方各级人民政府组织法》、《监督法》均对人大代表的质询活动作出了相应规定。人大代表不仅可以在例行的会期行使该项监督权，而且在人大闭会期间，如确属必要，也可以按法定程序联名提议临时召集本级人民代表大会会议，对有关机关提出询问与质询，以强化人大对"一府两院"的监督力度。

实践中，人大代表质询权一直处于"闲置"状态，究其根源，主要在于：人大代表的构成不合理，具有官员身份的人大代表不愿意启动质询权；许多兼职

人大代表质询意识较弱，不知如何行使质询权；质询规则缺乏可操作性，人大代表难以有效行使质询权。① 但是，20 世纪 90 年代以来，广东省人大代表却因敢于依法行政质询权、询问权而闻名全国，被誉为人大工作的"广东现象"。

早在 1994 年 11 月，在广东省八届人大常委会第十一次会议上，21 名省人大常委会委员联名对省国土厅在实施《广东省城镇房地产权登记条例》中的不当行为提出质询案；1995 年 2 月，在省八届人大三次会议上，35 名省人大代表联名就有关 325 国道南海路段改造问题，向省人民政府有关部门提出质询案；2000 年 1 月，在省九届人大三次会议上，25 名省人大代表联名对广东省环保局提出《对四会市在北江边建电镀城事件处理不当的质询案》；2007 年 2 月，在省九届人大五次会议上，25 名省人大代表就《广东省农村集体经济组织管理规定（广东省人民政府令第 109 号）》实施过程中的相关问题对省政府有关部门提出询问……充分体现了广东省人大代表对政府的监督者身份。在这一次次的质询和询问中，人们也看到了代表对民生问题的热切关注，对人民利益的积极维护，感受到了"人大代表"的真正含义和它那沉甸甸的分量。

（二）代表约见

在广东省，人大代表遇到重要问题可以直接约见"一府两院"有关领导。如 1999 年 1 月，南海市的 6 名省人大代表专门约见了汤炳权副省长，就广州大坦沙资源电厂涉及的环保问题反映群众意见；2004 年 12 月，江门市部分省人大代表约见省金融办，反映金融方面的有关意见；2008 年 9 月，12 名省人大代表和江门市人大代表约见江门市市长、副市长，就如何推进江门建设成为电力能源基地、先进制造业基地等问题进行了交流和沟通等。

在代表约见中，比较有特点的是江门市的"人大代表约见市长"制度。"人大代表约见市长"的前身是"市长约见人大代表"。1993 年，江门市人大常委会就建立了市长与人大代表定期见面对话的制度。这种新的民主形式在全省乃至全国都引起较大反响，得到全国和广东省人大常委会有关领导的充分肯定，许多兄弟省市纷纷效仿，掀起了开展约见活动的热潮。随着社会的进步和民主进程的加快，为了进一步发挥市长约见代表活动的效用，丰富民主实现形式，凸显代表的主体地位，2008 年 6 月，市长提议，将"市长约见人大代表"活动改为"人大

---

① 杨成：《论人大代表的质询权及其有效行使》，《行政与法》2011 年第 3 期。

代表约见市长"活动。就此，江门市人大常委会召开主任会议进行专门的研究。会议认为：人大代表约见国家机关负责人实际上是人大代表视察权的延伸，是《全国人民代表大会和地方各级人民代表大会代表法》（以下简称《代表法》）赋予代表的一项权利，也是代表监督政府的一种形式，探索和尝试开展"人大代表约见市长"活动有利于开创人大代表工作的新局面。同年 7 月 30 日，江门市第十三届人大常委会第十八次主任会议审议通过了《关于人大代表约见市长活动的意见》，对约见的组织、约见形式、约见时间、代表意见的交办和督办、参加人员等方面都作出明确的规定，使代表约见工作纳入制度化、规范化的轨道。经过进一步的发展和完善，如今代表约见部门负责人不受一季度一次约见的限制，只要代表认为有必要，随时可以约见。

"人大代表约见市长"制度的嬗变历程实际上是民主法治进步的历程。心系百姓的人大代表，利用"人大代表约见市长"这一平台，把社会的热点、难点问题真实地、及时地、直接地反映出来，既帮助广大人民群众解决实际的困难和问题，同时也是对政府工作的有效监督。

（三）了解和监督司法工作

根据《监督法》的规定，各级人民代表大会常务委员会对本级人民政府、人民法院和人民检察院的工作实施监督，促进依法行政、公正司法。常委会对司法工作的监督也要通过代表活动来落实，对此，广东省人大常委会进行了探索，并成功组织代表开展对司法工作的监督。如 2008 年，探索建立省人大代表旁听法院庭审活动制度，对 3 件群众普遍关注、社会影响较大的案件，分别组织 20 多位省人大代表到省高级人民法院旁听庭审，使代表更好地了解司法工作。2009 年，组织代表视察省高级人民法院、省检察院建立健全内部监督工作机制的整改落实情况，见证省高级人民法院执行活动，参加旁听省高级人民法院庭审、省检察院公诉活动，使代表直接了解司法工作。

（四）代表评议制度

在对广东省人大代表制度的实地调研中，笔者了解到东莞市长安镇人大组织人大代表评议政府部门的做法和经验，颇受启发。在东莞市长安镇，人大每年都有方案，轮次对政府重要部门进行评议。首先，每年由市人大代表和 14 个代表小组组长投票决定评议哪个政府部门；其次，组织代表对选定的政府部门的工作进行评议，满意度低于 60％的给予黄牌警示，连续两次黄牌的建议更换政府部门的领导。实践中，被评议的政府部门高度重视，积极改进工作方式，使得人大代表评议政府部门不仅起到了很好的监督作用，更促进了政务公开和依法行政的推行和落实。

五 改进代表履职的保障与服务工作，营造良好的履职环境

努力为代表履职提供服务，营造良好的履职环境，是广东省人大常委会的一项重要工作。为此省人大常委会不断强化服务意识，提高服务水平，积极为代表履行职责创造条件，更好地促进代表执行职务，维护广大人民群众的权益。

（一）改进代表履职保障工作

首先，不断加强代表执行职务的经费保障。根据《代表法》的规定，代表的活动经费列入本级财政。代表执行代表职务，其所在单位按照正常出勤对待，享受单位工资和其他待遇。无固定工资收入的给予适当补贴。在实际操作上，并没有代表的固定职务补贴，只是在组织代表视察时统一发放补贴，开会期间有为数不多的车马费，每年可领取一定的资料费，用于订阅报刊杂志。除此之外，代表执行职务没有更多的报酬。为逐步减少人大代表对其所在单位的经费和工作条件的依赖，解决他们的后顾之忧，使他们能放下包袱认真履行代表职责，广东省人大不断完善代表活动经费保障制度，逐步提高省人大代表活动经费标准，并给各选举单位代表工作部门实行经费补助，给代表发放一定数额的履职补贴。此外，省人大常委会还试行代表经费的财政预算单列制度，保障代表履职的经费支持，解决代表开展工作面临的经费短缺问题。

其次，加强代表执行代表职务的时间保障和办公条件保障。由于中国的人大代表是兼职代表，大多数人大代表平时都有自己的本职工作，因此，代表履职的实践保障成为代表闭会期间开展活动的一个基本前提。《代表法》对代表执行代表职务的时间保障和办公条件保障作了较具体的规定，但从实践来看，有关条文仍比较原则，并不能适应执行代表职务的实际需要。为解决代表履职的时间和办公条件保障问题，广东省人大实行了代表活动从优的原则，当代表活动和本职工作发生冲突时，应当优先安排代表活动。另外，省人大常委会制定了《广东省实施〈全国人民代表大会和地方各级人民代表大会代表法〉办法》，其第9条规定："代表在本级人民代表大会闭会期间，无特殊情况，每年离开其所在工作、生产岗位执行代表职务的时间：省的代表不少于十五日，省辖市的代表不少于十

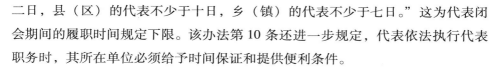

二日，县（区）的代表不少于十日，乡（镇）的代表不少于七日。"这为代表闭会期间的履职时间规定下限。该办法第 10 条还进一步规定，代表依法执行代表职务时，其所在单位必须给予时间保证和提供便利条件。

（二）探索专职助理制度

代表专职助理制度在西方国家是一个常规制度。作为议员的助手有"日程协调员"、"政策创意者"、"案件调查者"等称号，正如美国一位参议员曾经说的那样："美国实际上是一个由国会参众两院议员助手管理的国家"。因此，有人评价说，"一个成功议员的背后，总会有一群忠于职守的助手"。① 反观中国的各级人大，不仅专门的代表助理服务人员几乎没有，就是编制在人大机关的工作服务人员都偏少。

例如，深圳市三届人大有 350 名代表，37 名人大常委会委员，全机关工作人员包括驻会的人大常委会领导和常委委员在内，人数不到 100 人。不过，这一现状近年来有所改观。2002 年 1 月，深圳市人大常委会在全国率先为兼职常委聘请 19 名法律助理，每位兼职委员聘用 1 名法律助理。该举措被学界誉为地方人大加强自身建设的制度创新，并为其他地方人大所效仿。实践证明这个制度的效果也是积极的，深圳市人大兼职常委们纷纷反映法律助理的工作的确提高了他们在立法审议中的质量和效率，一些驻会（专职）常委也希望在条件成熟时为他们聘请法律助理，甚至有同志建议，将来不仅应当为常委们聘请法律助理，还要为他们聘请经济助理、审计会计助理，以适应人大审议财政计划预算的需要。②

尽管深圳市人大推出法律助理制度的时间还不长，还不够完善，实践功效还有待进一步发掘，但该制度已经凸显的内在价值值得关注。它适应了中国在短时间内还无法改变兼职代表制、代表会期制度等情形下，人大面临越来越繁重的立法和监督任务，人民群众对人大工作水平和要求越来越高的需要。

（三）拓宽代表知情知政渠道

代表履职的质量和实效以知情知政为基础，为此广东省人大常委会积极探索，做了大量的工作来拓宽代表知情知政渠道：

---

① 丁孝文：《走进国会山：一个中国外交官的亲历》，复旦大学出版社，2004，第 199～202 页。
② 邹平学：《细节之变的制度力量》，《深圳律师》2005 年第 2 期。

一是代表大会期间，开通法规和统计数据查询系统，印发部门预算和全省上一年度各方面工作情况的资料，使代表能更全面地了解省情、政情、社情，提高审议质量。

二是闭会期间，积极协调"一府两院"有关部门定期给代表提高十几种政情材料和各种工作信息，及时向代表提供全省经济、政治、文化、社会发展情况的资料和信息，通报常委会和"一府两院"的主要工作情况。

三是以广东发展研究数据库和决策专家团的智力资源为依托，整合、利用社会资源，建立了省人大决策支持库、代表专网，为代表和常委会组成人员提供法律法规、政情与社情等信息咨询服务。

四是定期给代表寄发文件、政情资料等，及时通报有关工作情况，拓宽代表知情知政的渠道。

（四）代表工作的信息化建设

广东省人大启用移动政务服务系统，改造升级人大代表信息综合管理系统，加强代表工作的信息化建设。广东省人大发挥互联网作用，通过代表专网平台及时发送材料，收集、反馈代表的意见，提高服务效率；升级代表工作管理系统，完善省人大决策支持库，实现了代表基本信息、代表履职活动信息等的电子化管理，以及代表议案建议的网上提交和交办，大大提高了代表工作效率；通过电子邮件和短信平台给代表发送有关信息，联系代表更加方便快捷。

（五）提高代表素质和履职能力

人大的工作涉及政治、经济、科技、文化等各个方面，政治性和专业性都很强。代表反映人民群众的利益，并不是仅仅充当群众意见的传声筒，而是要通过对社会生活的提炼，通过归纳、概括和交流，形成真知灼见。因此，代表履行职责需要较高的政治水平、相当的专业知识和详尽的资料信息，应加强对人大代表的培训，尤其是进行必要的财政知识、法律知识和科技知识的培训。

广东省人大常委会一直非常重视提高代表的素质和履职能力，将代表培训作为代表工作的一项基础性工作来抓，形成了初任培训和履职培训相结合的系统化代表培训制度，使培训代表贯穿于任期全过程，做到代表培训有计划、有方案、有组织、有总结。

2003~2007年，广东省人大常委会共举办了13期省人大代表培训班，有1163人次参加培训；2008年，先后举办了三期省人大代表学习班，共有277名代表参加；2009 年，举办了两期省人大代表培训班，共有 188 人次参加培训；2010 年，举办两期省人大代表学习班，共有 189 名代表参加培训；2011 年，围绕新修订的《代表法》、"十二五"规划等内容，举办两期省人大代表培训班，共 195 名省人大代表参加了培训。经过系统的初任培训和履职培训，广东省人大代表的素质和履职能力得到进一步提高。

六　建立代表活动登记和管理制度，敦促代表积极履职

（一）对代表活动的组织和管理

代表在闭会期间的活动以集体活动为主，以代表小组活动为基本形式。广东省人大常委会按照便于组织和活动原则，组建了 76 个省人大代表小组，省直机关、省人大代表组建了法制、内务司法等 7 个专业代表小组，专业代表小组由相关专门委员会负责联系并开展活动。部分市人大也组建了专业代表小组，发挥代表的专业优势。如中山市 2004 年首次组建了教育、环境资源保护等专业代表小组；2005 年和 2006 年，组织了环保、教育、新农村建设等方面的专业代表，分组对政府工作报告进行专题审议；2007 年组建了城建、科技、卫生等专业代表小组。这些做法有利于调动专业代表的积极性，提高了代表工作的成效。

此外，广东省人大常委会每年都制订代表活动计划，加强对代表小组的指导，使代表小组活动有计划、有方案、有保障。组织代表开展专题调研和视察等活动，既着力于推动代表大会决议、决定的贯彻落实，又着眼于提高代表审议大会议题、提出议案和建议的水平。

（二）建立代表活动登记制度

参加本级人民代表大会会议期间的工作和在本级人民代表大会闭会期间的活动是代表应当履行的职责。就此，《代表法》规定代表有按时出席本级人民代表大会会议，认真审议各项议案、报告和其他议题，发表意见，做好会议期间的各项工作；积极参加统一组织的视察、专题调研、执法检查等履职活动的义务。《广东省实施〈全国人民代表大会和地方各级人民代表大会代表法〉办法》第 14 条还特别规定："代表因故不能出席本级人民代表大会会议，应当向本级人民代表大会的主席团或者常务委员会请假。未经批准两次不出席本级人民代表大会会议，其代表资格终止。"为了更好地组织和督促代表依法履行代表职责，广东省人大常委会建立了代表履职登记制度，使代表活动做到有计划、有方案、有记

录、有通报。据统计，2005 年实行代表活动登记制度以来，至 2007 年年底代表列席常委会会议，参加常委会组织的执法检查、视察、调研、代表活动日、"代表热线"等活动，共有 3003 人次；2008 年省十届人大以来，安排代表活动共14100 余人次。

值得一提的是，广州市十三届人大以来，在加强代表履职登记方面进行了积极探索。一是建立了市人大代表向原选举单位报告履职情况制度。2007 年以来，广州市共组织 381 名市人大代表向原选举单位的人大常委会报告履行代表职务的情况，占代表总数的 75％。二是坚持登记代表出席人代会、常委会会议、联组等活动的情况，2010 年，广州市首次通过市主要媒体向社会公开市人大代表出席会议考勤情况，在社会上引起强烈反响，得到全国人大、省人大的肯定。三是，2011 年制定了《广州市人民代表大会代表履职登记办法》，对规范和督促代表依法履职起到了重要作用。

第四节　加强和完善人大代表制度

广东省的代表工作，历来坚持科学发展、与时俱进，积极适应新形势、新要求，在创新工作制度上下工夫，在加强服务保障上下工夫，在增强代表活动实效上下工夫，突出代表主体地位，提升代表履职水平，不断开创代表工作新局面，为推动广东省的民主法治建设作出了积极贡献。这是加强人大制度建设的有效之举，堪称"广东人大模式"，可以在理论上予以总结推广。广东省人大工作在实践中积累的经验可供完善全国的代表制度借鉴，其遇到的一些制度性瓶颈，也需要其自身乃至从国家层面上进行必要的制度完善。

（一）增强代表履职的主动性，创新代表活动方式

广东省人大常委会认真贯彻落实中央 9 号文件精神，始终把代表工作作为常委会工作的重要组成部分，不断完善代表工作制度，在充分发挥代表作用方面，积累了有益经验，取得了很大成绩。因此，"代表作用突出"已经成为广东省人大的一个亮点。但是，如前所述，在发挥代表作用上，广东省人大常委会取得的成绩和经验主要体现在人大常委会组织代表履职方面，如扩大对常委会工作的参与，改进和加强议案建议办理工作、组建代表小组，组织代表在闭会期间的视察、调研等活动，而在代表主动参政议政方面则有所欠缺。

　　究其原因，这与中国《代表法》关于"代表在闭会期间的活动以集体活动为主，以代表小组活动为基本形式"的规定相关。由于代表在闭会期间以集体活动为主，因此，代表履职的主动性和能动性难于调动和发挥，代表往往成为等着常委会组织活动的"被动代表"。基于《代表法》的这一规定，实践中代表活动的内容和次数、广度和深度基本上都是由常委会根据工作需要和计划来安排的，少有对公共事务积极主动的参与。

　　从法理上讲，发挥代表作用应该是人大常委会组织代表履行职责与代表主动参政议政两个方面齐头并进；从现行法律的规定来看，虽然《代表法》关于代表在闭会期间的活动以集体活动为主，但也并未排除其他的活动形式。因此，解决这一问题有必要从以下两方面入手。

　　第一，人大常委会在继续改进和加强对代表履职的组织工作的同时，今后的工作重点可以略向增强代表履职的主动性方面倾斜，以逐步达成人大常委会组织代表履行职责与代表个人主动参政议政两个方面齐头并进的局面。

　　第二，进一步创新和丰富代表活动方式。虽然《代表法》规定代表在闭会期间以集体活动为主，但也并未排除持证视察等代表个人活动形式。创新和丰富代表活动方式，特别是代表个人活动方式，是增强代表履职主动性的一个突破口。只有代表可以以各种形式履行代表职务，才能发挥好参政议政的职能，才能更好地代表和维护人民的利益。

（二）完善代表工作机制与选举制度，促进代表参与公共事务

　　广东省人大锐意改革，在扩大市民参与公共事务、协调代表作用与公民参与关系方面创立了一些有特色的制度，取得了显著成效。但是，实践中仍然出现了参与公共事务管理和监督方面的"一高一低"现象，即公众参与热情高，代表参与热情低的现象。具体体现为代表履职在一定程度上落后于公众的要求，以至于一些公众关心的问题没有代表提出，公众越过代表直接以自己的方式参与对公共事务的监督。例如，质疑亚运整治工程中的铺张浪费，叫停昂贵的道路装饰计划的"口罩男"事件；为呼吁公众反对花巨资统一改造地铁车站，而举横幅收集市民签名的"举牌哥"事件；向广州市建委申请公开 1.5 亿光亮工程可行性报告，并在微博上征集 1000 大拇指撑广州市建委的"拇指妹"事件等等。虽然这些事件在某种程度上体现了广州市民强烈的民主意识和参与意识，是广东省、广州市民主法治建设取得进展和成绩的一种体现，甚至有人将口罩男、举牌哥、拇指妹身上所映照出的公民精神称作"广州精神"。但是，另一方面，这些事件也暴露出代表与被代表的公众之间的脱节现象。代表应当代表选民参与对公共事务的管理和监督，正是由于代表对一些公众呼声较大的问题没有积极介入，公民才直接以自己的方式参与公共事务。

造成公众参与和代表履职"一高一低"的现象，代表与被代表公众之间脱节的现象的原因是多方面的，既有人大代表工作机制方面的原因，也有选举制度等衔接方面的原因。广东省人大在今后的工作中，应当进一步改进和创新代表工作机制，进一步加强代表与选民的联系，使代表能及时地收集和整理公众的意见和要求，及时形成建议和意见向有关部门反映，敦促公众关心的热点问题的答复和处理。同时，省人大要进一步强化选举制度改革，优化代表结构，提高代表素质，使得每个选民对公共事务有要求或意见时，可以通过畅通的渠道，明确找到能够代表自己的人大代表反映意见，减少公众的无序参与。

（三）衔接质询、询问、约见与评议政府制度，强化代表对政府的监督

广东省人大代表工作明确了构建代表与政府监督关系的基本理念，在实践中也能基本坚持人大代表（代表选民）监督政府的代表职责定位，其质询、询问和代表约见制度颇有特色，在实践中也有效发挥了对政府的监督作用，增强了人大及人大代表的权威性。尽管如此，从整体印象上，人大监督与政府权力之间还是没有形成比较匹配的关系，监督还存在一个"由虚变实"的渐进过程。当然，这并非仅是广东省人大工作面临的问题，而是全国人大面对的一个普遍性问题，广东省在强化代表监督政府工作方面已经进行了大胆的创新和探索，取得了一些成效。广东省人大具备在监督工作方面进一步改革的政治经济条件，可以进行代表监督工作的改革试点，为全国和其他省市人大代表监督工作改革创建模式，提供经验。

广东省东莞市长安镇人大组织人大代表评议政府部门的做法和经验值得总结。但由于《中共全国人大常委会党组关于进一步发挥全国人大代表作用，加强全国人大常委会制度建设的若干意见》（简称"中央9号文件"）中，没有规定评议政府部门这一代表工作形式，使得东莞市长安镇人大代表评议政府部门的有效做法和经验难以向更高层次和更广范围发展。鉴于广东省人大在质询、询问和代表约见等人大代表监督政府制度创新方面已有的成效，有必要将评议政府部门作为质询、询问或约见的前置程序，进一步衔接质询、询问、约见与评议政府

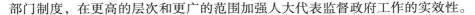

部门制度，在更高的层次和更广的范围加强人大代表监督政府工作的实效性。

（四）引进专职代表，强化代表作用

中国人大代表是兼职式的。随着社会的不断进步和发展，兼职代表制的缺陷日渐暴露出来，与法治建设进程渐生差距。这一问题如果不加以解决，人民代表大会制度的作用将日益式微。专职代表每年有大量的时间进行社会调查研究，与选民联系，这样才能了解民情，表达民意，真正成为人民代表，真正发挥参政、议政作用。实践中，已有一些地方出现了个人选举事务办公室、代表工作室、代表联络点等，这虽然主要是一些具有较强经济实力的民营企业家代表个人所为，但也反映出一些代表自身政治意识的觉醒和政治行为的优化，体现了代表专职化发展的趋势。① 在法理上，闭会期职责的确定意味着人大代表作为一种公职，其履行职责的时间从会期延伸至闭会期，否定了"代表代表，会完就了"的兼职人大代表制，为建立专职人大代表奠定了基础。从现行法律规定来说，法律并未规定人大代表只能在闭会期的某个时段履行闭会期职责，相反，人大代表要经常履行闭会期代表职务，如此也没有排斥建立专职人大代表的可能性。② 综上，建立专职代表制，或者以渐进改革的方式逐步引进专职代表，在现实上有需要，在理论上有依据。广东应在引进专职代表，强化代表作用方面发挥作用，使之成为推动广东省乃至全国代表制度建设和民主建设的一个突破口。

具体而言，人大代表的专职化可从以下两个方面进行。一是修改宪法和法律，或者通过宪法和法律解释，将人大代表的专职化以根本大法的形式固定下来，使之成为人民代表大会制度的一个基本内容。之所以要修改或解释宪法，是因为人大代表的专职化不是一般的社会问题，而是涉及国家政治制度的重大问题。因此，对这一问题的规定必须有宪法作为依据。二是构建人大代表任职的保障制度。这项制度的具体内容实际上就是为保证专职人大代表履行其职责而提供的各种措施，主要包括薪金保障和办公条件的保障。代表专职化意味着一旦当选必须辞去原有工作和职务，专心奉职，而辞去原有工作和职务意味着失去生活来源，因而代表职务本身必须有优厚的待遇；代表活动的相关开支应当由国家财政独立统一划拨，否则没有人愿意去做代表。

---

① 邹平学：《论健全完善人大代表执行代表职务的保障制度》，《求是学刊》2005 年第 4 期。
② 蒋劲松：《改革开放以来人大代表制度的成长》，《新视野》2009 年第 2 期。

在推行代表专职化过程中，我们需要借鉴他国做法，高度重视建设和完善代表大会的服务性、辅助性机构及其制度建设。现有的人大服务内容主要还是有关办公机构集中在会议期间编制文件和信息简报、收集提案和议案、组织发布新闻、提供翻译服务以及后勤服务等方面，为代表履行代表职务提供专业性、技术性强的机构比较缺乏，需要适时健全加强。①

由于专职代表制对代表个人综合素养的要求更高，对各种配套条件的需求更强，必将涉及选举制度、代表制度的重大调整。因此，建议推行渐进的代表专职化制度试点，即先选择条件成熟的省、市、区，按人大代表人数比例逐步引进和增加专职代表，积累经验，完善制度，然后在更大的范围和更高的比例推行人大代表的专职化。

（五）配置专职助理制度，提高服务质量

代表执行代表职务有着丰富的工作内容和工作形式。面对分工日趋细化和复杂的人大职能，代表群体能否胜任重托是一个需要认真对待的实际问题。长期以来，各级人大代表一直是作为个人，单兵作战，依靠个人的政治经验和政治热情来履行代表职务，不仅没有自己专门的助手、秘书，就是编制在人大机关的工作服务人员都偏少。有时即使有，也是代表自力而非公力资助的结果，这是导致人大代表不能发挥其应有职能的一个重要原因。因此，建议从战略高度重视建立和完善人大法律助理制度的必要性和紧迫性，将确立法律助理所需经费列入人大预算，由国库开支。同时建章立制，完善法律助理的考试考核、资格认证、职责权限、监督约束等各项制度。当然，从更广阔的视角出发，应当考虑建立和完善人大各种助理制度，不仅包括法律助理，还应当包括经济助理、科技助理等。

从这个意义上，深圳市人大常委会聘请法律助理为委员提供专业服务的成功经验值得肯定。可以适时适地推广深圳市人大常委会的做法，由各级人大聘请一些专业人士担任法律助理、经济助理、科技助理，在人大常委会设立专门的人大助理管理机构进行管理，为有需要的人大代表提供相应的专门服务。这对于改善代表的知识结构，提高代表的履职能力，推进地方人大的各项工作，都有着十分重要的意义。

---

① 邹平学：《论健全完善人大代表执行代表职务的保障制度》，《求是学刊》2005 年第 4 期。

后　记

　　广东省提出，到 2015 年，要初步建成地方立法完善、执法严格高效、司法公正权威、法治氛围良好、社会和谐稳定的法治省。可以说，这是中国地方法治的最高目标。谈到地方法治，我们从网络上或者饭桌茶肆上，或许了解到的是满目昏暗。人们在网络上抨击着各地的违法行为，在茶桌上大快朵颐的同时表达着对某些官员的切齿痛恨。茶肆街坊的闲言碎语和捕风捉影有时真的能反映社会现状，然有时又不免夸大其词、以讹传讹，因为，在我们每个人有限的生活圈子里，能够获取的地方信息几乎都是二手的，都是听来的坊间奇闻轶事，没有核实也没有能力核实。而且，如今"标题党"的媒体越来越会渲染负面的新闻了，比如，眼前飞过一只叮过人的肥头大耳的蚊子，媒体就会说，看，这架直升飞机又在干坏事了。这样的负面消息就瞬间会通过互联网传遍全球，如果充斥我们耳边的这些负面消息属实，我们也希望中国早早解散了为好。

　　然而，事实并非如此，如果人们到各地走走看看就会发现，中国并非像某些人预言的那样不堪，而是在努力负重前行。企业家在拼命工作，建造着一个个工厂；农民工吃着草却坚韧地建设着高楼、地铁；工人们为了微薄的工资加班加点生产着各种产品；"小脚侦缉队"在东张西望维护着楼宇社区的治安；科学家在夜以继日研发着新技术；教师们在课堂里认真哺育着下一代；知识分子在吭哧吭哧地发着核心期刊；交警在烈日或者刺骨寒风里坚持执勤上岗；基层干部或许正在酒店推杯换盏，可一旦发生险情他们又绝对是身先士卒。当然，某地的煤矿发生了爆炸、某地的桥梁发生了坍塌、和谐号不和谐、食品安全让人担忧、校车事故令人揪心、司法黑暗让人丧气、腐败官员使人痛恨，这些问题是发展的代价，也正是需要法治大显身手之处。

　　广东是中国社会科学院法学研究所进行法治国情调研的重镇，我们曾多次前往广东明察细访，既会见高层官员，也访谈基层民众；既查阅官方文件，也搜罗民间趣闻。广东的地位举足轻重，以致一有风吹草动，便风声鹤唳，全国震动。广东人精于计算，善于经商，广交人脉，遍布四海。20世纪80年代在英国商店购物时，"老牌帝国主义分子"见到黄种人，便问"日本人吗？""不是，是中国人。""哦，欢迎广东人。"可见，广东人当时就是中国人的代表，以至于在外国人眼里，广东话就是汉语了。在国内，除了上海话以外，长期以来广东话在电视上都是被取笑的语言，见面便问"在哪里发财啊？"发财是致富的通俗说法，广东人不跟你扯姓社姓资，闷头发财的劲头有目共睹。

由于毗邻香港，广东是改革开放的前沿阵地，历来是先行先试的试验田。2012年8月，国务院召开常务会议，决定简化对涉及经济、小微企业发展和民间投资的审批程序，并且授权广东省再一次先行先试。广东省的经济和社会发展与大力推进法治分不开。在中央提出依法治国方略以后，各地的做法不同。广东省设立了依法治省领导小组，由省委第一书记担任领导小组组长，广东省人大常委会主任任副组长，由此可见广东省对依法治省的重视程度。可以说，广东省的依法治省工作做得风生水起，与领导机构的架构有很大的关系。广东在依法治省方面有很多很好的经验。例如，在立法方面，广东省充分发挥省、经济特区、较大的市、民族自治地区等立法主体的作用，加强实施性、先行性、自主性地方立法，推进以改善民生为重点的社会领域立法，并创新立法制度和方式。广东省在社会管理和公共服务创新方面颇有心得。比如，推进基层社会管理体制改革，理顺政府与城乡自治组织的关系。2012年珠三角地区所有镇、街建立健全社区政务服务体系，完善社区公共服务站建设，形成社区党组织、社区居委会、社区公共服务站"三位一体"的社区管理体制。在治安方面，将治安管理与城市管理、市场管理、行业管理等有机结合起来。在社会服务方面，规范政府直接提供、委托社会组织提供和政府购买公共服务等方式，形成多元化的公共服务供给模式。广东还大力推进基层民主建设，重点在政府行政与基层群众自治有效衔接和良性互动。广东的舆论监督也是得全国之先，各种论坛、言论批评，往往发源于广东。尽管广东省依法治省的经验还有很多，受时间、篇幅所限，本书也只能窥其一斑。有兴趣的读者可以参阅本书，它将告诉你一个省级政府是如何在复杂的环境下推动依法治省事业，并取得很好成效的。

当然，我们在谈广东取得的巨大成绩时，同样不回避广东存在的问题。广东是中国改革的排头兵、试验田，基于这个因素，广东实际上是在替全国人民过雷区，风险很大。比如，随着世界金融危机的爆发、世界经济的衰退，作为中国出口加工主要地区，广东的出口贸易减少，出口加工型的经济模式面临困境。出口加工曾经是广东发展强劲的主要模式，转不转型，怎么转型，向哪里转型，可能是最近一直困扰广东的难题。正如 2012 年 8 月 22 日国务院常务会议批准广东省在行政审批制度改革方面先行先试时提到的，广东省处于改革开放前沿，市场发育程度较高，经济社会发展正全面进入转型期，深化行政审批制度改革、进一步转变政府职能的要求十分紧迫。

广东的另一个问题是，社会管理仍然困难重重。由于出口加工企业聚集，流动人口密集，广东是全国吸收外来打工人员最多的省份之一。外来打工人员一方面为广东的经济发展作出了贡献，但是另一方面可能会与本地人口产生一定的冲突，导致刑事案件高发，群体性纠纷多发，如何处理外来人口和本地人口的关系，维持社会稳定是让广东省抓狂的问题。广东一直在大力规范村委会建设，实行民主选举、民主决策、民主管理、民主监督、村务公开等，民主理财、民主评议村干部等各项制度，等等。但是乌坎事件说明，光有良好的愿望是不行的，村务公开这样的规定必须得到严格执行。乌坎事件最后得到妥善处理是因为广东省准确把握了群众利益的诉求点，采取以"民意为重、群众为先、以人为本、阳光透明、法律为上"的态度，使情绪激动的村民趋于平和，最终使问题得到了解决。乌坎事件为中国解决大规模群体性事件提供了一个可资参考的案例。

人们一般都认为广东很富裕，藏富于民，然而广东实际上也存在经济发展不平衡问题。广东的富裕地区是珠江三角洲，其财富积累速度和数量都达到了惊人的地步。东莞有着数量最多也是最豪华的五星级酒店，中山的一个镇甚至一个村的财政收入就远远超过了内地的一个地级市。然而，在粤北和粤西，却也有与内地贫困地区相似的情景。贫富悬殊巨大，如何缩小省内的贫富差距是广东省需要认真对待的问题。

广东省特别重视法学研究所的法治国情调研工作，我们在广东调研时，对广东的各级干部都留下了很深的印象。他们大多寡言少语，属于只干不说的类型，不像有的地方的干部，没干就"呱呱呱"地说，还说不到点子上。广东人办事一路小跑，仔细且效率很高，敢干敢为。我们心想，难怪广东发展快，原来办什么都一路小跑啊，当然比迈着八字脚只顾揣摩中央心思的地区发展得要快了。

广东省有两个领导给我们留下了深刻印象。一个是广东省人大常委会主任欧

广东经验：法治促进改革开放

广源先生，另一个则是广东省依法治省领导小组办公室常务副主任张宇航先生。第一次见欧广源主任是在北京，他来开两会，因对法学所主编的《法治蓝皮书》有很好的印象，因此约见。据说欧主任讲的是"德语"，需要翻译。当然，此"德语"并非欧洲德国的德语，而是广东顺德的"德语"。欧主任是顺德人，自然是说顺德话。顺德是中国的小家电之乡，说起顺德的改革发展史，欧主任是眉飞色舞，然若不经翻译，堂下人大多不知所云。例如，欧广源主任说，话说当年，在顺德的时候专门负责"招商养鸡"，我心想，欧主任做基层领导时居然还养过鸡，真不容易啊，但不明白欧主任招来商，为什么养鸡啊？翻译过来，结果是，欧主任当年在顺德主政时要"招商引资"。诸如此类笑语多多，堂上堂下笑声一片，气氛十分融洽。谈到法治建设，欧主任也是妙语连珠，如他说要立"好看、耐看"更"好用、管用"的法规，不能立那些"花拳绣腿"，甚至是"劣质产品"的法规等，给大家的广东调研工作不少启迪，是一位十分睿智的领导，很是让人尊敬。张宇航主任具体负责广东省依法治省的工作，但他原来是一位文人，且热衷于祖国的边疆建设，多次历经辛苦进藏援助援建。张宇航主任干劲十足，不仅张罗着分内分外的各项工作，说话也非常有感染力。他有一本非常好的散文集叫《心中有路》，真实地表现了一个文人的情怀和品格。中国社会科学院研究生院曾经请张宇航主任做了一个演讲，偌大的会场座无虚席。特别让人感动的是"小茶花"的故事。"小茶花"是一个小女孩，她的父亲驻守在青藏高原的一个兵站，小姑娘生下来就没见过父亲，4岁的时候母亲带她去探亲，不巧父亲去执行任务不在兵站。她便跟着妈妈上高原找爸爸。可惜，原本活泼可爱蹦蹦跳跳的小茶花感冒了，由于高原反应，小茶花的病情迅速恶化，没有看到执行任务回来的爸爸，小茶花就凋谢了。战士们忍着悲痛将小茶花埋葬在路边的一个高坡上，来来往往的军车都会向小茶花鸣笛致敬。两年后，张宇航主任再去看的时候，小茶花的墓已经不复存在，只是盛开着几朵绚丽的山花。我们的祖国正是有小茶花的父亲这样最可敬的人戍卫，才有了安宁和和平建设环境。而广东也正是有像欧广源主任、陈小川主任、张宇航常务副主任、黄慧彪副主任、黄文平处长、陈用龙处长等许许多多这样热爱广东、热爱法治的人，广东的法治进程才有了飞速发展，感谢你们。

当然，广东的法治建设还存在这样或那样的问题，一如中国的法治发展还很不完善一样。还是那句话，我们坚信，地方推进法治创新仍然是中国法治建设的方向，而且只要每一个地方都努力地去做了，在不远的将来中国的法治状况必将会得到极大的改善。

　　在为期一年的多次调研过程中，广东省依法治省领导小组办公室及广州、深圳、珠海、东莞、中山、惠州等广东各地市和所属区县、乡镇的同志给予调研组大力支持和配合，在此表示衷心的感谢。

　　本书是中国社会科学院法治国情广东调研基地 2011～2012 年度调研的最终成果。本年度同步开展了两项调研，分别是依法治省的广东模式、意义及影响和人大制度在广东的发展与完善。前者由法学研究所田禾负责，后者由法学研究所莫纪宏负责。本书集结了两项调研的成果，由多人共同完成，导论由陈欣新、田禾共同执笔，第一章和第五章由亚太与全球战略研究院周方冶执笔，第二章由吕艳滨执笔（法学研究所硕士研究生廉天娇、郭明丽、熊金鑫参与了调研和写作），第三章由王小梅执笔，第四章和第七章由陈欣新执笔，第六章由诸悦执笔，第八章由政治学研究所王红艳执笔，第九章由翟国强执笔，第十章由李霞执笔，第十一章由刘小妹执笔。栗燕杰、曹景南、赵千羚对全书作了认真校对。全书的统稿由田禾和吕艳滨完成。

　　除了执笔者外，法学研究所的很多同事对法治国情调研室的工作和该课题的顺利进行给予了无私的支持，法学研究所的陈甦书记、李林所长、冯军副所长、穆林霞副所长等几位领导也为我们顺利开展工作提供了大力支持，在此一并表示感谢。

田　禾

2012 年 9 月 1 日

图书在版编目（CIP）数据

广东经验：法治促进改革开放/田禾主编. —北京：社会科学文献出版社，
2012.11
（中国地方法治丛书）
ISBN 978 – 7 – 5097 – 3876 – 4

Ⅰ.①广… Ⅱ.①田… Ⅲ.①社会主义法制 – 建设 – 经验 – 广东省
Ⅳ.①D927.65

中国版本图书馆 CIP 数据核字（2012）第 239698 号

·中国地方法治丛书·
广东经验：法治促进改革开放

主　　编／田　禾
副 主 编／吕艳滨

出 版 人／谢寿光
出 版 者／社会科学文献出版社
地　　址／北京市西城区北三环中路甲 29 号院 3 号楼华龙大厦
邮政编码／100029

责任部门／社会政法分社（010）59367156　　责任编辑／李学军　关晶焱
电子信箱／shekebu@ ssap. cn　　　　　　　　责任校对／王洪强
项目统筹／刘骁军　　　　　　　　　　　　　责任印制／岳　阳
经　　销／社会科学文献出版社市场营销中心（010）59367081　　59367089
读者服务／读者服务中心（010）59367028

印　　装／北京鹏润伟业印刷有限公司
开　　本／787mm×1092mm　1/16　　　印　　张／20
版　　次／2012 年 11 月第 1 版　　　　　字　　数／348 千字
印　　次／2012 年 11 月第 1 次印刷
书　　号／ISBN 978 – 7 – 5097 – 3876 – 4
定　　价／68.00 元